Zákynthos - die Insel

Rei… tisches

W0239860

Zákynthos-Stadt

Halbinsel Skopós

Die Bucht von Laganás

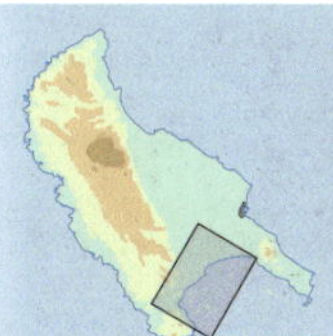

Der Osten:
das Flach- und Hügelland

Der Westen und der Norden:
das Bergland

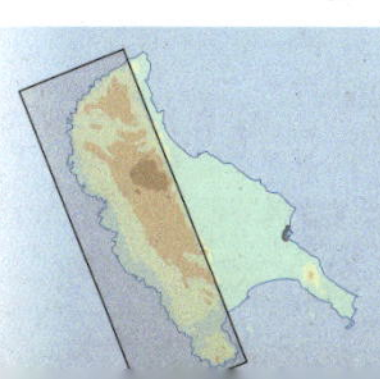

Text und Recherche: Antje und Gunther Schwab
Lektorat: Peter Ritter
Redaktion und Layout: Claudia Martins
Fotos: Antje und Gunther Schwab
Karten: Hana Budka, Susanne Handtmann
Covergestaltung: Karl Serwotka
Coverfotos: oben: Beliebtes Souvenir – Teppiche mit Schildkrötenmotiven;
unten: Shipwreck-Beach

Danksagung
Für wertvolle Unterstützung und viele Informationen möchten wir uns bedanken bei Beate und Jánni Kládis aus Ágios Sóstis. Eine überaus große Hilfe war uns außerdem Níkos Malános Egárchos aus Zákynthos-Stadt, der unsere Fragen stets mit viel Geduld beantwortete. Ein herzliches Dankeschön geht nicht zuletzt an Sía Aidi. Auch bei diesem Reiseführer ist sie uns mit Rat und Tat bei allen Fragen zur griechischen Sprache zur Seite gestanden.

Die in diesem Reisebuch enthaltenen Informationen wurden von den Autoren nach bestem Wissen erstellt und von ihnen und dem Verlag mit größtmöglicher Sorgfalt überprüft. Dennoch sind, wie wir im Sinne des Produkthaftungsrechts betonen müssen, inhaltliche Fehler nicht mit letzter Gewissheit auszuschließen. Daher erfolgen die Angaben ohne jegliche Verpflichtung oder Garantie der Autoren bzw. des Verlags. Beide Parteien übernehmen keinerlei Verantwortung bzw. Haftung für mögliche Unstimmigkeiten. Wir bitten um Verständnis und sind jederzeit für Anregungen und Verbesserungsvorschläge dankbar.

ISBN 3-89953-146-9

© Copyright Michael Müller Verlag GmbH, Erlangen 2001, 2004. Alle Rechte vorbehalten. Alle Angaben ohne Gewähr. Printed in Italy.

Aktuelle Infos im Internet unter www.michael-mueller-verlag.de

2. komplett überarbeitete und aktualisierte Auflage 2004

ZAKYNTHOS

Antje & Gunther Schwab

INHALT

Kartenverzeichnis

Verzeichnis der Wanderungen

Zeichenerklärung für die Karten und Pläne

- asphaltierte Verbindungsstraße
- asphaltierte Straße
- Staubstraße, Piste
- Fußweg
- Wanderroute
- Grünanlage
- Berggipfel
- Aussicht
- Höhle
- Wegweiser/Schild
- Bienenstock
- Gatter
- Leuchtturm
- Sendemast
- Olivenbaum
- Kiefer
- Zypresse
- Buschwerk/Garigue
- Weinstock
- Campingplatz
- Badestrand
- Turm
- Kirche
- Kloster
- allg. Sehenswürdigkeit
- Bushaltestelle
- Taxistandplatz
- Flughafen/-platz
- Parkplatz
- Information
- Post/Briefkasten
- Museum
- Apotheke
- Telefon
- Tankstelle
- Autovermietung
- Fahrradverleih
- Bank/Wechselstube
- Supermarkt
- Waschsalon
- Reisebüro

Was haben Sie entdeckt?

Trotz gründlicher Recherche kann es passieren, dass uns etwas entgeht. Wenn Sie ein empfehlenswertes Hotel, ein gutes Restaurant oder ein nettes Café entdeckt haben, lassen Sie es uns wissen. Auch für Kritik und Verbesserungsvorschläge sind wir dankbar. Schreiben Sie an:

Antje & Gunther Schwab

Stichwort "Zakynthos"

c/o Michael Müller Verlag

Gerberei 19, 91054 Erlangen

E-Mail: schwab@michael-mueller-verlag.de

Blick auf Zákynthos-Stadt

Zákynthos – die Insel

Die südlichste der Ionischen Inseln wurde schon in der Vergangenheit immer wieder von Reisenden und Dichtern wegen ihrer üppigen Vegetation und landschaftlichen Schönheit gerühmt. Als "Fior di Levante" (Blume des Ostens) priesen sie enthusiastisch die weit umhergekommenen Venezianer, die Zákynthos – damals offiziell Zante genannt – jahrhundertelang beherrschten. Heute hat sich das Eiland im internationalen Tourismus vor allem als Badeparadies einen Namen gemacht. Was das Besucheraufkommen angeht, nimmt es nach Korfu unter den Ionischen Inseln den zweiten Platz ein. Zu bieten hat Zákynthos jedoch weitaus mehr als nur traumhafte Strände, Sonne und blaues Meer.

Viele Gegensätze machen den Reiz der unmittelbar dem Peloponnes vorgelagerten Insel aus. Dicht bevölkert ist das **fruchtbare Flach- und Hügelland** im Osten und Südosten. In diesem Garten Eden, der das ganze Jahr über blüht und grünt, findet man einerseits **idyllische Bauerndörfer,** umgeben von Olivenhainen, Obstbäumen und Weinbergen, andererseits **quirliges Stadtleben** in der viel Charme ausstrahlenden Chóra, häufig auch als Zákynthos-Stadt bezeichnet. Zudem entstanden seit den 80er Jahren des 20. Jh. an den flach abfallenden, **feinen Sandstränden** der Ostküste, der Halbinsel Skopós und der Laganás-Bucht – sie gehören zweifelsohne zu den schönsten des Ionischen Archipels – die Hochburgen des Tourismus. Kalamáki, Laganás, Argássi, Plános/Tsiliví, Alikés und einige andere Siedlungen sind seit dieser Zeit fester Bestandteil der Kataloge internationaler Reiseagenturen und im Hochsommer entsprechend voll. Aber zum Glück gibt es so viele Buchten und Strandsiedlungen, dass man dem ganz großen Trubel ausweichen kann.

Kontrastprogramm pur bietet das karge und herbe, nur **dünn besiedelte Bergland** im Westen und Norden von Zákynthos. Im 756 m hohen Gipfel des Vrachíonas hat dieses Kalkmassiv seine höchste Erhebung. Jäh stürzen die weißen Steilabhänge bis zu 200 m senkrecht ins glasklare Meer; die des spektakulären Shipwreck-Beach – das Fotomotiv der Insel schlechthin – sind sicherlich die bekanntesten. Imposante Bögen und andere fast kunstvolle Steingebilde sowie märchenhafte Grotten und Höhlen hat die Brandung in die Felsen hineingefressen – mit kleinen Booten kann man sie erkunden und die z. T. phantastischen Farbspiegelungen des Lichts bewundern. Und wer zudem noch begeisterter Sport- oder Hobbytaucher ist, findet hier ein wahres Paradies vor. Aber auch Wanderer kommen im Bergland nicht zu kurz: Um die sehr ursprünglichen Bergdörfer Kerí, Éxo Chóra oder Volímes kann man seine Stiefel schnüren und zu herrlichen Touren aufbrechen.

Felsen und Strände prägen die Insel

Ökologisch Interessierten ist Zákynthos auch als **Schildkröteninsel** bekannt, dienen doch einige der feinsandigen Strände im Südosten der Unechten Karettschildkröte als Brutstätte. Jeden Sommer halten sich hier im Meer Hunderte dieser Reptilien auf. Die weiblichen Tiere kriechen in den Nächten an Land und vergraben ihr Gelege im Sand. Dass durch die rasche Entwicklung des Tourismus ernste Gefahren für den Fortbestand der Art entstanden sind, liegt auf der Hand. Zu hoffen bleibt, dass nach der Einrichtung eines Meeresnationalparks vor wenigen Jahren die Verordnungen zum Schutz der Tiere in Zukunft konsequent umgesetzt werden. Bisher ist das leider nur halbherzig geschehen. Ausführliche Hinweise zu diesem Thema finden Sie im Kapitel "Die Tierwelt der Insel" ab Seite 22.

Geprägt wurde bzw. ist die Insel auch heute noch durch die langjährige **Herrschaft der Venezianer:** die frei stehenden Glockentürme der Kirchen, ein paar an venezianische Paläste erinnernde Prachtbauten und Herrenhäuser, die nach der Zerstörung durch das fürchterliche Erdbeben von 1953 z. T. originalgetreu wieder aufgebaut wurden, die oft von hohen Zypressen durchsetzte, zumindest im Osten geradezu lieblich wirkende Landschaft und nicht zuletzt die Empfänglichkeit ihrer Bewohner für die schönen Künste – all dies verleiht der Insel einen gewissen norditalienischen Charakter. Und wenn man dann noch am Abend die mehrstimmigen, von Gitarre und Mandoline begleiteten Kantaten hört, fühlt man sich tatsächlich fast ein bisschen nach Venedig versetzt.

To Zante

Fair isle, that from the fairest of all flowers
Thy gentlest of all gentle names dost take!
How many memories of what radiant hours
At sight of thee and thine at one awake!
How many scenes of what departed bliss!
How many thoughts of what entombed hopes!
How many visions of a maiden that is
No more no more upen thy verdant slopes
No more! Alas, that magical sad sound
Transforming all! Thy charms shall please no more
Thy memory no more! Accursed ground
Henceforth I hold thy flower enamelled shore,
O hyacinthine isle! O purple Zante!
Isola d'Oro! Fior di Levante!

An Zante

O schönes Eiland, das den holden Namen
Der Blumen allerlieblichster entlehnt.
Du weckst in meiner Seele wundersamen
Erinnerungszauber, den ich tot gewähnt.
Wie viele Stätten namenloser Wonnen,
Wie viele Schatten von verwehten Träumen,
Verlor'nen Hoffnungen, wieviel Visionen
Von ihr, von ihr, die unter diesen Bäumen
Nie mehr verweilt! Nie mehr! Weh, dieses Wort
Magischen, dunklen Lauts verwandelt dich,
Hin ist dein Zauber – ein verfluchter Ort
Ist dein Gestade fürderhin für mich,
O Hyazintheninsel, goldne Zante,
Isola d'oro, fior di Levante!

Edgar Allan Poe (Übersetzung aus E. A. Poe, Gesammelte Schriften, Bd. 1, Melzer Verlag 1980)

Überblick: Wohin auf Zákynthos?

Bei der Durchsicht der Kataloge der Reiseveranstalter im heimischen Mitteleuropa fällt die Auswahl des idealen Urlaubsortes oft gar nicht so leicht – auf den Bildern sehen alle Siedlungen nahezu gleich aus, keine scheint ein eigenes Profil zu haben. Wo soll man also seine Ferien verbringen? Und für Individualreisende kann es schon allein wegen der so unterschiedlichen Landschaftsräume auf der Insel reizvoll sein, bei einem längeren Aufenthalt einmal oder sogar mehrfach den Standort zu wechseln. Die folgende Kurzübersicht soll Ihnen einige Anregungen zur Auswahl der für Sie richtigen Gegend auf Zákynthos geben und gleichzeitig ein erstes Bild der Insel vermitteln. Die Reihenfolge der einzelnen Regionen entspricht dabei dem Aufbau dieses Reiseführers.

Zákynthos-Stadt (Chóra)

Der lebhafte Hauptort der Insel ist vor allem für diejenigen interessant, die gerne am Alltag der Einheimischen teilhaben möchten, denn die Stadt führt ein ausgeprägtes Eigenleben. Ein gutes kulturelles Angebot, schöne Tavernen und ein typisch griechisches Nachtleben machen für manche vielleicht den Mangel an Stränden wett. Die Verkehrsanbindungen sind zudem natürlich die besten der Insel, so dass Unternehmungslustige Möglichkeiten zu zahlreichen Exkursionen finden.

Übernachtungsmöglichkeiten Fast alle Unterkünfte müssen recht teuer bezahlt werden und sind zudem nicht pauschal buchbar. Ruhiger und preiswerter als im Zentrum der Stadt wohnt man in den Vororten Krionéri, Bóchali und Varrés.

Halbinsel Skopós

Die landschaftlich sehr reizvolle Halbinsel im Südosten von Zákynthos bietet traumhafte und zumindest z. T. noch ruhigere Sandstrände. Für Wanderer ist die Gegend nur sehr bedingt geeignet, das kleinräumige Terrain ist nämlich recht steil.

• *Wichtige Ferienorte* Gleich am Anfang der Halbinsel liegt mit **Argássi** eines der großen Touristenzentren der Insel, obgleich der Strand sicher der bescheidenste auf Skopós ist. Das Angebot an Unterhaltungsmöglichkeiten ist groß. Außerdem bestehen gute Busverbindungen in die nahe Chóra.

Darüber hinaus gibt es eine Reihe von **Strandsiedlungen.** Je nachdem, welche man wählt, verbringt man den Urlaub mehr oder weniger ruhig oder im Trubel. Zu den ruhigeren Siedlungen gehören z. B. Pórto Iónio und Pórto Róma, mehr los ist in Mavrátzis und Ágios Nikólaos. Alle Badeplätze

Weit ragt die Halbinsel Skopós ins Meer hinaus

sind aber absolut kinderfreundlich und gut erschlossen. Die Anmietung eines Fahrzeugs ist empfehlenswert, wenn man mehr von der Insel sehen möchte.

Die Bucht von Laganás

Das mit Abstand beliebteste Touristengebiet der Insel, was vor allem an den feinen, flach abfallenden Sandstränden im östlichen Teil der Bucht liegt. Je weiter man nach Westen kommt, desto kiesiger und schmaler wird der Beach und desto ruhiger werden die Ferienorte. Die gesamte Laganás-Bucht ist in Schutzzonen für die Meeresschildkröten eingeteilt, daher sind die Wassersportmöglichkeiten stark eingeschränkt. Nur von Kalamáki und Laganás bestehen gute Busverbindungen nach Zákynthos-Stadt.

Eine Holzbrücke führt zum Inselchen Ágios Sóstis

• *Wichtige Ferienorte* **Laganás** ist das Mekka der mitteleuropäischen und britischen Pauschalurlauber. Abends ist der Bär los, tagsüber liegt man am Strand Handtuch an Handtuch. Richtig für alle, die Trubel suchen. Die Atmosphäre ist allerdings nicht mehr griechisch.

Kalamáki, der benachbarte Ort mit weißem Sandstrand (Schildkrötengebiet) ist weniger quirlig. Allerdings wurde auch hier in den letzten Jahren viel gebaut. Je nach Wahl der Unterkunft kann man Trubel oder mehr Ruhe haben.

Ágios Sóstis und Pórto Koúkla sind kleinere Siedlungen südlich von Laganás. Die Atmosphäre ist angenehm, und die feinsandigen Strände bieten eine gute touristische Infrastruktur.

Límni Kerioú, ein ehemaliger Fischerhafen, ist das Ziel vieler Individualtouristen, die z. T. auch wegen der Tauchmöglichkeiten kommen. Statt großer Massenhotels findet man hier kleinere Pensionen und Apartmentanlagen. Der Beach genügt jedoch nur einfachen Ansprüchen. Aber man kann ja auf den 3 km entfernten Kiesstrand von Marathiá ausweichen.

Das Flach- und Hügelland

Abwechslungsreiche Gegend mit zahlreichen Ausflugsmöglichkeiten, wozu jedoch ein fahrbarer Untersatz notwendig ist. An der Küste reihen sich hinter den meist kinderfreundlichen Stränden die Feriensiedlungen aneinander. Da hier keine Einschränkungen durch den Naturschutz bestehen, findet man in den größeren Buchten beste Wassersportmöglichkeiten vor.

• *Wichtige Ferienorte* **Plános/Tsiliví** ist eine quirlige Siedlung mit traumhaftem Strand. Noch nicht ganz so voll wie Laganás, aber sehr griechisch geht es im Sommer auch nicht mehr zu. Der Ort bietet viele Unterhaltungsmöglichkeiten, zudem lädt

Dieser Strand wird von Schildkröten und Menschen genutzt

das Hinterland zu schönen Entdeckungstouren ein.

In **Alikés** trifft der Pauschaltourist auf den Individualreisenden. Bestechend ist die Lage an einer riesigen Bucht, und auch atmosphärisch hat der Ferienort mit dem kinderfreundlichen Strand sehr viel mehr zu bieten als das benachbarte **Alikanás,** das nahezu ausschließlich in der Hand britischer Reiseveranstalter ist.

Strandsiedlungen gibt es zahlreiche zwischen Plános/Tsiliví und Alikés. Die Badeplätze sind von wechselnder Qualität, dafür kann man an einigen noch sehr viel Ruhe genießen.

Das Bergland im Westen und Norden

Landschaftlich sicher der Höhepunkt der Insel: spektakuläre Steilküste, tief eingeschnittene fjordartige Buchten, malerische Höhlen, idyllische Gebirgsdörfer, z. T. noch dichte Wälder. Wanderer kommen im Bergland voll auf ihre Kosten. Wer gerne badet, sollte einen der Küstenorte im Norden als Standort wählen. Die Strände sind zwar meist kiesig, dafür jedoch sauber und ziemlich ruhig.

• *Wichtige Ferienorte* Die Bergdörfer **Kerí** und **Volímes** haben besonders viel Atmosphäre und bieten in ihrer Umgebung schöne Wandermöglichkeiten. In **Ágios Léon** lockt vor allem der nahe gelegene Felsstrand Pórto Limiónas.

Ágios Nikólaos ist nicht gerade das, was man sich unter einem idyllischen Fischerhafen vorstellt, doch besonders Individualreisende fühlen sich hier wohl. Im Angebot sind Unterkunftsmöglichkeiten aller Preiskategorien, und abends kann man es sich in den Fischtavernen gut gehen lassen. Außerdem bieten sich viele Ausflugsmöglichkeiten mit dem Mietfahrzeug oder dem Boot, z. B. zu den "Blauen Grotten". Auto oder Bike benötigen Sie in der abgeschiedenen Lage unbedingt.

Mikró Nissí/Makrís Gialós gewinnt bei Einzelreisenden mehr und mehr an Beliebtheit. Viel los ist hier zwar nicht, aber der kleine Ort auf der Minihalbinsel hat eine zauberhafte Lage, und am benachbarten "Langen Strand" kann man wunderbar baden. Auch hier bieten sich gute Ausflugsmöglichkeiten per Boot.

Zákynthos auf einen Blick

Geographische Lage: ca. 38° nördliche Breite und ca. 21° östliche Länge. Damit liegt die Insel in den sommertrockenen Subtropen und etwa auf der gleichen geographischen Breite wie Athen, das türkische Izmir und die südlichste Stiefelspitze Italiens. Die kürzeste Entfernung zum Peloponnes beträgt 9,5 Seemeilen, zum Nachbareiland Kefaloniá 8,5 Seemeilen.

Größe: Mit einer Fläche von etwas mehr als 400 qkm und einer Küstenlänge von ca. 123 km ist Zákynthos die drittgrößte Insel des Ionischen Archipels. Die größte Ost-West-Ausdehnung beträgt ca. 19 km, und vom Kap Gérakas im Südosten bis zum Kap Skinári im Norden sind es knapp 40 km. Zu Zákynthos gehören noch die Strophaden, zwei Miniinseln, die 37 Seemeilen weiter südlich liegen.

Bevölkerung: Etwa 35.000 Einwohner leben auf der im östlichen Flachland sehr dicht besiedelten Insel, ungefähr 10.000 davon in Zákynthos-Stadt.

Wichtige Orte: Zákynthos-Stadt (Chóra): Inselhauptstadt und Fährhafen; Laganás: Touristenzentrum Nummer eins; Argássi, Plános/Tsiliví und Alikés: beliebte Badeorte; Macherádo und Anafonítria: Pilgerziele; Kerí und Volímes: schöne Bergdörfer; Ágios Nikólaos (in der Nähe von Kap Skinári): Fischerörtchen und Hafen nach Kefaloniá.

Mit der letzten Verwaltungsreform hat man die insgesamt 57 Dörfer und Weiler zu sechs Großgemeinden (eine davon ist die Chóra) zusammengefasst.

Straßen: Alle Haupt- und auch Nebenstraßen sind asphaltiert, manche, z. B. auf der Halbinsel Skopós, sind relativ schlaglochreich. Im Süden und Osten ist das Straßennetz sehr dicht, hier herrscht auch ein hohes Verkehrsaufkommen.

Entfernungen von Zákynthos-Stadt: Laganás 10 km, Pórto Róma 17 km, Kerí 25 km, Macherádo 10 km, Alikés 18 km, Volímes 33 km, Ágios Nikólaos (beim Kap Skinári) 30 km.

Auto- und Zweiradverleih: In Zákynthos-Stadt und allen größeren Touristenorten gibt es ein ausgesprochen großes Angebot. Genauere Informationen im Kapitel "Unterwegs auf Zákynthos" ab S. 60.

Postleitzahlen: Region Zákynthos-Stadt 29100, Region Katastári 29090, Region Volímes 29091, Region Macherádo 29092.

Telefonvorwahl: 26950 (für ganz Zákynthos). Sie muss grundsätzlich immer mitgewählt werden, gleichgültig ob bei Orts- oder Ferngesprächen. Näheres siehe S. 91. Aus dem Ausland wählt man 0030-26950.

Wichtige Telefonnummern: Touristenpolizei ✆ 2695024482; Krankenhaus ✆ 269 5059100; Polizei ✆ 2695022100; Flughafen ✆ 2695023970-71; Taxizentrale ✆ 26950 48400; Busstation (KTEL) ✆ 2695022255.

Geographie und Geologie

Zákynthos lässt sich, geomorphologisch betrachtet, ganz grob in zwei Einheiten gliedern, die beim Studium einer Inselkarte sofort ins Auge fallen: in die bis zu einer Höhe von 756 m ansteigende, etwa zwei Drittel des Eilands einnehmende Gebirgszone im Westen und Norden sowie in das Flachland im Osten und Südosten, aus dem nahe der Küste mehrere ca. 200 m hohe Hügel herausragen. In der Halbinsel Skopós mit dem gleichnamigen Gipfel (492 m) setzen sie sich fort.

Mehrere Miniinseln – z. B. Peloúzo, Marathoníssi, Korakoníssi, Ágios Ioánnis, Ágios Nikólaos und Wódi – sowie ein paar kleinere Felsbrocken umgeben Zákynthos wie Trabanten einen Planeten. Dazu kommen nur 37 Seemeilen weiter südlich

Atemberaubender Blick über die Westküste

die von Zákynthos mitverwalteten Strophaden. Diese zwei winzigen, ausgesprochen flachen Inselchen bedeuten den Zakynthern viel, lebte doch dort in einem Kloster lange Jahre ihr Schutzpatron, der heilige Dionýsios.

Das Ionische Meer zwischen Zákynthos und dem Festland sowie der größeren Nachbarinsel Kefaloniá ist vergleichsweise flach: Meist ist es nur zwischen 50 und 200 m tief, lediglich in einer schmalen Rinne zwischen dem Peloponnes und der Insel wird die 600-Meter-Tiefenlinie überschritten. Angesichts dieser geringen Werte wird verständlich, dass Zákynthos, wie die anderen ionischen Eilande auch, vor Urzeiten ein Teil des Festlandes war. Westlich der Insel fällt der Meeresboden jedoch rasch sehr steil ab, und nur wenige Kilometer von ihr entfernt befindet sich sogar mit über 5000 m die tiefste Stelle des gesamten Mittelmeeres, der sogenannte Inoússa-Graben. Er gehört zu einem System kleinerer, gegenseitig versetzter Tiefseegräben (dem Hellenic Trench), die westlich der Ionischen Inseln bogenförmig um Kreta herum bis südlich von Rhódos verlaufen und für die vielen Erdbeben und vulkanischen Erscheinungen in West- und Südgriechenland mitverantwortlich sind (s. u.).

Die Küste des Flach- und Hügellandes weist zahlreiche weite, flache Sandbuchten auf, die größte ist die von Laganás, was der Landschaft einen fast sanften Charakter verleiht. Im Gegensatz dazu stürzen die Felsen des Berglandes im Westen und im Norden fast senkrecht bis zu 200 m ins Meer hinab, bilden eine spektakuläre Steil- bzw. Kliffküste, in die die Brandung fjordartige Vertiefungen und Höhlen hineingefressen hat.

Geologie: Das Flach- und Hügelland besteht im Wesentlichen aus jüngeren Ablagerungen aus dem Tertiär (vor 65 bis vor 2 Millionen Jahren) und dem Quartär (vor 2 Millionen Jahren bis zur Gegenwart) wie Mergeln, Kalkmergeln, Tonen und Sanden

Die Mizíthres-Felsen

Nur auf der Halbinsel Skopós finden sich ältere Kalkgesteine aus dem Mesozoikum und Gips. Diese Gipslager sind ungefähr 100 m mächtig, die Reserven schätzt man auf gut 300 Millionen Tonnen. Das mächtige Bergland dagegen besteht nahezu ausschließlich aus Kalken aus dem Mesozoikum und weist die für dieses Karbonatgestein typischen Karsterscheinungen wie Karren (Rillen im Fels), Dolinen und Poljen (runde und wannenartige Vertiefungen) sowie Höhlen auf.

Tektonik: Kalkgebirge, das bedeutet, man spaziert auf einem im Mesozoikum (vor 225 bis 65 Millionen Jahren) entstandenen ehemaligen Meeresboden herum, der vor 65 bis 20 Millionen Jahren durch Kräfte im Erdinnern bzw. aufgrund des Drucks der afrikanischen auf die europäische Großplatte allmählich emporgehoben wurde. Zákynthos und die anderen Ionischen Inseln waren nun Teil eines jungen Faltengebirges, das sich vom westgriechischen Festland über den Peloponnes und die Ägäischen Inseln bis in die heutige Türkei erstreckte. Und wenn schon die antike Überlieferung von einem ägäischen Festland spricht, zu dem die Inseln einst gehörten, dann ist das ein Beleg für das Wissen der Alten. Im Jungtertiär (vor 20 bis vor 2 Millionen Jahren) kam es als Folge der Heraushebung der Alpen und des Druckes der verschiedenen Erdplatten erneut zu gewaltigen Erdbewegungen. Entlang von Verwerfungen (geologischen Störungslinien) zerbrach dieses Gebirge in ein Mosaik von einzelnen Schollen, die sich unterschiedlich tief absenkten, wieder hoben, um sich dann erneut zum großen Teil zu senken. Von Süden her, vom Mittelmeer, wurde das Gebiet überflutet und in etwa die heutige Form des Ägäischen und Ionischen Meeres geschaffen. Was gegenwärtig als Inseln aus dem Wasser herausragt, sind nur die Gipfel des ehemaligen Festlandgebirges. Der Bereich des heutigen Tief- und Hügelandes auf Zákynthos sank damals tiefer ab als die Scholle des westlichen Berglandes und war in jüngerer Zeit auch häufiger vom

Meer überflutet – daher die geologischen Unterschiede. Und die Bewegungen, die das Eiland betreffen, sind keinesfalls zum Stillstand gekommen. Zákynthos liegt heute direkt an einer tektonisch sehr aktiven Nahtstelle, nämlich an der Grenze zweier Großschollen, der sogenannten "präapulischen" und der "ionischen Zone", wobei sich letztere unaufhaltsam auf erstere aufschiebt.

Dass die Erde in Hellas noch längst nicht zur Ruhe gekommen ist, zeigen auch die vielen Erdbeben. Das Land weist einen Jahresdurchschnitt von 270 bis 300 Beben auf, von denen die meisten allerdings nur mit empfindlichen Geräten messbar sind. Aber immer mal wieder kommt es auch zu größeren Katastrophen, so wie 464 v. Chr. in Sparta, im 6. Jh. n. Chr. in Olympía, 1856 in Iráklion (Kreta), 1928 in Korinth oder im August 1953 auf Ithaka, Kefaloniá und Zákynthos. Nach diesem Beben und durch die von ihm verursachten Folgebrände lag die Insel im wahrsten Sinn des Wortes in Schutt und Asche, 94 % aller Gebäude wurden zerstört.

Erdbeben

Überall in Griechenland können Erdstöße auftreten, doch die Zone der größten Erdbebenaktivität verläuft bogenförmig von den Ionischen Inseln im Westen über den Peloponnes und Kreta im Süden bis nach Kárpathos, Rhódos und Kos im Osten. Sie erstreckt sich damit im Abstand von 50 bis 100 km mehr oder weniger parallel zu den oben erwähnten Tiefseegräben des Hellenic Trench. Erst seit wenigen Jahrzehnten hat die geophysikalische und geologische Erforschung der langsam driftenden, "absterbenden" und neu entstehenden Platten, aus denen sich die gesamte Erdoberfläche (Festländer wie Ozeanböden) zusammensetzt, mehr Licht ins Dunkel gebracht. Dennoch ist die Situation gerade im Mittelmeer eine hochkomplizierte, da mehrere größere und kleinere Platten daran beteiligt sind, und noch längst ist nicht alles geklärt. Jedenfalls hat man festgestellt, dass das Hellenische Grabensystem (Hellenic Trench) eine Plattengrenze darstellt, die sich vor etwa drei Millionen Jahren gebildet hat. An dieser sinken Teile der schweren, untermeerischen afrikanischen Platte (der afrikanische Kontinent ist nur ein Teil dieser immer kleiner werdenden Großplatte) mit einer Geschwindigkeit von 3 bis 4 cm pro Jahr in einem Winkel von 20 bis 30 Grad unter die leichtere ägäische Platte ab und werden weiter im Erdinnern aufgeschmolzen. Folge dieses Absinkens, das nicht gleichmäßig ruhig, sondern aufgrund des häufigen Verhakens der Platten oft ruckartig geschieht, sind Erdstöße. Die Herde liegen in Tiefen von 50 bis 180 km. Von hier breiten sich die energiereichen Erdbebenwellen aus und erreichen senkrecht über den Herden an der Erdoberfläche ihre größte, oft verheerende Wirkung. Bei der Katastrophe von 1953 lag der Erdbebenherd unter der Insel Kefaloniá, was nahe genug war, um auch Zákynthos zu verwüsten.

Ein Teil der in großen Tiefen aufgeschmolzenen afrikanischen Platte kommt übrigens durch Vulkanausbrüche wieder an die Erdoberfläche. Auf diese Weise sind z. B. die Inseln Santorin und Níssyros bei Rhódos entstanden.

Klima

Auf Zákynthos herrscht, wie in ganz Hellas, typisch mediterranes Klima, d. h. die Sommer sind heiß und trocken, die Winter mild und regenreich. Dennoch unterscheidet es sich deutlich von dem anderer Regionen in Griechenland. So sind z. B. die winterlichen Regenfälle stärker, und übers Jahr gesehen ist die Sonnenscheindauer höher, die Insel hat diesbezüglich sogar absolute Spitzenwerte zu verzeichnen.

Im Sommer liegt das gesamte Land unter dem Einfluss der subtropischen Hochdruckzone. Auf Zákynthos ist der Himmel dann strahlend blau, Bewölkung gibt es kaum, die Luft ist relativ trocken, wenngleich weniger extrem als anderswo in Griechenland, und die Mittagstemperaturen klettern auf über 30° C. Dass es sich am Strand trotzdem meist gut aushalten lässt, dafür sorgt der Meltémi, der Sommernordwind im östlichen Mittelmeer. Allerdings ist er auf Zákynthos und den anderen Ionischen Inseln deutlich weniger ausgeprägt als etwa in der Ägäis. Zudem setzt er später ein (Anfang Juli) und ebbt früher wieder ab (Ende August). Bleibt er mal ein paar Tage aus, kann es richtiggehend schwül werden. Trotzdem ist Zákynthos von allen Inseln im Ionischen Meer dank seiner relativen Flachheit noch die windreichste.

Da sich die subtropische Hochdruckzone im Winterhalbjahr äquatorwärts verschiebt, ist auch Zákynthos den Einflüssen der nachrückenden Westwindzone mit ihren wandernden Tiefdruckgebieten ausgesetzt. Die aus südlicher, südwestlicher und westlicher Richtung kommenden Winde bringen der Insel vergleichsweise viel Regen. Immerhin fallen im langjährigen Mittel etwa 1000 mm Niederschlag pro Jahr und damit deutlich mehr als z. B. in Köln (701 mm), Berlin (587 mm) oder auch Athen (406 mm). Mit mitteleuropäischem Nieselwetter haben diese Winterregen aber wenig gemeinsam. Es regnet ausgesprochen heftig, oft nur ein paar Stunden am Tag, dann lässt sich die Sonne wieder blicken, bis der nächste Schauer einsetzt. Schnee und Frost treten so gut wie nie auf. Aus den starken Winterregen erklären sich auch die zahlreichen ergiebigen Quellen und die üppige Vegetation auf der Insel.

Die Übergangsphasen im Frühling und Herbst sind vergleichsweise kurz, so dass unser gewohntes Schema der vier Jahreszeiten nur bedingt gilt und man insbesondere im Hinblick auf die Vegetation von einer Blüte- und Reifezeit (März bis Mai), einer Trockenzeit (Juni bis Oktober) und einer Regenzeit (November bis Februar/März) spricht.

Klimatabelle für Zákynthos (Durchschnittswerte)

Monat	April	Mai	Juni	Juli	August	Sept.	Okt.
Tagestemperatur	19° C	24° C	28° C	31° C	32° C	28° C	23° C
Nachttemperatur	9° C	12° C	16° C	18° C	18° C	16° C	13° C
Wassertemperatur	16° C	18° C	23° C	24° C	24° C	23° C	21° C
Regentage	8	4	2	1	1	5	9
Sonnenstunden/Tag	7	9	10	12	11	8	7

Reisezeit

Im Sommer sinkt die Zahl der Regentage fast bis auf null

Die günstigste Reisezeit variiert je nach Interessenlage – Wanderurlaub und Badeferien lassen sich besonders im Früh- und Spätsommer gut verbinden. Eine Reisesaison auf Zákynthos sieht etwa folgendermaßen aus:

Ab Anfang April: Hotels und Tavernen öffnen allmählich, wenn die ersten Touristen auf die Insel kommen. Während die Tageshöchsttemperaturen schon auf über 25° C klettern können, ist das Meerwasser mit knapp 16° C noch recht kalt – zum Baden kaum geeignet. Ideal ist das Frühjahr dagegen für Wanderungen. Die Felder sind grün, auf den Wiesen blühen die verschiedensten Wildblumen, und es ist nicht so heiß wie im Hochsommer. Die Atmosphäre auf der Insel ist entspannt, denn die Griechen, die hier im Tourismus arbeiten, haben den Winter zur Erholung genutzt, um sich auf die neue Saison vorzubereiten.

Bis Mitte Juni nehmen sämtliche touristischen Einrichtungen ihren Betrieb auf. Während die Zahl der Regentage fast bis auf null sinkt, nimmt die Hitze zu. Einem ausgedehnten Bad im Meer steht nichts mehr im Wege. In diesen Monaten präsentieren sich die Strände von ihrer schönsten Seite, denn noch hält sich die Zahl der Besucher in Grenzen. Flugpreise und Übernachtungskosten sind vergleichsweise niedrig – der Mai und der Juni sind die beste Reisezeit!

In der Hochsaison, den Sommermonaten von Ende Juni bis Ende August, geht es dann an manchen Orten etwas hektisch zu. Wer sich bei Tageshöchsttemperaturen von bis zu 36° C (im Schatten!) in der Sonne aalen möchte und abends bis spät in der Nacht ausgehen will, kommt nun voll auf seine Kosten. Wenn der Meltémi weht, sind aber durchaus auch noch Wanderungen und Radtouren möglich.

Mit dem September kehrt die Ruhe langsam zurück. Die Strände sind nicht mehr so voll, die Mittagstemperaturen sinken, und die Tanzflächen der Diskotheken leeren sich. Da die touristische Infrastruktur aber noch komplett zur Verfügung steht und die Meerestemperatur bei angenehmen 21 bis 24° C liegt, ist der September für einen Badeurlaub und für Touren auf der Insel bestens geeignet.

Ende Oktober ist die Saison vorbei, die Chartermaschinen bringen die letzten Urlauber nach Hause. Dennoch kann man jetzt Tage erleben, wie wir sie aus dem Wonnemonat Mai gewöhnt sind.

Die Pflanzenwelt der Insel

Zákynthos ist eine ausgesprochen vegetationsreiche Insel. Insbesondere im Frühling gleicht sie einem Meer aus Blumen und macht ihrem einstigen Beinamen "Fior di Levante" alle Ehre. Aber auch im trocken-heißen Sommer ist üppiges Grün aufgrund der reichlichen Niederschläge im Winterhalbjahr die vorherrschende Landschaftsfarbe.

Klatschmohn, Anemonen, Schwertlilien, Margeriten, Pfingstrosen etc., aber auch verschiedene Orchideenarten zeigen ihre Blütenpracht von März bis in den Juni hinein überall auf Zákynthos. Aber dennoch gibt es Unterschiede. Waldreich, wie von Homer einst beschrieben, ist das Eiland nur noch zum geringen Teil. Im fruchtbaren Flach- und Hügelland dominiert schon seit Jahrhunderten die **Kulturvegetation:** Oliven, Weinreben, Korinthen, Orangen-, Zitronen-, Feigen-, Mandel-, Walnuss-, Kirsch-, Aprikosen-, Birn- und Granatapfelbäume sowie Gemüse aller Art. Dazwischen stehen ab und zu Zypressen, an den Straßenrändern Eukalyptusbäume und gelegentlich auch Platanen, Pappeln, Tamarisken und Maulbeerbäume. **Wälder,** zum größten Teil aus Aleppo-Kiefern und Pinien bestehend, findet man nur auf den aus der Ebene herausragenden Kuppen sowie auf der Halbinsel Skopós, aber auch dort gibt es wahrscheinlich mehr Oliven- als Waldbäume. An den sandigen Stränden wächst nicht nur Sandgras, sondern auch die seltene, bis zu 50 cm hohe Meeresnarzisse, die von Juli bis November ihre weißen Blüten zeigt.

Wilde Schönheiten

Ganz anders sieht es im nordwestlichen Bergland aus. Vor noch nicht allzu langer Zeit war es dicht bewaldet, doch durch Raubbau und Waldbrände wurden die Bestände stark dezimiert. Dichtere Kiefern- und Pinienwaldflecken gibt es heute nur noch um Kerí, Agalás und in der Umgebung von Volímes und Orthoniés. Erwähnenswert sind auch die vielen Zypressen um das Dörfchen Loúcha. Charakteristisch für das Bergland ist die **Macchia,** das sind verschiedenartige, bis zu drei Meter hohe immergrüne Hartlaubgewächse bzw. verkrüppelte Bäume. Sie ist als "verarmte Ersatzgesellschaft" für den Wald entstanden und fast undurchdringlich. Mastixsträucher, Dornginster, Stechwinden, Myrte, Kermeseiche, Erdbeer- und wilder Birnbaum u. v. m. gehören dazu. Und dann gibt es hier noch die **Phrygana,** kniehohe, kugelige und oft dornige bzw. stachelige Büsche und Sträucher, die typische Vegetation von Regionen, in denen eine Überweidung durch Ziegen statt-

In freier Natur schmeckt's am besten

gefunden hat. Vertreter sind neben Wolfsmilchgewächsen, Euphorbien- und Zistrosenarten auch Kräuter wie Salbei, Thymian und Oregano. Entsprechend aromatisch duftet es im Sommer.

Kräuter, Gewürzpflanzen und Wildgemüse

Wer ein Auge dafür hat, findet auf Zákynthos jede Menge davon: Anis, Basilikum, Cardamon, Dill, Fenchel, Kapern, Krauseminze, wilden Lauch, Lorbeer, Löwenzahn, Oregano, Rosmarin, Salbei und Thymian. Und auch Freunde des aromatischen Bergtees kommen auf ihre Kosten.

Die Tierwelt der Insel

Weniger spektakulär als die Flora ist die Fauna, sieht man von der berühmten, leider sehr bedrohten Caretta-caretta-Meeresschildkröte ab.

Wenn man die zahlreichen Hunde und Katzen sowie Nutztiere wie Schafe, Ziegen, Schweine, ein paar Rinder und die immer seltener werdenden Maulesel außer Acht lässt, sind **Säugetiere** auf Zákynthos nur in geringem Maße vertreten: Kaninchen, Marder, Wiesel, kleine Fledermäuse – das ist alles. Die Jagdleidenschaft der Zakynther, die vergleichsweise hohe Bevölkerungszahl, der zunehmende Verkehr und der Einsatz von Pestiziden sind dafür verantwortlich.

Reptilien und Amphibien: Immer mal wieder sieht man einen Mauergecko, eine Taurische Mauer- oder eine Smaragdeidechse, in Tümpeln oder Feuchtgebieten auch Frösche und Sumpfschildkröten. Auf Schlangen, Vipern oder Nattern, trifft man dagegen selten. Giftig soll, wie man uns versichert hat, keine sein.

Begegnung am Straßenrand

Vögel gibt es auf Zákynthos vergleichsweise viele, auch einige Zugvögel halten sich zeitweise auf der Insel auf. Spatz, Elster, Wiedehopf, Eisvogel, Eichelhäher, Wachtel, Schnepfe, Turteltaube, Krähe, Nachtrabe, verschiedene Arten von Reihern, auch Eule, Bussard und Schwarzfalke sind einige der wichtigsten Vertreter.

Insekten: Überall kreucht und fleucht es – Schmetterlinge, Käfer, Heuschrecken und natürlich Zikaden, die an Sommertagen ihr lautstarkes Konzert veranstalten. Das Geräusch entsteht, indem die männlichen Tiere ihr Zirporgan (durch Rippen versteifte Chitinplatten) mit Hilfe von Muskeln bis zu 8000-mal pro Sekunde schwingen lassen, um die Weibchen anzulocken.

Leider gibt es auf der Insel, insbesondere im feuchten Flachland, auch jede Menge Stechmücken. Ein entsprechendes Abwehrmittel sollte deshalb in Ihrem Gepäck sein. Ab und zu trifft man im Bergland auf bunt bemalte Bienenkästen, denen man sich mit Vorsicht nähern sollte.

Meerestiere: Neben den Caretta-caretta-Meeresschildkröten, die einige der stark frequentierten Sandstrände in der Bucht von Laganás aufsuchen, um ihre Eier abzulegen (s. u.), sind an der steilen Westküste noch ein paar wenige **Mittelmeer-Mönchsrobben** (Monachus monachus) heimisch. Sie leben ständig im Meer, nur ihre Jungen bekommen und säugen sie in Felshöhlen. Davon gibt es auf Zákynthos genügend, aber durch die vielen Bootstouren werden die zu den zwölf meistbedrohten Tierarten gehörenden Robben – im gesamten Mittelmeer soll es keine 300 Tiere mehr geben – sehr gestört. Erst seit einigen Jahren besteht das Verbot, die Höhlen anzufahren, die von ihnen aufgesucht werden.

Die wichtigsten Fische sind: Sardelle, Petersfisch, Meerbarbe, Meerbrasse, Kabeljau, Meeräsche und Mollusken wie Tintenfisch und Oktopus – viele sind es aber nicht im nährstoffarmen Ionischen Meer. Zahlreicher sind Kleintiere wie Röhrenwürmer, Schnecken, Krebse und Garnelen. Und ab und zu bekommt man in den Gewässern um die Insel auch mal Delfine zu sehen.

Caretta-caretta-Meeresschildkröten

Die bis zu zwei Zentner schwere und maximal einen Meter lange Unechte Karettschildkröte (Caretta caretta) ist eine der Hauptattraktionen der Insel und wird entsprechend touristisch vermarktet: Souvenirläden verkaufen Plüschschildkröten in allen nur denkbaren Variationen oder speziell bedruckte T-Shirts, Tassen etc., und einige Agenturen haben sogenannte "Turtle-Spotting-Trips" im Angebot, bei denen die zur Brutzeit im seichten Wasser schwimmenden Tiere den Touristen zum Foto-Shooting präsentiert werden – mit Erfolgsgarantie, versteht sich.

Die Crux bei all dem ist, dass die Tiere vom rasant fortschreitenden Tourismus aus unterschiedlichen Gründen (s. u.) in ihrem Bestand extrem bedroht sind. Das Management des im Dezember 1999 nach langem Hin und Her endlich gegründeten National Marine Park of Zákynthos (NMPZ) soll nun gemeinsam mit den lokalen Behörden einen ganzen Katalog von Maßnahmen zum Schutz der Meeresschildkröten durchsetzen und damit auch einer Forderung des Europäischen Gerichtshofs an Griechenland entsprechen. Bei vielen Zakynthern stößt dies allerdings auf wenig Gegenliebe. Der Grund: Die Maßnahmen zielen im Wesentlichen auf eine Einschränkung des touristischen Angebots gerade in den hochfrequentierten Gebieten der Insel, auf das viele Insulaner ihre wirtschaftliche Existenz gründen. Interessenskonflikte sind damit nicht zu vermeiden. Da das Thema für die Insel außerordentlich relevant ist, gehen wir an dieser Stelle etwas ausführlicher darauf ein.

Biologie der Caretta caretta: Die Unechte Karettschildkröte – eine von weltweit acht Meeresschildkrötenarten – verbringt ihr gesamtes Leben im Meer, wo sie frisst, sich paart und große Strecken zurücklegt. Wie alle Reptilien atmet sie über die Lunge und kommt deshalb während des Schwimmens regelmäßig an die Wasseroberfläche, um Luft zu holen. Da sie den aufgenommenen Sauerstoff besonders effizient nutzen kann, ist sie fähig, viele Stunden unter Wasser zu bleiben, z. B. während des Schlafs.

Zur Eiablage kommen die erst mit 20 bis 30 Jahren geschlechtsreifen Weibchen von Mai bis August während der Nacht an den Strand, graben ein etwa 50 cm tiefes Nest, legen bis zu 120 tischtennisballgroße Eier ab und bedecken diese zur Tarnung

Die Schildkröten können stundenlang unter Wasser bleiben

Die Schlüpflinge schaffen es oft nicht bis ins rettende Wasser

mit Sand. Anschließend kriechen sie wieder ins Meer, um aber nach 10 bis 14 Tagen zurückzukehren und ein zweites, später vielleicht sogar ein drittes Mal zu legen. Dies wiederholt sich bei einem Weibchen alle zwei bis drei Jahre.

Bei der Eiablage folgen die Tiere einem "biologischen Programm": Sie legen ihre Brut dort ab, wo sie vor Jahren selbst geboren worden sind. Und genau hier liegt das Problem: Auf Zákynthos, ihrem mit Abstand wichtigsten Brutgebiet in Griechenland, sind die weiblichen Karettschildkröten auf die in der Bucht von Laganás gelegenen Strände von Marathoníssi, Laganás, Kalamáki, Sekánia, Dáfni und Gérakas geprägt. Werden die Muttertiere bei der Eiablage durch Lichter, Geräusche oder Hindernisse – Tavernenbeleuchtung, Liegen, Sonnenschirme etc. – gestört, kehren sie unverrichteter Dinge ins Wasser zurück. Ihr biologisches Programm sieht dann lediglich noch geringfügige Variationen vor, d. h. sie werden allenfalls versuchen, in einer der folgenden Nächte auf einen nahe gelegenen anderen Strand auszuweichen, um dort ihre Eier abzulegen. Gelingt dies wieder nicht, verlieren sie ihre Brut im Meer. Wie sehr die Schildkröten in ihrem natürlichen Verhalten vom Tourismus beeinträchtigt werden, sieht man daran, dass sie eine ihrer früher sehr bedeutenden Brutstätten, den Strandabschnitt in der Nähe des Ortes Laganás, mittlerweile völlig meiden - der Rummel ist einfach zu groß. Da das Nisten hier nicht mehr möglich ist, legen die ursprünglich auf den Laganás-Beach geprägten Weibchen ihre Eier günstigstenfalls auf einem der fünf anderen verbliebenen Strände ab. Deren Schutz ist also unerlässlich, will man das Aussterben der noch bestehenden Population verhindern. Dabei zielen die notwendigen Schutzmaßnahmen nicht nur auf die Sicherstellung der Eiablage. Denn selbst wenn die Muttertiere erfolgreich waren, droht den von der Sommersonne in etwa 60 Tagen "ausgebrüteten" Tieren große Gefahr. Meist kommen die 3 bis 5 cm großen Schlüpflinge nachts aus dem Sand und orientieren sich an der am hellsten leuchtenden Fläche – dem im Mondlicht glänzenden Wasser. Fatal, wenn die Lichter von Hotels, Tavernen etc. sie in die falsche Richtung leiten: Die Kleinen trocknen aus und gehen jämmerlich zugrunde. Neben dieser durch den Menschen verursachten Gefahr werden die Jungtiere mit ihrem noch weichen Panzer aber auch durch zahlreiche natürliche Feinde wie Seevögel und größere Fische bedroht. Man geht davon aus, dass von 1000 kleinen Schildkröten, die den Weg ins Wasser geschafft haben, nur eine einzige das Erwachsenenalter erreicht.

Archelón Sea Turtle Protection Society (STPS)/National Marine Park: Schon bald nachdem die große Tourismuswelle auf Zákynthos angerollt war, wurde im Jahre 1983 die "Sea Turtle Protection Society" zum Schutz der Meeresschildkröten in Griechenland gegründet. Denn obwohl die Tiere schon zu Beginn der 80er Jahre gesetzlich geschützt wurden, verringerten sich die Populationen dramatisch. Auf Zákynthos wurden jeden Sommer unzählige Tiere bei Unfällen mit Schnellbooten und durch Fischernetze lebensgefährlich verletzt oder gar getötet, die Zahl der Nester ging auch durch störende Einwirkungen an den Stränden zurück. 1985 zählte man in der gesamten Bucht nur noch 857 Nester, zuvor sollen es über 2000 gewesen sein. Ein alter Zakynther erzählte uns, in seiner Jugend sei der Strand von Laganás am Morgen oft schwarz von Schlüpflingen gewesen.

Streng geschützt ist der Sekánia-Beach

Der Druck der STPS und anderer Umweltorganisationen führte zu wichtigen Schutzbestimmungen, die z. B. den Aufenthalt an Niststränden während der Nacht untersagen, Bautätigkeiten einschränken, Sonnenschirme und Liegen nur an bestimmten Abschnitten zulassen etc. Zudem teilte man die Bucht in Schutzzonen auf und reglementierte damit den Bootsverkehr und die Fischerei. Der Wert dieser Maßnahmen lässt sich an Zahlen ablesen: Heute zählt man auf den ca. 5 km langen Niststränden immerhin wieder 1300 Gelege pro Sommer.

Aber man möchte mehr erreichen. Große Hoffnung setzt man nun in den neuen Nationalpark. Seit seiner Konstituierung können die Maßnahmen nämlich nicht nur von den Mitarbeitern der STPS eingefordert, sondern auch von der Polizei, der Hafenpolizei und den Angestellten des Parks durchgesetzt werden. Letztere bewachen nun z.B. die Schildkrötenstrände rund um die Uhr und informieren die Badegäste über die Meeresschildkröten. Weiterhin hat man die Bautätigkeit im Hinterland der Strände durch die Ausweisung von Bebauungszonen unterschiedlicher Stufen genau reglementiert, ein Konzept zur angemessenen Durchführung der umstrittenen Turtle-Watching-Trips (s. S. 152) entwickelt, außerdem auch Logos, mit denen man kooperationsbereite Agenturen auszeichnen möchte. Denn gefördert werden soll in Zukunft auf jeden Fall ein ökologisch orientierter Tourismus im Nationalpark, so dessen Leiter Kóstas Katselídis.

Die praktische Arbeit zum Schutz der Schildkröten liegt zum großen Teil nach wie vor bei der STPS. Sie führt seit Jahren genau Buch über die Fortpflanzungstätigkeit der Tiere. Unterstützt wird sie dabei von freiwilligen Mitarbeitern aus aller Welt. Jeden Morgen werden Spuren gezählt und mit der Anzahl der neuen Gelege verglichen, um so herauszufinden, wie viele Weibchen in der Nacht gestört wurden. Die Nester werden genau beobachtet, denn man will wissen, wie viele Jungtiere schlüpfen. Diejenigen an besonders gefährdeten Stellen schützt man durch Metallgestelle. Von großer Bedeutung ist aber auch die Öffentlichkeitsarbeit. Am Kap Gérakas unterhält die STPS einen Infostand und in zahlreichen Hotels veranstaltet sie kostenlose Diavorträge, durch die die Touristen für das Problem "Caretta caretta" sensibilisiert werden sollen.

Verhaltensmaßnahmen an den ausgewiesenen Niststränden

- Der Aufenthalt zwischen Sonnenunter- und Sonnenaufgang ist streng untersagt. Die weiblichen Tiere kommen nachts an den Strand, um Eier zu legen.
- Lichtquellen, die von der Küste aufs Meer leuchten, sind verboten (Autoscheinwerfer, Taschenlampe, Blitzlicht etc.). Die in der Nacht schlüpfenden kleinen Schildkröten werden nämlich dadurch in die Irre geleitet und sterben.
- Halten Sie sich tagsüber am Strand nur bis zu 5 m hinter der Uferlinie auf, denn in diesem meernahen Nassbereich legen die Schildkröten ihre Eier nicht ab.
- Graben im Sand (Sandburgen etc.) kann Gelege zerstören oder auch zu tödlichen Fallen für die frisch geschlüpften Jungtiere werden. Achten Sie beim Verlassen des Strandes darauf, nichts zurückzulassen, was ein Hindernis für die Schildkrötenbabys darstellen könnte.
- Sonnenschirme im Sand können Gelege, die sich darunter befinden, zerstören. Deren Schatten vermindert die Temperaturen im Sand, so dass die natürlichen Bedingungen des Reifens und Schlüpfens stark verändert werden. Sonnenschirme und Liegestühle sind an allen Niststränden verboten mit Ausnahme einiger genau festgelegter Abschnitte in Kalamáki und Gérakas.
- Entfernen Sie nicht die von Mitarbeitern der STPS um Gelege aufgestellten Schutzzäune.
- Berühren Sie auf keinen Fall frisch geschlüpfte Jungtiere. Diese müssen unbedingt den Weg ins Meer aus eigener Kraft bewältigen, so hart es erscheinen mag.
- Halten Sie sich, was Bootsbenutzung angeht, an die geltenden Bestimmungen.
- Bitte halten Sie die Strände und das Wasser sauber. Nicht selten verwechseln Schildkröten Plastiksäcke mit Quallen, die ihnen als Futter dienen. Dies führt zu einer für die Tiere tödlichen Verstopfung des Darms.

Weitere Informationen erhalten Sie im Verwaltungszentrum des Marine Parks in Argássi (neben der Ág.-Dionýsios-Kirche), an dessen Informationskiosken an den Stränden, am Infostand der STPS in Gérakas (s. S. 138), bei Veranstaltungen, die die Organisation in Hotels durchführt, sowie unter www.nmp-zak.org.

Widerstände gegen die Schutzmaßnahmen: Längst klappt noch nicht alles, vieles liegt weiterhin im Argen, teilweise werden nach wie vor die Gesetze unterlaufen

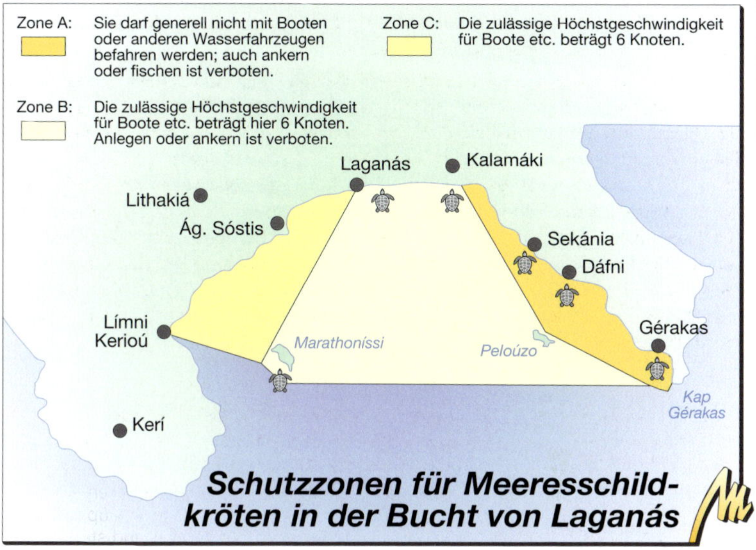

Schutzzonen für Meeresschildkröten in der Bucht von Laganás

bzw. sogar missachtet. Die Eigentümer der Grundstücke an den betroffenen Stränden, die z. B. eine Taverne oder einen Sonnenschirmverleih eröffnet haben, fürchten um ihren Gewinn, ja sehen nicht selten ihre Lebensgrundlage bedroht. Manch einer greift sogar zu gewalttätigen Mitteln: Der einst am Strand von Laganás errichtete Infostand der STPS musste, nachdem er dreimal niedergebrannt worden war, schließlich aufgegeben werden, 1990 wurden drei freiwillige Helfer krankenhausreif geschlagen. Und auch im Jahre 2000 berichtete man uns, dass eine Zakyntherin mutwillig morgens um halb 6 Uhr Schildkrötenspuren verwischt habe, um die Arbeit der Helfer zu erschweren. Vielleicht könnte ein finanzieller Ausgleich für die Grundstücksbesitzer Bewegung in die z.T. festgefahrene Lage bringen und zu einer konsequenteren Durchsetzung der Schutzbestimmungen beitragen.

Konsequenzen: Ziel muss es in jedem Fall sein, ein Miteinander von Tourismus und Artenschutz zu ermöglichen. Unerlässlich dafür ist, dass zum einen die am Fremdenverkehr verdienenden Einheimischen Art und Ausmaß ihrer Dienstleistungen auf die Lebensgewohnheiten der Tiere hin abstimmen. Daneben müssen aber auch die Gäste, die in der Zeit von Juni bis September die Schildkrötenstrände aufsuchen, unbedingt die im Kasten auf Seite 26 aufgeführten Verhaltensmaßregeln einhalten und in jedem Falle nachts diese Küstenabschnitte meiden. Der Wahlspruch der STPS "We can live together" kann nur Wirklichkeit werden, wenn die Touristen in diesem Sinne verantwortungsbewusst handeln.

Hinweis: Damit Sie sich schnell orientieren können, an welchen Stränden die Maßnahmen gelten, haben wir die entsprechenden Stellen im Reiseteil mit einem Schildkröten-Piktogramm markiert.

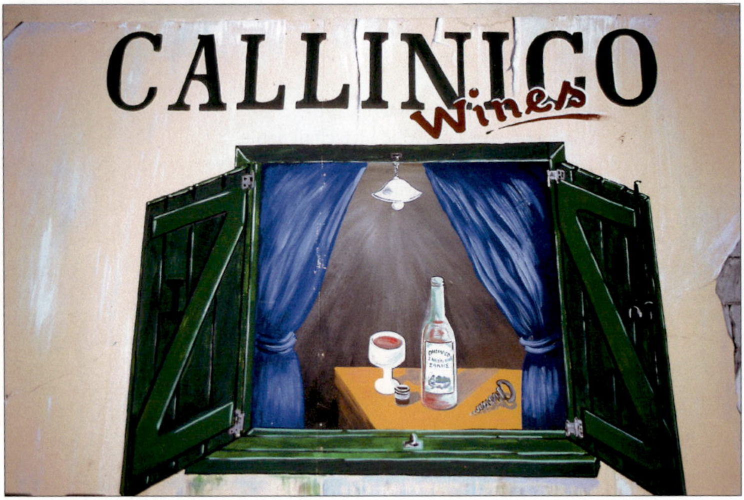

Eine der größten Kellereien der Insel

Wirtschaft

Den Zakynthern geht es ökonomisch vergleichsweise gut. Da große Gebiete ihres Eilands ausgesprochen fruchtbar sind, spielt die Landwirtschaft seit alters eine wichtige Rolle. Zudem bietet die Chóra – für Inselverhältnisse eine große Stadt – eine Menge Arbeitsplätze im Handels- und Dienstleistungssektor. Und seit den 80er Jahren des 20. Jh. ist der ständig zunehmende Tourismus der Motor der Wirtschaft auf Zákynthos.

Die weitgehend flache Osthälfte der Insel ist von der Natur bevorzugt. Auf den sandigen, tonigen und mergeligen Ablagerungen konnte sich ein äußerst ertragreicher Boden entwickeln. Und da es auf Zákynthos im Winterhalbjahr ziemlich viel regnet und zudem an der Grenze zwischen dem westlichen Kalkgebirge und dem östlichen Flach- und Hügelland zahlreiche ergiebige Quellen austreten, ist dieses Gebiet so etwas wie der Garten Eden des Eilands und entsprechend dicht besiedelt. Intensiv wird hier **Landwirtschaft** betrieben.

Neben der jahrhundertealten **Olivenölproduktion** hat insbesondere der **Weinbau** eine große Tradition. Schon im Altertum war Zákynthos bekannt für seine Weine, und die Venezianer kümmerten sich zur Zeit ihrer Herrschaft intensiv um die Kultivierung des Rebensaftes. Auf den Schwarzhandel mit Trauben soll damals sogar die Todesstrafe gestanden haben. Derzeit gibt es vier größere Weinkellereien auf der Insel. Sie produzieren wohlschmeckenden Weiß-, vor allem aber Rotwein und bemühen sich in letzter Zeit auch mehr um den Export. Drittes wichtiges Erzeugnis sind **Korinthen** (s. Kasten auf S. 186). Die kleinen, kernlosen, schwarzblauen Trauben wurden im 16. Jh. von Peloponnesern, die vor den Türken flüchteten, nach Zákynthos gebracht. Da mit ihnen viel Gewinn zu machen war, verdrängten sie bald große Teile des Getreideanbaus. Daneben werden v. a. Orangen, Zitronen, Melonen, Hülsenfrüchte, Tomaten, Gurken und die ausgesprochen großen Zwiebeln angebaut.

In sehr viel geringerem Maße betreibt man Landwirtschaft im dünn besiedelten westlichen Kalkgebirge. Der Boden ist dazu nur wenig geeignet, zudem ist diese Gegend ausgesprochen wasserarm (der Regen versickert im porösen Kalkgestein), so dass man früher mehr von der Waldwirtschaft lebte. Diese spielt heute überhaupt keine Rolle mehr, zumal der Baumbestand aus verschiedenen Gründen (Waldbrände, Abholzung) deutlich zurückgegangen ist.

Über den Ölbaum

Wie in großen Teilen Griechenlands trägt auch auf Zákynthos der Olivenbaum, eine der ältesten Kulturpflanzen im Mittelmeerraum überhaupt, zum typischen Landschaftsbild bei. Ursprünglich aus dem südlichen Vorderasien stammend, kultivierte man ihn in Hellas schon zur Zeit Homers, und in der Blütezeit des klassischen Athen steuerte er viel zum Reichtum der Stadt bei. Außerdem galten die Olivenzweige damals als Symbol des Friedens und des Sieges, weswegen man bei den Olympischen Spielen den Gewinnern der Wettbewerbe einen Ölbaumzweig überreichte.

Der immergrüne Baum (selten auch Strauch) wird 3 bis 7 m hoch. Seine Blätter sind an der Oberseite dunkelgrün, an der Unterseite dagegen hellgrau und dicht mit Schuppenhaaren besetzt, so dass sie in der Sonne silbrig glänzen. Er besitzt weit verzweigte, bis zu 6 m in die Tiefe reichende Pfahlwurzeln, mit denen er sich auch dann noch versorgen kann, wenn der Grundwasserspiegel im Sommer abgesunken ist.

Olivenbäume können uralt werden. Was den Boden betrifft, sind sie sehr anspruchslos. Allerdings vertragen sie nur wenige Frosttage, und auch die dürfen nicht kälter als maximal fünf Grad unter null sein. Im Sommer verlangen sie nach Wärme und Trockenheit, im Herbst und Winter jedoch brauchen die Kulturen einige kräftige Regengüsse. Die kleinen gelbweißen Blüten zeigen sich im Mai und Juni, Reifezeit ist zwischen September und November. Der Anbau verlangt Geduld: Je nachdem, ob aus Stecklingen oder Samen gezogen, trägt der Baum erst nach fünf bis zehn Jahren die ersten Früchte, den höchsten Ertrag erzielt er mit durchschnittlich 20 kg Oliven aber erst nach 20 Jahren – dann jedoch bei guter Pflege mehrere Jahrhunderte lang (zur Olivenernte und zum Olivenöl s. Kasten auf S. 192).

In diesem Teil der Insel, in dem es in den letzten Jahren verstärkt zu Landflucht gekommen ist, wurde und wird immer noch etwas **Viehzucht** betrieben, allerdings deutlich weniger als in anderen Regionen Griechenlands. Ab und zu sieht man eine kleine Schaf- oder Ziegenherde. Einige Familien stellen verschiedene Milchprodukte her, darunter besonders schmackhafte Käsesorten, die zu den Spezialitäten von Zákynthos gehören. Rinder gibt es auf der Insel kaum. Traditionell halten die meisten Bauern Hühner, z. T. auch Gänse und Truthühner und ab und zu ein paar Hasen und Schweine. Viele Tavernen in den Touristenorten bekommen ihr Fleisch daher aus Großbetrieben vom Festland.

Nicht sonderlich gut ist es um die **Fischerei** bestellt, denn die Gewässer um Zákynthos waren noch nie besonders ergiebig. Durch jahrelange Überfischung, das berüchtigte Dynamitfischen (verhängnisvoll v. a. auch für die Fischbrut), Wasserverschmutzung und Abnahme des Nährstoffgehalts gingen die Erträge noch weiter zurück. Die Fischer von Zákynthos-Stadt, Límni Kerioú und Ágios Nikólaos (in diesen Orten gibt es noch die größten Flotten) können den Bedarf der Touristen während der Hochsaison keinesfalls decken.

Die **Industrie** spielt auf der rohstoffarmen Insel nur eine sehr untergeordnete Rolle. Zwar ließ man in der Gegend um die sogenannten "Pechseen" von Límni Kerioú, in denen in der Antike das für den Schiffsbau als Dichtungsmasse begehrte Pech gefördert wurde, Erdölprobebohrungen durchführen, doch die gefundenen Mengen waren so gering, dass sich eine Ausbeutung nicht lohnte (s. Kasten auf S. 163). Das einzig nennenswerte Rohstoffvorkommen bildet neben Gips der Kalkstein, der in zahlreichen **Steinbrüchen** im westlichen Bergland abgebaut und dann zu Zement und anderen Baumaterialien weiterverarbeitet wird. Insbesondere durch den wachsenden Tourismus, der immer mehr Hotelneubauten erforderlich macht, hat die **Baustoffindustrie** mittlerweile eine gewisse Bedeutung erlangt.

In Zákynthos-Stadt und der näheren Umgebung werden zudem noch heimische Produkte wie Oliven, Trauben und Obst zu Seife, Öl, Wein und Likör verarbeitet. Einige kleinere, aber traditionsreiche Betriebe stellen "Mandoláto" (süßes Mandelgebäck) und "Pastélli" (Sesam-Nuss-Gebäck mit Honig) sowie Puder und Parfüm her. Die Chóra ist auch das **Dienstleistungs- und Handelszentrum** auf der Insel mit entsprechendem Arbeitsplatzangebot. Von Banken über Autohäuser und Möbelgeschäfte bis zu Computerfachläden ist hier alles vorhanden, was man in einer größeren Stadt erwarten kann.

Seit einigen Jahren ist der **Tourismus** der wichtigste Wirtschaftsfaktor und eine unermüdlich sprudelnde Geldquelle. Immerhin stammt etwa die Hälfte der Einnahmen auf Zákynthos aus dieser Branche. 1981 landete die erste Chartermaschine, gegenwärtig kommen ca. 330.000 Touristen pro Jahr auf die Insel; erklärtes Ziel für die nahe Zukunft ist das Erreichen der 400.000er-Marke. Realisiert werden soll es durch den schon lange geplanten Ausbau des Flughafens. Wer immer nur kann, versucht, sich vom Tourismuskuchen ein Stück abzuschneiden.

Keine Frage, der Tourismus schafft viele Arbeitsplätze und bietet den Einheimischen Möglichkeiten zur Eigeninitiative: Man kann Hotels, Tavernen, Souvenirläden oder Reisebüros betreiben, Bootsausflüge organisieren, Surfbretter verleihen, oder man kann – wie es viele Frauen in Heimarbeit tun – Spitzen häkeln und Decken besticken, die dann in den entsprechenden Läden der Touristenzentren oder

Hinein ins Vergnügen!

in den von den Ausflugsbussen angefahrenen "traditionellen Dörfern" an der Straße verkauft werden (vieles stammt freilich auch aus Großproduktionen vom Festland, aber auch dann verdient man daran). All dies hat – vor allem in den größeren Badeorten – zu einem üppigen Tourismusangebot geführt, das so manchen abstoßen könnte. Man sollte dabei aber bedenken, dass viele Zakynther ihre Existenz darauf aufbauen. Ohne Tourismus wären heute sicherlich einige von ihnen zur Auswanderung gezwungen.

Doch natürlich hat der Tourismusboom auch seine Schattenseiten für die wirtschaftliche, ökologische und soziale Entwicklung der Insel. Er schafft ökonomische Abhängigkeiten, insbesondere von Hoteleinkäufern und ausländischen Reiseveranstaltern, er hat die Verschandelung ganzer Küstenstriche und Strände mit sich gebracht und stellt nicht zuletzt auch eine ernsthafte Bedrohung für seltene Tiere wie die Caretta-caretta-Schildkröte dar. Hinzu kommen Veränderungen in den traditionellen Sozialstrukturen der Insel: Junge Menschen wandern aus den Bergdörfern ab, weil sie sich lieber als Kellner in einer Strandkneipe oder als Zimmermädchen im Hotel verdingen, als sich auf den Feldern zu plagen. Nicht zu vergessen schließlich die Konfrontation mit mittel- und westeuropäischen Sitten, die gravierende Umwälzungen mit sich gebracht hat und oft die Ursache für sozialen Unfrieden, Neid und Konkurrenzdenken untereinander ist. Diese und ähnliche Faktoren sind der Preis, den man für den relativen Wohlstand durch den Tourismus zahlen muss.

Mythische Wesen bewachen die Küste

Geschichte

Frühe Geschichte und Mythologie

Über die früheste Geschichte der Insel ist nicht viel bekannt. In der Bucht von Laganás hat man einige spärliche Siedlungsspuren aus dem Neolithikum (Jungsteinzeit) gefunden. Ob das Eiland von dieser Zeit an dauerhaft bewohnt war, ist nicht sicher. Jedenfalls legte man bei Kerí und Kambí Gräber frei, die man in die mykenische Zeit datiert.

Nach Homer soll ein Sohn des legendären trojanischen Königs Dárdanos namens Zákynthos mit einigen Leuten aus Arkadien (Peloponnes) zwischen 1600 und 1500 v. Chr., also zu Beginn des mykenischen Zeitalters in Griechenland, auf die Insel gekommen sein und eine Burg namens Psofída oder Psophís auf dem heutigen Kástro-Hügel gegründet haben, in deren Schutz sich allmählich eine Stadt entwickeln konnte. Dafür spricht auch, dass man auf Zákynthos später noch jahrhundertelang die Jagdgöttin Ártemis verehrte, ein Kult, der für Arkadien besonders charakteristisch war.

Der antike Geschichtsschreiber Thukydides meint dagegen, Archäer seien die ersten griechischen Siedler gewesen, aber auch die kamen vom Peloponnes und gelten als die Träger der mykenischen Kultur. Nicht auszuschließen, dass es sowohl Arkadier als auch Archäer waren, die etwa zeitgleich das Griechentum nach Zákynthos brachten. Und da man auch auf den Nachbarinseln Kefaloniá, Lefkáda und Ithaka mykenische Siedlungsreste gefunden hat, kann man davon ausgehen, dass diese Kultur auch auf Zákynthos Wurzeln geschlagen hat. Zumal Homer auch berichtet, das "waldreiche Zákynthos" habe später zum Königreich Ithaka gehört und unter der Führung des listenreichen Odysseus um 1200 v. Chr., also gegen Ende der mykenischen Epoche, mit mehreren Schiffen am Trojanischen Krieg teilgenommen. Einige junge zakynthische Adlige sollen auch zu den aufdringlichen Freiern gehört haben, die um die Hand seiner Frau Penelope warben, während Odysseus auf der Heimfahrt von Troja zehn Jahre auf dem Meer umherirrte.

Die Rache des Odysseus bringt Zákynthos die Freiheit

Nach etwa 20 Jahren, darunter eine 10-jährige Irrfahrt mit mehreren gefahrvollen Abenteuern, nach Ithaka zurückgekehrt, verkleidete sich Odysseus auf Rat der Göttin Athena hin als Bettler und gelangte so unerkannt in seinen Palast. Dort hielten sich mittlerweile mehr als hundert Freier auf, darunter auch etwa zwanzig aus Zákynthos, die sich die Zeit mit ausschweifenden Gelagen und aufdringlichen Brautwerbungen vertrieben. Mehr als drei Jahre lang hatte Penelope diese dadurch hingehalten, dass sie vorgab, zunächst für ihren Schwiegervater Laertes ein Leinentuch weben zu müssen, das sie nachts immer wieder heimlich auftrennte. Der verkleidete Odysseus stahl nun den Freiern heimlich die Waffen, während Penelope ihnen verkündete, sie wolle den heiraten und damit zum König machen, der mit dem schweren Bogen ihres verschollenen Mannes am besten schießen könne. Keiner der Freier schaffte es, diesen Bogen überhaupt zu spannen, nur dem "Bettler", der auch mitschießen durfte, gelang es, und er traf zur Verblüffung aller das Ziel. Anschließend metzelte er zusammen mit seinem Sohn Telémachos, dem er sich zuvor schon geoffenbart hatte, nahezu alle Freier nieder, so dass der Palast voller Blut und Leichen zurückblieb.

Diese Morde des Odysseus sollen der Anlass gewesen sein, dass sich die Inseln Kefaloniá und Zákynthos von der Herrschaft Ithakas befreiten. Zwar blieb man noch eine Zeit lang tributpflichtig, aber beide Inseln erhielten durch die Vermittlung von Neptólemos, einem Sohn des Achilleus, der als Schiedsrichter zwischen Odysseus und den Verwandten der ermordeten Freier bestellt wurde, das Selbstbestimmungsrecht zugesichert. Möglicherweise schildert Homer mit dieser mythischen Geschichte nichts anderes als einen Aufstand der von Ithaka beherrschten Inseln. Zákynthos soll sich danach jedenfalls eine demokratische Verfassung gegeben haben.

Zákynthos in der Zeit der griechischen Antike

In den folgenden Jahrhunderten scheint es den Zakynthern wirtschaftlich recht gut gegangen zu sein. Hauptverantwortlich dafür waren der fruchtbare Boden im Ostteil der Insel, das begehrte Pech aus den Quellen beim heutigen Dorf Kerí und auch die günstige geographische Lage zwischen West und Ost, die den Handel erblühen ließ.

Die Bevölkerung nahm zu, und die Zakynther gründeten Kolonien, sogenannte "Tochterstädte", in Sizilien, Süditalien, Spanien, auf Kreta und auf der Kykladeninsel Páros. Früher als die meisten Stadtstaaten auf dem Peloponnes prägte man schon im 6. Jh. Silbermünzen, auf denen Apollon abgebildet war. Wie zu seiner Schwester Ártemis hatten die Zakynther zu diesem Gott der Künste eine ganz besondere Beziehung; schon damals scheinen sie Kulturellem gegenüber sehr aufgeschlossen gewesen zu sein. Wo sich größere Ansiedlungen auf der Insel befanden,

Die idyllisch gelegenen Ruinen des Kástros zeugen von einstiger Größe

ist nicht sicher, denn die zahlreichen Erdbeben führten dazu, dass kaum Siedlungsreste gefunden wurden. Immerhin entdeckte man auf dem heutigen Kástro-Hügel eine marmorne Skulptur einer Göttergruppe (Apollon, Ártemis und Aphrodite) sowie jede Menge Münzen. Deswegen ist sicher, dass hier, im Schatten ihrer Akrópolis (der legendären Burg Psophís), die einzige größere antike Stadt der Insel lag, in der damals, so wird geschätzt, insgesamt etwas mehr als 20.000 Menschen lebten.

An den Kriegen der Griechen gegen die Perser beteiligte die Insel sich erst ganz zum Schluss. Als dann der langjährige Konkurrenzkampf zwischen Sparta und Athen ausbrach, war sie zunächst mit den peloponnesischen Spartanern verbündet, wurde aber 455 v. Chr. nach einem Sieg der Athener genötigt, die Front zu wechseln. Wie Thukydides berichtet, schickten die Zakynther 434 v. Chr. immerhin 1000 schwer bewaffnete Soldaten dem von Korinth bedrängten befreundeten Inselstaat Kérkira (Korfu) zu Hilfe, eine im Verhältnis zur Größe der Insel enorme Zahl. Im nun folgenden Peloponnesischen Krieg gehörten die Zakynther zu den Bundesgenossen Athens. 430 v. Chr. wurde ihre Insel deshalb von 100 spartanischen Schiffen angegriffen, die aber wegen des Widerstands der Zakynther wieder abziehen mussten. Fünfzehn Jahre später kämpften sie an der Seite Athens gegen die sizilianische Stadt Syrakus. Nach der vernichtenden Niederlage geriet die Insel doch unter den Einfluss Spartas, ein oligarchisches Regiment nach spartanischem Vorbild wurde eingesetzt, und die Anhänger der Demokratie mussten in die Verbannung gehen. 375 v. Chr. kehrten sie unter dem Schutz des Athener Feldherrn Timótheos nach Zákynthos zurück, und die Demokratie setzte sich schließlich, begünstigt durch den endgültigen Friedensschluss zwischen Athen und Sparta, wieder durch. Dies zeigt sich auch daran, dass man 357 v. Chr. den aus seiner Heimat fliehenden Syrakuser Dion nicht nur aufnahm, sondern ihm höchste Ehre erwies und ihm vor allem gestattete, auf der Insel Söldner zusammenzuziehen, um seine Vaterstadt

Syrakus von dem Tyrannen Dionýsios dem Jüngeren zu befreien. Gegen Ende des 3. Jh. v. Chr. fiel Zákynthos schließlich in die Hände der Makedonier.

Zákynthos im Römischen Reich

Im Jahr 150 v. Chr. wurde Zákynthos durch den General Fulvius trotz heftiger Gegenwehr seiner Bewohner endgültig ins Imperium Romanum eingegliedert, nachdem die Insel etwa 50 Jahre vorher schon einmal von den Römern erobert, aber gegen die Makedonier nicht gehalten werden konnte. Zunächst von römischen Stadthaltern regiert, wurde ihr dann eine gewisse Selbstverwaltung zugebilligt. Allerdings musste man Steuern nach Rom entrichten und ein bestimmtes Kontingent Soldaten für die römische Armee abstellen. Das Verhältnis zwischen Zakynthern und den Herren aus Rom entspannte sich mehr und mehr, und als 87 v. Chr. Archelaos, der General des Königs Mithridates von Pontus und Erzfeind Roms, die Insel erobern wollte, kämpften die Einheimischen an der Seite der Römer und schlugen den Feind in die Flucht, während andere griechische Regionen offen mit Mithridates sympathisierten.

Ein Problem, von dem auch Zákynthos mehrfach betroffen war, stellte in dieser Zeit das Seeräuberwesen dar. Pompejus "säuberte" mit einem Spezialkommando in 50 Tagen das Mittelmeer und siedelte 20.000 Piraten in Kleinasien an, was den Römern bei den Zakynthern weitere Wertschätzung einbrachte. Aufgrund der Lage auf einer vielfach befahrenen Handelsroute sowie stabiler politischer Verhältnisse in der römischen Kaiserzeit erlebte Zákynthos, das zur Provinz Achaía gehörte, eine Periode des Wohlstands. Immer wieder soll die Insel Reiseziel römischer Intellektueller gewesen sein, möglicherweise diente sie zeitweise auch als Verbannungsort für vornehme römische Bürger, die man nicht allzu schwer bestrafen wollte.

Zákynthos im byzantinischen Zeitalter

Als nach dem Tod des Kaisers Theodosius I. das immer schwächer werdende Imperium Romanum im Jahre 395 endgültig in ein weströmisches und ein oströmisches Reich geteilt wurde, gehörte Zákynthos, wie ganz Griechenland zu Letzterem mit der Hauptstadt Konstantinopel (Byzanz). Aber es lag am Rande dieses Reiches und hatte in der Folgezeit unter ständigen Überfällen zu leiden. Piraten trieben ihr Unwesen, Hunnen und vor allem die Vandalen unter ihrem König Geiserich, Ostgoten, dann Sarazenen raubten, plünderten, vergewaltigten, mordeten und zerstörten auf Zákynthos. Die byzantinischen Streitkräfte kamen zwar immer mal wieder zu Hilfe, waren aber letztlich nicht stark genug, die weiter entfernt liegenden Reichsgebiete wirklich zu schützen und für dauerhafte Ruhe zu sorgen.

Zákynthos gehörte anfangs zur Provinz Illyrien, dann war es sogar mit dem zeitweiligen byzantinischen Besitz in Norditalien um Ravenna ein "Thema" (Verwaltungsbezirk) und wurde ab 887 zusammen mit den anderen Ionischen Inseln zum "Thema Kefaloniá". Die Bevölkerung war in drei Klassen eingeteilt, in die der Großgrundbesitzer, die der Arbeiter und Händler sowie die der Bauern.

Auch die Kreuzritter setzten Zákynthos stark zu. Sizilianische Normannen plünderten auf dem Rückweg vom zweiten Kreuzzug die Insel, 1147 besetzten sie sie unter ihrem Führer Roger I. erneut. Mit letzter Kraft gelang es den Byzantinern, Zákynthos und die anderen Ionischen Inseln noch einmal zu befreien.

Zákynthos unter wechselnder Herrschaft

Doch die Uhr war im Ionischen Meer bald endgültig abgelaufen für Byzanz. 1185 wurden Zákynthos und seine Nachbarinseln erneut von den Normannen erobert. Damit waren sie endgültig aus dem Byzantinischen Reich herausgelöst und wurden vom sizilianischen König Wilhelm II. seinem Großadmiral Margaritone von Brindisi als Lehen überlassen. Anfang des 13. Jh. gingen sie dann an die italienische Grafendynastie der Orsini über. Diese verfolgten das Ziel, in ihrer Grafschaft Kefaloniá-Zákynthos mit allen Mitteln den Katholizismus durchzusetzen. Sie verboten – für die Insulaner mit das Schlimmste – den orthodoxen Glauben und lösten den orthodoxen Bischof durch einen römischen ab. Zumindest die letzten Vertreter der Dynastie scheinen skrupellose Herrscher und Abenteurer gewesen zu sein, die nicht davor zurückschreckten, sich gegenseitig umzubringen, wenn es dem Machterwerb bzw. -erhalt dienlich war. Gewalt, Intrigen, Verschwörungen und Morde waren an der Tagesordnung, und als 1335 der letzte Orsini von seiner Frau vergiftet wurde, fiel die Grafschaft Kefaloniá-Zákynthos in die Hände der Anjou, der Könige von Neapel. Diese schenkten sie rund zwanzig Jahre später der florentinischen Familie de Tocchi, unter der Zákynthos zunächst wirtschaftlich und kulturell aufblühte. Die Menschen genossen nun auch wieder Religionsfreiheit.

Anfang des 15. Jh. trat mit den osmanischen Türken eine neue Weltmacht im griechischen Raum in Erscheinung. Die de Tocchi, die ihre Grafschaft um Teile des Festlands und Albaniens vergrößert hatten, führten mehrere Kriege gegen sie, siegten, verloren aber häufiger, schlossen Friedensverträge, mussten Gebiete abtreten und Tribut zahlen. Als sie Letzteres nicht mehr konnten, schickte der türkische Sultan 1479 seine Flotte, um Zákynthos zu besetzen. Der letzte De-Tocchi-Herrscher war zuvor nach Italien geflohen und hatte dort seinen ihm verbliebenen Besitz, darunter auch Zákynthos, noch schnell an den Dogen von Venedig verkauft. Die Venezianer verhandelten nun mit den Türken, und in einem diplomatischen Meisterstück gelang es ihnen, die Osmanen dazu zu bringen, ihnen Zákynthos für jährlich 500 Golddukaten wieder abzutreten. Dieser im Jahre 1485 geschlossene Vertrag sollte sich für Zákynthos zunächst als Glücksfall erweisen. Es blieb nämlich, wie die anderen Ionischen Inseln auch, von der jahrhundertelangen Herrschaft der Türken, unter der ansonsten ganz Griechenland zu leiden hatte, verschont und nahm eine gänzlich andere Entwicklung.

Zákynthos unter venezianischer Herrschaft

Unter den Venezianern erlebte Zákynthos einen deutlichen Aufschwung. Die Bevölkerung wuchs stark an und erreichte mit knapp 25.000 Bewohnern bald wieder die Zahl wie zu ihrer Blütezeit in der Antike. Viele Einheimische, die vor den Türken geflohen waren, kehrten zurück. Zudem lockten die neuen Herren aus der Lagunenstadt durch Steuervergünstigungen und andere Privilegien Landsleute auf die Insel, darunter recht viele Adlige. Schon bald pries man die nun offiziell Zante genannte Insel als "Fior di Levante", als "Blume des Ostens". Ein moderner Verwaltungsapparat entwickelte sich, neue Siedlungen entstanden, und ein großer Handelshafen, Straßen sowie prachtvolle Gebäude und Kirchen wurden gebaut. Auch die schönen Künste blühten auf, wobei sich Venezianisch-Westliches mit Griechisch-Östlichem vermischte, so dass eine typisch zakynthische Kultur entstand. Deren Zentrum war die sich im Laufe der Zeit deutlich vergrößernde Inselhaupt-

Viele Häuser weisen heute noch die venezianischen Farben auf

stadt, die damals Äjalos hieß und auch schon mal als "Florenz Griechenlands" bezeichnet wurde. Die Akzeptanz der Venezianer bei den Zakynthern war zunächst auch deshalb recht hoch, weil sie – im Vergleich zu den vergangenen Jahrhunderten – für ruhige, relativ friedliche und stabile Verhältnisse sorgten und Religionsfreiheit gewährten.

Regierungsform war die aristokratische Oligarchie, d. h. ein Adligenrat verwaltete die Insel, dem ein sogenannter "Prevedouros", ein oberster Führer, vorstand. Dieser unterstand direkt dem "Oberprevedouros", dem höchsten Repräsentanten Venedigs auf den Ionischen Inseln, dessen Sitz in Korfu war. Wie in allen damals von der Dogenrepublik beherrschten Regionen teilte man auch auf Zákynthos die Gesellschaft strikt in drei soziale Klassen ein. An oberster Stelle standen die "Nobili", die Adligen, fast ausschließlich Venezianer. Sie waren Großgrundbesitzer und alle im sogenannten "Libro d'Oro", im Goldenen Buch, eingetragen. Die zweite Klasse bildeten die "Civili", die Bürgerlichen, wozu z. B. Anwälte, Lehrer, Händler und Priester gehörten. Ihnen ging es in der Regel nicht schlecht, politisch aber waren sie rechtlos. Ganz unten war die zahlenmäßig größte Gruppe angesiedelt, die "Populari", also Seeleute, Handwerker, Bauern und Landarbeiter, die im Laufe der Zeit immer skrupelloser ausgebeutet und dazu noch als Soldaten rekrutiert wurden. Teilweise hatten sie den Status von Leibeigenen. Es war die unersättliche Habgier der Nobili, welche zu immer schärfer werdenden Spannungen führte, die sich von 1628 bis 1632 in einem Aufstand der Populari gegen die Adligen entluden. Doch der Doge in Venedig schickte Truppen, die die Revolte schließlich blutig niederschlugen.

Diese "Rebellion der Populari" war nicht die einzige kriegerische Auseinandersetzung in der immerhin mehr als 300 Jahre lang andauernden Herrschaft der Venezianer. Mehrfach mussten türkische Angriffe und Piratenüberfälle abgewehrt

Die Nikolauskirche wurde einst von Fischern erbaut

werden. 1571 nahmen zakynthische Schiffe an der berühmten Seeschlacht von Náfpaktos teil, bei der es den vereinigten christlichen Mächten gelang, den türkischen Vorstoß ins westliche Mittelmeer zu stoppen.

Doch zwischen 1645 und 1669 mussten die Zakynther im Krieg um Kreta mit ihren Herren erneut gegen die Türken kämpfen. Venedig verlor zwar seine dortigen Besitzungen an die Osmanen, erreichte aber in einem Friedensvertrag immerhin, dass es die jährlichen Abgaben für den Besitz von Zante nicht mehr zahlen musste. Nach diesem Krieg zogen zahlreiche Kreter nach Zákynthos um und bereicherten nachhaltig die dortige Kultur. Schließlich unterstützten Soldaten aus Zante im Rahmen eines russisch-türkischen Krieges einen erfolglosen Aufstand der Festlandsgriechen gegen die türkischen Besatzer. Danach kamen etwa 8000 Flüchtlinge vom Peloponnes auf die Insel.

Ende des 18. Jh. geriet die venezianische Herrschaft auf Zákynthos, wie in anderen von der Markus-Republik beherrschten Gebieten auch, in immer größere Schwierigkeiten. Die repräsentativen Gebäude, die teuren Kirchen und die enormen Rüstungsausgaben hatten Unsummen verschlungen, und die Bevölkerung litt schwer unter der erdrückenden Steuerlast. Außerdem waren viele Populari und Civili in den Bann der Französischen Revolution geraten – auf der Insel wurde sogar ein Jakobinerverein gegründet. Immer massiver wurden die Forderungen nach Freiheit, Gleichheit und Brüderlichkeit. Als schließlich der letzte Prevedouros der Venezianer am 14. Juli 1797 die Segel strich, jubelte und tanzte das Volk auf den Straßen von Zákynthos und feierte stürmisch die zur Unterstützung des Umsturzes auf der Insel gelandeten französischen Soldaten. Das Libro d'Oro – Adelsregister und verhasstes Symbol der venezianischen Herrschaft – wurde demonstrativ öffentlich verbrannt, man pflanzte feierlich einen Friedensbaum, und auf dem Kástro wurde die Flagge der französischen Demokraten aufgezogen.

Zákynthos zwischen venezianischer und englischer Herrschaft

Zusammen mit den anderen Ionischen Inseln war Zákynthos 1797 im Vertrag von Campoformio – darin wurde das Ende der "Republik von San Marco" besiegelt – dem revolutionären Frankreich zugesprochen worden. Unter der Führung des französischen Konsuls Charles de Guys bildete man unter Ausschluss der Adligen einen Inselrat. Die Bürgerrechte wurden ausgerufen, alle Adelstitel abgeschafft. Man führte die allgemeine Schulpflicht ein, und die Gemeinden auf der Insel verwalteten sich unter der Regie von Bürgermeistern, die aus dem Volk stammten, selbst. Doch schon ein Jahr später, am 25. Oktober 1798, bereiteten der russische Zar und der türkische Sultan dem "demokratischen Spuk" mit der Vertreibung der Franzosen ein Ende. Die Nobili kehrten zum großen Teil in ihre alten Positionen zurück, Zákynthos wurde zusammen mit den anderen Ionischen Inseln Teil der "Unabhängigen Republik der Eptaníssou" (sieben Inseln), die unter russischer Schutzherrschaft stand und an die Türkei Steuern abführen musste. Immerhin war dies seit der Antike – wenn auch nur wenige Jahre lang – das erste nicht von fremden Herrschern direkt verwaltete Gebiet Griechenlands. Es folgte ein erneutes kurzes Intermezzo des nun napoleonischen Frankreich, bis 1809 englische Marinesoldaten die Insel besetzten. Für einige Jahrzehnte wehte nun die Flagge des britischen Empire auf dem Kástro.

Britischer Friedhof in Zákynthos-Stadt

Zákynthos unter englischer Herrschaft

1814 machten die Engländer mit Zustimmung der übrigen europäischen Großmächte (Wiener Kongress) Zákynthos und die anderen Ionischen Inseln offiziell zu ihrem Protektorat, das sie mit harter Hand regierten, so dass es sich im Prinzip um eine Kolonie handelte. Insbesondere der erste Gouverneur, Thomas Maitland, griff so hart durch, dass sich die Zakynther sogar mit einer Petition an den englischen König Georg IV. wandten, in der sie – natürlich erfolglos – um eine Änderung der neu eingeführten Verfassung baten. Auf der anderen Seite kümmerten sich die Engländer aber auch um den Aufbau einer modernen Infrastruktur. Wasserleitungen wurden verlegt, Straßen und Brücken gebaut, öffentliche Gebäude renoviert, man eröffnete eine Druckerei und verbesserte das Gesundheits- und Erziehungswesen.

Obwohl es den meisten Zakynthern in dieser Zeit nicht schlecht ging, kam es immer wieder zu Auseinandersetzungen mit den Engländern. Ein wichtiger Grund dafür war sicher der, dass im jahrhundertelang von den Osmanen besetzten Griechenland die Unabhängigkeitsforderungen immer drängender wurden und auch auf den Ionischen Inseln auf fruchtbaren Boden fielen. Vorbereitet wurde der griechische Freiheitskampf v. a. von zwei Geheimgesellschaften, der "Filémousos" und der "Filikí Etairía" ("Geheimbund der Befreundeten"). Letztere hatte auch auf Zákynthos viele Mitglieder und Sympathisanten.

Als dann 1821 tatsächlich der Befreiungskrieg ausbrach, nahmen auch einige Zakynther aktiv daran teil, obwohl die Engländer mit drastischen Sanktionen gedroht hatten. Der einflussreiche Dionýsios Rómas gründete auf der Insel ein Komitee, das sich um die Versorgung und den Nachschub für die Freiheitskämpfer bemühte. Insbesondere beim berühmten Kampf um Messolónghi, an dem auch Lord Byron beteiligt war, taten sich auch Zakynther hervor. In dieser Zeit schrieb der zakynthische Dichter Dionýsios Solomós auf der Insel seine berühmte "Hymne an die Freiheit", die später vertont und zur Nationalhymne der Hellenen wurde.

Nachdem der Staat Griechenland 1830 gegründet worden war, wollten auch Zákynthos und die anderen Ionischen Inseln beitreten, doch das ließen die Engländer nicht zu. Auf der Insel kam es nun ständig zu Rebellionen. Immerhin erreichte man die Abschaffung der Zensur sowie die Zulassung politischer Parteien, und 1850 kam es tatsächlich zu freien Wahlen. 40 Männer aus Zákynthos zogen als Abgeordnete ins Parlament der Ionischen Inseln auf Korfu ein. Ihre Parteizugehörigkeit zeigt deutlich, was die Insulaner damals wollten. 30 Gewählte gehörten der Partei der "Radikalen" an, deren vordringliche Ziele die Vertreibung der Briten und der Anschluss an Griechenland waren. Vier Abgeordnete stellten die "Reformatoren", denen es nur um Verbesserungen auf der Insel unter der englischen Verwaltung ging, und sechs gehörten der Partei der "Reichen" an, die englandfreundlich gesinnt war. Nun wurde der Kampf um den Anschluss ans Mutterland auch auf parlamentarischer Ebene ausgetragen. Aber erst nach der Absetzung des aus Bayern stammenden und von den Briten wenig geliebten Königs Otto von Griechenland und der Wahl seines Nachfolgers, des Dänen Georg I., der mit dem englischen Königshaus verschwägert war, gab die Regierung dem Drängen des ionischen Parlaments nach Vereinigung der Inseln mit Hellas nach, und am 21. Mai 1864 wurde endlich die griechische Fahne auf dem Kástro aufgezogen.

Zákynthos im griechischen Staat

Nachdem der Jubel über die Vereinigung mit Griechenland abgeklungen war, erlebte Zákynthos einen Niedergang. Zu groß waren die ökonomischen und sozialen Probleme des jungen Staates. Negativ für die Insel, auf der 1879 etwa 45.000 Menschen lebten, wirkte sich auch die Eröffnung des Kanals von Korinth im Jahre 1893 aus, denn bis dahin war sie wichtiger Hafen und Warenumschlagplatz entlang der griechisch-italienischen Schiffsroute gewesen.

Der Erste Weltkrieg ging ohne nennenswerte Ereignisse an der Insel vorbei, doch die Weltwirtschaftskrise 1929/30 traf sie, wie das gesamte Land, fürchterlich. Die für den Export bestimmte Produktion von Korinthen und Wein konnte auf dem Weltmarkt nicht mehr verkauft werden. Außerdem war bereits zuvor, nach der vernichtenden Niederlage Griechenlands gegen die Türkei 1922, ein Heer von Grie-

Der Weinbau hat große Tradition: Geräte aus alter Zeit

chen aus Kleinasien vertrieben worden, von denen einige auch auf Zákynthos angesiedelt wurden, was die Situation auf der Insel noch verschärfte.

Während des Zweiten Weltkriegs wurde Zákynthos zunächst von den Italienern besetzt – Mussolini plante, einen erneuten ionischen Staat unter italienischer Vorherrschaft zu errichten – und dann von der deutschen Wehrmacht eingenommen, was den massiven Widerstand der Insulaner hervorrief. Die Insel wurde mehrfach bombardiert, und zwar sowohl von den Alliierten wie von den Deutschen. Zum Glück hielten sich die Schäden in Grenzen. Verheerend war dann hingegen das Erdbeben von 1953, das beinahe die gesamte Insel dem Erdboden gleichmachte. Doch die Zakynther ließen sich nicht unterkriegen, bewundernswert ihre Leistungen beim Wiederaufbau, auch wenn vieles aus der Blütezeit der Insel für immer verloren ging. Danach setzte eine Auswanderungswelle ein, Mitteleuropa und die USA sowie Kanada waren die bevorzugten Ziele. Erst der Tourismus, von dem Zákynthos heute zum großen Teil abhängig ist, brachte ab den 80er Jahren des 20. Jh. wieder einen wirtschaftlichen Aufschwung.

Das Osterfest wird ausgiebig gefeiert

Kultur und Brauchtum

Wer auf Zákynthos bedeutende Zeugnisse aus der Antike sucht, wird enttäuscht sein. Auch aus der byzantinischen Epoche ist nicht viel übrig geblieben. Das liegt nicht daran, dass die Insel in diesen Zeiten nichts hervorgebracht hätte, vielmehr sind die enorm vielen Erdbeben mit ihren Zerstörungen daran schuld.

Dafür entwickelte sich seit dem 16. Jh. eine blühende Kultur, wie sie so – mit Ausnahme Korfus – in Griechenland nirgendwo entstanden ist. So nannte man Zákynthos bzw. Zante nicht nur "Fior di Levante", sondern auch "Klein-Paris" und "Florenz des Ostens", weil in der Literatur, der bildenden Kunst, der Musik und Architektur Beachtliches geschaffen wurde. Immerhin gründete man hier bereits im 16. Jh. die erste griechische Akademie. Die kunstfreudigen, weltgewandten Venezianer, jahrhundertelang die Herrscher über die Insel, waren dafür verantwortlich, auch einige vor den Türken geflohene Kreter, darunter bekannte Poeten und Maler, die sich hier niederließen. Es kam zu einer Vermischung griechisch-östlicher und italienisch-westlicher Kultur, wobei Letztere dominierte, war doch Italienisch bis 1852, also lange nach dem Abzug der Venezianer, Amtssprache.

Deren relativ liberales Regiment, der durch sie begründete Wohlstand der Insel und auch die Sicherheit nach außen förderten neben dem "dolce vita" eben auch das Geistesleben, das aber ausschließlich vom Adel und Teilen des Bürgertums getragen wurde, während sich die einfachen Leute auf den Äckern plagten. Aber es färbte auch ab: Denn heute noch nehmen die schönen Künste einen großen Stellenwert bei den Zakynthern ein, was sich nicht nur in der Beliebtheit der Kantaten, sondern auch in zahlreichen kulturellen Aktivitäten – Theatervorstellungen, Konzerten, Ausstellungen, Vorträgen etc. – zeigt, die in einem mehrtägigen Kulturfestival im August jeden Jahres gipfeln. Und nicht zuletzt sagt man in Hellas den Zakynthern viel Esprit nach.

Italienisch-griechisches Sprachgemisch

Fremde Herrscher hinterlassen ihre Spuren – das ist bekannt. In Zákynthos wird das an Gebäuden, Plätzen, Gemälden und Kirchtürmen sichtbar. Hörbar ist es an den Liedern, aber auch an der Sprache der Zakynther. Die Oma heißt hier nämlich wie im Italienischen "nóna", das Schlafzimmer "kámera", eine Blume nennt man "fióro", und Fleisch kauft man in der "makeliá", jenseits des Meeres "macelleria" genannt. Die vielen Italiener, die so gerne auf Zákynthos Urlaub machen, finden diese Einsprengsel natürlich wunderbar.

Auch für das Brauchtum auf der Insel sind die Venezianer direkt oder indirekt verantwortlich. Sie brachten z. B. den Karneval nach Zante, der bis heute nach venezianischem Vorbild gefeiert wird. Sie versuchten aber auch, den Katholizismus durchzusetzen, wogegen sich die Zakynther, aber auch die Einwohner der anderen Inseln mit Erfolg wehrten. So hielt man an den religiösen Traditionen fest, aber nicht nur das: Man suchte auch nach Vorbildern zur Wahrung der Identität. So ist es zu erklären, dass man volkstümliche Heilige verehrte, die bzw. deren Familien man kannte: auf Zákynthos den heiligen Dionýsios, auf Korfu den heiligen Spirídonas, auf Kefaloniá den heiligen Gerásimos. So sind einige der großen religiösen Volksfeste entstanden.

Literatur und Theater

Die Zakynther sind stolz auf ihre **Poeten.** Namen wie Panagiótis Doxarás, Hugo Fóskolos, Andréas Kálvos, Dionýsios Solomós und Grigóris Xenópoulos, um nur die allerwichtigsten zu nennen, werden Ihnen immer wieder auf Straßenschildern begegnen, oder Sie werden irgendwo ihre Büsten sehen. Alle diese Literaten sind in ganz Griechenland und darüber hinaus wegen ihrer Gedichte, Dramen und Erzählungen bekannt. Dem berühmtesten Sohn der Insel, Dionýsios Solomós, wurde in der Chóra ein eigenes Museum gewidmet, in dem sich auch seine Grabstätte befindet (daneben die von Andréas Kálvos).

Natürlich etablierte sich im venezianischen Zante auch das **Theater.** Bereits 1571 führte man erstmals "Die Perser" von Aischylos auf, wie die meisten folgenden Komödien, Tragödien und später auch Opern auf Italienisch und in den Salons der Herrschaftshäuser der Adligen. Theatergebäude errichtete man erst ab Anfang des 19. Jh., also zur Zeit der Briten. Erhalten ist keines mehr. Heute werden regelmäßig Aufführungen in der Freilichtbühne in Zákynthos-Stadt veranstaltet.

Eine ganz besondere Form des Theaters auf der Insel und ein großer Spaß mit ernstem Hintergrund sind die sogenannten **"Omílies"** (Gespräche), eine Art volkstümliches, satirisches bis groteskes Kabarett. Seine Wurzeln liegen in der venezianischen Commedia dell'Arte, doch ist auch einiges vom kretischen Volkstheater mit eingeflossen. Bei diesen Stegreifspielen wurde viel improvisiert, Darsteller waren nur Männer, die auch Frauenrollen spielten und Masken trugen. Die Verfasser der Omílies waren unbekannt, thematisiert wurden die Schwächen der Adligen,

Dionýsios Solomós – Nationalpoet und Volksdichter

Geboren wurde er am 8. April 1798 als Sohn eines begüterten Tuchhändlers in Zákynthos-Stadt. Seine Mutter war die Dienstmagd des Vaters. Schon als kleinen Jungen von 10 Jahren schickte man ihn zur Ausbildung nach Italien. Dort blieb er die nächsten Jahre und studierte in Venedig, Cremosa und Padua Jura, Philosophie und Philologie. Seine ersten Werke schrieb er folglich auf Italienisch. Erst nach seiner Rückkehr auf die Heimatinsel beschäftigte er sich mit dem Griechischen, und zwar mit der einfachen Sprache des Volkes. So ist überliefert, dass er mit Begeisterung den volkstümlichen Liedern eines blinden Sängers zuhörte. Und in dieser lebendigen, ausdrucksreichen, nicht sehr formstrengen Volkssprache, dem Dimothikí, schrieb er dann auch, obwohl sich die Gebildeten in Griechenland damals dieser schämten und ein verknöchertes, gestelztes Gelehrtengriechisch sprachen und schrieben, das viele Elemente des antiken attischen Dialekts enthielt. Zwar hatte vor ihm schon der Zakynther Doxarás in der Volkssprache gedichtet, aber erst mit Solomós' Werken wurde sie in der Literatur populär. Sein Bekenntnis dazu hatte damals aber auch patriotische Gründe, denn das Dimothikí war die Sprache der griechischen Freiheitskämpfer, die besser mit dem Gewehr als mit dem Federhalter umzugehen wussten. Zum großen Teil auf dem Stráni-Hügel über der Stadt, so zumindest die Überlieferung, schrieb das Mitglied des "Geheimbundes zur Befreiung Griechenlands" 1823 im Alter von 26 Jahren die "Hymne an die Freiheit". Deren erste vier Strophen wurden von dem aus Korfu stammenden Komponisten Nikólaos Mántaros vertont, sind seit 1864 die Nationalhymne Griechenlands und machten Solomós zum Nationalpoeten.

Statue des Nationalpoeten Solomós

Im Alter sammelte sich um ihn eine Gruppe von Literaten, die sogenannte Ionische Dichterschule, deren Vorbild er war. Zu seinen bedeutendsten Werken zählen neben der "Hymne an die Freiheit" die Versdichtung "Die freien Belagerten", die vom Kampf der Griechen gegen die türkischen Unterdrücker handelt, und die Erzählung "Die Frau aus Zákynthos", eine Klage über die Gleichgültigkeit mancher Griechen über die Niederlage bei Messolónghi. Am 9. November 1857 starb er auf Korfu, seinen Leichnam überführte man auf seine Heimatinsel.

Tanzgruppen aus allen Teilen von Hellas geben im Theater Vorführungen

auch deren Ungerechtigkeiten. Besonders beliebt waren die deftigen Stücke auf den Dörfern, in der Stadt wurden sie nur während der Karnevalszeit gespielt.

Heute gibt es in vielen Orten auf Zákynthos Laienspielgruppen, die die Tradition der witzigen, ironischen Omílies fortsetzen. Die Themen haben sich gewandelt, kritisch sind sie aber immer noch, den Zuschauern wird der moralische Spiegel vorgehalten. Meist zur Karnevalszeit, aber auch im Sommer finden Aufführungen statt. Wenn sich Ihnen die Möglichkeit bietet und Sie sich für Theater interessieren, sollten Sie sich diesen Spaß nicht entgehen lassen.

Musik

Die Zakynther haben Musik im Blut. Schon in der Antike wurde auf der Insel Apollon, der oft mit einer Leier in der Hand dargestellte Gott der Künste, ganz besonders verehrt. Dieses Instrument fand sich auch auf der einen Seite von Münzen aus dieser Zeit, auf der anderen Seite war ein berühmter Inselmusiker abgebildet worden.

Zur Zeit der Venezianer pflegte man vor allem die Blasmusik, wie man sie heute noch bei Prozessionen erleben kann. Aber es entstand auch eine ganz besondere Form des Liedes, die **Kantate.** Diese unterscheidet sich deutlich vom traditionellen Liedgut auf dem Festland und den Ägäisinseln, ist viel getragener bzw. wird mit mehr Schmelz gesungen (meist mehrstimmig) und von Gitarren und/oder Mandolinen begleitet. Oft geht es um das Thema Nummer eins, die Liebe. Eine Sonderform der Kantaten, beeinflusst von der kretischen Gesangskunst, sind die **Arékia,** vierstimmige Lieder ohne Instrumentalbegleitung. In den typischen Musiklokalen der Hauptstadt, an der Uferpromenade Richtung Krionéri und oben in Bóchali, werden Kantaten und Arekía nahezu jeden Abend gesungen und gespielt, die

Instrumente hängen an den Wänden. Und natürlich bieten auch die Souvenirgeschäfte auf der Insel entsprechende Kassetten und CDs an.

Malerei

Wo immer man in Griechenland Kirchen oder Museen mit sakraler Kunst besucht, wird man feststellen, dass sich die figürlichen Darstellungen auf Ikonen und Fresken, ganz gleich ob aus dem 14., dem 17. oder dem 20. Jh., gleichen. Christus, die Panagía (= Muttergottes), Heilige – immer sind sie von vorne gemalt, immer erscheint ihr Blick mystisch-entrückt. In der Orthodoxie gelten sie als geoffenbarte Abbilder, daraus ergibt sich das Festhalten an überlieferten Vorbildern, d. h. eine bestimmte Figur wird immer auf die gleiche Weise und relativ abstrakt dargestellt. Bis ins kleinste Detail ist dem Maler ein traditioneller Kanon vorgeschrieben, auch die Maltechnik ist genau reglementiert, individuelle künstlerische Freiheit gibt es nicht. Untergeordnet ist alles der theologischen Aussage, daher signieren die Künstler ihre Werke auch nie.

Sakrale Malerei in Kirche und Museum

Andere sakrale Malerei bekommt man z. T. in den Kirchen auf Zákynthos (und den anderen Ionischen Inseln) zu sehen, vor allem aber im "Museum für nachbyzantinische Kunst" in der Chóra. Manche Werke erinnern sehr viel mehr an das, was man aus katholischen Gotteshäusern kennt. Grund dafür ist wieder der italienisch-westliche Einfluss auf die einheimischen Künstler. Nachdem im Jahre 1484 die Herrschaft der Venezianer über Zákynthos begonnen hatte, wurden die Darstellungen ganz allmählich lebendiger und bewegter. Diese Tendenz verstärkte sich noch deutlich, als sich nach der Einnahme Kretas durch die Türken Mitte des 17. Jh., das bis dahin vier Jahrhunderte lang (seit 1204) ebenfalls von Venedig beherrscht war, viele kretische Maler auf der Flucht vor den Osmanen auf Zákynthos und anderen Ionischen Inseln niederließen (der berühmteste war Machaíl Damaskinós). Sie brachten ihren von der italienischen Malerei stark inspirierten kretischen Renaissancestil mit, der sich mit dem venezianisch-byzantinischen Stil auf Zákynthos vermischte, woraus sich dann im Verlauf der nächsten zwei Jahrhunderte ein eigener ionischer Stil entwickelte. Die Heiligen wurden nun natürlicher gemalt, es entstanden fröhliche, lachende, nicht überirdisch-mystische Figuren. Dimítrios und Geórgios Móskos, Panagiótis und Nikólaos Doxarás, Nikólaos Koutoúsis und Nikólaos Kantoúnis u. a. waren die wichtigsten Vertreter, studierten fast alle in Italien und gestalteten einige Kirchen auf Zákynthos aus. Die beiden Letztgenannten gingen aber auch weit über die Kirchenkunst

Absolut sehenswert ist das Museum für nachbyzantinische Kunst

hinaus, malten Szenen aus dem Alltagsleben, Stillleben und Porträts und beeinflussten so andere Künstler. Kantoúnis war auch politisch aktiv als Mitglied im Geheimbund zur Befreiung Griechenlands, was sich auch in einigen seiner patriotischen Bilder zeigt. Viele Werke der Maler der Ionischen Schule kann man im Museum in Zákynthos-Stadt anschauen, ein großer Teil hängt auch in der Nationalgalerie in Athen.

Traditionen und Bräuche

Die Mitgliedschaft Griechenlands in der EU, der ständig zunehmende Tourismus und sicher auch Fernsehen und Internet haben auch auf Zákynthos uralte Werte und Gewohnheiten ins Wanken gebracht. Doch wer genau hinschaut, wer nicht nur in den Touristenorten bleibt, sondern auch die Dörfer der Insel besucht und sich dort Zeit nimmt, der findet auch im Alltag noch Ursprüngliches, das sich trotz aller modernen Einrichtungen erhalten hat.

Am offensichtlichsten werden die Sitten und Bräuche natürlich bei den Festen. Dem Einfluss der Venezianer ist es zu verdanken, dass auf allen Ionischen Inseln der **Karneval** auch heute noch begeistert gefeiert wird, wenn auch nicht mehr ganz so ausgiebig wie zur Zeit der Herrschaft der Dogenrepublik über die Insel, als die Adligen sich bei rauschenden Bällen vergnügten und das Volk auf den Straßen tanzte und den Omílies-Rednern zujubelte. Heute feiern alle Zakynther zusammen. In der etwa zweiwöchigen Karnevalszeit finden in der Chóra, aber auch in den Dörfern Veranstaltungen statt, zu denen man verkleidet kommt, tanzt und singt. Und zwischendurch werden sie noch aufgeführt, die Omílies, die satirischen Spottgespräche (s. o. "Literatur und Theater"). Für das lustige Treiben der Kinder ist ein besonderer Tag reserviert, der **Piccolo Karnevali.** Höhepunkt ist dann der eigentliche

Karnevalssonntag. Mittags wird zu Hause ein traditioneller im Ofen gegarter Braten mit Kartoffeln gegessen, dann geht man mehr oder weniger verkleidet in die Stadt, um den närrischen Umzug anzuschauen. Anschließend wird auf dem Markusplatz eine aus Stoff und Stroh gebastelte Puppe mit viel Pomp verbrannt, die Masken werden symbolisch bestattet – der Karneval ist vorbei, und die Kirchenglocken künden den Beginn der Fastenzeit an.

Doch Griechenland wäre nicht Griechenland, wenn man nicht dieses an sich traurige Ereignis mit einem kleinen Fest begehen würde. Am darauf folgenden **"sauberen Montag"** – früher waren die Hausfrauen einen Tag lang damit beschäftigt, Küche und Haus von den Spuren des Karnevals zu säubern – macht man einen Ausflug ans Meer oder in die Berge und packt dort den Picknickkorb aus, der etliche Köstlichkeiten enthält: Maroúli-Salat, frische Zwiebeln, jede Menge Meeresfrüchte und in Essig eingelegtes Gemüse. Dazu isst man die Laganá, ein längliches, flaches, mit viel Sesam bestreutes Brot, das nur an diesem Tag gebacken wird.

Prachtvolle Gewänder tragen die Bischöfe am Festtag des heiligen Dionýsios

So richtig streng halten sich auch in Zákynthos nur noch die Alten ans Fastengebot, am **Karfreitag** jedoch isst kaum jemand Öl oder Fleisch. Mittags um 14 Uhr, also zu der Stunde, in der Jesus gestorben sein soll, trägt man das Sinnbild des Gekreuzigten in einem an der Kirche Ágios Nikólaos tou Moloú beginnenden Schweigemarsch durch die Stadt – ein Brauch, den man sonst in Griechenland nicht kennt. Um 4 Uhr in der Nacht bzw. am frühen Morgen findet dann eine weitere Prozession statt, nun mit dem geschmückten Epitaph, dem Symbol des Grabes Jesu. In dieser Nacht wird aber auch allerhand Schabernack getrieben, so ähnlich, wie es in manchen Gegenden Mitteleuropas in der "Hexennacht" zum 1. Mai Brauch ist. Dabei werden z. B. Ladenschilder vertauscht – beim Metzger gibt es dann also frisches Obst –, Fahrräder "gestohlen", und Mülleimer bekommen Füße. Es soll auch schon vorgekommen sein, dass ein Esel einsam und allein am Solomós-Platz wartete, bis sein Herr ihn wiederfand. Am Samstag läuten die Glocken wieder, und man bereitet die **Feier der Auferstehung** vor. In der Chóra findet sie gegen Mitternacht am Markusplatz statt. Dabei muss der Bischof einen Wettlauf gegen die Zeit gewinnen. Die Worte der Liturgie spricht er so langsam oder so schnell, dass er genau um 24 Uhr mit den Worten "Christós anésti" (Christus ist auferstanden) endet. Kerzen werden entzündet, die Glocken sämtlicher Stadtkirchen läuten, Schiffssirenen im Hafen tuten, und Knallkörper werden entzündet. Anschließend servieren die Tavernen die traditionelle Ostersuppe Magirítsa, dazu rote Eier und etliches mehr. Und am **Ostersonntag** fährt man dann mit der Familie in eines der Ausflugslokale oder grillt ein Lämmchen im eigenen Garten.

Schön sind auch einige der **Kirchenfeiertage in den Dörfern** auf Zákynthos (zum Dionýsios-Fest in der Chóra siehe S.109). Am Abend wird dann oft gemeinsam gegessen, gespielt und getanzt. Der beliebteste **Tanz** auf der Insel ist der Sírtos, ein Reihentanz im Zweivierteltakt, der aber in einzelnen Dörfern zahlreiche Varianten hat. Zu solchen Anlässen tragen die Tänzer oft auch die traditionellen **Trachten.** Diese waren je nach Gesellschaftsschicht verschieden und wandelten sich im Laufe der Zeit ab. Beispiele können Sie in der Bibliothek von Zákynthos-Stadt anschauen (s. S. 110). Zakynthische Tänze und Trachten bekommt man im Sommer auch oft im Freilichttheater in der Chóra bei Auftritten verschiedener Volkstanzgruppen der Insel zu sehen.

Nationale Feiertage

1. Januar	Neujahr und Fest des Ágios Vassiléos – in Griechenland statt Weihnachten der Tag der Geschenke.
6. Januar	Epiphanie (Erscheinungsfest) – man feiert Jesu Taufe im Jordan und damit seine erste öffentliche "Erscheinung" als Licht im Dunkel der Welt. In den Küstenorten wirft in Erinnerung daran der Papás ein Kreuz ins Meer, das von jungen Männern im Wettstreit wieder heraufgeholt wird. Ein großes Spektakel für den ganzen Ort.
25. März	Griechischer Unabhängigkeits- und Nationalfeiertag. Erinnerung an den 1821 begonnenen Freiheitskampf gegen die Türken.
Karfreitag/Ostern	Ein Erlebnis! Das Osterfest der griechisch-orthodoxen Kirche wird, da nach dem Julianischen Kalender berechnet, in der Regel später gefeiert als unser Osterfest: 2004 am 11. 4., 2005 am 1. 5., 2006 am 23. 4., 2007 am 8. 4. Nur selten, wie in den Jahren 2004 und 2007, fallen die Termine zusammen.
1. Mai	Frühlingsfest und Tag der Arbeit.
Pfingsten	Ebenfalls ein bewegliches Fest, 50 Tage nach Ostern.
15. August	Mariä Entschlafung – man gedenkt des leiblichen Todes Marias (der Panagía), eines der größten Feste der orthodoxen Kirche (die eigentliche Himmelfahrt findet für die orthodoxe Kirche erst drei Tage später statt).
28. Oktober	"Óchi-Tag" – "Nein" (= óchi) zu Mussolinis Ultimatum 1940. Nationalfeiertag.
25./26. Dezember	Weihnachten – wird in den Familien mit einem großen Festessen gefeiert.

Lokale Feiern/Patronatsfeste

Manchmal nur mit einer Messe, oft auch mit einer Prozession, Musik und Tanz feiern die Bewohner der Dörfer und der Stadt ihre jeweiligen Kirchweihfeste.

10. Februar	Ágios Charálambos in Mariés und in Pachiá Ámmos.
Karneval	Umzug am Faschingssonntag in Zákynthos-Stadt. Am Abend findet eine große Veranstaltung auf der Platía Márkou statt. Höhepunkt ist das "Begräbnis der Masken".
23. April	Ágios Geórgios, einer der wichtigsten Heiligen der orthodoxen Kirche. In allen Gotteshäusern, die ihm geweiht sind, findet eine Messe statt, oft mit anschließender Feier. Besonders schön im Kloster Ágios Geórgios Krimnón. Falls dieses Datum in die Karwoche oder auf Ostern fällt, wird das Fest am Montag nach Ostern gefeiert.
Abend des Ostersonntag	Ágios Lázaros in Zákynthos-Stadt.
Montag nach Ostern	Feier der Gottesmutter als Quell des Lebens im Stadtteil Bóchali und in Kerí (wichtigstes Kirchenfest in diesem Bergdorf).
3. Mai	Agía Mávra in Macherádo.
21. Mai	Ágios Konstantínos und Agía Élena. Auf den Ionischen Inseln ein doppelter Festtag, da sie an diesem Tag mit Griechenland wiedervereint wurden. In der Chóra wird auf den Straßen ein Volksfest gefeiert. Schön ist auch das Fest in der Ágios-Konstantínos-Kirche in Plános/Tsiliví.
1. oder 2. Sonntag im Juli	Agía Mávra und Ágios Thimótheos in Macherádo. Eines der bedeutendsten Feste der Insel.
7. Juli	Agía Kiriakí in Alikanás.
22. Juli	Großer Feiertag der María Magdalena in Mariés.
26. Juli	Agía Paraskeví in Méssa Volíma.
27. Juli	Ágios Panteleímonas in Pigadákia
15. August	Mariä Entschlafung in Katastári, Kerí und vielen anderen Orten mit Panagía-Kirche.
24. August	Ágios Dionýsios in Zákynthos-Stadt, aber auch in etlichen anderen Dörfern. Die Feier der Überführung des Leichnams des Heiligen von den Strophaden nach Zákynthos ist nach Ostern das größte Fest auf der Insel.
Letzter Samstag im August	Panagía Anafonítria im Kloster nahe beim gleichnamigen Ort.
21. November	Panagía Iperagáthou im gleichnamigen Kloster. Nach der Liturgie gibt es ein kostenloses Festmahl.
6. Dezember	Ágios Nikólaos in Áno Gerakári.
17. Dezember	Ágios Dionýsios in Zákynthos-Stadt. Man gedenkt des Todestags des Heiligen mit einer großen Prozession.

ΚΑΦΕΝΕΙΟΝ
ΤΟ
ΝΕΟΝ
ΝΙΚΟΛΑΟΥ ΑΚΤΥΠΗ

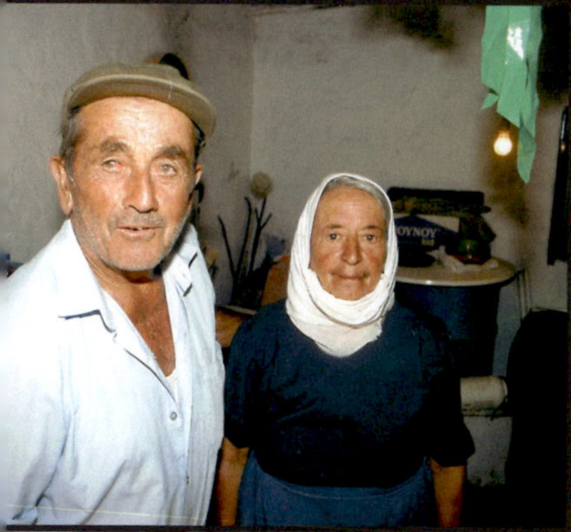

ΝΕΟΝ
ΝΙΚΟΛΑΟΥ

Reizvoll ist die Anreise über Venedig

Anreise

Am bequemsten und schnellsten ist die Insel mit dem Flugzeug zu erreichen. Von zahlreichen großen Flughäfen in Deutschland, Österreich und der Schweiz gelangt man in zwei bis drei Stunden per Charterflug vom regenverhangenen Mitteleuropa ins mediterrane Zákynthos. Selbst in der teuren Hochsaison werden Tickets bereits für 300 bis 350 Euro angeboten.

Alle anderen Verkehrsmittel lohnen nur, wenn man lange bleiben will oder zusätzlich ausgedehnte Trips in Griechenland plant. Immerhin gibt es im Sommer direkte Fähren von Brindisi nach Zákynthos und ganzjährig sehr gute Verbindungen von mehreren Adriahäfen zum nahe gelegenen Peloponnes. Bei geschickter Planung ist die Insel so in etwa drei Tagen von Mitteleuropa aus zu erreichen. Man muss dafür allerdings recht tief in die Tasche greifen.

Mit dem Flugzeug

Die schnellste Variante ist der **Charterflug direkt auf die Insel.** Mitteleuropäer können sie in der Saison von verschiedenen Flughäfen mehrmals in der Woche erreichen: Abflughäfen in Deutschland sind derzeit Berlin, Düsseldorf, Frankfurt/M., Hannover, München, Nürnberg und Stuttgart. In Österreich starten die Jets von Graz, Innsbruck, Linz, Salzburg und Wien, in der Schweiz von Zürich.

Jeweils einmal pro Woche kann man von München (Olympic Airways, via Athen) sowie von Innsbruck und Salzburg (Tyrolean Airways) auch **nach Kefaloniá fliegen** und von dort mit dem Flugzeug oder in etwa eineinhalb Stunden mit der Fähre nach Zákynthos gelangen (Näheres s. S. 58). Zweimal wöchentlich bestehen außerdem Verbindungen zu dem an der Nordwestküste des Peloponnes gelegenen **Flughafen Áraxos** (z. B. LTU, Hapag Lloyd, Aero Lloyd). Von dort kommt man schnell nach Kilíni, wo die Fähren nach Zákynthos abfahren (s. S. 58). Inselhüpfer bevorzugen vielleicht einen Charterflug nach Korfu, um sich dann – per Boot oder Flugzeug - von Insel zu Insel immer weiter nach Süden in Richtung Zákynthos treiben zu lassen. Eine weitere Möglichkeit ist ein **Direktflug nach Athen** (Charter oder Linie), wo man in eine der im Sommer täglich verkehrenden Inlandsmaschinen von Olympic Airways umsteigt, die einen in etwa einer Stunde nach Zákynthos fliegen.

Charterflüge

Von Anfang Mai bis Mitte Oktober bringen mehrere Chartergesellschaften Pauschaltouristen verschiedener Reiseveranstalter aus Deutschland, Österreich und der Schweiz auf die Insel. Insbesondere in der Hauptsaison ist – vor allem für Familien mit Kindern – die **Pauschalbuchung von Flug und Unterkunft** anzuraten. Denn die Zimmersuche kann in dieser Zeit zu einem langwierigen Unternehmen ausarten, da im Sommer auch griechische Urlauber vermehrt nach Zákynthos kommen. Um im Dschungel von Saisonpreisen, Sonderarrangements und Billigangeboten das für sich günstigste Angebot zu finden, sollte man sich jedoch immer in mehreren Reisebüros informieren – nicht alle haben dieselben Veranstalter im Programm, und oft zahlt man bei verschiedenen Veranstaltern für die gleiche Leistung erheblich unterschiedliche Preise. Erfahrungsgemäß muss man in der Hauptsaison mit 580 bis 680 € pro Person und Woche in einem Doppelzimmer mit Frühstück rechnen; für Halbpension sollte man zwischen 790 und 900 € einkalkulieren.

Wer möchte, kann auch auf **Kombi-Pauschalangebote** zurückgreifen und seinen Urlaub auf Zákynthos z. B. mit dem Besuch der Insel Kefaloniá oder mit einem Aufenthalt auf dem Peloponnes verbinden (zu buchen beispielsweise bei Attika und TUI sowie in der Schweiz bei Parikos-Reisen).

Ebenfalls möglich sind **Wander- und Studienreisen,** bei denen zusätzlich zum Pauschalarrangement aus Flug und Unterkunft die Wandertouren und Führungen gleich mitgebucht werden. Anbieter ist z. B. Studiosus Reisen, Riessstr. 25, 80992 München, ✆ 089/500600, 📠 089/50060-100 (Internet: www.studiosus.com, E-Mail: info@studiosus.com).

Kreativurlaub vom Feinsten mit Programmen im Bereich Malen, Keramik, Tanz, Theater usw. bietet die Sommerakademie Griechenland, Dresdner Str. 81–85, A-1200 Wien, ✆ 01/58800-500, Internet: www.sommerakademie.at

Only Flights, d. h. Flüge ohne Hotelbuchung oder sonstige Zusatzleistungen, kann man direkt bei den Chartergesellschaften, aber auch über die Reiseveranstalter buchen. Auch hier gilt: Suchen Sie verschiedene Reisebüros auf, vergleichen lohnt sich! Für einen Only-Flight direkt nach Zákynthos bezahlte man im Sommer 2003 ab München zwischen 300 und 330, ab Hannover 370 bis 450 Euro, zu einem vergleichbaren Preis konnte man auch ab Berlin starten.

> Folgende Anbieter hatten im Jahr 2003 Zákynthos im Programm: Attika, Gulet, Helvetic Tours, ITS, Jahn, NUR, Parikos, Reisen Netto, RUEFA, Tjaereborg, Thomas Cook Reisen, TUI.

Linienflüge

Wer Zákynthos per Linie ansteuern will, muss in Athen in eine der Inlandsmaschinen der griechischen Fluggesellschaft Olympic Airways umsteigen bzw. per Bus oder Taxi zum westpeloponnesischen Hafen Kilíni reisen und von dort die Fähre nehmen (zur Weiterreise per Flieger oder Fähre siehe "Innergriechische Verbindungen von und nach Zákynthos" auf S. 56). Reguläre Linienflüge nach Athen werden von den großen Fluggesellschaften im deutschen Sprachraum fast täglich angeboten. Sie sind im Normaltarif zwar ausgesprochen teuer, doch die Sondertarife, die mit bestimmten Bedingungen verknüpft sind (feste Buchung von Hin- und Rückflug, begrenzte Aufenthaltsdauer, kurzfristiger Vorverkauf etc.) können oft durchaus mit den Preisen der Chartergesellschaften konkurrieren. Besonders interessant: Wer von Mitteleuropa mit Olympic Airways fliegt, erhält auf den gleichzeitig bei dieser Airline gebuchten Anschlussflug nach Zákynthos einen beachtlichen Nachlass. Für alle Fluglinien gilt, dass nur ein begrenztes Sitzplatzangebot zu Sondertarifen verkauft wird, weshalb man rechtzeitig buchen muss.

Gute Fahrt!

• *Gepäckmitnahme im Flugzeug* Auf allen internationalen Linien- und Charterflügen dürfen pro Person 20 kg Freigepäck mitgenommen werden, auf innergriechischen dagegen nur 15 kg. Wer aber aus dem Ausland kommt und einen Anschlussflug gebucht hat, darf seine 20 kg trotzdem kostenfrei mitnehmen. Was **Sportgeräte** betrifft, zeigen sich die großen Chartergesellschaften seit einiger Zeit großzügig. Sportausrüstungen bis 30 kg pro Person werden umsonst transportiert. Das gilt jedoch nicht für Surfbretter, Flugdrachen und Fahrräder, für die man wegen ihrer Sperrigkeit Gebühren zahlen muss. Für ein Surfbrett werden zwischen 41 und 50 €, für ein Fahrrad zwischen 26 und 30 € berechnet.

• *Neuer Flughafen in Athen* Seit dem Frühjahr 2001 starten und landen alle Flugzeuge, also auch die innergriechischen, auf dem etwa 27 km östlich von Athen gelegenen neuen Großflughafen "Elefthérios Venizélos". In die Stadtmitte (Haltestelle Sýntagma-Platz) kommt man am günstigsten mit der Buslinie E 95 oder ab 2004 mit der dann verkehrenden U-Bahn. Bequemer geht es mit dem Taxi, Preis ca. 20 €. Wer zu dem Zákynthos bedienenden Busterminal A in der Odós Kifissioú weiterwill, kann diesen vom Flughafen rund um die Uhr mit der Linie E 93 (ca. 3 €) oder ab dem Omónia-Platz mit dem Stadtbus Nr. 51 (ca. 0,50 €) erreichen.

Erste Blicke auf die Insel

Mit der Bahn oder dem eigenen Fahrzeug

Prinzipiell ist mit beiden Verkehrsmitteln sowohl der reine Landweg über den Balkan als auch die Route über Italien mit anschließender Fährüberfahrt nach Griechenland möglich. Die erste Variante ist allerdings weder mit der Bahn noch mit dem Auto/Motorrad zu empfehlen.

Die **Balkanroute mit der Bahn** (über Zagreb und Belgrad) dauert ab München bis Thessaloníki insgesamt etwa 30 Stunden (ohne die häufigen Verspätungen einzurechnen). Danach braucht man noch 6 weitere Stunden für die Fahrt mit dem Anschlusszug nach Athen, wo man immer noch nicht am Ziel seiner Träume ist. Und das alles zu einem Preis von etwa 200 € für die einfache Strecke!

Mit dem **Auto** kann man auf dem reinen Landweg entweder über **Slowenien, Kroatien, Jugoslawien und Mazedonien** fahren (auf dem berühmt-berüchtigten "Autoput", offiziell E 70) oder die Route über **Ungarn, Rumänien und Bulgarien** wählen. In beiden Fällen sind Kosten (u. a. hohe Mautgebühren) und Fahrerstress hoch. Hinzu kommen die besonders in Bulgarien und Rumänien z. T. katastrophalen Straßenverhältnisse, die einen erheblichen Fahrzeugverschleiß mit sich bringen, ganz zu schweigen vom Sicherheitsrisiko. Die einzig empfehlenswerte Bahn- bzw. Autoanfahrt ist deswegen die Route über **Italien mit anschließender Fährüberfahrt** nach Griechenland. Die landschaftlich reizvolle Strecke führt durch die Alpen und Oberitalien zu den Fährhäfen von Venedig, Triest, Ancona, Bari oder Brindisi.

Mit der Bahn ist man z. B. von München bis Ancona ca. 11 Stunden unterwegs, das Ticket kostet einfach etwa 102 €. Rechtzeitige Platzreservierung ist auf jeden Fall nötig. Wer nachts fährt, sollte einen Schlaf- bzw. Liegewagenplatz buchen (Zuschlag 40 bzw. 15–22 € pro Nacht).

Information Die **Deutsche Bahn** unterhält eine Hotline, die unter ✆ 19419 Fahrplan- und Tarifauskünfte gibt und Buchungen sowie Reservierungen vornimmt. Auch über das Internet kann man sich informieren und buchen (www.bahn.de).

Fährüberfahrt nach Griechenland

Ankunftshäfen aller Fähren ab Italien sind Igoumenítsa oder Pátras. Nur im Juli und August fährt zusätzlich eine **Direktfähre nach Zákynthos,** allerdings ausschließlich von Brindisi aus. Wer zu einer anderen Zeit übersetzt, steigt am besten in Pátras aus. Von dort erreicht man in einer guten Stunde auf der Landstraße den Fährhafen Kilíni, wo man nach Zákynthos übersetzt. Ab Igoumenítsa muss man dagegen 6 bis 7 Stunden einplanen. Wer ohne eigenes Fahrzeug angereist ist, kann von Pátras (Busstation Ecke Othonós-, Amalías-Straße) bis zu fünfmal täglich einen der Busse nach Zákynthos nehmen. Diese fahren nach Kilíni und dort direkt auf die Fähre.

- *Fahrtzeiten* Triest–Pátras 35 Std., Venedig–Pátras 30–35 Std., Ancona–Pátras 19–20 Std., Bari–Pátras 16 Std., Brindisi–Pátras 12–14 Std.
- *Reservierung* Immer mehr und größere Schiffe der Reedereien ANEK Lines, Minoan Lines, Superfast Ferries, Blue Star Ferries, HML etc. pendeln zwischen den italienischen Häfen und Igoumenítsa bzw. Pátras. Dennoch sollten Sie unbedingt lange im Voraus im Reisebüro buchen, in der Hochsaison ist der Andrang enorm. Ohne feste Buchung besteht kaum eine Chance auf einen Fährplatz für das Fahrzeug.
- *Preise* Zwischen den konkurrierenden Reedereien bestehen z. T. erhebliche Preisunterschiede. Vergleichen lohnt sich. Achten Sie auch auf Ermäßigungen. So gewähren z. B. die meisten Reedereien einen Rabatt von bis zu 40 % auf das Rückfahrticket. Folgende Preisbeispiele (Ancona–Pátras) gelten für die einfache Fahrt und pro Person während der Hochsaison: Deckpassage 68–80 €, Pullmannsitz 86 €, Doppelkabine (je nach Ausstattung) 194–330 €. Pro Auto (bis 5,5 m) bezahlt man 98–108 €, pro Wohnmobil (je nach Länge) 180–362 €, pro Motorrad 31 €.
- *Direktfähre nach Zákynthos* Nur von Brindisi aus und nur im Juli und August bedient die Gesellschaft Hellenic Mediterranean Lines (HML) die Strecke drei- bis viermal wöchentlich. Die Fähre braucht für die Passage über Korfu, Paxí und Kefaloniá ca. 20 Stunden. Auch hier gilt: unbedingt reservieren. Deckpassage 49 €, Pullmannsitz 64 €, Doppelkabine 104–184 €, Auto 95 €, Wohnmobil 146–254 €, Motorrad 34 €.
- *Fahrradmitnahme* auf allen Strecken kostenlos.

Innergriechische Verbindungen von und nach Zákynthos

Am besten ist Zákynthos vom griechischen Festland aus zu erreichen, die Verbindungen mit den anderen Ionischen Inseln sind nicht so günstig. Mit der Fähre kommt man nur nach Kefaloniá direkt, mit dem Flieger außer auf diese Insel auch noch nach Korfu. Für die An- und Abreise mit Flugzeug oder Bus gilt, dass man zu Stoßzeiten (unmittelbar vor und nach Ostern sowie in der Zeit zwischen dem 1. und dem 25. August) vorher reservieren sollte. Die Flüge können auch von Deutschland aus über das Reisebüro im Voraus gebucht werden.

Alternative Anreisevariante

Flugverbindungen

Zákynthos wird von Olympic Airways v.a. **von Athen aus** angeflogen. 50- bzw. 72-sitzige Maschinen pendeln derzeit in der Hochsaison ein- bis zweimal täglich zwischen der griechischen Hauptstadt und der Insel. Der Flug dauert je nach Wetterlage 50 bis 60 Minuten und bietet bei klarer Sicht herrliche Blicke auf den Peloponnes bzw. den Golf von Korinth. Seit 2003 besteht außerdem zweimal pro Woche eine Flugverbindung von **Thessaloníki** über **Korfu**, Préveza und **Kefaloniá** nach Zákynthos.

• *Fahrplan und Preise* Früh am Morgen und/oder abends fliegt Olympic Airways von **Athen** nach Zákynthos und sofort wieder zurück. Pro Person ca. 74 €.
Jeweils dienstags und samstags flog im Sommer 2003 eine Maschine von **Thessaloníki** nach Zákynthos (3 Std., 95 €), die auf folgenden Flughäfen einen Zwischenstopp einlegte: **Korfu** (46 €), Préveza (37 €), **Kefaloniá** 27 €).

• *Büro/Tickets* Das Büro von **Olympic Airways** befindet sich in Zákynthos-Stadt in der Alexándrou-Róma-Straße, ✆ 2695028611. Mo–Fr 8.30–15.30 Uhr, in Athen in der Odós Filellínon 15 (beim Sýntagma-Platz), ✆ 210926555.

Der **Flughafen von Zákynthos** liegt 6 km außerhalb der Stadt. Normalerweise ist hier nicht allzu viel los. Werden jedoch mehrere der großen Chartermaschinen gleichzeitig in dem kleinen Gebäude abgefertigt, scheint es fast aus allen Nähten zu platzen. Angeblich soll eine Erweiterung in naher Zukunft in Angriff genommen werden, sodass die Passagiere nicht länger, was in Stoßzeiten der Fall ist, in der glühenden Sonne auf die Abfertigung warten müssen. Erfrischen kann man sich bislang lediglich an einer kleinen Bar.

Weiterfahrt auf der Insel Es gibt keine öffentlichen Busverbindungen. Für ein Taxi nach Zákynthos-Stadt zahlt man ca. 8,50 €, nach Laganás 11 €.

Fährverbindungen

Kilíni–Zákynthos-Stadt: Ganzjährig bestehen hervorragende Verbindungen zwischen der peloponnesischen Hafenstadt und Zákynthos. Während der Hochsaison pendeln die Schiffe ständig zwischen den beiden Anlegeplätzen. Die Reedereien haben sich zu einem Verband, der "Kinopraxía Plíon Zakýnthou", zusammengeschlossen.

• *Fahrplan und Preise* Im Hochsommer fahren die Schiffe bis zu achtmal täglich von Kilíni nach Zákynthos und zurück. Die Überfahrt dauert bis zu 1,5 Std. Pro Person bezahlt man 5,10 €, das Auto kostet 25 €.

• *Büros/Tickets* In Kilíni werden die Tickets direkt am Anleger an kleinen Kiosken verkauft. In Zákynthos-Stadt finden Sie das Büro an der Hafenpromenade.

Kinopraxía Plíon Zakýnthou, ✆ 2695041500 und 2695022083, ℻ 2695048301 (Zákynthos); ✆ 2623092422 und 2623092100 (Kilíni).

Kefaloniá–Zákynthos: Nur während der Saison (Mai bis Oktober) besteht regelmäßiger Fährverkehr zwischen den benachbarten Inseln. Abfahrts- bzw. Ankunftshafen auf Kefaloniá ist Pessáda und auf Zákynthos Ágios Nikólaos/Skinári. Bei hohem Seegang wird der Verkehr eingestellt.

• *Fahrplan und Preise* Normalerweise fährt das Schiff zweimal täglich: Abfahrten in Pessáda 7.30 und 17.30 Uhr, in Ágios Nikólaos macht es sich dann um 9 bzw. 19 Uhr auf die Heimreise. Im August wird zusätzlich ein Mittagsschiff eingesetzt: Die Überfahrt dauert je nach Wetterlage 1–1,5 Std. Pro Person zahlt man ca. 4 €, für den Pkw 20 €.

• *Büros/Tickets* Die Tickets werden direkt am Hafen verkauft, **Ionion Cruises** unterhält aber auch ein Büro an der Hafenpromenade in Zákynthos-Stadt, ✆ 2695023984, ℻ 2695042556.

Busverbindungen

Ganzjährig organisiert die **KTEL Zakýnthou** mehrmals täglich Busreisen von Pátras, Athen, Thessaloníki nach Zákynthos und umgekehrt. Die Fahrpläne sind auf die Abfahrtszeiten der Fähren abgestimmt, so dass keine unnötigen Wartezeiten entstehen. Abfahrts- und Ankunftsort auf der Insel ist jeweils die KTEL-Station in der Stadt, nicht der Hafen.

• *Fahrpläne und Preise* Die Fahrpläne ändern sich monatlich, unsere Angaben beziehen sich jeweils auf die Hauptsaison; genauere Informationen erfragen Sie deshalb bei der **KTEL Zakýnthou** (Odós Filitá Klavdianoú 42, ✆ 2695022255 und 2695042656) oder in den Stationen in Pátras, Athen oder Thessaloníki. Das Schiffsticket muss man am Hafen lösen. Es kommt zum Buspreis hinzu.

• *Pátras–Zákynthos* Viermal täglich besteht eine Verbindung von Pátras aus, in umgekehrter Richtung sogar fünfmal. Die Reise dauert knapp 3 Std. und kostet pro Person ca. 5,20 €. Die Busse fahren in Pátras an der Busstation Ecke Othonós-, Amalías-Straße direkt am Hafen und beim Bahnhof ab. ✆ 2610220993.

• *Athen–Zákynthos* Von der griechischen Hauptstadt aus kann man fünfmal am Tag in 6–7 Std. zum Preis von ca. 18 € nach Zákynthos und zurück fahren. Die Busse starten in Athen am Terminal A in der Odós Kifissoú. Vom zentralen Omónia-Platz aus ist dieser große Busbahnhof tagsüber mit dem ständig hin- und herpendelnden Bus Nr. 51 zu erreichen (Abfahrt Odós Zíonos, Preis 50 Cent, Fahrtdauer 15 Min.), ✆ 2105129432.

• *Thessaloníki–Zákynthos* In der Woche kann man bis zu dreimal von der makedonischen Metropole nach Zákynthos reisen. Gutes Sitzfleisch ist für die 9- bis 10-stündige Tour zum Preis von 33 € aber schon erforderlich. Die Busstation in Thessaloníki liegt in der Odós Egnatías 35, ✆ 2310551057.

Manche Strände sind nur mit dem Boot erreichbar

Unterwegs auf Zákynthos

Die meisten Besucher mieten sich wenigstens für ein paar Tage einen fahrbaren Untersatz, um die weitläufige Insel mit ihrem dichten Straßennetz kennen zu lernen. Doch daneben gibt es noch einige interessante Alternativen, wie man die Schönheiten von Zákynthos erkunden kann.

Das gut ausgebaute Busnetz erlaubt es, auch abgelegenere Regionen zu erreichen, die Preise für Taxifahrten halten sich immer noch so im Rahmen, dass man auch einmal auf dieses Verkehrsmittel zurückgreifen kann. Und die Steilküste im Westen und Norden lernt man am besten mit dem Boot kennen. Insbesondere im Bergland lohnt es sich, die festen Schuhe zu schnüren und einsam gelegene Ziele anzulaufen.

Mit Auto oder Zweirad

Die Vorteile liegen auf der Hand: Man bleibt unabhängig von Busfahrplänen und -linien, kann beliebig lange in Dörfern verweilen und gelangt selbst zu den entlegensten Flecken der Insel. Neben einem reichhaltigen Angebot an Autos und motorisierten Zweirädern steht in vielen Touristenorten im Süden und Osten auch eine große Zahl an Fahrrädern zur Verfügung.

Mittlerweile sind fast alle Straßen asphaltiert, man ist dabei, diesbezüglich auch die letzte Lücke im Straßennetz zu schließen. Die Insel an einem Tag zu umrunden ist kein Problem, wenn auch nicht empfehlenswert. Um von der Ost- zur Westseite hinüberzugelangen bzw. umgekehrt, bestehen mehrere Möglichkeiten. Seit Sommer 2003 ist auch die Querverbindung zwischen Agía Marína und Loúcha fast durchgehend asphaltiert, die den Bewohnern des Berglandes so manchen Umweg erspart. Auch die Asphaltstraße von Mariés im Westen hinüber zur Ostküste unterhalb des Vrachíonas-Massivs geht auf Forderungen der Bevölkerung zurück: Die dort ansässigen Winzer beklagten sich heftig darüber, dass durch die ständig über die ehemalige Piste holpernden und Staub aufwirbelnden "Kalklaster", die seit Jahren das weiße Gestein von den umliegenden Steinbrüchen abtransportieren, die Weinreben mit einer hartnäckigen Schicht überzogen waren. Gegen derartige Argumente haben die Einwände von Umweltschützern, jede neue Straße reiße tiefe Wunden in die Natur der Bergwelt, keine Chance.

Was den **Zustand der Straßen** betrifft, sollten Sie auf keinen Fall mitteleuropäische Maßstäbe anlegen. Sie sind schmal und kurvenreich, tiefe Löcher, Spurrillen und Bodenwellen eher die Regel als die Ausnahme. Hinzu kommen die häufig rechts und links am Fahrbahnrand verlaufenden Entwässerungsgräben und bei älteren Straßen abgefahrener und daher sehr rutschiger Belag. Nicht zuletzt sorgt auch die **Fahrweise vieler Einheimischer** für erhöhte Unfallgefahr. Insbesondere die bereits erwähnten "Kalklaster" sind meist viel zu schnell unterwegs, es wird oft unsinnig überholt und viel zu dicht aufgefahren. Zudem muss man hinter jeder unübersichtlichen Kurve auf einen entgegenkommenden Bus oder Traktor gefasst sein, der die gesamte Straßenbreite einnimmt. Besonders gefährlich, weil sehr stark befahren, sind die Verbindungsstraßen von Zákynthos-Stadt nach Lithakiá, nach Katastári und nach Vassilikós. Oberstes Gebot sollte deshalb sein, sein Fahrzeug möglichst defensiv und risikoarm zu steuern. Fahren Sie auf Sicht, also so, dass Sie immer noch rechtzeitig anhalten können. Vor unübersichtlichen Kurven ist es in Griechenland üblich, zu hupen. Halten Sie die Geschwindigkeitsbegrenzungen ein und vermeiden Sie möglichst Nachtfahrten. Noch ein Hinweis zum Thema Handy: Telefonieren während der Autofahrt ist verboten.

- *Karten* Hinweise zu Kartenmaterial siehe "Wissenswertes von A–Z" auf S. 87.
- *Parken* In Zákynthos-Stadt ein Problem, dort verteilt die Polizei auch regelmäßig Strafzettel (ab ca. 30 €). Auch in manchen Touristenorten an der Ost- und Südküste und in einigen Bergdörfern kann das Parken schwierig werden. Hinweise finden Sie in den Ortskapiteln.
- *Tankstellen* Nahezu in jedem größeren Dorf kann man auftanken.
- *Zeitplanung* Bei Überlandtouren sollten Sie wesentlich mehr Zeit einplanen als von zu Hause gewöhnt – auf den kurvigen Strecken sind Durchschnittsgeschwindigkeiten von 30–40 km/h keine Seltenheit.

Mietfahrzeuge

Will man die ganze Insel erkunden, sind sicherlich Autos und Motorräder die beste Wahl. Mofas und Fahrräder eignen sich eher für Ausflüge in die Umgebung oder an den Strand. Das Angebot an Fahrzeugen ist überwältigend, demzufolge sind auch die Preise nicht übermäßig hoch. Handeln ist zudem häufig möglich, und in der Nebensaison werden gerne Sonderangebote wie "drei Tage mieten, zwei Tage bezahlen" offeriert. Es empfiehlt sich, das Fahrzeug vor dem Abschluss des Vertrags gründlich durchzuchecken

Autovermietung: Für einen Kleinwagen (z. B. Fiat Panda, Opel Corsa) zahlt man in der Hauptsaison täglich 40 bis 48 € (gefahrene Kilometer inbegriffen). Ein kleiner Geländewagen kostet etwa 60 €, ein großer 95 € am Tag. Wenn man ein Auto längere Zeit mietet, bekommt man u. U. deutliche Preisnachlässe. Auf Zákynthos gibt es Autovermietungen nahezu in jedem größeren Touristenort, große internationale Agenturen wie Hertz, Avis oder Budget bieten vor allem in der Chóra ihre Fahrzeuge an. Wenn Sie pauschal nach Zákynthos reisen und genau wissen, dass Sie ein Au-

Shopping in abgelegener Inseleinsamkeit

to mieten möchten, kann es durchaus lohnen, im Reisebüro nach entsprechenden Angeboten Ihres Veranstalters zu fragen (Fly & Drive). Bucht man zusätzlich zur Reise einen Wagen gleich mit, ist dies oft kostengünstiger. Außerdem haben Sie so auch zur Hauptsaison die Garantie, ein Fahrzeug zu bekommen, denn dann kann es auf der Insel schon mal zu Engpässen kommen. Das Mindestalter für das Entleihen von Autos liegt bei 21 Jahren und der Mieter muss den Führerschein seit über einem Jahr besitzen.

• *Mietverträge (rental contracts)* Meist nur in Englisch und oft so abgefasst, dass der Mieter für sehr vieles haftbar gemacht werden kann. Fast immer muss man bestätigen, dass das Fahrzeug bei Übernahme vollständig in Ordnung war, und sich gleichzeitig verpflichten, es im selben Zustand zurückzubringen. Bei Schäden, für die der Mieter nicht verantwortlich ist, wird entweder Ersatz gestellt, oder das Fahrzeug wird umgehend repariert. Für Schäden, die vom Fahrer verursacht wurden, haftet dieser jedoch voll! Was vom Fahrer zu verantworten ist oder nicht, kann leicht zur Streitfrage werden, auch deshalb ist eine genaue Fahrzeuginspektion bei der Übernahme ratsam.

• *Kaution* Alle Verleiher verlangen den Pass bzw. den Personalausweis zur Sicherheit.

• *Versicherung* Die **Haftpflicht** für Unfallgegner ist im Mietpreis grundsätzlich inbegriffen, wobei Sachschäden meist nur bis ca. 10.000 €, Personenschäden bis ca. 50.000 € abgedeckt sind. Was darüber hinausgeht, müsste der Fahrer im Falle eines Falles aus eigener Tasche begleichen. Eine **zusätzliche Haftpflichtversicherung** kann man schon zu Hause bei verschiedenen Unternehmen abschließen (z. B. Europäische Reiseversicherung).

Vollkasko ("collision damage waiver") mit und ohne Selbstbeteiligung ist für Motorräder (ab etwa 4 €/Tag) gelegentlich, für Autos (ab etwa 7,50 €/Tag) immer möglich. Meist werden aber Autos vom Vermieter ohnehin nur inklusive Vollkaskoversicherung angeboten, was auch sinnvoll ist.

• *Mietdauer* Sie beträgt bei tageweiser Anmietung **24 Stunden** – also muss man ein Fahrzeug, das man morgens mietet, erst am nächsten Morgen abgeben und nicht bereits am Abend des gleichen Tages, wie von den Vermietern oft gefordert.

Zweiradvermietung: In nahezu allen größeren Touristenorten werden Fahrräder und Mountainbikes angeboten, auch die Auswahl an motorisierten Zweirädern ist groß, so dass Sie sicher das für Sie passende Fahrzeug finden. Die Preise sind überall nahezu einheitlich.

Wegen der vielen Unfälle durch leichtsinnige Urlauber, die keine Erfahrung mit Motorrädern, Mopeds und Rollern haben, wurden 1997 die griechischen Gesetze über Mietverträge von Zweirädern verschärft. Mit deutschem Führerschein der Klasse 3 dürfen nur Zweiräder bis zu 50 ccm gefahren werden, über 50 ccm ist der Führerschein der Klasse 1 erforderlich! Noch vor wenigen Jahren hat sich niemand um Führerscheine oder ihre Klassen gekümmert: Wer bezahlen konnte, bekam eine Maschine. Diese Zeiten sind vorbei. Die griechischen Verleiher haften nun anteilig für Schäden, die vom Mieter eines Zweirads verursacht werden, für welches er keine Fahrerlaubnis besitzt. Entsprechend rigoros werden nun die Papiere der Mieter verlangt.

Tragen Sie geeignete Kleidung! Steigen Sie niemals in Badeschlappen, Shorts und T-Shirt auf ein Zweirad. Üble Verletzungen können die Folge sein, bei längerer Fahrt übrigens auch ein kapitaler Sonnenbrand. Es muss ja nicht gleich eine Lederkombi sein: Feste Schuhe, solide Jeans und Jeansjacke oder Ähnliches schützen bei niedrigen Geschwindigkeiten auch schon ganz gut; Handschuhe sind ebenfalls sinnvoll. Noch eine Anmerkung zur Helmpflicht: Offiziell besteht sie, kontrolliert wird aber kaum. Wir empfehlen Ihnen jedoch ausdrücklich, nie ohne Helm zu fahren. Wenn Sie keinen eigenen besitzen oder Ihren eigenen nicht mitnehmen wollen, fragen Sie den Verleiher danach; in der Regel hat er einige Helme vorrätig.

• *Fahrräder bzw. Mountainbikes* Auch hier gilt: Bremsen, Licht etc. prüfen. Ab ca. 6 €/Tag.

• *Automatik-Mofas* Leicht zu bedienen, man muss nicht schalten und kann sich voll auf die Fahrbahn konzentrieren, daher prinzipiell auch für Neulinge gut zu fahren. Ein kleiner Nachteil ist die schwache Motorisierung, was Bergstrecken zur Geduldsprobe macht. Schwerwiegender ist, dass auch die Bremsen oft nur matt ihre Arbeit verrichten. Mofas tanken meist Zweitaktgemisch aus Benzin und Schmieröl. Etwa 11–14 €/Tag.

• *Mopeds* Ein weiter Begriff – optisch oft einem Mofa ähnlich, in der Regel aber mit Sitzbank für zwei Personen. Dank der relativ großen Räder sind Mopeds auch für Pistenstrecken ganz gut geeignet. In Griechenland gibt es sie mit Hubräumen von 50–100 ccm, wobei die höheren Kubikzahlen leistungsmäßig schon in Motorradbereiche vorstoßen, die Bremsen aber (gerade im Zweipersonenbetrieb) nicht immer auf die erreichbaren Geschwindigkeiten ausgelegt sind – also Vorsicht. Getankt wird in der Regel Benzin, gelegentlich auch Zweitaktgemisch. Die Schaltung funktioniert meist halbautomatisch (ohne Kupplung). Mietpreis je nach Hubraum ab 12–19 €/Tag.

• *Roller* Handgeschaltete Vespas und die meist "Scooter" genannten japanischen Automatik-Roller mit 50–80 ccm zählen zu den gängigsten Mietzweirädern. Meist mit ausreichender Bremsleistung, außerdem auch im Zweipersonenbetrieb recht komfortabel. Dennoch sind sie Neulingen wegen ihres gewöhnungsbedürftigen Fahrverhaltens nicht ohne Einschränkung zu empfehlen: Die kleinen Räder rutschen in Kurven leicht weg und sind für unbefestigte Straßen wenig tauglich. Mietpreis je nach Hubraum und Saison ab etwa 13–20 €/Tag.

> Für **Schäden** am gemieteten Mofa, Moped oder Motorrad haftet man im Allgemeinen selbst – nur eine Haftpflicht ist im Preis inbegriffen (Vollkasko ist nur gelegentlich möglich). Nähere Informationen zu den Mietmodalitäten finden Sie im Info-Teil zum Abschnitt "Autovermietung".

• *Motorräder* Eigentlich alles über 50 ccm (siehe Mopeds). Straßenmaschinen werden kaum angeboten, vielmehr meist leichte Enduros (Geländemotorräder) zwischen

125 und 250 ccm, für Zákynthos völlig ausreichend und für Pisten optimal. Für Neulinge sind Enduros zu "hochbeinig". Wer schon etwas Erfahrung hat und seine Gashand zügeln kann, fährt mit ihnen jedoch sicherer als mit den kleinen Maschinen, da hier die Bremsen der Motorleistung entsprechen. Manchmal gibt es Zweitaktmaschinen zu mieten, empfehlenswerter sind jedoch Viertakter, bei denen wie beim Auto der Motor mitbremst. Mietpreis ab etwa 15–20 €/Tag.

Mit dem Bus

Bedingt durch die hohe Bevölkerungsdichte verfügt die Insel über ein gut ausgebautes und effizientes Bussystem. Betreiberin ist die Gesellschaft **KTEL,** die ihren Sitz in Zákynthos-Stadt hat. Hier ist auch Start- und Zielort aller Buslinien, lediglich zwischen Laganás und Kalamáki besteht eine Querverbindung. Die Station liegt mitten in der Stadt (in der Odós Filitá Klavdianoú) und ist täglich vom frühen Morgen bis zum Abend besetzt (✆ 2695022255 oder 2695042656). Dort bekommen Sie auch den aktuellen Busfahrplan. Achtung: Dieser ändert sich z. T. von Monat zu Monat, manchmal sogar täglich. Deswegen ist auf die gedruckten Angaben nicht hundertprozentig Verlass. Auch auf Vollständigkeit kann der im Büro ausliegende Handzettel nicht unbedingt Anspruch erheben – die Linien in die Bergdörfer werden nicht abgedruckt, sondern müssen beim Personal erfragt werden.

Die Fahrpläne sind – abgesehen von den Linien in die Touristenzentren Kalamáki, Laganás, Plános/Tsiliví und Alikés – den Bedürfnissen der Einheimischen angepasst. In aller Frühe fährt der erste Bus in die Dörfer hinaus und bringt dann die Menschen zum Einkaufen, zu Arztbesuchen oder Ämtergängen in die Chóra. Zur Mittagszeit kehrt man dann, meist mit vollen Taschen, wieder zurück. Diese Linien bestehen selbstverständlich das ganze Jahr über, wohingegen die Fahrten zu den Touristenorten außerhalb der Saison eingestellt werden. Für alle Busse gilt: Die Fahrer wollen pünktlich abfahren, man sollte also rechtzeitig vor Ort sein. Die Tickets löst man im Bus oder an der KTEL-Station. Unterwegs kann man – soweit es dem Fahrer verkehrstechnisch möglich ist – überall zusteigen. Sie müssen Ihren Haltewunsch nur durch Handzeichen signalisieren.

Die folgenden Angaben gelten für den Zeitraum von Anfang Juli bis Ende August (Stand: Sommer 2003). Einige Linien werden am Wochenende seltener

Das Bussystem ist gut ausgebaut

befahren, deshalb finden Sie z. T. zwei Angaben zur Frequenz vor. Die Preise beziehen sich auf den Zielort der Linie.

Linie	Frequenz	Preise (einfach)
Halbinsel Skopós		
Argássi	4- bis 6-mal tägl.	0,90 €
Vassilikós – Pórto Róma – Ágios Nikólaos	3- bis 4-mal tägl.	1,10 €
Bucht von Laganás		
Kalamáki	4- bis 7-mal tägl.	0,90 €
Laganás	7- bis 12-mal tägl.	0,90 €
ab Kalamáki nach Laganás	2- bis 5-mal tägl.	0,90 €
Osten		
Plános/Tsiliví	5- bis 10-mal tägl.	0,90 €
Alikés (z. T. durch das Binnenland, z. T. an der Küste entlang)	4- bis 5-mal tägl.	1,10 €
Katastári (z. T. über die Hangdörfer, z. T. auf der Durchgangsstraße)	4- bis 7-mal tägl.	1,10 €
Bergland		
Lithakiá – Agalás – Kerí – Límni Kerioú	2-mal tägl.	1,30 €
Macherádo – Kilioméno	2-mal tägl.	1,10 €
Kilioméno – Éxo Chóra – Mariés – Anafonítria	2-mal tägl.	1,80 €
Volímes (via Bergdörfer, zurück über Katastári)	3-mal tägl.	2.00 €
Ág. Nikólaos/Skinári (via Bergdörfer)	4-mal wöchentl.	2,50 €

Mit dem Taxi

Auch auf Zákynthos kein billiges Vergnügen, aber immer noch preisgünstiger als bei uns. Insbesondere während der Hochsaison ist es deshalb auch oft schwierig, ein Fahrzeug zu ergattern. Auf der gesamten Insel gibt es nur ein einziges Taxiunternehmen, dessen Wagen von überall unter der **Nummer 2695048400** gerufen werden können. In den Sommermonaten warten aber auch regelmäßig Fahrer an einigen Stränden auf der Halbinsel Skopós, in Laganás, Kalamáki, Plános/Tsiliví und Alikés auf Kundschaft. Nur in der Chóra wird das Taxameter eingeschaltet, für Überlandfahrten gelten Festpreise, die man zur Sicherheit am besten vor der Abfahrt erfragt. Teilt man sich einen Wagen zu dritt oder zu viert, sollte man darauf achten, als ganze Gruppe angesehen zu werden. Bei mehreren Einzelgästen wird nämlich gerne mehr verlangt.

• *Preise* ab Zákynthos-Stadt zum Flughafen 8,50 €, nach Argássi 5 €, zum Kap Gérakas 12,50 €, nach Laganás u. Macherádo je 8 €, nach Plános/Tsiliví 8 €, nach Alikés 13 €, nach Kerí 14 €, nach Volímes 20 €, nach Á. Nikólaos/Skinári 30 €.

• *Zuschläge* Taxi-Ruf 1,50 €, Verabredung 2,50 €, pro Gepäckstück (über 10 kg) 30 Cent. Es bestehen keine Wochenend- oder Nachtzuschläge.

Bootsausflüge

An den nur schwer zugänglichen Küsten im Westen und Norden spielen Ausflugsboote natürlich eine bedeutende Rolle. Weniger die große Inselrundtour als vielmehr die **Trips mit kleinen Kaíkia,** die nahe an die Steilküste herankommen, sind dabei empfehlenswert. Um die wunderschönen Höhlen und Strände am Fuß der steil abfallenden Felsen wirklich kennen zu lernen, sollte man eine solche Fahrt einmal mitgemacht haben. Die Möglichkeiten sind zahlreich, genauere Informationen finden Sie in den Reisebeschreibungen zu Pórto Róma, Laganás, Límni Kerioú, Pórto Limiónas, Pórto Vrómi, Ágios Nikólaos/ Skinári und Mikró Nissí/Makrís Gialós. Bedenken Sie aber, dass alle Bootsausflüge wetterabhängig sind. Bei unruhiger See können die Kaíkia und auch die größeren Ausflugsboote aus Zákynthos-Stadt die Tour gar nicht oder nur eingeschränkt machen. Erkundigen Sie sich vor der Abfahrt, ob das Schiff an allen vorgesehenen Punkten, v. a. auch am Shipwreck-Beach, halten wird.

Wandern lohnt vor allem im Norden der Insel

Wandern

Wer auf Zákynthos zu Fuß unterwegs ist, lernt die Insel von einer ganz anderen Seite kennen. Denn nicht nur Badestrände und Steilküsten, sondern auch einsame Wege zu versteckt liegenden Weilern, Kapellen, Klöstern, Höhlen und Hochebenen machen ihren Reiz aus.

Weniger der stark zersiedelte Südosten als vielmehr das urige Bergland sind für Fußtouren geeignet. Leider sind jedoch auch hier die alten **Monopátia** (Fußwege, die die Dörfer einst miteinander verbanden) durch Straßenbau, Waldbrände etc. unwiederbringlich zerstört. In dem nur dünn besiedelten Gebiet ist es aber zum Glück möglich, die zahlreichen **Pisten** als Wanderwege zu benutzen – nur selten wird man dabei von einem Pick-up eines Einheimischen gestört. Bei der **Orientierung** helfen häufig Wegweiser, die allerdings auch für Verwirrung sorgen können. Zum einen werden darauf die Entfernungen häufig zu gering angegeben, zum anderen bezeichnen viele Schilder Fluren und Gemarkungen, die auf keiner Karte verzeichnet und somit nicht überprüfbar sind. Ein zusätzliches Problem stellt die ausgeprägte Leidenschaft der Griechen für den Straßenbau dar. Ständig werden

Großer Andrang am Aussichtspunkt über dem Shipwreck-Beach

neue Schotterpisten angelegt, die sich immer wieder verzweigen oder auch im Nichts enden.

Sollten Sie einmal nicht sicher sein, sich auf dem richtigen Weg zu befinden, kehren Sie besser um. Gehen Sie nicht das Risiko ein, sich im weglosen Gelände zu verlaufen! Es empfiehlt sich außerdem, **früh am Morgen** aufzubrechen, damit man die Mittagshitze so gut wie möglich vermeidet. Außerdem sollten Sie, wenn es irgendwie möglich ist, **nicht alleine** auf Tour gehen bzw. zumindest vor dem Start jemanden über Ihr Vorhaben informieren. Denn auf manchen Wegen trifft man stunden-, vielleicht sogar tagelang keinen Menschen, und niemand könnte Ihnen bei einem möglichen Unfall helfen. Was die **Kondition** angeht, stellt Zákynthos unterschiedliche Ansprüche an den Fußgänger. Wer das Wandern nicht gewöhnt ist, sollte deshalb mit einfachen Touren beginnen (z. B. die im Buch vorgeschlagenen Wanderungen 2, 5, 6, 7, 8 und 10).

Wegbeschreibungen in diesem Reisehandbuch: Alle unsere Routen wurden mehrfach überprüft bzw. aktualisiert und durch Skizzen veranschaulicht. Als Orientierung geben wir immer auch Entfernungen und Himmelsrichtungen an. Ein Kompass und ein Pedimeter leisten deshalb nützliche Dienste. Die genannten Wanderzeiten beziehen sich auf die einfache Strecke, Pausen nicht mitgerechnet, und sind natürlich nur als Richtwerte zu verstehen. Mancher geht schneller, mancher langsamer. Bereits nach kurzer Zeit jedoch werden Sie unsere Angaben in die richtige Relation zu ihrem Wandertempo setzen können.

Bus/Taxi und Wandern: Einige unserer Wanderungen lassen sich auf dem Hin- oder Rückweg mit einer Busfahrt kombinieren, so dass die Tour nicht zu lange wird. Hinweise dazu finden Sie in den einzelnen Wanderbeschreibungen und bei den allgemeinen Informationen zu den Buslinien (s. S. 64). Darüber hinaus stellt aber auch das Taxi eine gute Möglichkeit dar, um zum Ausgangspunkt von Wanderungen gebracht oder vom Ziel der Tour abgeholt zu werden. Für den letzten Fall vereinbart man mit dem Chauffeur schon vorher Termin und Ort (✆ 2695048400).

• *Jahreszeit* Am schönsten wandert es sich natürlich in den Monaten April–Juni, wenn alles blüht und die Temperaturen in der Regel angenehm sind. Letzteres gilt auch für September und Oktober, doch dann sind die Tage leider schon ziemlich kurz, und die Wanderzeit ist eingeschränkt. Im Juli und August nimmt die Hitze beträchtlich zu, so dass das Wandern eigentlich nur an windigen Tagen empfohlen werden kann.

• *Karten* Eine Wanderkarte für Zákynthos gibt es nicht. Sie finden jedoch im Kapitel "Wissenswertes von A bis Z" auf S. 87. Empfehlungen zu geeigneten Alternativen (Stichwort "Landkarten").

• *Ausrüstung* Knöchelhohe Wanderschuhe sind empfehlenswert, gute Sportschuhe reichen aber meist aus. Vergessen Sie nicht, Sonnenschutzmittel, -brille, Kopfbedeckung und einen Ihren Ansprüchen genügenden Rucksack mitzunehmen.

• *Verpflegung* Auch wenn eine Zisterne am Wegesrand liegt – ohne ausreichend Wasser sollten Sie sich nie auf den Weg machen. Falls man doch einmal in die Irre läuft, ist man dankbar für einen Notvorrat. Was bzw. wie viel man zu essen braucht, hängt von jedem selbst ab. Ein Picknick im Schatten einer Kapelle oder unter einem alten Olivenbaum gehört jedoch sicherlich zu den schönsten Wandererlebnissen.

Übernachten

Da der Tourismus auf der Insel noch relativ jung ist, sind die allermeisten Zimmer in einem ordentlichen bis sehr guten Zustand. Dies gilt auch für die Ausstattung. Fast alle verfügen über Balkon oder Terrasse, und ein eigenes Bad ist Standard.

Zákynthos gehört insbesondere im Hochsommer nicht gerade zu den billigsten Inseln Griechenlands, aber man mietet sich hier immer noch günstiger ein als in vielen anderen Mittelmeerregionen. Wer darüber hinaus noch Geld sparen will und es zudem ruhiger mag, sollte sich außerhalb der Touristenzentren umsehen und nicht im Juli und August auf die Insel kommen, wenn sie ziemlich voll ist. Je weiter man sich von dieser Kernreisezeit entfernt, desto niedriger sind die Preise. In vielen Hotels bekommt man im Mai ein Zimmer für die Hälfte des Geldes, das man im Juli/August bezahlen muss.

Da möchte man gerne bleiben

In den Ortskapiteln finden Sie ausführliche Beschreibungen zahlreicher Unterkünfte mit Lage, Kategorie und Ausstattung. Die genannten Preise gelten für individuelle Buchung und jeweils für ein Doppelzimmer (DZ). Bei zwei Preisangaben bezieht sich der niedrigere Preis auf die Nebensaison (NS), der höhere auf die Hauptsaison (HS). Für ein zusätzliches Bett im Zimmer werden in der Regel geringe Preisaufschläge erhoben.

Hotels: Wie überall in Griechenland sind sie eingeteilt in die Kategorien Luxus, A, B, C, D und E. Geplant ist eine Umstellung auf die international üblichen Sterne. Die alten Kategorien sollen dann nach folgendem Schema umgestellt werden: Luxus = fünf Sterne, A = vier, B = drei, C = zwei, D und E = ein Stern. Die Klassifizierung erfolgt durch die "Griechische Zentrale für Fremdenverkehr" (EOT), ist aber oft nicht nachvollziehbar. So kann ein Zimmer in einem C-Hotel durchaus besser als eines in einem B-Hotel sein, es ist aber z. B. kein Restaurant angeschlossen oder kein Swimmingpool vorhanden. Ein weitere Grund dafür ist, dass griechische Hoteliers Steuern je nach Kategorie ihrer Häuser zahlen. So kommt es oft vor, dass Zimmer einer höheren Kategorie angehören könnten, der Besitzer aus Steuergründen jedoch die Eingruppierung in eine niedrigere Kategorie bevorzugt. Fazit zumindest für Individualreisende: Fragen Sie nicht nach der Kategorie oder der Anzahl der Sterne, sondern werfen Sie lieber einen Blick ins Zimmer. Eine offizielle Preisliste muss in jedem Zimmer aushängen. Die Preise bewegen sich je nach Kategorie und Saison zwischen 25 und 230 € für das Doppelzimmer. Wenn nicht anders vermerkt, müssen die Zimmer bis 12 Uhr geräumt sein. Sonst kann der Besitzer die Hälfte des Übernachtungspreises verlangen.

Pensionen werden lediglich in drei Kategorien eingeteilt: A, B oder C. Auch hier wird es demnächst möglicherweise eine Umstellung geben, und zwar auf sogenannte "Schlüssel". Meist herrscht freundliche Atmosphäre, da es sich durchweg um Familienbetriebe handelt. Die Preise sind je nach Jahreszeit sehr unterschiedlich und reichen von 20 bis ca. 60 €.

Privatzimmer stellen eine preiswerte Alternative zu Hotels und Pensionen dar. Zu erkennen sind Privatquartiere an Schildern wie "rooms to let", "rooms to rent" oder einfach "rooms" bzw. "domátia". "Domátia enikiásontai" heißt "Zimmer zu vermieten". Die Preise liegen je nach Saison zwischen 20 und 45 €. Die Qualität ist natürlich unterschiedlich, in der Regel aber zufriedenstellend, wenn man keine großen Ansprüche stellt.

Studios, d. h. in der Regel größere Zwei- bis Dreibettzimmer mit Kochnische, Bad und Balkon, werden auch auf Zákynthos, insbesondere in Strandnähe, immer beliebter. Auf der Insel werden sie oft auch "Garsoniéres" genannt. Für ein Studio zahlt man etwa 30 % mehr als für ein gutes DZ. Noch größer als Studios und entsprechend teurer sind **Apartments** (4 bis 5 Personen).

Ein leidiges Problem in Griechenland ist die **Zimmerreinigung.** Nur in Hotels können Sie davon ausgehen, dass jeden Tag sauber gemacht wird. In Pensionen, Privatzimmern und Studios ist die Bandbreite groß: Manchmal wird mehrmals wöchentlich, manchmal auch gar nicht gereinigt. Erkundigen Sie sich am besten vorher nach den jeweiligen Gepflogenheiten.

Camping: Über sechs Campingplätze verfügt die Insel mittlerweile. Sie befinden sich in Ágios Sóstis, bei Límni Keriоú, bei Plános/Tsiliví (zwei Anlagen), in Alikés und in Mikró Nissí. Sie sind gut, z. T. sogar sehr gut ausgestattet und liegen direkt bzw. nahe am Meer. Näheres in den einzelnen Ortskapiteln.

Ein schöner Ort zum Ausspannen

Essen und Trinken

Wie Griechenland überhaupt ist auch Zákynthos kein Traumziel für verwöhnte Gourmets. Aber in den touristisch erschlossenen Gebieten findet man all die Gerichte, die man als Hellas-Urlauber erwartet, und darüber hinaus manche leckere Überraschung. Deftige inseltypische Hausmannskost wird in den einfachen Tavernen der Bergdörfer angeboten. Dort kann man auch besonders schmackhafte Fleischgerichte bekommen, z. B. Kaninchen oder Hühnchen. Und in vielen Lokalen an der Küste wird Fisch serviert, der allerdings seinen Preis hat.

In einigen Touristenlokalen gibt es viersprachige **Speisekarten** (dann auch auf Deutsch). Meistens aber sind sie auf Griechisch und Englisch abgefasst. Zu haben sind nur die Gerichte, hinter denen ein Preis steht. Leider sind die Speisekarten manchmal veraltet, und zusätzliche Gerichte wurden mit der Hand eingetragen, oft nur auf Griechisch und meist recht unleserlich dazu. Am besten fragt man sowieso den Kellner, was es gibt ("Ti échi ja faí?"). Nur noch in wenigen Tavernen auf dem Land ist es üblich, in die Küche zu gehen, dort in die Töpfe zu schauen und sich das Gericht auszusuchen, das man später auf seinem Teller sehen möchte.

Ungewohnt ist sicher, dass die Speisen manchmal nicht sehr heiß auf den Tisch kommen, da sie, wie in Griechenland allgemein üblich, schon Stunden vorher zubereitet worden sind. Scheuen Sie sich jedoch nicht, den Kellner mit der Bitte zurückzuschicken, das Gebrachte ausreichend zu erhitzen. Wer auf Nummer Sicher gehen will, sollte Gegrilltes oder Gebratenes bestellen, weil beides erst unmittelbar vor dem Verzehr zubereitet wird. Mancher Magen reagiert auch unwirsch auf die

Großzügigkeit, mit der die Einheimischen ihren Speisen Knoblauch und vor allem Olivenöl beifügen. In der Regel gewöhnt man sich jedoch schnell daran, zudem sind beide Produkte sehr gesund.

Festzuhalten bleibt, dass sich viele griechische Speisen auf der ganzen Welt großer Beliebtheit erfreuen. Denken Sie nur an Moussaká, den Bauernsalat, an Gýros im Teigfladen (Pítta), Tsatsíki oder Souvláki-Spieße.

Mit der Einführung des Euro ist auch in Griechenland das Essen deutlich teurer geworden. Zwei Personen bezahlen für eine vollständige Mahlzeit mit Getränken etwa 25 bis 35 €. Wenn Sie Hummer und eine Flasche Spitzenwein bestellen, wird's natürlich entsprechend mehr.

Auch beim **Bezahlen** gibt es einige landestypische Besonderheiten. Für Brot und Gedeck wird ein geringer Betrag verlangt, der allerdings nicht immer in der Karte ausgewiesen ist. Die Rechnung ("To logariasmó parakaló!") sollte stets für den ganzen Tisch verlangt werden, untereinander abrechnen können Sie ja später. Denn erstens ist das für die oft sehr gestressten Kellner wesentlich einfacher, zweitens entspricht es den griechischen Gewohnheiten. **Trinkgeld** hat nicht denselben Stellenwert wie bei uns. Wenn man zufrieden war, sollte man ruhig die Rechnung aufrunden – jedoch nicht übermäßig, da dies nicht üblich ist und die Preise schnell in die Höhe treibt.

Zakynthische Küche

"Zakinthiní Kousína" – dieses Zusatzschild findet man an vielen Tavernen auf der Insel, so dass sich dem Besucher bald die Frage stellt, was damit eigentlich gemeint ist – zumal es auf den ersten Blick so aussieht, als ob auch hier einfach nur Moussaká, Choriátiki, Souvláki & Co. auf den Tisch kommen. Doch auf den zweiten Blick bemerkt man dann einen Unterschied: Typisch ist neben der starken Verwendung von Gemüse und Kräutern die Vorliebe für meist sehr fruchtige und dickliche Soßen, die oft auf der Basis von Tomaten hergestellt und nicht selten auch durch Wein angereichert werden. Eines der "Nationalgerichte" der Insel, **Melitzánes Skordostoúpi,** besteht z. B. aus gebratenen Auberginenscheiben, die in Tomaten, Kräutern und Knoblauch gegart werden. In den Familien steht heute noch ab und zu die **Tsigarídia** auf dem Speiseplan. Dafür sammeln die Hausfrauen wilde Kräuter wie Chórta, Mangold, Dill etc., die sie dann mit Fenchel, Knoblauch, Tomaten und Olivenöl dünsten.

Aber auch Fleisch wird gerne saftig zubereitet: Kaninchen- oder Rindfleisch kommen in einer sämigen Soße aus Wein und Gewürzen, u. a. Lorbeer, auf den Tisch, diese Art der Zubereitung nennt man **Kokkinistó.** Für das recht gehaltvolle **Sofritó** gart man zartes Kalbfleisch in einer reichhaltigen Tomatensoße und verfeinert es am Ende mit **Ladotíri** (in Öl eingelegter Käse; s. Kasten auf S. 76).

Sehr beliebt sind außerdem Fleischgerichte mit Füllungen, vor allem das an vielen Festtagen zubereitete **gefüllte Huhn oder Kaninchen,** das mit einer Mischung aus den Innereien des Tieres, Kartoffeln oder Reis, Käse, Knoblauch und Gewürzen ausgestopft und dann im Backofen gegart wird – ein Hochgenuss! Ebenfalls empfehlenswert ist der Rollbraten, **Pazétta gemistó,** ein aufgeschnittenes, mit Tomaten, Rosmarin, Knoblauch und Käse gefülltes und dann gerolltes Rippenspeer. Lassen Sie es sich schmecken!

Die Stimmung steigt mit jeder Kantate

Die Lokale

In den Touristenorten lassen sich die Wirte bei der Ausgestaltung ihrer Lokale nicht lumpen: Man sitzt auf hübsch gestalteten Terrassen oder zwischen Palmen und Ölbäumen in wunderschönen Gärten, die oft mit den Nachahmungen antiker Vasen und Figuren dekoriert sind, manchmal bildet ein Springbrunnen den Mittelpunkt, oder der Eingang ist im Stil eines antiken Tempels gestaltet. Auf dem Lande dagegen sind die meisten Tavernen schlicht und ohne Schnickschnack: ein paar Tische und Stühle im hell gekalkten Speiseraum, die im Sommer einfach ins Freie gestellt werden. Fast alle Restaurants sind Familienbetriebe, deren Personal in den Touristenorten aber durch Kellner vom Festland verstärkt wird.

Estiatório (Restaurant) und **Tavérna** unterscheiden sich heute nur noch unwesentlich – früher war das Estiatório das "bessere" Lokal mit der größeren Auswahl. Gegessen wird zu Mittag und zu Abend jeweils eine bis zwei Stunden später als in Mitteleuropa. Im Sommer gibt es oft bis Mitternacht noch Hauptgerichte – griechische Sommerabende sind lang. Vor allem in Küstenorten stößt man auch auf die **Psarotavérna,** das Fischrestaurant. In einer **Psistariá** wird vor allem gegrilltes Fleisch angeboten: Lamm, Rind, Hähnchen und natürlich auch die berühmten Souvlákia. Eine große Auswahl an Mezédes (verschiedene leckere Kleinigkeiten) zum Oúzo, Bier oder Wein hält man im **Mezedopolíon** bereit. Wer gerne im Stehen isst, für den gibt es in letzter Zeit immer mehr **Fastfood-Lokale.** Vor allem in Touristenorten hat auch die **Pizzeria** Einzug gehalten. Die Griechen sind auf dem besten Weg, leidenschaftliche Pizza- und Pastafans zu werden.

Das **Kafeníon** ist eine der wichtigsten Einrichtungen des sozialen Lebens in Griechenland. Es ist Dorfparlament, Stammlokal, Treffpunkt für Geschäftsleute, das zweite Zuhause. Jedes noch so kleine Bergdörfchen hat mindestens ein solches Kaffeehaus, meistens mehrere. Es besteht in der Regel nur aus wenigen Tischen und Stühlen in einem schmucklosen Innenraum, die im Sommer zum Teil ins Freie gestellt werden. Für griechische Frauen ist das Kafeníon tabu. Sie treten höchstens als Bedienung in Erscheinung, Touristinnen werden akzeptiert. Man bekommt Getränke, manchmal auch Frühstück und gelegentlich einfache Gerichte wie Omelett. Auf Zákynthos gehen Kafeníon und Pantopolíon (eine Art Tante-Emma-Laden) übrigens oft eine ganz spezielle Symbiose ein, d. h. zusätzlich zum Verkauf von Lebensmitteln etc. wird auch Kaffee ausgeschenkt. Das Geschäft bezeichnet sich dann als **Kafepantopolíon.** Im **Sacharoplastíon** (Konditorei) gibt es Kuchen, Blätterteiggebäck und häufig Eis.

Vorspeisen (Orektiká)

Vielleicht zuerst einen **Oúzo,** den bekannten Anisschnaps. Mit Eiswürfeln bzw. mit Wasser verdünnt, verfärbt er sich milchig; man kann ihn aber auch pur trinken. Dazu gibt's Nüsse, Mandeln oder eine Auswahl der zahlreichen **Mezédes** – Appetithappen wie Käsewürfel, Tomaten- und Gurkenscheibchen, Scampi, Schnecken, Oliven, Melonenstückchen, Muscheln, kleine Fische, etwas Wurst und andere leckere Kleinigkeiten, je nachdem, was gerade günstig auf dem Markt zu haben war. Daneben werden viele kleine Gerichte angeboten, die zum Oúzo, als Vorspeisen oder als Beilagen zum Hauptgericht verzehrt werden können. In manchen Lokalen kann man auch eine gemischte Vorspeisenplatte, **Pikilía,** bestellen. Meistens sehr lecker.

Dolmadákia – gerollte Weinblätter, mit Reis und Gewürzen gefüllt; **Taramosaláta** – lachsfarbener Fischrogensalat, meist vom Karpfen; **Tsatsíki** – Knoblauchjoghurt mit Dill und Gurken; **Tonnosaláta** – Thunfischsalat; **Chtapodisaláta** – Tintenfischsalat; **Gígantes** – dicke weiße Bohnen in scharfer Gemüse-Tomaten-Soße, gibt's manchmal auch als Salat; **Melitzanosaláta** – Auberginensalat (die gegrillten Auberginen werden durch ein Sieb gedrückt und dann zu einem Salat verarbeitet); **Kolokithákia tiganitá** – frittierte Zucchini; **Salingkária** – kleine Schnecken; **Achiní** – Seeigel, gewürzt mit Zitrone und Salz (die Eier der weiblichen Tiere pult man mit einem Stückchen Brot aus dem Gehäuse); **Tirosaláta** – zerdrückter, pikant angemachter Schafskäse; **Antzoújes** – Anschovies (gesalzene Sardellenfilets).

Tsatsíki (oder Tsazíki, Zazíki, Tzazíki oder...)

Ein einheitliches Rezept zu nennen hieße, sich mit einem Schwung griechischer Hausfrauen anzulegen. Fest stehen lediglich die Zutaten: Joghurt mit einem hohen Fettgehalt (10 %), gewürfelte oder geraspelte Gurke, Dill, Salz, etwas Zitronensaft oder Essig, ein Schuss Olivenöl und natürlich Knoblauch (der einen reicht eine Zehe, manch andere verarbeitet eine ganze Knolle). Aber nicht nur die Zubereitung ist interessant, sondern auch die Entstehungsgeschichte der Geruchsbombe. Selbst unter Experten für kulinarische Genüsse herrscht Uneinigkeit über den Ursprung des Namens. Vieles spricht jedoch dafür, dass die Griechen den Türken nicht nachstehen wollten und so auch deren Speise "cacik" als "Mutmacher" vor jeder Schlacht einnahmen. Daraus soll sich dann der Schlachtruf "tzazíki" entwickelt haben. Ein Schlachtruf, den heute jeder Gast in einer griechischen Taverne gut beherrscht.

Hauptgerichte

Fleisch (Kréas): Rindfleisch muss zum großen Teil importiert werden. Die bergige, zerklüftete Landschaft Griechenlands ist für Milchkühe und Rinderzucht kaum geeignet, und auf Zákynthos nutzt man die fruchtbaren Ebenen im Osten und Südosten lieber zum Anbau von Oliven, Korinthen und Wein. Auch das in den Tavernen servierte Schweine- und Lammfleisch kommt deshalb meist vom Festland, was der Qualität jedoch keinen Abbruch tut. Meist wird auf raffinierte Zubereitung kein Wert gelegt, deftig soll es sein, ausreichend, herzhaft und nicht zu fett. Geflügel und Kaninchen sollten Sie unbedingt einmal versuchen, denn sie gehören zu den echten Spezialitäten der Insel und werden in einigen Variationen auf den Tisch gebracht (siehe Kasten "Zakynthische Küche" auf S. 70).

Biftéki: eine Art flach gedrückte gegrillte Frikadelle, mit Oregano gewürzt, manchmal außerdem mit Schafskäse gefüllt.

Gýros: Im Gegensatz zum türkischen Dönerkebap verwendet man nicht Lamm-, sondern Schweinefleisch. Es wird in dünne Scheiben geschnitten, über Nacht in Olivenöl eingelegt und mit Zwiebeln, Oregano und Pfeffer gewürzt. Anschließend schichtet man die Scheiben aufeinander und gart sie durch Drehen vor Heizspiralen an senkrechten Spießen. Serviert als Tellergericht oder als Snack mit Zwiebeln und Kräutern in einem zusammengerollten Fladen, der sogenannten Pítta.

Kefthédes: gebratene Hackfleischbällchen.

Kotosoúvli: Hähnchenfleisch am Spieß.

Makkarónia me kimá: Spaghetti mit Hackfleischsoße.

Moussaká: ein Auflauf aus Kartoffeln, Auberginen und Hackfleisch, mit einer Bechamelsoße überbacken. Wird auf großen Blechen zubereitet und den ganzen Tag über warm gehalten.

Paidákia: mit Oregano gewürzte Lammkoteletts, die meist gegrillt, gelegentlich aber auch in der Pfanne gebraten werden.

Pastítsio: Nudelauflauf mit Hackfleisch und Tomaten. Mit Bechamelsoße überbacken.

Souvláki: jedem Griechenlandreisenden bekannt. Aromatische Fleischspieße aus Lamm- oder Schweinefleisch, mit Oregano gewürzt und über Holzkohle gegrillt. Es gibt kleine und große Spieße, preiswert und überall zu haben. Mit etwas Zitrone verfeinert man den Geschmack. Die kleinen schmecken uns viel besser.

Souzoukákia: ähnlich wie Kefthédes, aber in länglicher Form und in Tomatensoße serviert. Den türkischen Einschlag spürt man daran, dass das Hackfleisch mit Kümmel oder auch Cumin gewürzt wird.

Da läuft einem das Wasser im Munde zusammen

Stifádo: zartfasriges Rindfleisch mit gekochten ganzen Zwiebeln. Die Soße ist mit Zimt gewürzt! Gibt's außerdem mit Lammfleisch, auf Zákynthos häufig auch mit Kaninchen.

Kokkinistó: geschmortes Kaninchen-, Rind- oder Lammfleisch aus dem Backofen, oft im Tontopf serviert.

Jouwétsi: kleine spindelförmige Nudeln mit Kalb- oder Lammfleisch, im Tontopf gegart.

Kokorétsi: Innereien, mit Darm gewickelt und am Spieß gegrillt. In Bergdörfern relativ häufig zu haben.

Direkt am Wasser schmeckt der Fisch am besten

Arní – Lamm; **Brizóla** – Kotelett; **Chirinó** – Schwein; **Katsíka** – Ziege; **Kimá** – Hackfleisch; **Kotópoulo** – Hähnchen; **Kounélli** – Kaninchen; **Mos'chári** – Kalb; **Sikóti** – Leber; **Wódi** – Rind.

Fisch (Psári) und anderes Meeresgetier

Fisch ist in Griechenland wesentlich teurer als Fleisch, da die Fanggründe des Ägäischen und Ionischen Meeres überfischt sind. Das berüchtigte, streng verbotene, aber noch weit verbreitete Dynamitfischen ist die Hauptursache. Da dabei auch Jungfische getötet werden, bevor sie sich vermehren können, sinkt der Fischbestand ständig. Für Zákynthos gilt außerdem, dass die Fanggründe um die Insel zwar stets relativ artenreich, quantitativ jedoch nie sehr ergiebig waren; der Nährstoffgehalt des Ionischen Meeres ist zu gering. Die Fischer müssen mittlerweile lange und weit hinausfahren, um wenigstens teilweise den Bedarf der Gastronomie decken zu können. So mancher Fisch, der in den Touristenzentren hungrigen Gästen vorgesetzt wird, hat deshalb als Tiefkühlkost aus anderen EU-Ländern oder aus Übersee einen langen Weg hinter sich gebracht. Der Preis wird auf den Speisekarten meist per Kilo oder per 100 Gramm angegeben. Bei der Bestellung von ganzen Fischen ist es üblich, dass der Gast sich diese selbst aussucht.

Garídes: Garnelen (Scampi). Werden auch als Vorspeise serviert.

Kalamári: Tintenfisch. Die Arme werden in Scheiben geschnitten, paniert und in der Pfanne ausgebraten.

Gávros: das preiswerteste Fischgericht. Die in Mehl gewendeten winzigen Fischchen (Sprotten oder Sardellen) backt man in Öl heraus. Wenn sie klein genug sind, kann man sie mit Kopf und Schwanz verspeisen.

Sardélles: Sardellen. Werden mal gegrillt, mal gebraten serviert.

Xifías: Schwertfisch. Sehr lecker, die meterlangen Prachtexemplare werden säuberlich in dicke Scheiben gesäbelt.

Barboúni: Rotbarbe oder Red mullet. Verbreiteter und sehr geschätzter Speisefisch, den man in allen Fischtavernen erhält.

Chtapódi (oder Oktapódi): Der Oktopus muss nach dem Fang viele Dutzend Mal mit Kraft auf einen harten Untergrund geschlagen werden, damit das Fleisch weich und genießbar wird. Danach wird er auf einer Leine zum Trocknen aufgehängt, später gegrillt und mit Zitrone serviert.

Oft wird Fisch mit der berühmten **Skordaliá,** einer dicken Kartoffel-Knoblauch-Soße, serviert. Unbedingt probieren!

Eine besondere Spezialität ist die **Psarósoupa,** eine reichhaltige Fischsuppe, die allerdings nur in ausgesprochenen Fischtavernen erhältlich ist.

Astakós – Hummer; **Bakaláos** – Kabeljau; **Galéos** – Neunauge; **Kéfalos** – Meeräsche; **Lithríni** – Brasse; **Mídia jemistá** – gefüllte Muscheln; **Skoumpriá** – Makrele; **Tónnos** – Thunfisch; **Tsipoúra** – Meerbrasse.

Beilagen: Gemüse, Suppen und Salate

Da sich die griechischen Familien früher hauptsächlich von den Früchten des eigenen Gartens oder der Felder ernährten, gibt es traditionell eine große Anzahl an vegetarischen Gerichten. In den Lokalen werden heute viele davon als Beilagen, z. T. auch als vollständige Mahlzeiten angeboten.

Anginánes me Patátes: Eintopf aus Artischocken und Kartoffeln, verfeinert mit Dill und manchmal auch mit Ei-Zitronen-Soße.

Briám: eine Art Eintopf aus Gemüse und Kartoffeln.

Fassólia: grüne Bohnen, werden manchmal mit einer Skordaliá (Knoblauch-Kartoffel-Soße) serviert.

Fáwa: kleine gelbe Hülsenfrüchte, die meist zusammen mit Tomaten, Karotten und Zwiebeln gekocht werden.

Jemistá: mit Reis und gehackten Pfefferminzblättern gefüllte Tomaten oder Paprika.

Melitzánes: Auberginen, sehr beliebt. Die Frucht wird in Öl angebraten, damit sie weich wird. Um den bitteren Geschmack zu entziehen, bestreut man sie vorher mit Salz und lässt sie einige Zeit stehen. Das Salz wird anschließend abgetupft. Auf Zákynthos bereitet man sie gerne mit Tomaten und Knoblauch zu (s. Kasten "Zakynthische Küche" auf S. 70).

Ókra: Die fingerlange grüne Frucht, der Bohne vergleichbar, benötigt eine aufwendige Zubereitung. Die schleimartige Flüssigkeit im Inneren soll beim Kochen nicht austreten, deshalb muss man beim Putzen und Säubern sehr vorsichtig sein.

Angoúria – Gurken; **Arakádes** – Erbsen; **Gígantes** – große weiße Bohnen; **Karóta** – Karotten; **Kologíthia** – Zucchini; **Pantsária** – Rote Bete; **Patátes** – Kartoffeln oder Pommes frites; **Rísi** – Reis; **Piperjá** – Paprika; **Spanáki** – Spinat; **Tomátes** – Tomaten.

Fassoláda: Suppe aus weißen Bohnen mit viel Karotten und Sellerie.

Eine Augenweide

Giouverlákia: Ei-Zitronen-Suppe, in der Reis-Hackfleisch-Bällchen gegart werden.

Choriátiki: Beliebtester Salat ist natürlich der bekannte griechische Bauernsalat. Er besteht aus Tomaten, Gurken, Zwiebeln und Oliven, das Ganze gekrönt mit einer aromatischen Scheibe Féta (Schafskäse). Man kann ihn als Vorspeise, aber auch als Beilage zum Hauptgericht essen. Mit etwas Brot reicht er sogar allein als Hauptmahlzeit aus.

Chórta: Wildgemüse, in Aussehen und Geschmack am ehesten mit Löwenzahn vergleichbar.

Angoúro saláta – Gurkensalat; **Láchano saláta** – Krautsalat; **Maroúli** – eine Art Römersalat; **Tomáta saláta** – Tomatensalat.

Gewürze und Dressings

Dill gibt Gemüse- und Fleischeintöpfen einen sehr feinen Geschmack.

Essig wird nur in kräftigen Salaten, z. B. in Rote-Bete- oder Krautsalat, verwendet, aber auch zum Abschmecken von Tsatsíki, Skordaliá usw.

Minze: Damit würzt man oft Hackfleisch und Reis, verleiht eine besondere Schärfe.

Olivenöl: Da die Griechen ihr Essen manchmal kalt oder lauwarm genießen, verwenden sie sehr viel Olivenöl. Es hat nämlich konservierende Eigenschaften. Zudem gibt es in Griechenland Millionen von Olivenbäumen. Im Gegensatz zu Butter wird Olivenöl nicht hart und ist gesünder.

Oregano: Der wild wachsende Majoran zählt zu den Lieblingsgewürzen der Griechen. Fast in allen Grillgerichten enthalten.

Pinienkerne dienen oft der Verfeinerung von Reisgerichten.

Zimt ist nicht nur in Süßspeisen, sondern auch in der Tomatensoße und in Fleischgerichten zu finden.

Zitrone verfeinert Fisch- und Fleischgerichte, außerdem ersetzt sie in der griechischen Küche nicht selten den Essig.

Daneben werden auch Basilikum, Bohnenkraut, Rosmarin, Salbei und Thymian gerne verwendet.

Tirí (Käse)

Féta: gesalzener Weichkäse aus Schafs- oder Ziegenmilch. Wird sehr vielseitig verwendet, z. B. in Aufläufen, Gebäck, zu Salaten oder einfach auch als Beilage.

Mizíthra: ungesalzener Frischkäse aus Molke mit herzhaftem Aroma.

Kasséri: weicher Hartkäse, der als Brotbelag dient, aber auch in der Pfanne herausgebraten wird.

Saganáki: frittierter Käse, wird heiß serviert und manchmal auch am Tisch flambiert.

Ladotíri

Gerne wird auf Zákynthos in Öl eingelegter Käse als Mezé angeboten oder bei der Zubereitung von verschiedenen Speisen verwendet. Nahezu jede Hausfrau legt ihren Käse selbst ein und achtet dabei auf die richtige Zusammensetzung der Ölmischung, denn die gibt den entscheidenden Geschmack. Im Allgemeinen mischt man frisch gepresstes und Öl vom Vorjahr zu gleichen Teilen miteinander in einem Tonkrug. Ein zu hoher Anteil an jungem Öl würde den Käse rot färben und einen zu scharfen Geschmack erzeugen. Ob der Käse selbst aus Schafs- oder aus Ziegenmilch besteht, ist Geschmackssache. Jedenfalls muss er drei Tage abtrocknen, bevor er dann eingelegt wird, um leicht bräunlich und immer schärfer zu werden. Vor dem Servieren kratzt man das Öl etwas ab und schneidet den Käse in kleine Stücke. Man kann ihn aber auch reiben und wie Parmesan verwenden.

Brot (Psomí)

Das A und O einer Mahlzeit. Ohne Brot ist kein Essen komplett; es wird immer gereicht, selbst zu Nudeln oder Kartoffeln. Mittlerweile bekommt man auf Zákynthos in vielen Tavernen das viel schmackhaftere dunkle **Choriátiko** (= Bauernbrot), oft steht aber auch nährstoffarmes Weißbrot – **áspro** oder **lefkó Psomí** – auf dem Tisch. Schmeckt frisch sehr lecker, wird aber schnell trocken und hart. **Paximádi,** ein zwiebackähnliches Brot, wird auch abgepackt verkauft.

Nachspeisen (Gliká)

Das im Folgenden genannte Gebäck gibt es v. a. im **Sacharoplastíon** (Konditorei). Manchmal wird es aber auch im Restaurant als Dessert serviert.

Baklavá: hauchdünner Blätterteig, mit Mandeln und Nüssen gefüllt und dann mit Honig übergossen. Stammt ursprünglich aus der Türkei.

Loukoumádes: in heißem Öl gebrühte Hefeteigkugeln, die mit Honig übergossen werden. Besonders lecker!

Bougátsa: Blätterteiggebäck, mit einer Art Quark gefüllt. Sehr empfehlenswert.

Galaktoboúreko: sehr leckeres Blätterteiggebäck mit einer Griescremefüllung.

Chalvá: knusprig-süßes Gebäck aus Honig und Sesamsamen.

Risógalo: Milchreis, gibt's leider nur selten.

Yaoúrti me Méli: Joghurt mit Honig, eine Spezialität! Auf Wunsch werden oft zusätzlich Nüsse oder Mandeln dazu gereicht. Übrigens: Wenn Sie wissen wollen, warum der griechische Joghurt so viel besser als der mitteleuropäische schmeckt, riskieren Sie im Supermarkt mal einen Blick auf die Angaben zum Fettgehalt.

Etwas für Süßmäuler

Obst (Froúta)

Achládi – Birne; **Banána** – Banane; **Fráoula** – Erdbeere; **Karídi** – Walnuss; **Karpoúsi** – Wassermelone; **Kerási** – Kirsche; **Kolokíhti** – Kürbis; **Mílo** – Apfel; **Pepóni** – Honigmelone; **Portokáli** – Orange; **Rodákino** – Pfirsich; **Síko** – Feige; **Stafíli** – Traube; **Veríkoko** – Aprikose.

Frühstück (Proinó)

Frühstück ist für die meisten Griechen ein Fremdwort. Man beginnt den Tag im Allgemeinen nur mit einem Tässchen Kaffee. Entsprechend ist das Frühstück in den Hotels selten obligatorisch, und wer es ausdrücklich mitgebucht hat, muss sich gewöhnlich mit einem bescheidenen Angebot begnügen: zwei Brötchen, Butter, Marmelade, vielleicht eine Scheibe Käse – das war's. Frühstücksbuffets gibt es lediglich in den Häusern der oberen Kategorie. Man geht also besser gleich ins nächste Kafeníon oder in die Taverne. Viele Wirte haben sich mittlerweile auf den morgenhungrigen Mitteleuropäer eingestellt und locken mit Breakfast-Angeboten, entweder pauschal oder einzeln zu bestellen: ein Ei (Avgó), Omelett (Omeléta) oder Toast mit Schinken und Käse. Oft wird auf Zákynthos der vielen britschen Besucher wegen auch das traditionelle englische Frühstück angeboten. Empfehlenswert an heißen Sommermorgen ist der exzellente griechische Joghurt (Yaoúrti) mit Honig (Méli), Früchten (Froúta) oder Nüssen (Karídia). Außer Kaffee, Milch (Gála) und Kakao (Gála sokoláta) gibt es oft auch frisch gepressten Orangensaft.

Tipp: Wer sein Müsli oder Vollkornbrot nicht missen möchte, sollte vorsorgen und es im Reisegepäck verstauen!

Kafé ellinikó

Getränke

Wasser (Neró): Das Leitungswasser auf Zákynthos ist leicht salzig und sollte nicht getrunken werden (s. S. 92). Deshalb wird in den Restaurants auch meist in Flaschen abgefülltes Quellwasser verkauft. Insbesondere in den Bergdörfern servieren die Wirte aber auch, z. B. zum Kaffee, ein Glas des von ihnen in Zisternen gesammelten Wassers. Dieses können Sie unbedenklich trinken, da es sich um sauberes Regenwasser handelt.

Kaffee (Kafé): Auf den Ionischen Inseln hat in den letzten Jahren verstärkt der italienische Kaffee Einzug gehalten. Espresso, Cappuccino etc. sind längst in vielen Cafés und Restaurants auf der Getränkekarte zu finden. Wenn man den typischen griechischen Kaffee, ein starkes schwarzes Mokkagebräu in winzigen Tassen, bekommen will, muss man ausdrücklich "Kafé ellinikó" oder "Greek Coffee" verlangen. Die Griechen haben sich an die Ausländer schon so weit gewöhnt, dass sie ihnen im Zweifelsfall immer Nescafé servieren, wenn Kaffee gewünscht wird. Und bloß nicht "türkischen Kaffee" bestellen!

- *Kafé ellinikó* **elafrí** = leicht; **métrio** = mittelstark, mit Zucker; **varí glikó** = sehr süß; **skéto** = ohne Zucker; **varí glikó me polí Kafé** = sehr süß und sehr stark.
- *Nescafé* **sestó** = heiß; **frappé** = kalt; **skéto** = schwarz; **me Sáchari** = mit Zucker; **me Gála** = mit Milch.

Tee (Tsái): In den Dörfern bekommt man oft den schmackhaften Bergtee (Tsái tou wounoú). Ansonsten ist Tee wenig gebräuchlich und kommt fast immer in der Beutelversion; Zucker und Zitrone liegen bei.

Limonade: Wenn man "Lemonáda" bestellt, bekommt man Zitronenlimonade, Orangenlimonade heißt dagegen "Portokaláda".

"Kafé ellinikó" oder "Kafé toúrkiko"?

Auch wenn es die Griechen nicht gerne hören, der griechische Kaffee wurde von den Türken zur Zeit ihrer Herrschaft über Hellas ins Land gebracht. Aber auch die Osmanen sind nicht die Erfinder des anregenden Gebräus. Vielmehr soll – so eine Art Kaffeelegende – dessen Geschichte auf der arabischen Halbinsel begonnen haben. In der Nähe des kleinen Ortes Mocca hauste vor etwa 750 Jahren ein von seinem Orden ausgestoßener islamischer Derwisch. Gegen den ihn plagenden Hunger kaute er die Samen einer dort wachsenden, ihm unbekannten Pflanze. Bald kam er auf den Gedanken, diese Samen zu rösten und dann zu kochen. Das Ergebnis war phänomenal: Der Trank half gegen seinen Hunger und regte den Geist an.

Bereits einige Jahre später hatte der Kaffee Arabien, Persien und Ägypten erobert und kam auch nach Istanbul, in die Hauptstadt des Osmanischen Reiches. Hier wurden auch die ersten Kaffeehäuser eröffnet. Der Siegeszug des Kaffees war trotz des erbitterten Widerstands der Religionsführer nicht mehr aufzuhalten (zeitweise wurde das Kaffeetrinken als lasterhaft angeprangert, war streng verboten, so dass Kaffeeliebhaber ihr Tässchen nur heimlich schlürfen konnten). Durch die Türken wurde das Koffeingetränk auch in Griechenland populär; die griechischen Männer hatten eine neue Leidenschaft entdeckt.

Über Venedig kam der Kaffee dann Ende des 17. Jh. auch nach Mitteleuropa, wo man ihn aber filterte, um beim Trinken nicht ständig den Satz im Mund zu haben. Damit nämlich muss man rechnen, wenn man seinen ersten griechischen Kaffee bestellt und noch nicht weiß, dass man ihn in ganz kleinen Schlucken schlürfen muss.

Der Kafé ellinikó wird traditionell in einem Metallkännchen, dem Bríki, zubereitet. Kaffeemehl, die gewünschte Menge Zucker sowie heißes (nicht kochendes) Wasser gibt man hinein. Diese Mischung bringt man auf schwacher Hitze fast zum Kochen, unterbricht kurz den Kochvorgang und führt das Ganze ein zweites Mal durch. Kurz vor dem erneuten Erreichen des Siedepunkts nimmt man das Bríki vom Herd und gießt das Gebräu in kleine Tässchen. Durch diese besondere Art der Zubereitung erreicht man, dass der Kaffee dickflüssig wird und die charakteristische Schaumschicht erhält.

Wein (Krassí): Pro Jahr trinkt jeder Einwohner Griechenlands etwa 45 Liter Wein, der deutsche Weinverbrauch liegt pro Kopf bei ca. 25 Litern. Entsprechend viel Wein wird in Hellas produziert. Die größten Weinanbaugebiete befinden sich auf dem Peloponnes, in Attika sowie auf Kreta. Mit Ausnahme des berühmten Retsína sind die griechischen Weine im Vergleich zu italienischen oder französischen recht lieblich, erst in den letzten Jahren bemüht man sich mehr um trockenen Ausbau, um auf dem europäischen Markt größere Exportchancen zu haben. Auf Zákynthos gibt es viele Weinberge. Jede Taverne bietet neben Flaschen- auch offenen Wein an, oft aus eigenem Anbau. Traditionell stellt man einen kräftigen Rosé her, in den letzten Jahren hat man sich aber mehr auf Weiß- und vor allem Rotwein spezialisiert. Offener Wein wird in der Regel kiloweise verkauft (ein Kilo entspricht einem Liter). Verlangen Sie Wein "apó to Varéli" (= vom Fass). **Áspro Krassí** heißt Weißwein, Rotwein **mávro** (oder kókkino) **Krassí.** Wer seinen Wein trocken liebt, bestellt ihn **ksirí.**

Wein vom Fass gibt es überall auf Zákynthos

Retsína

Sein charakteristischer Geschmack resultiert aus dem Harz der Aleppo-Kiefer, das man dem Wein untermischt. Beim ersten Probierversuch wird der Retsína, den es als Rot-, häufiger aber als Weißwein gibt, oft abgelehnt, doch meist gewöhnt man sich rasch daran. Warum der Wein geharzt wird, darüber gehen die Meinungen auseinander. Ein Grund ist sicher, dass Harz gewisse konservierende Eigenschaften besitzt, weswegen er bereits vor 3000 Jahren dem Wein zugesetzt wurde. Aber Harz hat noch andere Vorteile: Zum einen ist der etwas säuerliche Geschmack sehr durstlöschend, und zum anderen behaupten Retsína-Fans steif und fest, dass Harz das Aroma des Weines verfeinere, so absurd das auch klingen mag. In ländlichen Regionen sagt man dem geharzten Wein auch Heilwirkungen nach. Auf Zákynthos ist der Retsína weitaus weniger populär als in anderen Gegenden Griechenlands, da man hier auf den eigenen Wein schwört.

Bier (Bíra): Das Getränk, das der aus Bayern stammende König Otto I. in der ersten Hälfte des 19. Jh. in Griechenland einführte, hat dem Wein inzwischen den Rang abgelaufen. Vor allem tagsüber, gerade zum Mittagessen, wird Bier öfter bestellt. Die europäischen Brauereien haben sich darauf eingestellt. Löwenbräu (München) und Henninger (Frankfurt), vor allem aber Heineken und Amstel (Holland) sowie Karlsberg (Dänemark) haben in Griechenland Niederlassungen errichtet. Seit ein paar Jahren gibt es auch drei griechische Biere (Mýthos, Vergína und Álfa), die sich hinter denen der ausländischen Konkurrenz nicht zu verstecken brauchen. Und auch das legendäre Fix, die allererste, nach dem von Otto I nach Hellas mitgebrachten Baumeister Fuchs benannte griechische Biermarke, ist, nachdem sie mehr als ein Jahrzehnt vom Markt verschwunden war, seit jüngster Zeit wieder zu haben.

Bei María gibt's von Aspirin bis Zahnpasta so ziemlich alles

Wissenswertes von A bis Z

Ärztliche Versorgung/Apotheken

Die ärztliche Versorgung auf Zákynthos ist für Inselverhältnisse nicht schlecht, was auch an der relativ hohen Einwohnerzahl liegt. Ein **Krankenhaus, Zahnärzte, Allgemeinmediziner** und **Fachärzte** findet man in Zákynthos-Stadt. Darüber hinaus gibt es auch in einigen Dörfern und Touristenorten Allgemeinmediziner. Adressen und Telefonnummern finden Sie in den Kapiteln zu den jeweiligen Orten. Bei ernsthafteren Erkrankungen wird man nach Pátras oder Athen geflogen. Die Verständigung klappt i.d.R. problemlos, da die meisten Ärzte zumindest eine der gängigen Fremdsprachen beherrschen, in der Regel Englisch.

Deutsche und österreichische Touristen, die in einer gesetzlichen Kranken- oder Ersatzkasse versichert sind, können sich auf Krankenschein kostenlos behandeln lassen (Schweizer bisher noch nicht). Das Verfahren ist aber reichlich kompliziert (s. u.), so dass wir Ihnen empfehlen, bei Erkrankungen **direkt zum Arzt** zu gehen, zumal die Gebührensätze griechischer Ärzte nicht allzu hoch sind. Im Krankenhaus (Nosokomío) zahlen Ausländer sogar nur einen geringen Pauschalbetrag von 10 € pro Tag. Mit einer detaillierten Quittung (Apódixi) des behandelnden Arztes, die sowohl Diagnose als auch Art und Kosten der Behandlung beinhalten sollte, können Sie versuchen, die Ausgaben von Ihrer Krankenkasse zurückerstattet zu bekommen.

Wer auf Nummer Sicher gehen will, kann für den Urlaub eine zusätzliche **Auslandskrankenversicherung** abschließen, die auch medizinisch notwendige Rückflüge einschließt. Zu erhalten ist sie bei fast allen privaten Krankenversicherern (auch für Mitglieder gesetzlicher Kassen) und bei manchen Automobilclubs. Kostenpunkt: etwa 50 Cent pro Tag.

• *Ärztliche Versorgung über Krankenschein* Besorgen Sie sich vor der Abreise bei Ihrer Krankenkasse den **Anspruchsausweis E 111** (Auslandskrankenschein). Dieser muss im Krankheitsfall in Griechenland bei einer der Filialen des örtlichen **Sozial- und Gesundheitsdienstes IKA** in ein Krankenanspruchsheft (Vivliário) umgetauscht werden. Sie finden die IKA in Zákynthos-Stadt in der Odós Gladstónos (Mo–Fr 8.30–13 Uhr, ✆ 2695042892). Das Büro befindet sich im 2. Obergeschoss; parterre und im 1. Obergeschoss des Gebäudes haben verschiedene Fachärzte ihre Praxen eröffnet, von denen man gegen Nachweis des Krankenanspruchsheftes ebenso wie im Krankenhaus kostenfrei behandelt wird. Wenn Sie einen anderen Arzt in Anspruch nehmen wollen, müssen Sie zuerst nachfragen, ob er das Vivliário akzeptiert. Auskunft darüber erhalten Sie bei der IKA.

• *Apotheken* Es gibt sie auf Zákynthos in großer Anzahl in der Hauptstadt sowie jeweils eine in Laganás, Plános/Tsiliví, Kallipádo und Katastári; sie sind durch ein Malteserkreuz gekennzeichnet. Die Öffnungszeiten entsprechen denen der normalen Geschäfte. Hinweise zu Nacht- und Sonntagsdiensten hängen an den einzelnen Apotheken aus. Eine Grundversorgung ist durchaus gewährleistet, wichtige Medikamente, die Sie ständig brauchen, sollten Sie aber sicherheitshalber bereits zu Hause in ausreichender Menge besorgen. Ansonsten sind Arzneimittel in Griechenland wesentlich billiger als in Mitteleuropa, nicht nur Aspirin, sondern auch Antibiotika. Und viele sind ohne Rezept erhältlich.

• *Wichtige Telefonnummern* **Krankenhaus,** ✆ 2695059100; **Erste Hilfe (EKAB),** ✆ 26950 23166.

Baden/Strände

Wer gerne Badeurlaub macht, kommt auf Zákynthos voll auf seine Kosten. Die Insel verfügt über unglaublich viele sehr schöne Sand- und Kiesstrände, zum großen Teil mit guter touristischer Infrastruktur, einige sind ruhiger und weniger erschlossen. An den meisten werden Sonnenschirme und Liegen vermietet; für ein Set mit zwei Liegen und einem Schirm bezahlt man um die 6–8 € pro Tag. Die **Wasserqualität** im Ionischen Meer ist generell gut, am saubersten ist es um Zákynthos an der West- und Ostküste. Die Strände um Plános/Tsiliví wurden dafür sogar von der EU mit der "Blauen Flagge" ausgezeichnet.

Die schönsten **Sandstrände** finden sich in der Bucht von Laganás, auf der Halbinsel Skopós und an der Ostküste von Plános/Tsiliví bis nach Alikés. Alle sind, da flach abfallend, äußerst **kinderfreundlich.** Die Strände an der Westküste, darunter auch der berühmte Shipwreck-Beach, sind fast alle nur mit Booten zu erreichen. Daneben gibt es an einigen **tief eingeschnittenen Felsbuchten** weitere wunderschöne Badeplätze, die aber nur geübteren Schwimmern zu empfehlen sind.

Die **Badesaison** reicht von Mai bis Oktober; während dieser Zeit liegen die Wassertemperaturen im Strandbereich bei 20° C aufwärts und können im Hochsommer sogar Spitzenwerte um die 26° C erreichen. Allerdings nicht überall: In der Bucht von Laganás und an den Ostküstenstränden ist das Wasser deutlich wärmer als an der Westküste.

Zum Thema **FKK:** Nacktbaden ist in Griechenland verboten und strafbar. Ausgewiesene FKK-Strände gibt es auf Zákynthos bislang nicht. Oben-ohne ist aber mittlerweile an fast allen Stränden üblich und wird geduldet, auch junge Griechinnen machen da kaum mehr eine Ausnahme. Ganz die Hüllen fallen lassen sollte man nicht, denn darauf reagieren Einheimische nicht selten verärgert.

Nasse Landung: Dieser Strand ist nur mit dem Boot zu erreichen

Botschaften/Konsulate

Auf Zákynthos selbst gibt es keinerlei diplomatische Vertretungen. Die nächste Anlaufstelle – zumindest für Deutsche – ist das Konsulat in Pátras. Die Botschaften Deutschlands, Österreichs und der Schweiz haben ihren Sitz in Athen. In Notfällen – z. B. bei Verlust sämtlicher Geldmittel oder der Papiere – kann man sich dorthin wenden. Mit Überbrückungshilfe sieht es aber meist schlecht aus. Zuerst wird man aufgefordert, sich das nötige Geld für die sofortige Heimreise von zu Hause schicken zu lassen. Verständlich, wenn man bedenkt, dass jährlich Hunderte, wenn nicht Tausende von Urlaubern bei der Botschaft bzw. bei einem Konsulat anklopfen und um Geld bitten, das sie dann oft nur nach zähen Mahnungen zurückzahlen. Erst wenn zu Hause niemand zu erreichen ist, erhält man ein Zugticket für die unmittelbare Heimreise, das dann sofort zurückgezahlt werden muss.

• *Deutschland* **Athen (Botschaft),** Odós Karaóli & Dimítriou 3, 10675 Athen, ✆ 2107285111, 📠 2107251205. Mo–Fr 9–12 Uhr.

Pátras (Konsulat), Odós Mesónos 98, 26221 Pátras, ✆ 2610221943, 📠 2610621076. Mo–Fr 9–14 Uhr.

• *Österreich* **Athen (Botschaft),** Odós Leofóros Alexándras 26, 10683 Athen, ✆ 210 8211036, 📠 2108219823. Mo–Fr 10–12 Uhr.

• *Schweiz* **Athen (Botschaft),** Odós Iasíou 2, 11521 Athen, ✆ 2107230364, 📠 2107249209. Mo–Fr 10–12 Uhr.

Einkaufen/Souvenirs

In allen Touristenorten auf der Insel kann man Waren für den täglichen Bedarf problemlos in **Supermärkten** einkaufen. Diejenigen in der Chóra, in Kalamáki, Laganás und Plános sind z. T. sehr groß, gut sortiert und führen neben griechischen auch ausländische Produkte. Und auch im kleinsten Ort gibt es mindestens ein **Pantopolíon,** eine Art Tante-Emma-Laden, wo man die wichtigsten Lebensmittel und manches andere bekommt.

Ein beliebtes Mitbringsel

Eine urgriechische Einrichtung ist der Kiosk, der **Períptero.** Er hat meist bis spät in die Nacht geöffnet und führt alles Mögliche und Unmögliche. Ob Zahnpasta, Zeitungen, Zigaretten, Kugelschreiber, Süßigkeiten – das Angebot ist scheinbar unerschöpflich. Außerdem verfügen Kioske oft über ein Telefon mit Zähler, von dem Sie Auslandsgespräche führen können. In Zákynthos-Stadt gibt es mehrere Períptera, einen weiteren in Katastári.

Die üblichen griechischen **Souvenirs** gibt es natürlich auch auf Zákynthos: Reproduktionen antiker Vasen und Figuren, Musikkassetten, bunt bedruckte T-Shirts und Schildmützen, Billigschmuck, Ikonen etc. Besonders breit ist die Angebotspalette in den Touristenorten, wo man manchmal auch ein besonders schönes Stück wie mundgeblasene Ölflaschen, Schmuck oder hübsches Porzellan ergattern kann. Klassische zakynthische Mitbringsel sind etwa Kassetten mit den inseltypischen Kantaten, Keramik aus Macherádo oder Vassilikós und Webwaren aus dem Norden der Insel. Und nicht zu vergessen sind die Schildkrötenimitationen in allen Variationen: aus Stoff, Ton oder Porzellan, auf Handtüchern, Teppichen etc. Wir empfehlen ansonsten die fruchtigen Weine und Liköre, den hervorragenden Honig, aromatische Kräuter und eingelegten Käse sowie die inseltypischen Süßigkeiten Mandoláto und Pastélli, die v. a. in Zákynthos-Stadt angeboten werden.

Geld

Auch Griechenland gehört zu den Ländern, die seit 2002 ihren Bargeldumlauf auf Euro (gesprochen Evró) umgestellt haben, Cent werden übrigens Leptá genannt.

Für Deutsche und Österreicher ist also kein Geldumtausch mehr nötig, Schweizer müssen weiterhin ihre Franken wechseln.

Banken, nahezu alle mit Geldautomaten, gibt es bisher lediglich in der Hauptstadt. Geöffnet sind sie Mo–Do 8–14, Fr bis 13.30 Uhr.

ec-Geldautomaten bieten fast alle Banken in Zákynthos-Stadt. In den wichtigsten Touristenorten, Laganás, Argássi, Kalamáki, Plános/Tsiliví, hat man ebenfalls derartige Automaten aufgestellt.

Das Abheben mit ec-Karte und Geheimnummer ist zweifellos die bequemste Art, an Bargeld zu kommen. Zu Hause fällt dann pro Abbuchung eine Gebühr an. Bedenken Sie aber, dass ein Automat gelegentlich leer ist, z.B. wenn er am Wochenende zu stark frequentiert wurde. (Bedienungshinweis: als Sprache "Deutsch" oder, wenn das nicht möglich ist, "Englisch" einstellen, für Abhebung "Scheck" oder "Checking" drücken). Bei Verlust der ec-Karte kann man diese unter ✆ 0180/5021021 zu jeder Tages- und Nachtzeit sperren lassen.

Auch mit gängigen Kreditkarten bekommt man an den meisten Geldautomaten Bargeld. Doch Vorsicht: Nicht alle Automaten nehmen alle Karten an. Man muss auf die Aufkleber achten. Und: Die Gebühren sind sehr viel höher als bei ec-Karten.

Reiseschecks werden hauptsächlich von American Express, Thomas Cook und Visa angeboten. Man muss sie vor der Reise bei einer Bank einkaufen; dabei kassiert das Institut eine Kommission von 1 % des Wertes. Bei der Einlösung in Griechenland werden Gebühren von 1–2 % fällig. Bei Verlust oder Diebstahl erhält man vollen Ersatz bei den Büros der Scheckgesellschaften, im Notfall auch per Kurier, jedoch muss die Kaufquittung vorgewiesen werden. Die Adressen der Büros Ihrer Scheckgesellschaft in Griechenland erfragen Sie am besten beim Kauf der Reiseschecks.

Kreditkarten: Gängige Karten wie American Express, Eurocard oder Visa werden in größeren Hotels, Souvenirgeschäften, Fahrzeugvermietungen und einigen Restaurants akzeptiert. Die Abbuchung vom eigenen Konto erfolgt erst Wochen später. Allerdings sollte man sich nicht ausschließlich auf Kreditkarten verlassen, in den Dörfern nutzt einem das Plastikgeld gar nichts.

Bei den meisten Banken kann man mit Kreditkarten auch Geld abheben, allerdings zu schlechten Bedingungen. Bei Verlust der Karte diese unbedingt sofort international sperren lassen, dann haftet man für keinen Schaden (für Visa ✆ 00800116380304, für Eurocard ✆ 00800118870303).

Telegrafische Geldanweisung: Bei finanziellen Nöten, die sofortige Überweisungen aus der Heimat nötig machen, ist dieser Weg der schnellste. Zu Hause eine Vertrauensperson anrufen und diese bitten, die gewünschte Summer per telegrafischer Postanweisung unter Angabe des Empfängernamens ans Hauptpostamt von Zákynthos (in Zákynthos-Stadt) zu schicken. Normalerweise kommt das Geld innerhalb von 48 Stunden an. Die Gebühr (vom Absender zu bezahlen) richtet sich nach der Überweisungssumme.

Gesten und Grüße

Die Griechen benutzen nonverbale Gesten wesentlich häufiger als Deutsche. Es gibt eine Vielzahl von Hand- und Kopfbewegungen, die dem Gegenüber eine Menge Informationen vermitteln können. Achten Sie einmal bei Ihrem Gesprächspartner darauf. Einige Beispiele:

Kopf schütteln: Ich habe nichts verstanden. Kopf nach hinten und dabei Augenbrauen hochziehen: Nein, in keinem Fall. Kopf neigen: Ich habe verstanden.

Man begrüßt sich mit **kaliméra** (guten Morgen/guten Tag), **kalispéra** (guten Abend) oder **jássas** (hallo – zu mehreren Personen) bzw. **jássou** (hallo – zu einer Person), sofern man sich näher kennt. Die gebräuchlichsten Verabschiedungen sind **sto kaló** (alles Gute), **adío** (lebe wohl) und am Abend **kaliníchta** (gute Nacht).

Was oft zu Missverständnissen führt: Wenn der Grieche **nai** (gesprochen "nä") sagt, meint er "Ja". "Nein" heißt dagegen **óchi.**

Information

Die Griechische Zentrale für Fremdenverkehr (GZF), in Griechenland unter dem Namen Ellinikós Organismós Tourismoú (EOT) zu finden, hat in Deutschland vier Büros, in Österreich und der Schweiz jeweils eines. Man erhält dort u. a. auch eine brauchbare Griechenlandkarte, farbige Broschüren zu allen touristisch interessanten Gebieten, eine jährlich aktualisierte Zusammenstellung der innergriechischen Schiffsverbindungen und eine Auflistung von Pauschalveranstaltern. Speziell über Zákynthos dürfen Sie allerdings nicht allzu viel erwarten. Prospekte werden auf Anfrage auch zugeschickt.

Zákynthos im Internet

www.zakynthos.net.gr
Auch auf Deutsch wird man auf dieser Seite über die Insel informiert und erhält viele praktische Informationen zum Thema Übernachten, Autovermietung etc.
www.zanteweb.gr
Bietet v.a. allgemeine Informationen in englischer Sprache.
www.zakynthos.gr
Texte zu Festen, Kultur, Geschichte (auf Englisch) machen diese Seite interessant.
www.travel-to-zakynthos.com
Hier kann man sich v.a. über einzelne Hotels (auch auf Deutsch) informieren.

Griechenland im Internet:
www.in-greece.de
Statements und Erlebnisberichte mit der Möglichkeit, eigene beizusteuern. Viele weitere Informationen für den Hellasurlauber wie z.B. über aktuelle Reiseführer, Veranstalter etc.
www.thewebpower.com/top100gr
Übersicht über die 100 besten Web-Sites zu bestimmten Schwerpunkten, z.B. zu Tourismus.
www.go4sun.de
Wetter, aktuelle News aus Griechenland in Schlagzeilen, Kurzinfos.
www.de-di.de
Informationen über nahezu alle touristisch interessanten Regionen Griechenlands

Offizielle Seiten griechischer Institutionen:
www.griechenlandinformation.de
Online-Service des griechischen Presse- und Informationsamtes
www.griechische-botschaft.de
Info-Seite der griechischen Botschaft
www.gzf-eot.de
Die offizielle deutschsprachige Seite des griechischen Fremdenverkehrsvereins befand sich zum Zeitpunkt der Drucklegung noch im Aufbau.

Darüber hinaus existieren natürlich noch eine Reihe weiterer Seiten, auch in englischer Sprache. Die von uns vorgestellten Adressen stellen natürlich nur eine Auswahl dar.

• *Deutschland* **10789 Berlin,** Wittenbergplatz 3 a, ✆ 030/2176262-63, 📠 030/2177965.

60311 Frankfurt/M., Neue Mainzer Str. 22, ✆ 069/236561-63, 📠 069/236576.

20149 Hamburg, Abteistr. 33, ✆ 040/454498, 📠 040/454404.

80333 München, Pacellistr. 2, ✆ 089/222035-36, 📠 089/297058.

• *Österreich* **10105 Wien,** Opernring 8, ✆ 01/5125317, 📠 01/5139189.

• *Schweiz* **8001 Zürich**, Löwenstraße 25, ✆ 01/2210105, 📠 01/2120516.

Auf Zákynthos gibt es bisher noch keine offizielle Informationsstelle des EOT. In Griechenland kann man sich bei Problemen außer an die Büros des EOT auch an die **Touristenpolizei** (Touristikí Astinomía) wenden. Ihr Büro auf Zákynthos befindet sich in der Inselhauptstadt, und zwar in der Odós Lombárdou 62, ✆ 2695027367.

Kirchen und Klöster

Beim Besuch eines Klosters oder einer Kirche sollte man auf angemessene Kleidung achten, d. h. möglichst wenig nackte Haut zeigen (lange Hosen bzw. knielange Röcke, auch die Schultern sollten bedeckt sein). Vermeiden Sie es möglichst, der Ikonostase, hinter der sich das Allerheiligste befindet, den Rücken zuzuwenden, denn dies gilt als Zeichen der Respektlosigkeit.

Den orthodoxen Sakralbauten begegnet man überall, selbst im kleinsten Dorf und in freier Landschaft. Viele der manchmal winzigen Einraumkapellen wurden von Privatleuten in Eigenregie errichtet, die damit z. B. ihren Dank für die Hilfe eines Heiligen ausdrückten. Vergessen Sie nicht, nach der Besichtigung eine **kleine Spende** zu hinterlassen. Das Geld wird dringend zur Instandhaltung der Gebäude benötigt.

Landkarten

Kartenmaterial wird auf der Insel reichlich angeboten. Von den billigen Zákynthos-Karten genügen allenfalls die von Toúbi's sowie Adam Editions einfachen Ansprüchen. Empfehlenswerter sind die folgenden Inselkarten.

Torsten Claussen Verlag, Zákynthos, tc travel maps, ISBN 3-933074-02-9, Maßstab 1:50.000, mit kleinem Plan von Zákynthos-Stadt. Signaturen bezeichnen Sehenswürdigkeiten, ebenso die wichtigsten Strände. Höhen und Tiefen werden durch Farben und für Wanderungen nützliche Höhenlinien dargestellt. Die Karte ist auch im mitteleuropäischen Buchhandel erhältlich.

Road Editions, Zákynthos, ISBN 960-8481-53-8, Maßstab 1:60.000, mit Plan von Zákynthos-Stadt. Die Karte wurde in Zusammenarbeit mit dem geographischen Service der griechischen Armee erstellt, ist aktuell und enthält viele Details: Auch kleinere Wege und sogar Trockentäler sind gekennzeichnet. Höhen sind durch Punkte und Farben markiert, leider fehlen Höhenlinien. Nachteil ist der etwas kleinere Maßstab, dennoch ist die Karte wegen der Genauigkeit der Wege auch für Wanderungen brauchbar. Auch im mitteleuropäischen Buchhandel erhältlich.

Freytag & Berndt, Zákynthos, ISBN 3-85084-8663, Maßstab 1:50.000. Für Fahrten mit Auto bzw. Bike auf Asphaltstraßen gut geeignet, Schotterpisten sind nicht immer genau, einige fehlen. Die wichtigsten Sehenswürdigkeiten sind durch Signaturen gekennzeichnet, die meisten Strände eingetragen. Das Relief wird durch Schummerung dargestellt, was für Wanderungen nicht sehr nützlich ist. Ebenfalls im mitteleuropäischen Buchhandel erhältlich.

Airplane **Editions Zákynthos,** ISBN 960-8299-02-0, Maßstab 1:60.000. Empfehlenswert, weil eine recht zuverlässige Darstellung der Straßen geboten wird.

ERA-Maptec Satellitenkarte Zákynthos, Maßstab 1:50.000. Die Aufnahme wurde aus 832 km Höhe gemacht. Auf den ersten Blick durch ihre Plastizität sehr ansprechende Karte, die aber vergleichsweise teuer und für Touren zu Fuß nur sehr bedingt brauchbar ist. Eingetragen sind nur Orte, Asphaltstraßen und die wichtigsten Schotterpisten.

Notrufnummern/Polizei

Notruf Polizei: ✆ 2695022100
Erste Hilfe (EKAB): ✆ 2695023166
Krankenhaus-Notruf: ✆ 2695059100
Feuerwehr: ✆ 2695022199
ADAC-Notruf von Griechenland aus: ✆ 0049/89/222222 (rund um die Uhr)

Polizeistationen (Astinomía) erreichen Sie unter ✆ 2695024450 (Zákynthos-Stadt), ✆ 269 5092249 (Ágios Nikólaos, Skinári), ✆ 26950 31204 (Volímes), ✆ 2695083083 (Katastári), ✆ 2695051252 (Laganás).

Öffnungszeiten

Geschäfte und öffentliche Einrichtungen passen sich mit einer langen Siesta-Pause den mediterranen Klimaverhältnissen an. Banken bleiben am Nachmittag sogar geschlossen, dafür sind die Läden abends, wenn die Hitze nachgelassen hat, lange geöffnet. Dann macht das Einkaufen auch viel mehr Spaß.

Banken: Mo–Do 8–14, Fr bis 13.30 Uhr.

Geschäfte sind in der Regel Mo–Sa von 8/9 bis 13/14 Uhr und von 17 bis 20/21 Uhr (oft auch noch länger) geöffnet. In den Touristenzentren bleiben Souvenirshops oft den ganzen Tag (z. T. auch sonntags) offen.

Kirchen und Klöster öffnen ihre Pforten bereits zwischen 7 und 8 Uhr in der Frühe, während der Mittagszeit sind sie meistens geschlossen. Danach ist in der Regel noch einmal von 16 bzw. 17 bis gegen 20 Uhr offen. Es gibt aber große Unterschiede. In vielen Dörfern muss man sich den Kirchenschlüssel vom Popen oder einem anderen Schlüsselverwalter besorgen. Nähere Informationen finden Sie in den jeweiligen Beschreibungen im Reiseteil.

Kioske sind meist bis spät in die Nacht geöffnet. Während der Siesta haben sie oft, aber nicht immer geschlossen.

Museen haben ebenfalls uneinheitliche Öffnungszeiten, sind aber häufig montags geschlossen. Nähre Informationen finden Sie in den Ortskapiteln.

Post: s. u.

Reisebüros halten sich theoretisch an die normalen Geschäftszeiten, haben aber in der Hochsaison oft durchgehend und bis spätabends geöffnet.

Post (Tachidromío)

Ein Postamt gibt es in Zákynthos-Stadt, in Katastári, Macherádo und Volímes. Briefkästen hängen in fast allen Inseldörfern, zu erkennen sind sie an der gelben Farbe. In etwa 8 bis 10 Tagen werden Karten und Briefe bis zum Empfänger nach Mitteleuropa befördert. Der Vermerk "per Luftpost" bringt nichts, da die gesamte Post ab Athen generell per Flugzeug befördert wird.

Öffnungszeiten: Mo–Fr 7.30–14 Uhr, Sa geschlossen. Während des Sommers hat das Postamt in Zákynthos-Stadt von 7.30–20 Uhr geöffnet.

Briefmarken: bei der Post oder in den Geschäften und Kiosken, die auch Ansichtskarten verkaufen (dort manchmal geringer Aufpreis). Die sich häufig ändernden Gebühren erfragt man am besten dort.

Poste restante/postlagernd: Man kann – falls ohne feste Adresse – postlagernd Briefe empfangen. Diese können mit Ausweis und gegen kleine Gebühr abgeholt werden. Ein Brief wird im Normalfall bis zu zwei Monate aufbewahrt. Der Absender sollte den Empfängernamen (Nachnamen unterstreichen!), das Zielpostamt (am besten das Hauptpostamt in Zákynthos-Stadt, Postleitzahl 29100) und den Vermerk "poste restante" auf den Umschlag schreiben.

Telefonieren: bei der Post nicht möglich, siehe unter entsprechendem Stichwort.

Reisedokumente

Zwar fallen seit dem Inkrafttreten des Schengener Abkommens innerhalb der EU die Grenzkontrollen für Deutsche und Österreicher in der Regel weg, einen Rechts-

Manchmal wird die Post auch im Kafeníon verteilt

anspruch auf unkontrolliertes Reisen gibt es aber nicht. Deutsche und Österreicher benötigen nach wie vor einen gültigen **Personalausweis**, Schweizer die **Identitätskarte**. Wenn man mit dem **Pass** einreist, darf dieser keinen Stempel der international nicht anerkannten türkischen Republik Nord-Zypern enthalten. Wer über Jugoslawien oder Makedonien kommt, benötigt unbedingt seinen Reisepass und sollte sich rechtzeitig nach etwaigen Visabestimmungen erkundigen. Kinder unter 16 Jahren müssen im Pass der Eltern eingetragen sein oder einen Kinderausweis haben, ab 10 Jahren mit Passbild.

Kraftfahrer brauchen zusätzlich noch **Führerschein** (der internationale ist nicht nötig), **Fahrzeugschein** und oft auch die **grüne Versicherungskarte.** Dieser Nachweis für eine bestehende Haftpflichtversicherung ist offiziell zwar nicht mehr obligatorisch, aber der ADAC empfiehlt dringend, die Karte mitzuführen, da sie bei Unfällen und Kontrollen immer wieder verlangt wird.

Sport

Auf Zákynthos kommen Sportlernaturen und Aktivurlauber auf ihre Kosten. Groß ist das Angebot an Wassersport: An zahlreichen Stränden kann man Surfbretter leihen, Wasser- und Jetski fahren, ein Paddelboot mieten etc. Bedenken Sie aber, dass an den Sandstränden, an denen die Caretta-caretta-Schildkröten ihre Eier ablegen, die Wassersportmöglichkeiten aus gutem Grund stark eingeschränkt sind. An fast jedem größeren Beach befindet sich in der Regel auch mindestens ein Volleyballnetz. Auch jenseits des Strandes bieten insbesondere die großen Hotels einiges an sportlicher Unterhaltung.

Bootssport: Tretboote, Motorboote und Kanus werden an den Stränden nahe den größeren Touristenorten, aber auch an einigen Felsbuchten an der steilen Westküste vermietet. Segelboote können Sie in Zákynthos-Stadt beim Reisebüro Spring

Tours ausleihen. Eine Stunde Tretboot kostet 12–20 €, für ein Motorboot bezahlt man bis zu 30 €. Der Preis wird relativ günstiger, wenn man das Boot einen ganzen Tag ausleiht.

Fahrradfahren: Eigene Räder oder Mountainbikes lassen sich auch im Flugzeug nach Zákynthos transportieren. Notwendig ist das nicht, denn in nahezu jedem Touristenort werden welche angeboten. Mit Mountainbikes kann man hervorragend das gebirgige Inselinnere erkunden. Ausreichende Kondition ist jedoch Voraussetzung. Bleiben Sie aber immer auf den Wegen! Und der flache Osten lädt geradezu zu Fahrradtouren ein. Meiden Sie aber die stark befahrenen Hauptverkehrsstraßen, denn hier kann es gefährlich werden.

Der Traum vom Fliegen

Reiten: Auf der Insel gibt es mehrere Reitställe, und zwar in Zákynthos-Stadt, in Laganás und Alikés bzw. Alikanás. Adressen und Preise siehe in den entsprechenden Ortskapiteln im Reiseteil. Geboten werden geführte Ausritte, z. T. auch Reitkurse.

Surfen: Zwar kann man an vielen Stränden auf Zákynthos Surfbretter ausleihen, doch sicher zählt die Insel nicht zu den besten Revieren Griechenlands, der Wind ist einfach im Vergleich zu anderen Regionen nicht stark genug. An den Schildkrötenstränden ist das Surfen nicht erlaubt.

Tauchen: Schnorcheln ist überall ohne Einschränkung gestattet, das Tauchen mit Sauerstoffgeräten und Tauchanzügen dagegen erst seit einigen Jahren und nur in bestimmten Regionen. Der Grund: Zu viele Amphoren, Münzen und andere antike "Souvenirs" wurden schon von Tauchern gefunden und außer Landes geschleppt. Erlaubt ist das Tauchen in einigen Zonen an der westlichen Steilküste. In Límni Kerioú und Laganás gibt es je zwei Tauchschulen, eine weitere in Ágios Nikólaos (Halbinsel Skopós). Genaueres erfahren Sie im Reiseteil unter den jeweiligen Orten.

Tennis: Nur größere Hotels gehobener Klasse besitzen Plätze, die gegen Gebühr auch Nicht-Gästen offen stehen.

Wandern: Die besten Möglichkeiten bietet das westliche Bergland. Ausführliche Informationen finden Sie im Kapitel "Unterwegs auf Zákynthos" ab S. 65.

Wasserski, Bananaboat, Kneeboard, Ringo etc.: Diese (Fun-)Sportarten sind an vielen Stränden der Ostküste und der Halbinsel Skopós möglich; doch sollte man sich wegen der damit verbundenen Umweltschädigung gut überlegen, ob es wirklich nötig ist, sich motorisiert auf dem Meer herumschleudern zu lassen. An den Schildkrötenstränden sind alle genannten Aktivitäten streng verboten! 30 Minuten Wasserski kosten 30 €, je 15 Minuten Bananaboat 13 €, Ringo 12–15 €, Jetski 30–35 € (zu zweit bis zu 50 €), Parasailing 50 €.

Sprache (Glóssa)

Neugriechisch ist nicht die einfachste Sprache und wird außerdem mit anderen Buchstaben als das Deutsche geschrieben. Nur wenige Urlauber können mehr als ein paar Brocken sprechen. Die Zakynther haben sich daran gewöhnt. Mittelmäßige Englischkenntnisse genügen, um sich mit der Mehrzahl der Einheimischen verständigen zu können. Im Gastgewerbe in den Touristenorten ist Englisch Standard, manche Kellner haben im Laufe der Jahre durch ihre Arbeit auch etwas

Deutsch gelernt. Einige wenige Einheimische sprechen sogar gut Deutsch; meist haben sie ihre Kenntnisse bei Arbeitsaufenthalten in Deutschland, der Schweiz oder Österreich erworben. Dennoch sollten Sie sich die wichtigsten Alltagswörter der griechischen Sprache aneignen. Ihr Bemühen wird in der Regel mit echtem Entgegenkommen und der Gesprächsbereitschaft der Einheimischen belohnt. Wichtig ist die richtige Betonung der Wörter. So liegt der Wortakzent bei "efcharistó" (danke) auf der letzten Silbe und nicht etwa auf der vorletzten, wie man es von Ausländern oft hört ("efcharísto"). Deswegen haben wir jedes griechische Wort mit einem Betonungszeichen versehen und uns jeweils für die Schreibweise entschieden, die der Aussprache im Griechischen am ehesten entspricht. Noch ein Wort zu den Hinweis- und Ortschildern: Sie sind fast immer in griechischen und lateinischen Buchstaben geschrieben.

Strom (Révma)

In ganz Griechenland gibt es 220 Volt Wechselstrom (Fährschiffe verfügen allerdings z. T. nur über 110 Volt Gleichstrom). Elektrogeräte mit dem flachen Euro-Stecker passen normalerweise in die griechischen Steckdosen. Für manche Stecker benötigt man eventuell einen Adapter. Es ist aber nicht nötig, diesen Zusatzstecker von zu Hause mitzunehmen. Häufig kann man ihn im Hotel oder auf dem Campingplatz ausleihen, ansonsten für wenig Geld in Geschäften kaufen.

Telefonieren

Wenn Sie nicht über das eigne Handy oder vom Hotel aus (man zahlt etwa das Doppelte) telefonieren können bzw. wollen, ist es am bequemsten, Sie benutzen eines der überall auf der Insel von der halbstaatlichen Telefongesellschaft OTE installierten öffentlichen **Kartentelefone.** Von diesen kann man problemlos ins Ausland anrufen. Die hübschen OTE-Telefonkarten (Tilekártes) mit Fotografien aus ganz Griechenland erhält man bei der OTE, in verschiedenen Geschäften (Schreibwaren, Kiosk etc.) sowie in den Postämtern. Karten gibt es mit 3 € Nennwert (kosten auch 3 €), 6 € Nennwert (kosten 5,60 €), 15 € Nennwert (kosten 12,30 €) und 39 € Nennwert (kosten 24 €). Wer es ruhiger haben will, sollte von den Fernsprechkabinen im OTE-Büro in Zákynthos-Stadt aus telefonieren. Dort zahlt man nach Beendigung des Gesprächs laut Zählerstand.

Vom Juli 2001 bis November 2002 wurden in ganz Griechenland in mehreren Phasen sämtliche Anschlüsse auf zehnstellige Nummern umgestellt. Das bedeutet, dass nun grundsätzlich immer die Vorwahl eines Ortes bzw. einer Insel (Zákynthos 26950) mitgewählt werden muss, auch wenn man sich dort befindet. Vorsicht: Es kursieren noch immer zahllose Prospekte und Visitenkarten mit den alten Nummern. In unserem Reisehandbuch werden bei Telefonangaben immer die **vollständigen zehnstelligen Nummern** genannt. Im Rahmen dieses "Nationalen Telefon-Nummerierungsplans" hat man im Übrigen auch die erste Null aller Mobiltelefonnummern durch eine Sechs ersetzt.

Thema Mobiltelefon: Ein Handy gilt in Griechenland fast als Statussymbol. Prozentual auf die Bevölkerung umgerechnet, ist die Handydichte sogar größer als in Deutschland. Mitgebrachte Geräte funktionieren im GSM Roaming. Allerdings fallen erhebliche Zusatzgebühren an, da man auch für eingehende Anrufe zahlt. Zudem senden griechische Netzbetreiber oft Werbe-E-Mails auf die Mail-Boxen der Handybesitzer. Bei regelmäßigem Abrufen der Mail-Box in Griechenland können so schnell einige Euro an Gebühren anfallen, deren genaue Höhe man erst Wochen später mit der Rechnung erhält. Bei freien Karten-Handys empfiehlt sich der Kauf einer griechischen Pre-Paid-Karte mit griechischer Rufnummer (am Kiosk erhältlich). **Wichtig:** Autofahrern ist das Telefonieren während der Fahrt untersagt.

Vorwahlnummern für Auslandsgespräche

Deutschland: ✆ **0049,** Österreich: ✆ **0043,** Schweiz: ✆ **0041.** Danach wählt man die Vorwahl des gewünschten Ortes, jedoch ohne die Null, dann die Rufnummer. Wer nach Griechenland anrufen möchte, wählt die Landesvorwahlnummer **0030** und anschließend die **vollständige** zehnstellige Nummer des Teilnehmers.

Toiletten

Für alle Toiletten in Griechenland gilt: Papier darf nicht mit hinuntergespült werden, dafür steht immer ein Eimer in der Ecke (ansonsten wären dauernd die engen Abflussrohre verstopft). Die Beschilderung lautet: Herren: **ándron,** Frauen: **ginaíkon.**

Gut, dass sie im Winter in der Zisterne Regenwasser gesammelt hat

Wasser

Obwohl es auf Zákynthos im Winterhalbjahr vergleichsweise viel regnet, hat die Insel Trinkwasserprobleme. Denn das, was aus den Wasserhähnen kommt, enthält relativ viel Salz und schmeckt deshalb nicht gut. Das ist auch der Grund, weshalb viele Bewohner des Flach- und Hügellandes und auch der Hauptstadt regelmäßig mit Kanistern zu einer der vielen Quellen fahren, die am Fuße des Berglandes austreten, und dort das hervorragende Wasser holen. In Cafés, Restaurants etc. bekommt man daher zu seinem Kaffee nicht wie in Griechenland sonst durchaus üblich ein Glas Leitungswasser serviert, sondern eine verschlossene kleine Plastikflasche, die man extra bezahlen muss. Reicht man Ihnen doch ein Glas Wasser dazu, stammt das kühle Nass in der Regel entweder von einer der Quellen oder – besonders in den Dörfern des Berglands – aus einer Zisterne, das heißt, es handelt sich um im Winter gesammeltes Regenwasser.

Zeit

In Griechenland gilt die osteuropäische Zeit (OEZ); sie ist der mitteleuropäischen Zeit (MEZ) um eine Stunde voraus. Da es in Hellas – genau wie bei uns – eine Sommerzeit gibt, bleibt der Zeitunterschied bestehen.

Zeitungen/Zeitschriften

In Zákynthos-Stadt sowie in allen größeren Touristenorten der Insel bekommt man die wichtigsten deutschsprachigen Zeitungen und Magazine. Selbst Rätselhefte fehlen nicht. Die Tageszeitungen sind in der Hochsaison meist einen, höchstens zwei Tage alt, aber fast doppelt so teuer wie in Mitteleuropa. Das gilt auch für Magazine wie den "Spiegel" oder den "Stern". In der Vor- und Nachsaison muss man auf die Zeitung etwas länger warten, man bekommt sie dann auch nicht in so vielen Geschäften wie im Sommer.

Hier darf es auf die Zeit nicht so ankommen

Zoll

Innerhalb der EU gelten sehr liberale Bestimmungen über die Freimengen im Reisegepäck. Grundsätzlich wird die Mehrwertsteuer im Erwerbsland, das heißt beim Kauf der Waren, fällig. Bei der Ausreise sind weder Zollabgaben noch sonstige Steuern zu entrichten. Bedingung dafür ist, dass alle gekauften Produkte – Textilien, Keramik, Schmuck, Olivenöl etc. – nicht gewerbsmäßig genutzt, beispielsweise also weiterverkauft werden. Bei folgenden Mengen stellen die Behörden den persönlichen Bedarf nicht in Frage:

Alkohol: 10 l Spirituosen; 20 l Zwischenerzeugnisse (Port/Sherry); 90 l Wein oder weinhaltige Getränke, davon höchstens 60 l Sekt/Schaumwein; 110 l Bier.

Rauchwaren: 800 Zigaretten; 400 Zigarillos; 200 Zigarren; 1 kg Tabak.

Für **Schweizer** und den Einkauf in **Duty-free-Shops** gelten niedrigere Quoten: 200 Zigaretten oder 100 Zigarillos oder 50 Zigarren oder 250 g Tabak; 1 l Spirituosen, 1 l Zwischenerzeugnisse oder 2 l Wein oder 2 l Bier sowie Geschenke bis 200 sfr.

Nicht nur in Bayern gibt es Zwiebelturm-Kirchen

Zákynthos-Stadt (Chóra)

Am Fuß des mächtigen, geschichtsträchtigen Kástro-Hügels ziehen sich die weißen und pastellfarbenen Häuser der Inselhauptstadt wie ein breites, helles Band am in der Sonne glitzernden Meer entlang. Dazwischen ragen die schlanken Kampanile der zahlreichen Kirchen hoch empor und setzen malerische Akzente. In den z. T. engen Straßen findet man griechisches Leben pur – damit verbunden sind aber auch Hektik, Lärm und Verkehrsprobleme.

Mit etwa 10.000 Einwohnern ist Zákynthos-Stadt, von den Einheimischen auch Chóra (Hauptstadt) genannt, ein für eine griechische Insel vergleichsweise großer Ort. Im Sommer und im Winter, ob mit oder ohne Tourismus, pulsiert hier das Leben, herrscht in den Straßen geschäftiges Treiben, sind Cafés und Tavernen gut besucht. Am Hafen ist fast immer Betrieb. Fähren kommen und gehen, morgens preisen Fischer ihren nächtlichen Fang an, abends wird die lange Hafenpromenade (Stráda Marína) zur Flaniermeile, wo man sehen und gesehen werden will. Die Bewohner der Dörfer kommen in die Stadt, um einzukaufen, ihre Bankgeschäfte zu erledigen, Ämter- und Arzttermine wahrzunehmen oder einfach nur, um sich gut zu unterhalten. Die Chóra war und ist nach wie vor *das* Versorgungszentrum der Insel und bietet natürlich auch vergleichsweise viele Arbeitsplätze. Wer griechisches Leben statt der Atmosphäre einer touristischen Retortensiedlung liebt, ist in Zákynthos-Stadt richtig – allerdings muss man dann auch knatternde Mopeds, verstopfte Straßen und Parkplatzprobleme in Kauf nehmen.

Der heilige Dionýsios, der Schutzpatron von Zákynthos

Der in ganz Griechenland hoch verehrte Heilige wurde 1547 auf Zákynthos als Sohn adliger Eltern geboren und auf den Namen Draganígos getauft. Sein Vater war ein hoher Offizier in der Armee der Venezianer. Früh verwaist, überließ der junge Draganígos das gesamte elterliche Erbe seinem älteren Bruder Konstantínos und zog sich in das einsame Metamórphosis-Kloster auf einer der nahe gelegenen winzigen Strophadeninseln (vgl. S. 253) zurück, wo er den Mönchsnamen Daniel annahm. Der Bischof von Kefaloniá und Zákynthos erkannte sein Charisma, holte ihn zurück, weihte ihn 1570 zum Diakon und Priester und gab ihm die Aufgabe, in verschiedenen Kirchen der Insel als Prediger zu wirken. Bald darauf wurde er Abt des Marienklosters in Anafonítria. Auf dem Weg zu einer Pilgerreise nach Palästina traf er in Athen den dortigen Erzbischof, der ihn dazu überredete, das Bischofsamt der Inseln 'Ägina und Póros zu übernehmen. Nach einigem Zögern willigte Daniel ein und nahm bei seiner Bischofsweihe im Jahre 1577 zu Ehren des allerersten Bischofs von Athen und Märtyrers dessen Namen Dionýsios an.

Zehn Jahre hatte er dieses Amt inne und war bei den Bewohnern von 'Ägina und Póros wegen seiner Hilfsbereitschaft und seines bescheidenen Auftretens außerordentlich beliebt. Dann zogen ihn Heimweh und Sehnsucht nach Ruhe zunächst ins Strophadenkloster, dann wieder in das Marienkloster in Anafonítria zurück. Ab 1583 wirkte er zudem zeitweise als Priester in der Kirche des heiligen Nikolaus an der Mole in Zákynthos-Stadt. Als er 1624 starb, wurde sein Leichnam, wie er es gewünscht hatte, in seinem Stammkloster auf den Strophaden beigesetzt. Wenige Jahre später soll Dionýsios dem dortigen Abt im Traum erschienen sein und ihm befohlen haben, sein Grab zu öffnen. Als dieser die Öffnung veranlasste, fanden die Mönche den Leichnam unverwest und einen wunderbaren Duft verströmend. Sie legten ihn daraufhin in einen Ehrensarg, den sie in der Klosterkirche aufstellten.

Da Dionýsios ein nach kirchlichem Maßstab vorbildliches Leben geführt hatte und ihm schon zu Lebzeiten wie vor allem nach seinem Tod zahlreiche Wunder nachgesagt wurden, sprach man ihn 1703 heilig (er soll Kranke geheilt, die Strophaden von einer Heuschreckenplage und einer Dürre befreit, einer Stummen wieder zur Sprache verholfen haben und vieles mehr). Wegen der häufigen Piratenüberfälle wurde der Leichnam des Heiligen 1716 nach Zákynthos überführt, wo er heute – immer noch unverwest – in einem kostbaren Silbersarkophag in der nach ihm benannten Kirche aufbewahrt wird. Dort zeigen auch mehrere Wandgemälde einige der Wunder, die Dionýsios vollbracht haben soll.

Die Zakynther lieben ihren Heiligen, aber auch vom Festland bringen beinahe jede Woche mehrere Busse zahlreiche Pilger auf die Insel, die Dionýsios bzw. seinen Reliquien ihre Referenz erweisen wollen. Man küsst das Grab, zündet eine Kerze an, betet oder fleht um Hilfe. Am 17. Dezember (seinem Todestag) und am 24. August (dem Tag der Überführung seiner sterblichen Überreste nach Zákynthos) wird in der Chóra mit einer prächtigen Prozession – sein Leichnam wird dabei mitgeführt – und anschließendem Volksfest zu Ehren des heiligen Dionýsios gefeiert. Die Stadt platzt dann fast aus allen Nähten.

Aber auch in der mitunter recht hektischen Chóra findet man noch ruhigere, ja idyllische Plätzchen: an der weitläufigen Platía Solomoú zum Beispiel, am Nikólaos-Pier, wo im Sommer die Jachten ankern, auf dem Spazierweg zum Kástro hinauf, dort oben zwischen den Ruinen der alten Festung in einem Pinienwald, im hoch gelegenen Stadtteil Bóchali, wo sich einige traditionelle Tavernen befinden, die neben vorzüglichem Essen auch spektakuläre Rundblicke bieten, oder in der fast ständig geöffneten Dionýsios-Kirche, dem Zentrum des religiösen Lebens auf der Insel.

Erst auf den zweiten Blick sieht man der Stadt an, dass sie nach der fast völligen Zerstörung durch das verheerende Erdbeben von 1953 komplett neu aufgebaut wurde. Dabei hat man sich um größte Authentizität bemüht. Nach alten Plänen entstanden originalgetreue Kopien der alten Straßenzüge mit ihren Arkaden, der noblen Plätze samt ihren öffentlichen Gebäuden sowie der Kirchen. Die von den Venezianern nach Zákynthos gebrachte Architektur prägt die Stadt also heute noch bzw. prägt sie wieder. Schönste Beispiele sind die beiden nahe beieinander liegenden Plätze Platía Solomoú und Platía Agíou Márkou. Die beeindruckenden Gebäude der Bibliothek und des Museums für nachbyzantinische Kunst erinnern an herrschaftliche Palazzi in der norditalienischen Lagunenstadt, die frei stehenden Glockentürme haben die dortigen Kampanile zum Vorbild, sogar die Straßenlaternen kommen einem aus Venedig bekannt vor.

Bemerkenswert ist auch das kulturelle Angebot von Zákynthos-Stadt. So beherbergt der Ort eines der schönsten Museen Griechenlands zur orthodoxen Kirchenkunst. Auch wer sich ansonsten weniger für sakrale Malerei interessiert, sollte einen Besuch einplanen, es lohnt sich unbedingt. Freunde der internationalen Literatur kommen außerdem im Museum des bekanntesten Dichters der Insel und griechischen Nationalpoeten, Dionýsios Solomós, auf ihre Kosten. Im kleinen Freilichttheater finden neben Schauspielvorstellungen auch regelmäßig Konzerte und Tanzvorführungen statt. Und in einigen Tavernen der Stadt kann man im Sommer live die inseltypischen traditionellen Kantaten hören, die so ganz anders klingen als die gewohnte griechische Musik.

Geschichte

Oberhalb der heutigen Chóra, auf dem Kástro-Hügel zwischen der Festung und dem Lófos Stráni, erstreckte sich die antike Stadt, überragt von ihrer Akrópolis. Unten an der Küste soll sich zwar auch eine kleine Ansiedlung befunden haben, aber zur Pólis (Stadt) musste man emporsteigen, wie der griechische Erzähler Heliodor im 3. Jh. n. Chr. überliefert. Reste sind heute keine mehr zu finden, die vielen Erdbeben zerstörten im Laufe der Jahrhunderte die Gebäude, und was sie übrig ließen, wurde von späteren Bewohnern abgetragen und als Baumaterial verwendet. Aus antiken Quellen ist bekannt, dass die Stadt durchaus stolz und prächtig war: So besaß sie zum Beispiel einen großen Apollontempel, ein Stadion, in dem auch zur Zeit des Römischen Kaiserreichs noch Wettkämpfe stattfanden, sowie ein Aphroditeheiligtum. Nördlich der Pólis zog sich die Nekropole den Hang hinunter, was sich durch Gräberfunde belegen ließ.

Auch die mittelalterliche byzantinische Stadt lag oben auf dem Hügel an der Stelle der antiken Pólis. Über ihr Aussehen ist wenig bekannt. Sicher ist nur, dass in ihren Mauern mehrere recht große Kirchen standen und die Menschen in ziemlich beengten Verhältnissen lebten. Auch daher nahm die Bevölkerung zur Zeit der Venezianer allmählich ab, während an der Küste eine neue Stadt entstand. Im Jahre 1527 sollen oben nur noch etwa 1200 Menschen gelebt haben, ca. 4600 dagegen schon unten am Meer. Dennoch bauten die venezianischen Herren die alten Mauern auf dem Hügel zu einer mächtigen Burganlage, dem Kástro, aus, wohin sich die Menschen bei Gefahr zurückziehen konnten. Eine gepflasterte Straße verband sie mit der immer größer werdenden Stadt an der Küste. Deren Bevölkerungszuwachs war auch darauf zurückzuführen, dass die Republik Venedig überall in Europa lebende Landsleute nach Zákynthos lockte, die sich lieber unten in der modernen Siedlung niederließen. Deswegen wurde auch dort der Platz allmählich knapp, so dass man dem Meer durch Aufschüttungen Land abringen musste, um diverse Bauvorhaben realisieren zu können: z. B. die breite Prachtstraße Stráda Marína und einen großzügigen Platz (die heutige Platía Solomoú), um den sich bald prächtige Häuser mit den charakteristischen Arkaden und Balkonen gruppierten. Die Stadt blühte zusehends auf, die reiche Oberschicht und Teile des Bürgertums vergnügten sich im Theater, in Konzerten, bei Maskenbällen und Empfängen. Maler, Literaten, bildende Künstler, Musiker und Architekten sorgten mit ihren Werken dafür, dass man mit Hochachtung von ihr sprach und sie das "kleine Paris" oder "Florenz Griechenlands" nannte.

Eingang zum Kástro

Auch zur Zeit der britischen Herrschaft genoss die Stadt als Kultur- und Handelszentrum einen guten Ruf. Die Engländer richteten oben auf dem Kástro eine Garnison ein, unten in der Stadt erweiterten sie den Hafen, errichteten zahlreiche Gebäude und renovierten viele der venezianischen Prachtbauten, die unter den ständigen Erdstößen gelitten hatten. Nach der Vereinigung mit dem Mutterland und dem wirtschaftlichen Niedergang dämmerte die Chóra von Zákynthos vor sich hin. In die Schlagzeilen geriet sie dann erst wieder 1953, als das Jahrhunderterdbeben die ganze Stadt in Schutt und Asche legte. Die meisten öffentlichen Gebäude mit Ausnahme der Kirchen stammten damals aus dem 19. Jh. und waren im neoklassizistischen Stil errichtet worden, die älteren hatte man entsprechend umgestaltet. Nach den Aufräumarbeiten wurde große Mühe darauf verwandt, die meisten Gebäude originalgetreu wieder aufzubauen; auch der Straßenverlauf im Zentrum entspricht dem vor der Katastrophe. Unrettbar verloren gegangen sind allerdings die schönen Patrizierhäuser, die man nur noch auf alten Bildern bewundern kann.

Die Erdbebenkatastrophe von 1953

12. August 1953 – ein normaler Sommertag. Plötzlich, um 11.23 Uhr am Vormittag, beginnt das Inferno. Unvorstellbar lange 45 Sekunden werden Zákynthos und die Nachbarinseln Kefaloniá und Ithaka von gewaltigen Erdstößen der Stärke 7,3 auf der nach oben offenen Richter-Skala erschüttert. Doch damit nicht genug: Um 14.02 und 16.08 Uhr folgen zwei weitere Beben der Stärken 6,3 und 6,0.

Von einer unsichtbaren Kraft wurden die Inseln mehrere Zentimeter emporgehoben, sanken wieder nach unten, Teile splitterten ab und stürzten ins Meer. Wie Kartenhäuser fielen zahlreiche der in der Regel aus Steinen und einem Kalk-Sand-Gemisch gebauten Häuser zusammen. In der Chóra und in anderen Dörfern brachen Feuer aus, denn viele Frauen waren an ihren Gasherden mit dem Kochen beschäftigt. Die Katastrophe wurde durch die drei Tage andauernden Brände enorm verstärkt. Die Chóra lag in Schutt und Asche, überall stiegen schwarze Rauchwolken auf, ca. 3000 Häuser waren z. T. erheblich beschädigt. Lediglich drei Gebäude – eine Schule, die Nationalbank und ein Wohnhaus – blieben vollständig erhalten. Nur geringe Schäden erlitten die Ágios-Dionýsios- und die Nikolauskirche an der Mole. Die Verbindungen zu den Bergdörfern waren abgerissen, Brücken zusammengebrochen, Straßen wiesen große Risse auf und waren zusätzlich durch herabgestürzte Felsbrocken blockiert, Brunnen waren verschüttet, so dass das Trinkwasser knapp wurde. Ungefähr 100 Zakynther kamen ums Leben, mehr als 500 wurden verletzt, insgesamt 11.688 Gebäude waren in den Dörfern mehr oder weniger stark zerstört. In den nächsten Tagen sorgten mehr als 20 Nachbeben für weitere Panik.

Weltweit setzten Hilfsmaßnahmen ein. Britische, US-amerikanische und israelische Seestreitkräfte versorgten die Obdachlosen, auch deutsche Ärzte waren vor Ort, und aus der ganzen Welt trafen Spenden und Hilfslieferungen ein. Die Zakynther ließen sich nicht unterkriegen. Schon zwölf Tage nach der Katastrophe, am 24. August, fand die traditionelle Prozession zu Ehren des heiligen Dionýsios statt. Mit Bulldozern hatte man die Trümmer weggeräumt, um den gewohnten Prozessionsweg gehen zu können. Und bald setzte der Wiederaufbau ein, die Gebäude wurden nun mit Betongerüsten sehr viel stabiler und erdbebensicherer gebaut.

Fotos und Zeitungsberichte zu dieser Katastrophe können Sie auch im **Museum für nachbyzantinische Kunst** studieren. Zu den Ursachen dieses und anderer Erdbeben in der Region siehe den Kasten auf S. 17.

Information/Reisebüros

- *Touristenpolizei* Lombárdou-Str. 62 (Hafenpromenade), ✆ 2695024482. Auskünfte zu allen die Stadt und die Insel betreffenden touristischen Fragen, auch Hilfe bei der Zimmersuche.
- *Hafenamt* in einem von Arkaden gesäumten Bau an der Hafenpromenade (nahe dem Ágios-Nikólaos-Pier), ✆ 2695028117. Informationen zum Fährbetrieb, z. B. ob die Schiffe bei stürmischer See auslaufen können, erhält man aber auch bei der Fähragentur Kinopraxía Plíon (s.u.) bzw. in den Reisebüros.
- *Reisebüros* zahlreiche Agenturen entlang der Stráda Marína (Lombárdou-Str.). Im Angebot: Ausflüge (s. S. 102), Autovermietung, Ticketverkauf, Zimmervermittlung, Auskünfte aller Art und mehr. Im Allgemeinen sind die Büros am Vormittag bis 13/14 Uhr und von 18–22 Uhr geöffnet, in der HS

z. T. auch ganztägig. Viele haben Zweigstellen in den Touristenorten der Insel. Die Ausflugsboote ankern am Ágios-Nikólaos-Pier.

Spring Tours, einer der Marktführer. Ausflüge, Verkauf von Flugtickets, Transfers, Zimmervermittlung sowie Auto- und Zweiradvermietung. Außerdem kann man über die Agentur auch Jachten chartern. Während der Hochsaison ist das Büro durchgehend geöffnet. ✆ 2695048004 u. 2695041746, 📠 2695026315.

Cavo Grosso, ebenfalls einer der Riesen der Branche mit dem üblichen Angebot. Unter anderem kann man hier eine Greek Night Cruise buchen. ✆ 2695048308.

BesTours, im Angebot die gängigen Ausflüge, u.a. auch Jeep-Safaris, Tauch- und Reittouren, Auto-/Zweiradvermietung etc., ✆ 2695024808, 📠 2695024805.

Ionion Cruises, Verkauf von Fährtickets zur Insel Kefaloniá, im Angebot aber auch Ausflüge, Autovermietung etc., ✆ 2695023984 u. 2695048996, 📠 2695042556.

Wichtige Telefonnummern

Krankenhaus: ✆ 2695059100

KTEL (Busse): ✆ 2695022255 und ✆ 2695042656

Olympic Airways: ✆ 2695028611, ✆ 2695028322 (Flughafen)

Polizei: ✆ 2695022100

Taxi: ✆ 2695048400

Touristenpolizei: ✆ 2695024482

Verbindungen

• *Bus* Die Busstation befindet sich in der Odós Filitá Klavdianoú im Stadtzentrum, ✆ 2695022255 u. 2695042656. Dort erhält man auch einen aktuellen Fahrplan. Eine Übersicht über die Verbindungen auf der Insel finden Sie im Kapitel "Unterwegs auf Zákynthos" auf S. 64.

• *Taxi* Eigentlich gibt es Taxis en masse in der Stadt, während der Hochsaison muss man dennoch oft einige Zeit warten, bis sich einer der Fahrer am Standplatz in der Odós El. Venizélou einfindet. ✆ 2695048400. Hinweise zu Taxipreisen im Kapitel "Unterwegs auf Zákynthos" auf S. 64.

• *Flugzeug* In der Odós A. Róma liegt das Büro der staatlichen Fluggesellschaft Olympic Airways. Mo–Fr 8.30–15.30 Uhr, ✆ 2695028611. Für einen Flug nach Athen zahlt man pro Person ca. 74 € zuzügl. Flughafensteuer.

• *Fähre* In der an der Uferpromenade gelegenen Agentur **Kinopraxía Plíon** kauft man die Fährtickets nach **Kilíni**. Hier liegen auch die aktuellen Fahrpläne der Fähren aus; ✆ 2695041500 u. 2695022083, 📠 2695048301.

Tickets nach Kefaloniá bekommt man bei **Ionion Cruises,** ✆ 2695023984. Die Fähren zur Nachbarinsel fahren jedoch nicht in Zákynthos-Stadt ab, sondern in Ágios Nikólaos/Skinári (s. S. 249).

Adressen

• *Apotheken* mehrere in der Odós Alexándrou Róma sowie in der parallel dazu verlaufenden Odós Fóskolou. Welche gerade Sonntags- bzw. Nachtdienst hat, erfahren Sie durch einen Aushang im Fenster.

• *Ärztliche Versorgung* Ein relativ modernes **Krankenhaus** mit Ärzten verschiedener Fachrichtungen liegt am westlichen Stadtrand. Es ist rund um die Uhr besetzt und für den Notfall empfehlenswert. Auslandskrankenscheine werden akzeptiert. ✆ 2695059100.

Ihren **Auslandskrankenschein** können Sie im Büro der griechischen Sozialversicherung **IKA** in das sogenannte Krankenanspruchsheft umtauschen (Näheres im Kapitel "Wissenswertes von A bis Z" auf S. 82). Es befindet sich in der Odós Gladstónos (zweites Obergeschoss). Mo–Fr 8–13 Uhr, ✆ 2695042892. Im Erdgeschoss und im ersten Stock des gleichen Gebäudes findet man **Praxen verschiedener Fachärzte,** die gegen Nachweis des Krankenanspruchshefts kostenfrei behandeln. Die Praxen sind Mo–Fr von 8–16 Uhr geöffnet. Zentrale ✆ 2695048237.

Darüber hinaus gibt es u. a. die folgenden **niedergelassenen Ärzte:**

Níkos Marínos, Zahnarzt, Platía Ag. Pávlou, ✆ 2695022946 (in der Nähe finden Sie weitere Zahnarztpraxen).

Jan Vonk, holländischer Kinderarzt, nahe dem Hotel Dasy, ✆ 2695043020.

Stéfanos Stroúsas (Gynäkologe), Odós Tertséti, ✆ 2695028111.

Magdaliní Vozaíti (Kardiologin), Ecke Fóskolou-, Xenánstr., ✆ 2695045437.

Sabine Glatz (deutsche Hautärztin), ✆ 26950 22502, und **Dionýsios Aktípis** (Orthopäde), ✆ 2695043133, beide gegenüber dem IKA-Büro in der Odós Gladstónos.

Sprechstunden der genannten niedergelassenen Ärzte in der Regel Mo–Fr 9–13 und 18–21 Uhr.

• *Auto-/Zweiradvermietung* Zahlreiche Vermieter finden Sie an der Hafenpromenade, einige auch in der Nähe des Markusplatzes.

Spring Tours, das Reisebüro vermittelt Autos und motorisierte Zweiräder. ✆ 26950 48004 u. 2695041746, ✆ 2695026315.

BesTours, hat ebenfalls Autos und motorisierte Zweiräder im Angebot; ✆ 2695024808, ✆ 2695024805.

Europcar, ✆ 2695041541-42, ✆ 2695041543.

Hertz, ✆ 2695045706.

Budget, die Wagen dieser Firma werden über die Agentur Ionion Cruises vermittelt; ✆ 2695023984, ✆ 2695042556.

Avis hat seine Agentur in der Nähe des Markusplatzes. ✆ 2695027512 u. 2695042744, ✆ 2695026330.

DM Rentals, vermittelt neben Autos und motorisierten Zweirädern auch Fahrräder; ✆ 2695024127, ✆ 2695024128.

Moto Sákis, zwischen Solomós- und Markusplatz, ✆ 2695023928. Hat sich auf Zweiräder spezialisiert.

• *Banken/Geldwechsel* Mehrere Banken befinden sich in der Nähe des Markusplatzes, in der Odós Alexándrou Róma, gegenüber der Hafenverwaltung und an der Stráda Marína. Öffnungszeiten: Mo–Do 8–14 Uhr, Fr 8–13.30 Uhr. Nahezu alle Banken akzeptieren Reiseschecks, gängige Kreditkarten und verfügen über einen **internationalen Geldautomaten** (24-Stunden-Service). Schweizer können Geld und Schecks auch in einem **Wechselbüro** an der Platía Agíou Márkou tauschen.

• *Internet* Auch in Zákynthos-Stadt, z. B. in **Top's Internet Café,** boomt das Web.

• *Post* in der Odós Tertséti. Es empfiehlt sich, Postkarten oder Briefe hier einzuwerfen, die Briefkästen in der Stadt werden nur unregelmäßig geleert. Mo–Fr 7.30–20 Uhr, im Winterhalbjahr nur bis 14 Uhr.

• *Tankstellen* im gesamten Stadtgebiet verteilt, besonders zahlreich an den Ausfallstraßen. In der Hochsaison bis spät abends und in der Regel auch sonntags geöffnet.

• *Telefonieren* Zwischen Solomós- und Markusplatz befindet sich das Gebäude der Telefongesellschaft **OTE.** Hier, aber auch in zahlreichen Souvenirshops kann man die notwendigen Karten für die überall im gesamten Stadtgebiet aufgestellten Kartentelefone kaufen (zwei stehen z. B. unmittelbar vor dem OTE-Gebäude). Mo–Do 7.30–13.30 Uhr, Fr nur bis 13 Uhr.

• *Wäscherei* z. B. **To Magikó** in der Odós Fóskolou 83. In der Nähe befinden sich noch einige andere Wäschereien.

Einkaufen

Wichtigste Einkaufsstraße ist die Odós Alexándrou Róma, in der man Geschäfte aller Art findet. Die Urlaubershops liegen in der Nähe des Markus- und des Solomós-Platzes. Hier warten auch einige Juweliere auf gut betuchte Gäste. In der Odós El. Venizélou befinden sich Läden, die Inselspezialitäten wie Mandoláto, den zakynthischen weißen Nougat mit Mandeln, und Pastélli, ein Sesamgebäck mit Honig, verkaufen. An der Dionýsios-Kirche werden vor allem Musikkassetten mit Kantaten, Süßigkeiten, aber auch Devotionalien (z. B. nachgemachte Ikonen des Inselheiligen) angeboten.

• *Brot/Gebäck* In der Odós El. Venizélou kann man in einem kleinen Laden dunkle und helle Brotsorten, aber auch süßes Gebäck kaufen. Weitere Bäckereien finden Sie in der Tavouláris-Straße nahe der Platía Agíou Pávlou.

• *Lebensmittel* Größere **Supermärkte** gibt es vor allem an der Ausfallstraße nach Volímes, im ganzen Stadtgebiet verteilt sind zudem viele Läden, die die Bedürfnisse des täglichen Bedarfs decken. **Obst und Gemüse** bekommt man außer in verschiedenen Fachgeschäften (z. B. in der Odós El. Venizélou) auch auf dem **Markt,** der dreimal wöchentlich (Mo, Do, Sa) vormittags in einer Seitengasse der Stráda Marína nahe der Touristenpolizei abgehalten wird. Ganz in der Nähe verkaufen die Fischer direkt von den Booten in den Morgenstunden **frischen Fisch.** Ein spezielles Fischgeschäft (Ichtipolíon) finden Sie an der Platía Agíou Pávlou.

• *Musik* Kassetten mit den typischen zakynthischen Kantaten bekommen Sie z. B.

Markttag in Zákynthos-Stadt

in den Shops an der Dionýsios-Kirche. Ein gutes Angebot, auch an griechischer Musik, führt z. B. das Geschäft **Metropole** in der Straße des 21. Mai.

• *Schmuck* in guter Qualität und Auswahl in einigen Läden nahe der Platía Agíou Márkou in der Straße des 21. Mai.

• *Souvenirs* Stoffschildkröten, Olivenölseife, Windspiele, Keramik – besonders originell ist das Angebot in der Stadt nicht gerade. Die besten Geschäfte findet man in der Straße des 21. Mai und nahe dem Hotel Stráda Marína.

Etwas abgelegen, bei der Platía Agíou Louká, liegt der Laden **Athinódoro.** Dort bekommen Sie sehr schöne Gebrauchskeramik mit typisch mediterranen Motiven.

Zakynthische Produkte wie Wein, Likör, Parfüm und die charakteristischen Süßigkeiten Mandoláto und Pastélli bieten z. B. die alteingesessene Firma **Ánthos** und andere Geschäfte in der Odós El. Venizélou an.

• *Zeitungen/Zeitschriften* In der Straße des 21. Mai werden in einem kleinen Laden deutschsprachige Zeitungen und Zeitschriften verkauft. Ein eingeschränktes Angebot führt während der Sommermonate auch ein Kiosk gegenüber der Dionýsios-Kirche.

Kulturelle Veranstaltungen

Im **Freilichttheater** an der Straße zur Oberstadt werden im Sommer regelmäßig Schauspiele in griechischer Sprache aufgeführt. Aber auch für Musikfreunde wird vom Konzert bis zu Tanzabenden einiges geboten. Programme erhalten Sie in dem Büro neben der Bibliothek bzw. am späten Nachmittag am Stand vor dem Gebäude. Dort können Sie im Vorverkauf Karten erstehen. Die Vorstellungen beginnen i. d. R. nicht vor 21.30 Uhr.

Baden/Wassersport/Reiten

• *Baden* Weit ist es nicht her mit den Bademöglichkeiten direkt am Stadtstrand, daran ändert auch das **öffentliche Strandbad** nichts, das fast schon in Krionéri liegt. Dessen Beach besteht wie auch die angrenzenden Abschnitte aus groben Kieseln. Weiter nördlich, in Richtung Kap Akrotíri, ist die Küste ziemlich felsig – vor allem Einheimische sieht man an den Klippen oder den kleinen Schutzmolen für die Fischerboote baden. Das Strandbad ist im Sommer täglich von 7–20 Uhr geöffnet. Der Eintritt ist kostenfrei; lediglich für Liegen und Sonnenschirm wird eine Gebühr erhoben. An der Bar sind kleine Snacks und Getränke erhältlich.

• *Wassersport* Die Reisebüros haben Angebote zum **Segeln** und zum **Tauchen** im Programm. Zu Letzterem wird man nach Ágios Nikólaos (Halbinsel Skopós) in ein Diving Center gebracht. Der 60- bis 90-minütige Anfängerunterricht kostet etwa 50 €.

• *Reiten* Wer auf dem Rücken eines Pferdes die Umgebung der Chóra erkunden möchte, kann sich bei **Naná's Horses** (etwa 1 km außerhalb der Stadt an der Straße zum Flughafen) ein Pferd ausleihen. Ein Erwachsener zahlt pro Stunde ca. 15 €, Kinder die Hälfte; ✆ 2695023195.

Ausflüge

Die meisten auf der Insel angebotenen Touren starten von Zákynthos-Stadt aus, dennoch sind die hier beschriebenen Ausflüge natürlich auch in den Touristenorten wie Laganás, Argássi, Alikés etc. buchbar – ein Transferbus bringt die Kunden dann zur Abfahrt in die Chóra und holt sie dort auch wieder ab. Natürlich besteht auch die umgekehrte Möglichkeit: Man bucht von Zákynthos-Stadt aus z. B. Tauchausflüge (s. o.) oder Fahrten mit kleinen Booten, die in anderen Touristenorten veranstaltet werden.

• *Schifffahrt rund um Zákynthos* In der Zeit von 9.00 bis 17.30 Uhr umrunden täglich mehrere große Ausflugsboote die Insel. Dabei bekommt man u.a. die "Blauen Grotten", den Shipwreck-Beach, die Kerí-Caves und andere Highlights zu sehen. Badestopps sorgen zusätzlich für Abwechslung; Preis ca. 20 €.

Ausflug zu den Höhlen von Kerí

• *Ausflüge mit kleinen Booten* Die gängigen Touren, z. B. von Laganás zu den Höhlen von Kerí oder von Ágios Nikólaos/Skinári zu den "Blauen Grotten", werden inkl. Transferbus einmal pro Woche von der Stadt aus angeboten. Kostenpunkt: ca. 12–15 €.

• *Inseltour* Die **Reisebüros** bieten drei- bis viermal pro Woche eine Bustour über die Insel an (13 €). Dabei werden Stopps in verschiedenen Dörfern eingelegt: Ágios Nikólaos (Gelegenheit zum Besuch der "Blauen Grotten"), Volímes, Macherádo und Kambí. Außerdem hält der Bus beim Kloster Anafonítria und am Aussichtspunkt beim Shipwreck-Beach. Zuletzt kehrt man dann in einer Weinkellerei ein.

• *Jeep-Safari* In kleinen Gruppen bekommt man zu 49 €/Person neben den üblichen Zielen auch abgelegenere Routen, Dörfer und Strände zu sehen.

• *Segeltörn* Auf einer Segelyacht fährt man von Zákynthos hinüber zum Peloponnes und erlernt dabei auch noch die Grundkenntnisse dieses Sports. Preis 42–49 €/Person.

• *Griechischer Abend* Der darf natürlich auch auf Zákynthos nicht fehlen! Zunächst schaut man sich von den Felsen oberhalb von Kambí den spektakulären Sonnenuntergang an, dann wird Essen serviert und gesungen, gespielt und getanzt. Etwa 29 € (inkl. Gratiswein). Dieser Ausflug wird ein mal pro Woche von Zákynthos-Stadt aus angeboten.

• *Insel Kefaloniá* Mehrmals pro Woche fährt ein Ausflugsschiff von Ágios Nikólaos (Skinári) zum Hafen Pessáda, von wo man mit einem Bus zu Kefaloniás wichtigsten Sehenswürdigkeiten (u. a. Kloster des Ágios Gerássimos, Drogaráti-Tropfsteinhöhle, Melissaní-See und Argostóli) gebracht wird. Pro Person ca. 29 € zuzügl. Eintritte für Drogaráti und Melissaní (7 €).

• *Olympía* Mit der Fähre geht es einmal pro Woche hinüber auf den Peloponnes und dann mit dem Bus weiter zur Geburtsstätte der Olympischen Spiele. Im Preis von 29 €/Person ist eine Führung inbegriffen, nicht jedoch der Eintritt in die Ausgrabungsstätte und ins Museum (7 €). Die Busse legen meist noch in Kilíni/Kástro einen Stopp bei der sehenswerten Chlemútsi-Festung ein.

• *Athen* Die zweitägige Tour in die griechische Hauptstadt kostet etwa 86 € inklusive Hotelübernachtung und Reiseleitung. Highlights der Tour, die jeden Freitag angeboten wird: Kanal von Korinth, Akrópolis, Pláka etc. Auch hier ist der Eintritt auf den Akrópolishügel noch nicht eingeschlossen.

Übernachten (siehe Umschlagkarte vorne)

Zákynthos-Stadt
Karte Umschlag vorne

Auch in der Vorsaison nicht gerade ein preiswertes Vergnügen, und Privatzimmer gibt es kaum. Leider liegen die meisten Häuser auch an verkehrsreichen Straßen, geräuschempfindliche Besucher sollten sich deshalb am besten in dem Viertel zwischen Markusplatz und dem Strandbad nach einer Bleibe umsehen. Alle von uns aufgelisteten Hotels sind ganzjährig geöffnet.

• *Im Zentrum* **Stráda Marína (19),** B-Kat., an der Uferstraße. Mit 112 Zimmern das größte Hotel der Stadt. Von den zum Wasser gelegenen hat man einen tollen Blick auf den Hafen. Alle Zimmer sind geschmackvoll eingerichtet und verfügen über Bad, TV, AC und z. T. Balkon. Neben einer Bar steht den Gästen ein Roof-Garden mit Schwimmbad zur Verfügung. Ein EZ kostet inkl. Frühstück zwischen 50 und 60 €, ein DZ zwischen 75 und 90 €, drei Personen bezahlen 94–112 €. ✆ 2695042761- 62 u. 2695045501, 📠 2695028733.

Hotel Reparo (17), B-Kat., in der Nähe des Strandbads, Ecke Róma-, Voulizoú-Straße. Von den schönen Balkonen mit Sonnendach hat man nicht nur Meeres-, sondern auch Peloponnesblick. Auch hier sind die 15 Einzel-, Doppel- und Dreibettzimmer mit Bad, AC und TV gut ausgestattet. Ein EZ kostet inkl. Frühstück 35–55 €, ein DZ 45–75 €, zu dritt bezahlt man 20 % mehr. ✆ 2695023611, 📠 2695045617.

Hotel Palatinó (6), B-Kat., Ecke Kolokotróni-, Kollivá-Straße. Auffallendes Haus mit halbrunden bzw. eckigen Balkonen, die Besitzerin ist Österreicherin. Die modernen, hellen DZ mit Bad, TV, AC, Minibar und Safe kosten je nach Saison 78 bzw. 96 €, zu dritt bezahlt man zwischen 93 und 115 €, natürlich inkl. Frühstücksbuffet. Ob man von den Balkonen zum Meer oder auf den Kástro-Hügel schauen möchte, kann man wählen. Im Empfangsbereich steht den Gästen ein Computer mit Internetzugang zur Verfügung, angeschlossen ist zudem ein Restaurant. ✆ 2695027780. ✆/📠 2695045400.

Hotel Diana (9), B-Kat., direkt neben der Markuskirche gelegenes gepflegtes Haus, dessen Architektur gut in die des Platzes eingefügt wurde. Bei der Renovierung 2002 entstand auch ein Pool. Gemütlicher Aufenthaltsraum mit Polstermöbeln, großzügige Bar, Billard- und Fernsehraum. Die angenehm eingerichteten Zimmer verfügen über Bad, TV, AC und Balkon. Für ein EZ bezahlt man inkl. Frühstücksbuffet 35–45 €, für ein DZ 50–80 €, zu dritt kostet der Spaß 60–90 €. ✆ 2695028547 und 2695028604, 📠 2695045047.

Hotel Álba (14), B-Kat., Odós Lámbrou Zíva 8. Zentral und doch ruhig gelegenes modernes, aber im traditionellen Stil erbautes Haus mit schmiedeeisernen Balkonen. Die 15 Zimmer sind mit Bad, AC und TV ausgerüstet. DZ inkl. Frühstück 45–70 €, mietet man alleine ein Zimmer, gibt's 30 % Preisnachlass. Bar mit Sat-TV im Haus. ✆ 2695026641, ✆/📠 2695026642.

Hotel Plaza (8), C-Kat., gegenüber dem Strandbad in der Odós Kolokotróni. Kleines, rosa gestrichenes Stadthotel mit 20 Zimmern (Bad, AC, TV), von den meisten der schmalen Balkone hat man Meerblick. EZ zwischen 27 und 36 €, DZ 40–56 €, Dreibettzimmer gibt es ab 50 €. Frühstück kostet 5 € extra. ✆ 2695045733, 📠 2695045059.

Hotel Dasy (4), C-Kat., in der Kollivá-Straße. Bei der resoluten Níki Mavragéllou wohnt

Nur an Festtagen ist der Turm der Dionýsios-Kirche beleuchtet

man zentral im Herzen der Stadt. Für ihre DZ mit Balkon (Meerblick oder zum Kástro-Hügel), Bad, Kühlschrank, AC und TV verlangt sie je nach Saison 50–68 € inkl. Frühstück. Der Aufschlag für ein Dreibettzimmer beträgt 20 %. Kleine Bar im Haus. ✆ 2695028505.

Hotel Phoenix (22), C-Kat., schöne Lage direkt am Solomós-Platz. Dreistöckiges, gelb gestrichenes Haus mit einem kleinen Café unter Arkaden und gut bestückter Bar. Insgesamt 35 angenehme Zimmer mit Bad, Balkon (teilw. Meerblick), AC, Kühlschrank und TV werden zum Preis von 48–58 € (DZ) bzw. 33–43 € (EZ) vermietet. Das Frühstück kostet pro Person 5 € extra. ✆ 2695023514 u. 2695042419, 📠 2695045083.

Zourídis (13), sehr angenehmes, ruhig gelegenes Haus hinter der Uferstraße in der Odós Loukás Karrér 30. Hier werden ganz unterschiedliche Zimmer angeboten, z. T. mit Kochnische, Kühlschrank, AC oder Balkon. Alle jedoch verfügen über Bad und TV. Zu zweit bezahlt man (ohne Frühstück) zwischen 30 und 50 €, bei längerem Aufenthalt wird gerne Nachlass gewährt. Den Gästen steht ein lichtdurchfluteter Aufenthaltsraum mit geschmackvollen Sitzmöbeln, einer reichhaltigen Bibliothek (Bücher auch in englischer Sprache) und den verschiedensten Musikinstrumenten – von der Mandoline bis zur Trommel – und einem PC zur Verfügung. ✆/📠 2695044691.

• *In den Vororten* **Hotel Lófos Stráni (1),** C-Kat. Hoch über der Stadt genießt man in dem angenehmen, zwischen vielen Bäumen gelegenen Hotel Ruhe und Abgeschiedenheit und ist dabei doch höchstens zehn Fußminuten von den reizvollen Tavernen in Bóchali entfernt. Pool mit Bar, Parkplatz vor dem Haus. Ein DZ kostet zwischen 30 und 60 € (inkl. Frühstück). ✆ 2695027122.

Hotel Varrés, B-Kat. Fährt man vom Bóchali-Hügel abwärts, kommt man an seiner Rückseite im Weiler Varrés zu dem gleichnamigen Hotel, das ruhig in einem Olivenhain gelegen ist. Zwar ist die Anlage nicht mehr ganz neu, macht aber einen sehr gepflegten Eindruck und soll bis zum Jahr 2004 auch gründlich renoviert werden; dann steht auch ein Pool zur Verfügung. Der nette Besitzer freut sich, wenn er mit den Gästen Deutsch sprechen kann. Alle Zimmer sind mit Bad, Balkon, AC und TV ausgestattet. Preis fürs EZ zwischen 45 und 60 €, fürs DZ 65–75 €, Frühstück inklusive. Angeschlossen ist ein empfehlenswertes Restaurant. ✆ 2695028352, ✆/📠 2695048931.

Pension Élena, fast schon am Kap Akrotíri wohnt man in dem hübschen Haus, das nach seiner Besitzerin benannt ist. Die fünf Studios für zwei bis vier Personen verfügen über Bad, Kochnische und Veranda und sind zum Meer bzw. zur Durchgangsstraße hin ausgerichtet. Zu zweit bezahlt man zwischen 24 und 50 €. ✆ 2695041970 u. 2695044842.

Rooms Fótis Giatrás, ebenfalls in Varrés gelegen. Steigen Sie ca. 2 km nach der Chóra bei einem Minimarket aus dem Bus in Richtung Plános/Tsiliví aus und folgen Sie dann der Seitenstraße nach rechts aufwärts. Bei Fótis und seiner netten Frau Mávra ist ein 2er- bzw. 3er-Apartment mit Terrasse, Kochnische und Bad für 20 bis 45 € zu haben, herzliche Betreuung inklusive. Viele Stammkunden, u.a. aus deutschsprachigen Ländern, kommen immer wieder, und auch von Lesern wurde die Adresse wärmstens empfohlen. ✆ 2695023392 u. 2695044511.

In unmittelbarer Nähe befinden sich zahlreiche weitere **Privatzimmer**.

Essen und Trinken (siehe Umschlagkarte vorne)

Vor allem griechische Küche wird in den Tavernen von Zákynthos-Stadt angeboten, aber auch die Liebhaber von Pizza und Pasta kommen auf ihre Kosten. Das Preisniveau hängt von der Lage und dem Ambiente ab, Spitzenreiter sind einige Lokale an der Hafenpromenade und an den beiden großen Plätzen.

• *Im Zentrum* **Village Inn Restaurant (18),** nomen est omen. Wie der Name schon ahnen lässt, erinnert die Aufmachung ans Landleben: bäuerliches Wanddekor, ein altes Gewehr überm Kamin, in der einen Ecke ein Pflug, in der anderen eine Egge, dazu riesige Weinfässer und vieles mehr. Besonders schön sitzt man im Garten unter Zitronenbäumen, Bananenstauden und bunt blühenden Geranien. Den Höhepunkt des Farbenspiels bietet der zwischen den Tischen hin- und herstolzierende Pfau Geórgios. Umfangreiches Angebot an griechischen und internationalen Gerichten, empfehlenswert ist z. B. das gut gewürzte Auberginengericht Imam Bayildi. Große Auswahl an edlen Weinen, auch der Champagner fehlt nicht. Gehobenes Preisniveau.

Restaurant Mólos (21), ebenfalls an der Hafenpromenade, bei griechischen Touristen und Einheimischen sehr beliebt, vielleicht, weil es viele Gemüsegerichte aus dem Kochtopf bietet. Aber auch Fleischesser kommen nicht zu kurz, lecker z. B. das Kokkinistó (geschmortes Rindfleisch) und das gefüllte Hähnchen. Guter trockener Hauswein.

Tavérna O Níkos (23), nahe der Dionýsios-Kirche. Empfehlenswert sind die zakynthischen Spezialitäten wie gefülltes Hähnchen, außerdem stehen zahlreiche Grill- un Fischgerichte zur Auswahl. Als leichtes Mittagessen können wir das Seafood-Méze für zwei Personen empfehlen.

Restaurant Spitikó (5), mitten in der Einkaufsstraße betreibt Stélios ein nettes kleines Lokal. Mittags gibt es, wie der Name schon sagt (spitikó = daheim), v. a. Hausmannskost: Artischocken mit Kartoffeln, Gemüsereis, Gemüsepfanne aus Tomaten, Auberginen und Paprika, Tintenfisch in Soße etc. Abends ist das Angebot geringer, dann serviert Stélios hauptsächlich Gegrilltes. Knoblauchfans sollten sich die Skordaliá nicht entgehen lassen.

Pizzeria Corner (15), hier am Markusplatz wird leckere griechische Küche (z. B. eine Feldplatte mit verschiedenem Gemüse), aber auch Italienisches geboten. Die Pizza mit dickem, saftigem Boden reicht für zwei Personen, dazu schmecken reichhaltige Salate, die man mit oder ohne Mayonnaise-Dressing bestellen kann. Die Wirtin hat 10 Jahre in Stuttgart gelebt und freut sich über Gelegenheiten, ihr Deutsch aufzufrischen.

Restaurant Venetsiána (11), ganz in der Nähe und in Angebot und Preis mit der Pizzeria Corner vergleichbar. Gut geschmeckt hat uns hier Mos'chári lemonáto, Kalbfleisch in Zitronensoße.

To Oinomajiríon tou Malánou (10), ein ganz besonderer Tipp ist dieses Lokal im Gartenviertel, in dem vor allem Einheimische anzutreffen sind. Mittags gibt's hervorragende zakynthische Spezialitäten, die aber aufgrund der großen Nachfrage spätestens um 15 Uhr aus sind. Dann braucht man aber auch nicht zu verhungern, denn neben einem Fischgericht aus der Pfanne gibt es Hervorragendes vom Grill: Rinderleber, Lammkoteletts, Biftéki, auf Wunsch mit Käse gefüllt, sowie schmackhafte Salate. Probieren Sie als Vorspeise die gegrillten Peperoni! Preiswert.

• *In den Vororten* Bei Livemusik speisen kann man abends in fast allen Tavernen oben in Bóchali, aber auch in einigen in den Vororten Richtung Kap Akrotíri. Insbesondere im August, wenn viele Griechen auf Zákynthos Urlaub machen, erleben diese Restaurants einen wahren Ansturm. Nicht

Das Schild verspricht gute Stimmung beim Abendessen

von ungefähr, denn die Stimmung ist wirklich etwas Besonderes.

Tavérna Alivizós (7), an der Straße zum Kap Akrotíri. Genau genommen handelt es sich bei dem Gebäude um das erste Haus des Vorortes Krionéri. Gespielt und gesungen werden die typischen Kantaten. In dem vor allem von Griechen besuchten Lokal herrscht meist eine ausgelassene Stimmung. Die Auswahl auf der Speisekarte ist zwar nicht so riesig wie in den Tavernen der Touristenorte, aber das Gebotene schmeckt ausgezeichnet. Sehr süffiger Hauswein.

Tavérna Arékia, ein paar Häuser weiter in derselben Straße. Man sitzt auf urigen, mit bunten Teppichen bedeckten Holzbänken an einfachen langen Tischen, die im Sommer über die Straße ins Freie gestellt werden, genießt eine bodenständige, aber abwechslungsreiche Küche (z.B. Gemüsepítta, gefülltes Hähnchen, Melitzánes Skordostoúpi) sowie mit Inbrunst gesungene Kantaten. Vor 22 Uhr ist jedoch meist nichts los.

Restaurant Arésti, oberhalb des Leuchtturms am Kap Akrotíri kann man hier in wunderschönem Ambiente auf einer luftigen Terrasse unter Palmen oder auf einem schmalen Balkon mit Blick aufs Inselchen Wódi vorzüglich essen. Große Auswahl an Vorspeisen, besonders gut fanden wir die Pikilía thalassiná. Etwas Besonderes sind auch die zakynthischen Spezialitäten und die Wildgerichte, z.B. vom Kaninchen oder Wildschwein. Ein Genuss fürs Ohr ist die angenehme Live-Musik, die man im Sommer täglich, ansonsten von Fr bis So zu hören bekommt. Nur abends geöffnet.

Restaurant To Spíti tou Latá (3), an der Platía von Bóchali sitzt man sehr schön auf einer riesigen, z. T. mit Bougainvillea überwachsenen Terrasse. An den vorderen Tischen hat man einen tollen Blick auf die im Lichterglanz funkelnde Stadt. Kantaten und Bouzoúki-Lieder werden von den Musikern mit echter Begeisterung gespielt und gesungen, und auch aus der Küche kommen Köstlichkeiten. Sehr gut fanden wir die Zucchini-Kefthédes und das zarte Stifádo.

Restaurant Panórama (2), unmittelbar neben dem Kástro. Auch hier hat man einen phantastischen Blick auf die Stadt. Gutes Essen, empfehlenswert ist z. B. der lecker gewürzte Lammbraten.

Cafés (siehe Umschlagkarte vorne)

Kókkinos Vráchos (24), *die* Adresse an der Platía Solomoú. Am Vormittag trinkt man hier unter den Arkaden des Bibliotheksgebäudes einen Kaffee oder einen Orangensaft, am Abend sitzt man an den Tischen auf dem Platz bei einem Oúzo oder Eis.

Schöner Blick auf Hafen und Platía, dazu dezente Musik – wirklich ein stimmungsvolles Ambiente.

Café San Marco (12), schöner Platz für einen Drink zur Happy-Hour. Während der kühleren Jahreszeit sitzt man gemütlich im Innern auf stilvollen Sofas.

Café Bar Cosi (16), zwischen Markus- und Solomós-Platz gelegen. Die richtige Adresse für Leckereien wie Kuchen, Obstsalat, Joghurt mit Erdbeeren und Eisbecher.

Dodóni (20), auch in Zákynthos-Stadt gibt es ein Eiscafé der auf dem Festland beliebten Kette. Große Auswahl in guter Qualität, die aber ihren Preis hat.

Café Látas (25), nicht nur wegen seiner einmaligen Lage und Aussicht ist das Terrassenlokal in Bóchali bei Einheimischen und Touristen gleichermaßen beliebt, sondern auch weil man sich hier zu wunderbaren Süßspeisen aus Schokolade, Nüssen, Karamell etc. verführen lassen kann. Ein Genuss sind auch die Eisspezialitäten oder der schaumige Capuccino.

Nachtleben

Bis Mitternacht trifft man sich in den Bars und Cafés rund um die Platía Agíou Márkou, danach ziehen eingefleischte Nachtschwärmer in eine der drei aufwendig gestalteten **Diskotheken,** die 2,5 km vom Zentrum nebeneinander an der Straße nach Argássi liegen. Wer nicht über einen fahrbaren Untersatz verfügt, sollte ein Taxi oder auch eine der im Sommer zahlreichen Pferdekutschen nehmen. Ein Spaziergang ist wegen des starken Verkehrs kein Vergnügen. Alle drei Diskotheken öffnen täglich zwischen Anfang Juni und Mitte September ab etwa 22 Uhr (außerhalb der Saison nur freitags und samstags).

Býblos, der als altes Segelschiff aufgemachte Club wird hauptsächlich von Griechen besucht. Hier hört man einen Mix aus Pop- und Bouzoúki-Musik.

Barrage, bei jungen Leuten besonders beliebt. Kein Wunder, denn hier wird vom DJ vor allem Techno aufgelegt. Das Gebäude sollte man sich etwas genauer ansehen, trafen sich in diesem ehemaligen Gutshaus doch einst die Mitglieder des Bündnisses der "Befreundeten" während des Befreiungskampfes gegen die Türken (s. Kapitel "Geschichte" auf S. 40). Auch der Garten ist mit seinen mächtigen, mehr als hundertjährigen Bäumen besonders schön.

Grand Zante Palas, In dem an einen Tempel erinnernden Gebäude treffen sich v.a. Freunde der griechischen Musik. Am frühen Morgen erreicht die Stimmung ihren Höhepunkt.

Der erste Rundgang: durch die Unterstadt

Machen Sie diesen Rundgang am besten an einem Vormittag – dann ist die Stadt voller Leben, die Museen sind geöffnet und die Temperaturen auch im Sommer noch erträglich. Montags, donnerstags und samstags können Sie zudem noch dem kleinen Obst- und Gemüsemarkt einen Besuch abstatten.

Ágios-Dionýsios-Kirche

Die Kirche gegenüber dem gleichnamigen Hafenpier ist der Startpunkt des Rundgangs. Mit ihrem mächtigen **Kampanile,** der oft mit dem Markusturm in Venedig verglichen wird, ist sie das Wahrzeichen der Stadt und bietet besonders am Abend, wenn sie angestrahlt ist, ein schönes Bild. Das in den Jahren 1925 bis 1948 an der Stelle einer älteren Kirche erbaute Gotteshaus wurde beim Erdbeben von 1953 als eines der ganz wenigen Gebäude der Stadt kaum zerstört. Nach der festen Überzeugung vieler Zakynther hatte der Inselheilige schützend seine Hände darüber gehalten.

Im Innern der im typisch byzantinischen Stil fast vollständig ausgemalten dreischiffigen Kirche fallen zunächst die goldüberzogene hölzerne **Ikonostase** mit eingelassenen versilberten Ikonen sowie die 1803 aus Venedig auf die Insel gebrachten silbernen **Kronleuchter** auf. Im **Deckengewölbe** sind Szenen aus dem Leben Jesu zu sehen. Noch mehr beeindrucken die Gemälde über den das Mittelschiff von den Seitenschiffen trennenden Pfeilern und Bögen sowie über der Empore oberhalb der Rückwand. Sie wurden nach Originalen des berühmten Künstlers der "Ionischen Schule" Nikólaos Koutoúsis gemalt und stellen **Erlebnisse und Wunder des heiligen Dionýsios** dar. Wenn man sie genau betrachtet, versteht man, warum dieser auf seiner Heimatinsel Zákynthos so verehrt wird. In der rechten Seitenkapelle sind in einem kunstvoll verzierten **Silbersarkophag** die Gebeine des Heiligen untergebracht. An Festtagen wird die Frontklappe unter Aufsicht eines Priesters geöffnet, die Gläubigen ziehen vorbei und küssen ehrerbietig den Sarg.

Öffnungszeiten Die Kirche ist täglich von 7–13 und von 16.30/17–22 Uhr geöffnet. Lange Hosen und Röcke liegen für die Besucher bereit.

Kloster der Strophaden und des heiligen Dionýsios

Schon im 18. Jh. hatten die Mönche ihr Domizil auf den Strophadeninseln wegen dauernder Piratenüberfälle verlassen, die sterblichen Überreste des heiligen Dionýsios mitgenommen und sich hier, direkt hinter der Dionýsios-Kirche, niedergelassen. In dem großen Gebäudekomplex ist neben den Zellen der derzeit acht Mönche und Pilgerunterkünften auch das im Jahr 2000 eingeweihte **Kirchenschatzmuseum** untergebracht. Sein Eingang befindet sich unmittelbar hinter der Apsis der Ágios-Dionýsios-Kirche. Im Erdgeschoss werden u.a. Ikonen, Gemälde, religiöse Bücher und Handschriften sowie sakrale Gegenstände ausgestellt. Ein Highlight ist das fast die gesamte Breite des Raumes einnehmende Gemälde "Die Überführung des heiligen Dionýsios" von Koutoúsis aus dem Jahre 1766, interessant fanden wir auch das Modell des Klosters auf den Strophaden im Eingangsbereich. Im 1. Stock befinden sich ein Empfangs- und ein Speisesaal.

Öffnungszeiten Im Sommer tägl. von 9–22.30 Uhr, in der Nebensaison legt der Wärter zwischen 13 und 17 Uhr eine Mittagspause ein; Eintritt 1 €.

Faneroméni-Kirche

Wer möchte, macht noch einen kurzen Abstecher zu diesem im 15. Jh. erbauten Gotteshaus. Mit dem Rücken zum Eingangsportal der Dionýsios-Kirche stehend, gehen Sie nach links und biegen dann in die dritte Straße nach rechts ein. Der **hübsche Glockenturm** und das mächtige Mauerwerk mit **diffizilen Steinmetzarbeiten** an eingelassenen Torbögen und Nischen lassen nicht vermuten, dass die Kirche durch das Erdbeben von 1953 stark zerstört worden war; ihr Innenraum wurde im Jahre 2003 nach altem Vorbild neu gestaltet. Der Platz vor der Kirche war unter der venezianischen Herrschaft der Treffpunkt der einfachen Leute, während den Adligen der Markusplatz vorbehalten war.

Stráda Marína

Gehen Sie zurück zur Dionýsios-Kirche, einige Meter weiter zum Meer und dann stadteinwärts an einem kleinen, mit Eukalyptusbäumen und Palmen bewachsenen Park vorbei die Odós Lombárdou bzw. Stráda Marína – so ihr alter venezianischer Name – entlang. Etwa in der Mitte dieser mit Reisebüros, Cafés, Restaurants und Läden gesäumten Straße kommt man an einem Seitengässchen vorbei, in dem dreimal in der Woche vormittags (montags, donnerstags und samstags) **Obst- und Gemüsestände** aufgebaut und die Waren lautstark angepriesen werden. Am Kai gegenüber verkaufen ein paar Fischer frühmorgens ihren Fang an die Hausfrauen bzw. auch an die Männer, denn die Auswahl von Meeresfrüchten und auch von Fleisch ist in Griechenland häufig Männersache. Am Ende der Stráda Marína kann man auf den **Ágios-Nikólaos-Pier,** wo im Sommer die die Insel anlaufenden Segelschiffe ihren Liegeplatz haben, hinausgehen, um einen schönen Blick auf die Dionýsios-Kirche zu genießen. Besonders zur Zeit des Sonnenuntergangs ist die Stimmung hier sehr romantisch.

24. August: Ein Fest der Sinne für den Inselheiligen

Schon Tage vorher kündigt sich das große Ereignis an. Die Fähren spucken Massen an Pilgern vom Festland aus, die ohnehin zu dieser Jahreszeit volle Insel scheint aus allen Nähten zu platzen. Jeder Zakynther, der auswärts lebt, versucht, am Fest des heiligen Dionýsios in der Heimat zu sein – gefeiert wird der Jahrestag der Überführung seines Leichnams von den Strophaden nach Zákynthos. Am Hafen werden Buden aufgestellt, denn ein ordentlicher Jahrmarkt mit Karussell, Einkaufs-, Devotionalien- und Essensständen jeder Art gehört natürlich auch dazu.

Am Morgen des großen Tages findet in der Dionýsios-Kirche eine ausgedehnte Messfeier statt. Aus dem Silbersarkophag in der rechten Seitenkapelle hat man den an der Oberseite gläsernen Schrein mit dem in prachtvollen Gewändern gekleideten Leichnam des Heiligen herausgeholt und aufgestellt. Den ganzen Tag über bildet sich eine Schlange davor, kaum ein Einheimischer, der dem Schutzpatron der Insel nicht seine Referenz erweist.

Höhepunkt des Festes ist der feierliche Umzug durch die Stadt. Etwa um 19 Uhr füllen sich die mit Myrtenzweigen geschmückten Straßen. Eine halbe Stunde später kündigen Böllerschüsse und Schiffssirenen den Auszug der Prozession aus dem Gotteshaus an. Mehrere Musikkorps, eine Pfadfindergruppe, der Kirchenchor, Fahnenträger usw. bilden den Anfang. Dann folgt unter einem Baldachin der von vier Priestern getragene Schrein mit den sterblichen Überresten des heiligen Dionýsios. Man sieht, dass sein Körper zusammengeschrumpft und sein Gesicht ganz schwarz ist. Dahinter gehen die verschiedenen Vertreter des Klerus: die Popen der übrigen Stadtkirchen, einige auch aus den umliegenden Dörfern, die Mönche des Klosters, der Bischof von Zákynthos und mehrere seiner Amtsbrüder von anderen Inseln und dem Festland, alle in farbenfrohen Gewändern und die Bischöfe mit der charakteristischen Kopfbedeckung, der Mitra. Den Schluss bilden der katholische Priester der Markuskirche und die weltlichen Honoratioren der Insel.

Es ist ein langer Weg: zunächst durch die Odós Agíou Dionysíou, dann durch die Odós Alexándrou Róma bis zum Markus- und weiter zum Solomós-Platz. Ruhig und feierlich ist die Stimmung der Gläubigen, die meisten bekreuzigen sich beim Anblick der Reliquie, ab und zu wirft sich jemand sogar mitten auf die Straße, damit diese über ihn hinweggetragen wird. Doch wenn die Prozession dann wieder am Hafen entlang zur Kirche zurückzieht, wird es lauter und bunter. Die hell beleuchteten Fähren, Ausflugs- und Fischerboote lassen im Wettstreit ihre Sirenen erklingen, überall explodieren Kracher. Höhepunkt ist das große Feuerwerk vom geschmückten Kampanile der Dionýsios-Kirche. Und dann geht man auf das Volksfest. Nie sind die Straßen und Tavernen in der Chóra voller.

Platía Solomoú

Der in Größe und Architektur mit einer italienischen Piazza vergleichbare Platz liegt direkt gegenüber dem Pier. Palmen grenzen ihn zur Hafenpromenade hin ab, die spätmittelalterliche Nikolauskirche und zweistöckige Prachtbauten im klassizistischen Stil bilden einen beeindruckenden Rahmen. Von der Mole kommend, passiert man zunächst die **Freiheitsstatue,** eine einen Kranz aus Olivenzweigen in den Himmel reckende Siegesgöttin, vor der zwei alte Kanonenrohre aufgestellt sind. Sie erinnert an die Erringung der staatlichen Unabhängigkeit Griechenlands (1821). Im Zentrum des Platzes blickt die **Statue des Dichters Solomós** auf das vor allem am Abend rege Treiben ringsum. Im Sockel hat man einige Verse der von ihm geschriebenen Nationalhymne angebracht: "Aus dem Opfertod der Griechen entsteht dieses heilige Gut, sei gegrüßt, oh sei gegrüßt, du Freiheit!"

Ihrem Schutzpatron erbauten die Fischer von Zákynthos 1562 die **Nikolauskirche** am südlichen Ende der Platía. Damals stand sie allerdings noch auf einer kleinen Insel – erst im Laufe der Zeit wurde diese durch Aufschüttungen mit der Stadt verbunden und so der Platz immer mehr vergrößert. Nach der Zerstörung durch das große Erdbeben baute man sie Stein für Stein wieder auf. Das Kirchlein ist in der Regel erst abends geöffnet. Sehenswert sind die erhalten gebliebene geschnitzte und mit Gold überzogene Ikonostase aus dem 16. Jh. sowie einige in einen Rahmen eingefasste Priestergewänder des Inselheiligen Dionýsios, der hier eine Zeit lang wirkte.

In dem von Schatten spendenden Arkaden begrenzten Gebäude daneben sind das beliebte Café Kókkinos Vráchos, das Kino Fóskolos, das **Kulturzentrum** und die **Bibliothek** untergebracht. Auch wenn man der griechischen Sprache nicht mächtig ist, sollte man ihr einen Besuch abstatten, da es neben wertvollen alten Büchern auch Fotos, schöne alte Miniaturpuppen und einige Kostbarkeiten aus den durch das Erdbeben zerstörten Patrizierhäusern zu sehen gibt.

Die Nordwestseite des Platzes nimmt das helle Gebäude des **Museums für nachbyzantinische Kunst** ein, dessen Besuch wir nachdrücklich empfehlen. In acht Räumen werden hier alte Altarwände, Fresken und Ikonen aus verschiedenen Kirchen von Zákynthos, aber auch Gemälde der Kretischen und Ionischen Schule aufbewahrt.

- *Öffnungszeiten der Bibliothek* Mo–Sa 8.30– 13 Uhr. Eintritt frei.
- *Öffnungszeiten des Museums* Di–So 8–14.30 Uhr. Eintritt 3 €, Schüler und Studenten frei. Museumskatalog (auf Englisch) 31 €.
- *Museumsrundgang* Er beginnt in **Raum A** rechts der Eingangshalle. Beherrscht wird dieser von zwei großen holzgeschnitzten Ikonostasen aus den Jahren 1683 (Pantokrátoras-Kirche) und 1690 (Ágios Dimítrios tou Kólla). Die eingearbeiteten Ikonen, Türen etc. stammen aus dem 16.–18. Jh. Beide Altarwände wurden nach dem Erdbeben, wie viele andere Kostbarkeiten, aus den Trümmern der beiden Kirchen gerettet. Bemerkenswert ist auch die links der Tür neben dem Pantokrátoras-Altargeländer hängende Ikone der Virgin Madre della Consolazione (18. Jh.), deren kunstvoll geschnitzter Holzrahmen Szenen aus dem Leben Jesu aufweist, z. B. die Anbetung des Kindes, die Flucht der heiligen Familie nach Ägypten etc. Rechts der Treppe ins Zwischengeschoss fällt ein ebenso schön geschnitzter Ikonenständer mit der Abbildung des heiligen Dimítrios und Szenen aus seinem Leben ins Auge; eingerahmt wird er von Engeln (18. Jh.).

Im **Zwischenstock (Raum B)** hängen interessante Ikonen, die aus dem schon vor dem großen Erdbeben bestehenden alten Museum und aus der dem Katharinenkloster auf dem Sinai gehörenden Kapelle Agía Ekateríni tou Kípou (Zákynthos-Stadt) stammen. Besonders auffällig ist eine Darstellung der Stadt Jerusalem. Sehenswert auch die Ikonen des von der Kretischen Schule beeinflussten Malers Gripáris.

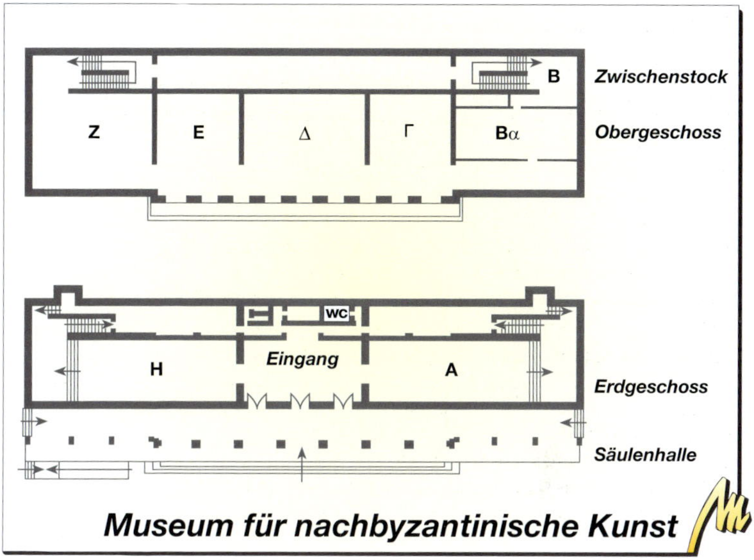

Zákynthos-Stadt
Karte Umschlag vorne

Auf einem Absatz der weiter nach oben führenden Treppe sieht man Bauteile aus mittelalterlichen Kirchen (10.–12. Jh.), bevor man im nebenan liegenden Obergeschoss im **Raum B α** zu den beeindruckenden Wandmalereien der Klosterkirche Ágios Andréas kommt. Dieses Kloster wurde im 16. Jh. in der Nähe von Volímes erbaut und seine Kirche im 17. Jh. von unbekannten Künstlern im naiven, fast expressiven Stil des griechischen Festlands zur Zeit der Monarchie des Wittelsbachers Otto ausgemalt. Nach der Zerstörung des Klosters wurden die Fresken in Athen sorgfältig restauriert und dann wieder nach Zákynthos gebracht.

Während in **Raum Γ** vor allem große Fresken aus verschiedenen Kirchen der Insel ausgestellt sind (schön z. B. die Darstellung des heiligen Nikolaus, der ein goldenes Buch in der linken Hand hält), bilden in **Raum Δ** Ikonen aus dem 15. und 16. Jh. den Schwerpunkt. Herausragend z. B. die Darstellung des heiligen Georg auf seinem Pferd, umgeben von Szenen aus seinem Leben, aber auch die kleine, auf einem Ständer präsentierte Ikone des Weltenherrschers aus der Kirche Ágios Geórgios ton Filikón (Zákynthos-Stadt). Vor dieser Ikone leisteten die Mitglieder des Bundes zur Befreiung Griechenlands von den Türken ihren Treueeid.

An der Fensterwand des **Raumes E** kann man auf verschiedenen Ikonen auch biblische Themen finden, die gemeinhin seltener vertreten sind: Jonas, ausgespuckt vom Wal (18. Jh.), Bekehrung des Paulus (17. Jh.), Überquerung des Nils durch die heilige Familie (Ende 17. Jh.).

Die Bilder des **Raumes Z** stammen aus dem 17./18. Jh. Deutlich erkennbar ist der Einfluss der italienischen Renaissance und der Flämischen Schule auf die Künstler. Die Werke der beiden zakynthischen Maler Koutoúsis (1741–1813) und Kantoúnis (1767–1834) weisen besondere Lichteffekte in dunklem Umfeld auf.

Geht man die Treppe abwärts, kann man mit Hilfe von Fotografien und Zeitungsausschnitten nachvollziehen, wie schrecklich die Auswirkungen des **Erdbebens von 1953** waren. Ein Modell der Stadt Zákynthos sowie ein Luft- und ein Panoramabild vor diesem alles verändernden Schicksalsschlag kann man sich im **Raum H** im Erdgeschoss anschauen. Außerdem hängen hier weitere Bilder von Kantoúnis (z. B. "Jesus wird vom Kreuz abgenommen") und Koutoúsis (z. B. "Die Geburt der Gottesmutter" oder "Die Unterrichtung Marias durch

Der Markusplatz hat italienisches Flair

ihre Mutter") sowie in Pastelltönen gehaltene Darstellungen verschiedener Propheten eines unbekannten Künstlers.

Bevor Sie das Museum verlassen, sollten Sie noch einen Blick auf ein wirklich sehenswertes Monumentalgemälde im venezianischen Stil werfen. Es hängt im Eingangsbereich über der Kasse und zeigt die Prozession anlässlich der Beerdigung des heiligen Charálambos.

Platía Agíou Márkou

Über die von Cafés gesäumte Odós Dimokratías kommt man zum gepflasterten, dreieckigen Markusplatz, dem "Herzen der Stadt". Auch ihm ist ein gewisses italienisches Flair nicht abzusprechen, hervorgerufen durch die großzügigen Terrassen der Restaurants und Cafés, vielleicht aber auch durch die **katholische Markuskirche** mit ihrem Kampanile. Die im Jahre 1518 von den Venezianern erbaute, durch das Erdbeben völlig zerstörte und danach im alten Stil wieder aufgebaute Kirche wirkt viel schlichter als ein orthodoxes Gotteshaus. Nur wenige Kostbarkeiten konnten gerettet werden, darunter ein Bildnis des Evangelisten Markus (über dem Altar) und eine Ikone der Agía Paraskeví, an die – wie so oft – viele Votivtäfelchen in Augenform (Bitten um bzw. Dank für Heilung) angeheftet sind.

In dem kleinen Gebäude mit schönem Uhrturm links neben der Kirche ist das **Solomós-Museum** untergebracht – für griechische Besucher der Insel ein absolutes Muss. Man bekommt u. a. das Mausoleum des Nationaldichters zu sehen, einiges aus seinem Nachlass sowie Porträts angesehener Zakynther.

• *Öffnungszeiten* täglich 9–14 Uhr. Eintritt 3 €, ermäßigt 2,50 €. Der Besuch nur des Mausoleums ist frei.

• *Rundgang* Im Erdgeschoss befinden sich neben einer Büste des Nationaldichters auch sein Grab und das seines Zeitgenossen Andréas Kálvos, eines weiteren bedeutenden Poeten der Insel. Im Eingangsbereich übersieht man gerne das Stück eines Stammes einer einst mächtigen Steineiche, die auf dem Stráni-Hügel über der Stadt stand. In ihrem Schatten soll Solomós u. a. den Text der heutigen Nationalhymne Griechenlands geschrieben haben.

Im Vorraum des **Obergeschosses** hängen Wappen bedeutender (meist italienischer) Familien, die einst auf Zákynthos lebten, sowie u. a. ein Bild, das zeigt, wie man zur Zeit der Venezianer auf der Insel Karneval feierte. Die angrenzenden Räume sind den Dichtern Solomós und Rómas gewidmet. Bei der Betrachtung der ausgestellten Originalwerke werden Sie feststellen, dass diese zweisprachig, nämlich auf Griechisch und Italienisch, verfasst sind.

Beachtung verdient auch das zwischen diesen beiden Räumen liegende **Kollivás-Zimmer**: Ikonen und Gemälde bilden mit wertvollen Bücherschränken ein schönes Ensemble.

Ein Kuriosum steht schließlich am Eingang des **Michéli-Raumes**: die Gallionsfigur der in der Seeschlacht von Náfpaktos (1572) mitstreitenden zakynthischen Galeere "Judith" zusammen mit dem Schwert eines der Kämpfer.

Odós 21. Maïou

Wer Lust hat, bummelt ein Stück weit die **Einkaufsstraße** der Chóra entlang: Die Straße des 21. Mai verläuft vom Markusplatz in südliche Richtung. Ab dem im alten venezianischen Stil mit Arkadenbögen wieder aufgebauten Gebäude der Inselverwaltung heißt sie Odós Alexándrou Róma. Unter Arkaden reiht sich ein Geschäft an das andere: Zacharoplastía mit verführerischem kalorienreichem Gebäck, voll besetzte Snackbars, Schmuckläden mit glitzernden Auslagen. Ein paar Meter weiter kann man beobachten (und riechen!), wie Kaffee in einer riesigen Maschine geröstet wird, unweit davon quillt ein Fruchtstand schier über, ein Fischhändler preist seine Waren an, und dann kommt man zu einem kleinen Laden, in dem meist ein paar ältere Damen Kerzen, Ikonen oder ein Kreuz erstehen. Achten Sie aber auch auf die Häuserfassaden mit ihren wunderschönen schmiedeeisernen Balkonen, von denen jeder ein klein wenig anders aussieht. Auch hier wurde beim Wiederaufbau nach 1953 sehr auf die Einhaltung des alten Baustils geachtet.

Zákynthos-Stadt
Karte Umschlag vorne

Widerstandsgedenkstätte

An der **Análipsis-Kirche** aus dem 16. Jh. (daneben steht ein Kiosk) biegt man nun nach rechts ab, dann wieder rechts, um über die Tertséti-Straße zurück Richtung Markusplatz zu gehen. Schon nach wenigen Minuten sieht man auf der linken Straßenseite über einem Tor einen Judenstern. Hier stand bis 1953 die zentrale Synagoge der Stadt, die erstmals 1498 erwähnt wurde. Eine Gedenkstätte erinnert an den Erzbischof Chrisóstomos Dimítrios und den Bürgermeister Loukás Karrér, die beide während des Zweiten Weltkrieges amtierten und den Juden der Insel das Leben retteten: Nach der Einnahme von Zákynthos befahlen die Nazis Loukás Karrér, ihnen eine Liste mit den Namen aller Juden der Insel zu übergeben. Er schrieb aber nur seinen eigenen Namen und den des Erzbischofs darauf, womit er zum Ausdruck brachte, dass man sie beide eher töten müsste, als dass nur ein einziger Name eines Juden preisgegeben würde. Die Nazis waren gezwungen, ihre mörderischen Pläne fallen zu lassen.

Bischofskirche Ágios Nikólaos

Biegen Sie bei der nächsten Gelegenheit nach rechts ab und gehen Sie über die Einkaufsstraße zurück zum Markusplatz, dann am Hotel Diana vorbei durch die Mitrópolisgasse zur Bischofskirche Ágios Nikólaos. Auch sie ist eine "Kopie" ihrer Vorgängerin. Da man in ihrem Vorhof einst auf der Insel verstorbene Fremde begraben hat, trägt sie heute noch den Beinamen "ton Xenón" (der Fremden). Ihr Inneres ist vollständig ausgemalt, von der Decke blickt der Pantokrator, umgeben vom Chorus der Engel, den Propheten und den vier Evangelisten, auf die Besucher herab.

Kirche Kiría ton Angélon

Von der Bischofskirche gelangt man über die Odós Archiepískopou Dimitríou zu einem wahren Kleinod, dem 1687 im spanischen Stil erbauten Kirchlein Kiría ton Angélon ("Herrscherin der Engel", gemeint ist Maria), das etwas tiefer als die Straße gelegen ist. An ihrer Außenfassade sind über der Tür schöne Reliefs der Engel und der Gottesmutter zu sehen, im Innern verdienen die Altarwand sowie Ikonen von Malern der Ionischen Schule besondere Beachtung.

Britischer Friedhof

Wenn Sie noch nicht müde sind, können Sie noch den britischen Friedhof besuchen, auf dem die Engländer zur Zeit ihrer Herrschaft über die Insel höhere Beamte, Militärs und Kaufleute begraben haben. Gehen Sie von der Kirche Kiría ton Angélon weiter über die Odós Loukás Karrér und zweigen Sie in die dritte Straße nach links und sofort wieder nach rechts ab (Odós Kollivá). Knapp 300 m weiter gehen Sie an der vierten Seitenstraße wieder links in die Odós Boutsári hinein und sofort danach rechts. Das Sträßchen gabelt sich nach wenigen Metern, links kommen Sie durch ein Tor zu den z. T. prunkvollen **neoklassizistischen Gräbern**, die hier – malerisch umgeben von hohen Bäumen – zwischen Wohnhäusern und Schrebergärten hinter einer Mauer am Hang liegen.

Zurück läuft man stets abwärts zum Meer und dann ca. 10 Minuten die Küstenstraße entlang zum Solomós-Platz, wo man sich bei einem kühlen Getränk erfrischen kann.

Der zweite Rundgang: Oberstadt und Kástro

Nicht nur die schönen Blicke auf die Häuser, Türme und den Hafen von Zákynthos-Stadt, sondern auch die Ruinen des Kástros sowie ein weiterer geschichtsträchtiger Hügel lohnen die Anstrengungen des Aufstiegs. Für diese Tour sollte man etwa einen halben Tag einplanen. Unterwegs laden zahlreiche Restaurants und Cafés zur Einkehr ein.

Start- und Endpunkt des Rundgangs ist die Platía Agíou Márkou. Man lässt das Solomós-Museum rechts liegen und geht die Odós Mántzarou in westliche Richtung, bis sie an einer großen Treppe endet, die man hinaufsteigt. Oben hält man sich in der Odós Therianoú zunächst links, um gleich darauf in die Odós Koúrtsoula nach rechts abzubiegen. Diese Gasse windet sich steil aufwärts. Bald passiert man eine Gedenktafel für die 1953 vom Erdbeben zerstörte Barbára-Kirche; immer weniger Häuser stehen hier, dafür umso mehr Tierställe. Nach insgesamt 600 m hat man die erste Station, die Kirche Panagía Pikritiótissa, erreicht.

Kirche Panagía Pikritiótissa

Ihr Kampanile mutet mit seinem zwiebelförmigen Aufsatz fast bayerisch an. Geweiht ist sie der Gottesmutter, den Beinamen "Pikritiótissa" hat sie von dem Maler, dessen Ikonen sie schmücken. Am Kirchturm weist eine Tafel darauf hin, dass hier im Juni 1818 der Anführer des späteren Befreiungskampfes, Theodóros Kolo-

Hoch über der Stadt liegt Bóchali

kotrónis, beim Blick auf die Gebirgszüge des besetzten Griechenland beschlossen haben soll, den Aufstand gegen die Türken auszurufen.

Kástro

Gegenüber dem Haupteingang der Kirche beginnt ein gepflastertes, später betoniertes Sträßchen, das steil zum **Stadtviertel Bóchali** hinaufführt. Zum Kástro zweigt man oben nach links ab. Zwar war der dicht mit Pinien bewachsene Hügel seit prähistorischer Zeit mehr oder weniger durchgängig besiedelt, doch was man heute noch anschauen kann, stammt fast gänzlich aus der venezianischen Epoche und der Phase der englischen Herrschaft über die Insel. Auch diese Gebäude erlitten große Schäden durch das Erdbeben von 1953. Seit etwa dreißig Jahren sind hier Archäologen tätig und führen u. a. Befestigungsarbeiten durch, um zu retten, was noch zu retten ist.

• *Besichtigung* Bereits 30 m vor dem Kassenhäuschen bzw. dem Eingang kann man oben in der Umfassungsmauer ein schönes **Relief des venezianischen Markuslöwen** über drei gut erhaltenen Wappen bewundern. Hinter dem Eingangstor sieht man links vom Weg einen weiteren Löwen, dessen Kopf allerdings völlig zerstört ist. Während das zweite Tor nur durch ein Wappen verziert ist, prangt am Bogen des dritten wieder ein **prachtvoll geschweifter Löwe mit zwei Wappen.**

Hinter diesem Tor zweigt man nach links zu den noch recht gut erhaltenen, einander gegenüberliegenden beiden Gebäuden des **Staatsgefängnisses** aus der venezianischen Epoche ab, deren Fenster z. T. heute noch vergittert sind. In den schmalen Zellen wurden Schwerverbrecher und auch politische Gefangene unter Verschluss gehalten. Links dahinter liegen die Grundmauerreste einer einstigen einschiffigen **Barbára-Kapelle,** erkennbar an der halbrunden Apsis. Dass die Venezianer zu Ehren dieser Heiligen hier oben eine Kapelle errichteten, kommt nicht von ungefähr, galt sie doch als die Beschützerin der Artillerie. An den Ruinen eines **Pulvermagazins** vorbei kommt man zu einem runden, turmähnlichen Vorsprung, der sog. **Grimani-Bastion.**

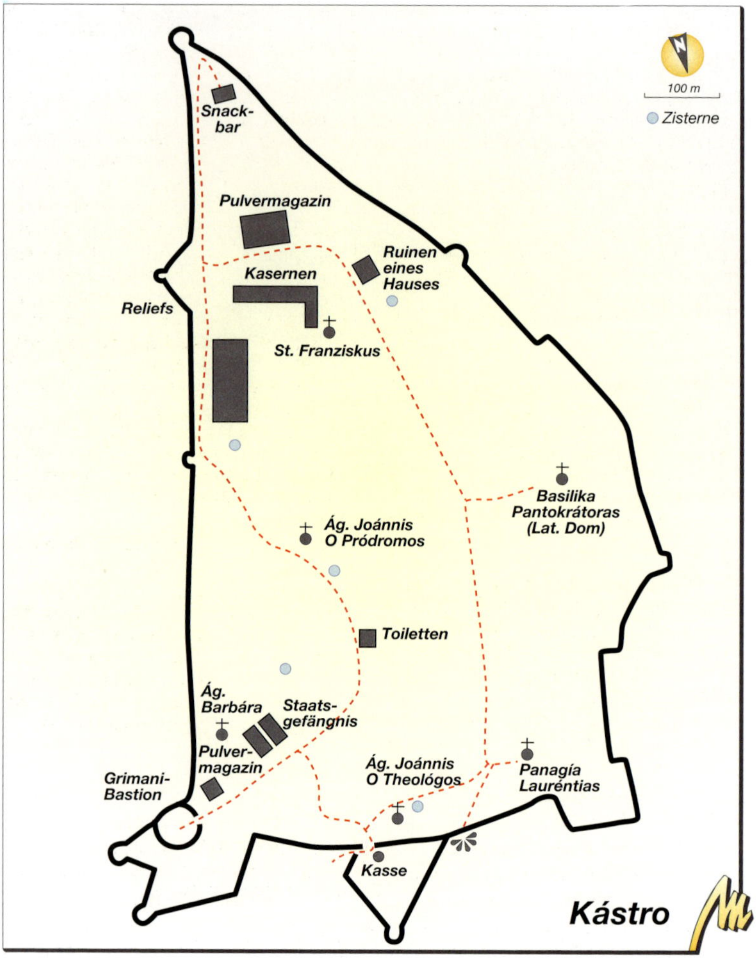

Hinter dem Staatsgefängnis geht man auf einem schmalen Pfad unter Schatten spendenden Pinien parallel zur Umfassungsmauer des Kástros, vorbei an neuen Toilettenanlagen (2003 noch nicht in Betrieb), bis zu den Ruinen der **Kirche des heiligen Johannes Pródromos** (15. Jh.). Dieser wurde einst als Beschützer der Insel verehrt – wohl deshalb wies die Kirche besonders schöne Steinmetzarbeiten auf. An einer Zisterne vorbei verläuft der Pfad nun aufwärts auf die Umfassungsmauer zu. Zwischen dieser und mehreren Gebäudefundamenten geht man in südliche Richtung und kommt nach 170 m zu einem bogenförmigen Durchgang. Passiert man diesen, steht man auf einem **dreieckigen Vorsprung der Umfassungsmauer.** An dessen Außenseite sind wunderschöne Reliefs erhalten, die man aber von hier oben nicht betrachten kann (Näheres s. u.); etwaige Kletterversuche sind lebensgefährlich.

Den schönsten Blick vom Kástro hat man von seiner südlichen Begrenzung. Um dorthin zu gelangen, geht man von dem bogenförmigen Durchgang den mit einem Geländer begrenzten Weg aufwärts und erreicht so den höchsten Punkt des Hügels (196 m), der durch eine Betonsäule markiert ist. Von hier aus kann man den gesamten Osten von Zákynthos überblicken. In unmittelbarer Nähe befindet sich eine neu errichtete Snackbar (2003 noch nicht in Betrieb).

Zurück an dem bogenförmigen Durchgang hält man sich nun links und passiert ein noch gut erhaltenes **venezianisches Pulvermagazin**. Rechts vom Weg liegen die Fundamente des damaligen **militärischen Hauptquartiers:** zwei Gebäudereihen im rechten Winkel zueinander angeordnet. Der Hauptweg führt weiter zwischen den spärlichen Resten eines Hauses und den wenige Meter vom Pfad entfernt liegenden Grundmauern der **Franziskuskirche des Minoritenordens** aus dem 14. Jh. hindurch. Bedeutende Katholiken wurden in dieser Kirche einst beigesetzt, die Engländer funktionierten das Gebäude später zum Vorrats- und Aufenthaltsraum für ihre Söldner um.

Dem Pfad weiter abwärts folgend, erreicht man nach ca. 150 m ein Schild (mit dem Plan der Kástro-Anlage). Von hier aus führt ein Stichweg nach links zu den Ruinen des sogenannten **lateinischen Doms**. Dessen kreuzförmiger Grundriss weist darauf hin, dass er zunächst als byzantinische Basilika errichtet (daher auch der Name Pantokrator-Kirche) und von den Venezianern später umfunktioniert wurde. Bei genauem Hinsehen sind an den Innenwänden spärliche Farbreste der einstigen Fresken erkennbar.

Zurück auf dem Hauptweg geht man weiter abwärts zur Nordmauer des Kástros (schöner Blick auf die Häuser von Bóchali). Von hier kann man noch einen Abstecher zu Resten einer westlich gelegenen **Marienkirche** machen. Anschließend folgt man weiter dem Hauptweg nach Osten, passiert spärliche Ruinen einer Kirche, die Johannes dem Theologen geweiht war, sowie einen weiteren Brunnen und erreicht so wieder die drei Ein- bzw. Ausgangstore.

Wer gerne noch die oben erwähnten **Reliefs in der östlichen Außenmauer** betrachten möchte, geht abwärts Richtung Bóchali und zweigt vor dem Restaurant Panórama in das vom Aufstieg schon bekannte Sträßchen ab. Fünf Meter weiter biegt man rechts in einen immer schmaler werdenden Waldweg ein, der im Sommer 2003 wegen umgestürzter Bäume nicht ohne Schwierigkeiten zu begehen war. Nach gut 400 m sind die sonnenartigen Reliefs, Wappen, Inschriften und Jahreszahlen an dem dreieckigen Vorsprung erreicht.

- *Öffnungszeiten* Täglich außer Mo von 8–14.30 Uhe, von August bis Oktober bis 20 Uhr. Eintritt 3 €.
- *Anfahrt* Wer nicht zu Fuß aufsteigen will, folgt in der Chóra an der Ecke Odós Kollivá, Odós Tsertséti der Beschilderung nach Bóchali. Nach ca. 1 km zweigt man links in das Stadtviertel ab. Bei den ersten Häusern befindet sich links ein großer **Parkplatz**.

Kirche Zoodóchos Pigí

Vom Kástro gehen Sie nun zurück zu den **Häusern von Bóchali.** Abends werden hier während der Saison in einigen Lokalen die zakynthischen Kantaten gesungen. Neben dem phantastischen Blick auf die Stadt mit ihrem Hafen, die Halbinsel Skopós und nach Süden bis zur Bucht von Laganás ist hier oben noch die Kirche Zoodóchos Pigí sehenswert. Links von der wunderschön geschnitzten **vergoldeten Altarwand** wird in einer Glasvitrine eine alte Ikone – die Panagía als Quell des Lebens – aufbewahrt. Links davon zwei weitere **Panagía-Ikonen:** Mariä Verkündigung und die vergoldete Gottesmutter mit dem Kind. Gegenüber erkennt man die heilige Paraskeví, ihren eigenen Kopf auf einem Teller tragend. Sie wurde in der Zeit der Christenverfolgung geköpft – ihrem Vater, der den Berichten von dieser Hinrichtung keinen Glauben schenken wollte, soll sie so erschienen sein. Dass die Gläubigen von ihr besonders bei Augenleiden Hilfe erwarten, ist an den zahlreichen an der Ikone angebrachten Votivtäfelchen erkennbar.

Lófos (Hügel) Stráni

Man kann nun entweder auf einem schmalen und sehr steilen Fußpfad (er beginnt direkt hinter der Kirche Zoodóchos Pigí) in 20 Minuten in die Stadt zurückkehren oder die Tour noch weiter fortsetzen. Dazu geht man vom zentralen Platz in Bóchali die in nördliche Richtung führende Asphaltstraße abwärts. Nach insgesamt 800 m ist die verkehrsreiche Durchgangsstraße erreicht. Man geht wenige Meter nach links und dann auf einem gepflasterten Weg den Lófos Stráni hinauf. Vorbei an einem Gebäude, in dem das berühmte zakynthische Parfüm hergestellt wird (Aufschrift "Razí"), kommt man zu einer kleinen **parkähnlichen Anlage** mit hohen Bäumen und Picknickbänken. Die Büste des Dichters Dionýsios Solomós und eine Gedenktafel erinnern daran, dass dieser im Mai 1823 hier oben im Schatten einer Steineiche das Gedicht "Hymne an die Freiheit" schrieb – später wurden einige Verse davon für die griechische Nationalhymne ausgewählt. Der weite Blick bis hinüber aufs Festland war für Solomós eine wichtige Inspiration für seine Dichtung, konnte er doch von diesem Punkt aus die Schlacht um die Stadt Messolónghi beobachten.

Kirche Ágios Geórgios Filikón

Von dem Hügel kehrt man zur verkehrsreichen Durchgangsstraße zurück und geht auf dieser abwärts in Richtung Stadt. Nach ca. 300 m passiert man einen alten venezianischen Brunnen. Kurz darauf führt eine schmale Straße rechts aufwärts zu einigen Häusern. Die nächste Abzweigung nach rechts bringt Sie zu der unscheinbaren kleinen Kirche Ágios Geórgios Filikón. Auch sie gewann durch den griechischen Befreiungskampf gegen die Türken an Bedeutung, traten doch in ihr einige zakynthische Männer dem "Geheimbund der Befreundeten" (Filikí Etairía) bei. Die Ikone, vor der sie ihren Eid ablegten, befindet sich heute im Raum Δ des Museums für nachbyzantinische Kunst (s. S. 111). Betritt man zwischen Gärten mit Orangen- und Zitronenbäumen durch ein schmiedeeisernes Tor den Vorgarten des Kirchleins, erkennt man unschwer in der dort aufgestellten Büste ein Mitglied des Geheimbundes.

Jüdischer Friedhof

Links vom Eingang zum Vorhof der Kirche liegt jenseits eines schmiedeeisernen Tores mit einem Davidstern der einstige jüdische Friedhof der Stadt. Die z. T. 700 Jahre alten Grabsteine mit den sechszackigen Sternen und die verwitterten Grabplatten, auf denen sich die hebräischen Schriftzüge kaum noch erkennen lassen, befinden sich, fast überwuchert von meterhohen Gräsern und lilafarbenen Disteln, rechts neben einem Privathaus. Zum Zeitpunkt der Recherche war die Gräberanlage wegen Erdrutschgefahr nach starken Regenfällen geschlossen; wann sie wieder zu besichtigen sein wird, stand nicht fest.

Zurück auf der Durchgangsstraße, geht man weitere 400 m stadteinwärts bis zu dem modernen betonierten **Freilichttheater,** in dem in den Sommermonaten allabendlich kulturelle Veranstaltungen stattfinden. Von der oberen Sitzreihe hat man noch einmal einen schönen Blick auf den Hafen bis hinüber nach Argássi und zum Berg Skopós. Vom Theater aus sind es nur noch 200 m bis zur Odós Kollivá, die man kreuzt. An der Mitrópolis-Kirche biegt man rechts ab und kommt so in wenigen Minuten zum Ausgangspunkt des Rundgangs, dem Markusplatz, zurück.

Spaziergang zum Kapellenfelsen

Gleich zwei Kapellen wurden an einen Felsen zwischen der Chóra und dem Badeort Kalamáki gebaut. Etwa eine Stunde benötigt man für die Tour durch die südlichen Außenviertel der Stadt. Im August, wenn viele Festlandgriechen auf Zákynthos Urlaub machen, stört allerdings der dann starke Autoverkehr. Auf dem Rückweg kann man in einer der urigsten Tavernen der Insel einkehren.

Startpunkt ist die **Dionýsios-Kirche** in Zákynthos-Stadt. An der gleichnamigen Hafenmole vorbei geht man in südliche Richtung (also stadtauswärts) bis zur Brücke über den Fluss Ágios Charálambos. Diese überquert man, passiert eine kleine Weinfabrik und kurz darauf, links der Straße, eine 1728 erbaute Kirche, die denselben Namen wie der Fluss trägt.

Etwa 300 m weiter hat man eine T-**Kreuzung** erreicht, links steht ein auffälliges mehrstöckiges Haus mit einer kleinen Kapelle im Garten. Hier wohnt der Bischof Chrisóstomos von Zákynthos. Schräg gegenüber steht das 1664 erbaute **Kirchlein Agía Kateríni tou Siná.** Dass auch dieses durch das große Erdbeben sehr gelitten hat, wird daran deutlich, dass nur noch die Basis des Kampanile erhalten geblieben ist. Interessierte können den Schlüssel im rechts neben der Kirche stehenden Haus erhalten. Das Altargeländer ist wirklich sehenswert: Achten Sie auf die reichen Blumenranken im vergoldeten Holz und auf die alten eingelassenen Ikonen. Gegenüber dem Eingang hängt die der heiligen Katharina. Und an der Wand zeigen einige Fotos, dass die Kapelle dem gleichnamigen griechisch-orthodoxen Kloster auf dem Sinai gehört.

130 m nach der Kapelle biegt man an der nächsten Abzweigung nach rechts ab und geht die Ausfallstraße etwa 500 m entlang. Hinter einem kleinen Bauernhof bzw. gegenüber von einem Haus, in dem Zimmer vermietet werden, zweigt man auf einen Feldweg nach links ab und steigt dann die Treppenstufen zur **Kapelle Ágios Élipsos** (= des Zweifelnden, also des heiligen Thomas) hinauf. Mitten im Grünen bietet sie mit ihrem weißblauen Glockenturm ein schönes Bild. Von hier oben hat man einen tollen Blick auf die Stadt mit ihren charakteristischen Türmen und das in der Sonne glitzernde Meer. Eine Höhle neben

Ágios Élipsos: Die Farben erinnern an die Kykladen

der Kapelle mit mehreren gangartigen Vertiefungen und eingemauerten Ablagenischen wird als Abstellraum genutzt.

Auch neben der unterhalb gelegenen **Paraskeví-Kapelle** findet man eine Höhle, außerdem auch einen Picknicktisch. Wer jedoch keinen Proviant eingepackt und Appetit auf etwas Deftiges hat, sollte sich an unseren Vorschlag für den Rückweg halten: Gehen Sie die Ausfallstraße wieder stadteinwärts und biegen Sie an der nächsten Abzweigung nach links ein. Kurz darauf erreichen Sie die Taverne Malános, wo zur Mittagszeit typisch zakynthische Tagesgerichte zu einem wirklich vernünftigen Preis angeboten werden. Von hier aus laufen Sie durch das Gartenviertel der Stadt knappe 10 Minuten bis zu einer Brücke über den Fluss, gehen diesen entlang Richtung Hafen und erreichen so in kurzer Zeit wieder den Ausgangspunkt des Spaziergangs.

Die Gipfelkirche Panagía Skopiótissa

Halbinsel Skopós

Weit ragt die schmale, grüne Landzunge von Zákynthos-Stadt nach Südwesten ins azurblaue Ionische Meer hinaus, bis sie im fußförmigen Kap Gérakas ihr Ende findet. Kein Zweifel, die Halbinsel Skopós gehört zu den landschaftlich reizvollsten Gebieten von Zákynthos und bietet außerdem jenseits von Argássi wunderschöne, zum Teil gut entwickelte Strände.

Dichte Pinienwälder, ab und zu hohe Zypressen und ihren charakteristischen Duft verströmende Eukalyptusbäume prägen die Landschaft. Dazwischen weite Olivenhaine, vereinzelte Häuser und Streusiedlungen, natürlich auch zahlreiche Hotels und Pensionen. Überragt wird alles vom 492 m hohen Berg Skopós, nach dem die ganze Halbinsel benannt ist. Auf dessen Gipfel steht ein strahlend weißes Kirchlein, restauriertes Überbleibsel eines einstigen Klosters. An den Küsten reihen sich traumhafte Sandstrände wie Perlen einer Kette aneinander. Sie zählen zu den schönsten, die das gewiss nicht strandarme Zákynthos zu bieten hat. Die auf der Südseite liegenden gehören noch zur Bucht von Laganás und werden von den Caretta-caretta-Meeresschildkröten im Sommer zur Eiablage aufgesucht. Entsprechendes Verhalten der Besucher sollte selbstverständlich sein (s. Hinweise auf S. 26).

Bei der Fahrt auf der schmalen, gewundenen Asphaltstraße zwischen Argássi und dem Kap Gérakas fühlt man sich streckenweise an die süditalienische Amalfiküste erinnert – wie dort tun sich zwischen Bäumen grandiose Blicke auf die Abhänge und die tief unten liegenden Buchten auf. Als Auto- oder Bikefahrer kommt man hier aber nicht nur wegen der hohen Temperaturen ins Schwitzen, denn der starke Verkehr fordert auf dem im Sommer völlig überlasteten, mit Schlaglöchern gespickten Sträßchen volle Konzentration. Insbesondere wenn einer der riesigen Ausflugsbusse entgegenkommt, gerät alles schnell ins Stocken. Die seit jeher nur dünn besiedelte Halbinsel hat sich ihrer schönen Strände wegen zu einem der Touristenmagnete von Zákynthos entwickelt. Kein Wunder also, dass diese – vor allem die von Argássi, Ágios Nikólaos und Mavrátzis – in der Hochsaison sehr voll, ja fast überfüllt sind.

Argássi

Das touristische Zentrum auf der Halbinsel Skopós – zwischen Hotels, Tavernen, Bars und Supermärkten ist kaum noch ein normales Wohnhaus zu erkennen. Am schmalen Sandstrand liegt man Handtuch an Handtuch. Atmosphärisches Highlight: der Blick auf Zákynthos-Stadt mit seinem Hafen.

Der kleine Ort mit seiner Dionýsios-Kirche ist eines der Zentren des britischen Pauschaltourismus auf Zákynthos. Die touristischen Einrichtungen liegen nahe beieinander. Insbesondere unten an der Hauptstraße, aber auch in der Seitenstraße, die zum Argássi Hill hinaufführt, pulsiert abends das Leben. Kellner preisen die Qualität ihrer Taverne an, vor Reisebüros werden die Passanten über Ausflüge informiert, einige Bars locken mit dröhnender Musik, andere mit Karaoke und Quizspielen, und auf den allgegenwärtigen Fernsehbildschirmen kann man die wichtigsten Fußballspiele der englischen Liga verfolgen. Leider wälzt sich der Durchgangsverkehr mitten durch den Ort, so dass an ein ungestörtes Flanieren auf der Hauptstraße nicht zu denken ist.

Nur die Alten erinnern sich noch an die Zeit, als Argássi noch ein echtes Fischerörtchen war. Heute sind davon allenfalls noch kärgliche Überreste zu erkennen. Am alten Hafen liegen an aus Steinen aufgehäuften Molen ein paar Fischerboote. Die Ruinen einer dreibogigen Brücke mit der Jahreszahl 1885 lassen aber vermuten, dass die Hafenanlage einmal recht beeindruckend war. Unweit davon steht auf dem Gelände des Hotels Castéllo Beach eine hübsche Kapelle, die dem heiligen Nikolaus, dem Schutzpatron der Fischer, geweiht ist.

Verbindungen/Parken

• *Verbindungen* Argássi und Zákynthos-Stadt sind über **Busse** sehr häufig miteinander verbunden (Busfahrplan und Preise s. S. 64). Entlang der Hauptstraße gibt es mehrere Bushaltestellen.

Am Standplatz gegenüber der Bäckerei wartet fast immer ein **Taxi.** ✆ 2695048400.

• *Parken* Unmittelbar neben der Dionýsios-Kirche kann man auf einem ungeteerten Platz kostenfrei parken.

Adressen

• *Ärztliche Versorgung* Mit einem 24-Stunden-Service wirbt das **Medical Center** von Dr. Srdjan Stamenkovic im Zentrum des Ortes, ✆/☏ 2695045500.

Über der Apotheke (s.u.) befindet sich eine weitere **Arztpraxis,** ✆ 2695045997.

• *Apotheke* an der Hauptstraße, 9–13 und 18–22 Uhr (manchmal auch länger), Mittwochnachmittag geschlossen.

• *Auto-/Zweiradvermietung* Das Angebot ist groß. Neben den von uns genannten Adressen gibt es noch zahlreiche andere mit ähnlichem Service.

Fáros Rent a Car, schon ziemlich am Ortsende Richtung Vassilikós. Neben Autos kann man hier auch motorisierte Zweiräder bekommen. ✆ 2695023665, ☏ 2695041440.

Olympic Cars and Bikes hat gleich zwei Büros in der Nähe der zentralen Kreuzung und bietet neben motorisierten Fahrzeugen jede Menge Fahrräder. ✆ 2695027764.

Álbatros vermietet Fahrräder, Mopeds, Motorräder und Autos. ✆ 2695042056.

Motor Fast, auch hier gibt es viele Bikes, dazu eine große Auswahl an Fahrrädern. ✆ 2695026591.

• *Internet* Im **Mouse House** kann man im Internet surfen, E-Mails versenden etc.

• *Geld* Einen Bankautomaten finden Sie beim Shoppingcenter Derékas.

• *Reisebüros* Beim abendlichen Spaziergang wird man von den Angestellten der zahlreichen Agenturen teilweise sogar auf Deutsch angesprochen, denn schließlich wollen alle, dass man die fast schon obligatorische Inselrundfahrt bei ihnen bucht. Dafür und für die anderen Ausflüge wird man dann am frühen Morgen mit dem Bus zum Hafen nach Zákynthos-Stadt gebracht. Weitere Informationen zu den Ausflügen finden Sie im entsprechenden Kapitel auf S. 102.

In Argássi kann man die Ausflüge u. a. bei folgenden Agenturen buchen:

Spring Tours, ✆ 2695048004.

Mamfreda's Tours, ✆ 2695044716.

Cavo Grosso, eine weitere große Agentur, die in nahezu allen wichtigen Touristenorten der Insel vertreten ist. ✆ 2695048308.

• *Telefonieren* Mehrere Kartentelefone findet man entlang der Hauptstraße, z. B. bei der Dionýsios-Kirche oder an der großen Kreuzung.

Einkaufen

• *Supermärkte* An Versorgungsmöglichkeiten besteht kein Mangel, die Straßen sind mit Supermärkten regelrecht gepflastert. Besonders gut ausgestattet, u. a. auch mit **deutschsprachigen Zeitungen,** sind **George** gegenüber dem Hotel Eleána und Argássis zweistöckiges Shoppingcenter **Derékas** an der zentralen Kreuzung. In Letzterem erhalten Sie auch **Fotozubehör** und können Ihre Filme entwickeln lassen.

• *Bäckerei* Im **Artopolíon** gibt es täglich frisches Brot und gutes Gebäck.

• *Souvenirs/Schmuck* Vom üblichen Angebot hebt sich der **Naturally Greek Shop** ab: Vom Naturschwamm über Bergkräuter und Honig bis zur Olivenölseife ist hier wahrlich vielerlei zu bekommen, was Griechenland an "natürlichen" Souvenirs zu bieten hat.

In **Vergína's Goldcenter** kann man neben recht hübschem Goldschmuck aus eigener Fabrikation auch Nachahmungen olympischer Siegerkränze oder antiker Figuren erstehen. Der Besitzer hat einige Jahre im Saarland verbracht und freut sich, wenn er seine Deutschkenntnisse aufpolieren kann.

Baden/Wassersport/Kinderunterhaltung

• *Baden* Ein schmaler, sandiger **Küstenabschnitt,** zu dem von der Hauptstraße zahllose Stichwege hinabführen, zieht sich unterhalb der Siedlung von Westen nach Osten – so schmal, dass zumindest im August kaum noch Platz für ein weiteres Handtuch bleibt. Viele Hotels haben deshalb auf ihrem Gelände hinter dem Strand z. T. begrünte Liegeflächen für ihre Gäste angelegt. Überall werden Sonnenschirme und Liegen vermietet, vor den Hotels Castéllo Beach und Mimóza-Beach kann man **Wassersport** betreiben: Paragliding, Bananaboat, Ringo, Tretbootverleih, Wasser- und Jetski.

• *Kinderunterhaltung* Auf drei Plätzen entlang der Hauptstraße können die Kids in **Minicars** für ca. 4 € (20 Min.) herumkurven.

Übernachten (siehe Karte S. 124/125)

Trotz der vielen Hotels und Pensionen ist es im August nicht einfach, eine Unterkunft zu finden. Wer sich in einem der Häuser am Strand einmietet, sollte versuchen, ein Zimmer zum Meer hin zu bekommen; die zur Straße hin sind sehr laut.

Diána Palace (17), A-Kat., mit 118 Zimmern eine der größten Anlagen im Zentrum von Argássi. Es fehlt an nichts: Pool, Minigolfanlage, Gymnastikraum, Spielplatz u. a. Die Zimmer bieten einigen Komfort: Bad, AC, TV, Minibar und Balkon (teilweise Meerblick). Geschmackvolle, in sanften Pastellfarben gehaltene Einrichtung. Ein EZ kostet inkl. Frühstücksbuffet 92–110 €, zu zweit kann man für 118–137 € unterkommen. Dreibettzimmer, Studios und Apartments sind vorhanden. Bei mehrtägigem Aufenthalt wird deutlicher Nachlass gewährt. ✆ 2695027947, 📠 2695027949.

Katerína Palace (18), A-Kat. Etwas zurückversetzt liegt die um einen großzügigen Pool gebaute Anlage. Die 78 gemütlich eingerichteten, modernen DZ mit Bad, z. T. Kühlschrank und Balkon (einige mit Meerblick) kosten inkl. Frühstücksbuffet zwi-

Weit reicht der Blick vom Argássi-Hügel

schen 50 und 80 €. Für Abwechslung ist gesorgt: Spielplatz, elektronische Spiele, Snackbar, TV-Raum. Viele Pauschalgäste auch aus dem deutschsprachigen Raum fühlen sich in dem gut geführten Haus wohl. ✆ 2695026998, ℻ 2695027257.

Hotel Ilíessa (7), B-Kat., direkt am schmalen Sandstrand und doch im Zentrum. Die um einen kleinen Pool mit Kinderschwimmbecken gruppierte Anlage hat 75 sehr ansprechende Zimmer, die mit AC ausgestattet sind und außerdem über Bad, Kühlschrank, TV und Balkon (einige mit Blick aufs Meer) verfügen. Fürs DZ bezahlt man inkl. Frühstücksbuffet zwischen 50 und 90 €. ✆ 2695 045345, ℻ 2695045346.

Hotel Mimóza Beach (8), B-Kat. Ganz in der Nähe liegt das schöne, im Villenstil erbaute Haus mit schmiedeeisernen Balkonen. Auch hier hat man direkten Zugang zum Meer. Zu der Anlage gehören Pool, Beachbar, Restaurant und Spielplatz. Im Hotelgebäude stehen 25 Zwei- und Dreibettzimmer mit Bad und Balkon (z. T. Meerblick) zur Verfügung. Besonders beliebt sind aber die Bungalows im hinter dem Strand gelegenen Garten, in denen eine kleine Familie unterkommen kann. Zu zweit bezahlt man je nach Saison zwischen 50 und 73 €, zu dritt jeweils ca. 25 % mehr. Frühstück 5 € pro Person. ✆ 2695042588, ℻ 2695042844.

Hotel Contessa (19), B-Kat., um einen Pool gruppierte Anlage mit 83 Zimmern, in der sich vor allem Pauschalurlauber wohl fühlen. Zu zweit bezahlt man für ein Zimmer mit AC, Bad und Balkon (teilweise Meerblick) zwischen 30 und 60 € inkl. Frühstück, gegen Aufpreis wird ein kleiner Kühlschrank ins Zimmer gestellt; ✆ 2695045152, ℻ 2695045586.

Hotel Argássi Beach (10), B-Kat., am Meer gelegen und doch auch für den etwas schmaleren Geldbeutel geeignet. Die 37 z. T. zum Meer, z. T. zur Straße ausgerichteten Zimmer verfügen über Bad, Balkon, AC und Kühlschrank. Zudem gibt es neben einer Bar im Haus noch eine Beach-Bar. Zu zweit bezahlt man inkl. Frühstück 52–66 €. Angenehme, familiäre Atmosphäre. ✆ 2695 048094, ℻ 2695045491.

Rooms Kotsóni (12), unser Tipp für Individualreisende, die nicht allzu große Ansprüche stellen! Am Ortsrand Richtung Zákynthos-Stadt vermietet Spíros Kotsónis in einem weißen Gebäude (Schild "Enikiázontai Domátia") hinter dem Family Inn Zwei- bis Dreibettzimmer älterer Bauart mit Bad, die aber noch gut in Schuss sind. Vor den Räumen liegt eine hübsche Gemeinschaftsterrasse unter Bäumen, allen Gästen steht außerdem eine Küche mit großem Kühlschrank zur Verfügung. Das DZ kostet je nach Saison 30–38 €. Weiter oben auf einem Hügel vermietet die Familie 10 Studios. Von den Balkonen hat man einen umwerfenden Panoramablick auf Argássi sowie den Berg Skopós und dabei absolute Ruhe. Die Preise liegen hier bei 45–55 €. ✆ 2695042901.

Hill Side (13), ein weiteres Mitglied der Familie Kotsónis, Mariétta Koudíla, hat am Hang 12 kleine Studios mit schönem Blick auf Argássi und die Küste zu bieten. In der Hochsaison bis 55 €, im August sind jedoch auch diese Zimmer meist ausgebucht. ✆ 2695027979.

Essen und Trinken (s. Karte rechts)

Vom noblen Restaurant mit Livemusik bis zur einfachen Pítta-Bude ist alles geboten, viele Wirte bemühen sich mit Springbrunnen, tropischen Bepflanzungen etc. um ein ansprechendes Interieur ihrer Lokale. Wer Abwechslung von der griechischen Küche sucht, kommt voll auf seine Kosten, denn es gibt Restaurants mit thailändischer, chinesischer, indischer und auch italienischer Küche. Und das English Breakfast mit Eggs, Beans and Sausage darf natürlich auch hier nicht fehlen.

Restaurant Symposium (1), am Ortseingang von Argássi (aus Zákynthos-Stadt kommend). Man sitzt auf einer sehr schön gestalteten Terrasse unter riesigen Bäumen direkt am Wasser. Am Abend spiegelt sich das Mondlicht in den Wellen, dazu spielt ein Pianist dezente Musik. Die Speisekarte bietet eine große Auswahl an griechischer Küche. Sehr zu empfehlen sind die speziellen zakynthischen Gerichte, z. B. Hühnchen nach Großmutters Art (serviert mit einem mit Leberstückchen gewürzten Reis und Backofenkartoffeln) oder die Priest's Casserole, bestehend aus Rindfleisch, Gemüse und Reis. Besonders aufmerksamer Service, gehobenes Preisniveau.

Restaurant Veneziána (14), ganz im Stil einer venezianischen Villa gehalten und mit Nachbildungen antiker Statuen ausgestattet, bietet dieses schöne Gartenlokal – na, was schon! – natürlich italienische Küche. Üppige Portionen, leckere Pasta-, Fleisch- und Fischgerichte, aber man kann auch verschiedene Pizzen bestellen. Im Angebot auch griechische Küche. Und wenn Sie sich nach all dem guten Essen um Ihre Figur sorgen – kein Problem: Bei angenehmer griechischer Livemusik kann man die Pfunde wieder abtanzen.

Restaurant Mimóza (2), direkt am Strand unter Tamarisken kann man hier sehr gute griechische Küche genießen und tagsüber gleichzeitig den Freunden des Wassersports zusehen. Viele Griechen kommen zum Fischessen hierher, uns haben das besonders zarte Stifádo mit vielen kleinen Zwiebeln und die Dolmádes in sämiger Zitronensoße sehr gut geschmeckt.

Tavérna Stars (5), an der Hauptstraße liegt das hallenartige, etwas nüchterne Terrassenlokal, in dem es während der Hochsaison abends meist brechend voll ist. Kein Wunder, denn das Essen schmeckt. Große Auswahl! Viele Gerichte mit würzigen Soßen. Gut fanden wir z. B. die Gígantes in Tomatensoße oder das Kotópoulo lemonáto (Hähnchenbrustfilet, mit Zitrone verfeinert).

Tiffany's Restaurant (15), eine Familie aus Pátras siedelt jedes Frühjahr mit Sack und Pack nach Argássi über, um in der belebten Seitenstraße das Restaurant mit italienischen und griechischen Spezialitäten zu betreiben. Der nette Vater lockt mit flotten Sprüchen die Gäste hinein, wo einen dann

die Söhne bedienen. Großes Angebot, viele gute Pastagerichte, die auch gerne mit Sahne verfeinert werden.

Restaurant Tanga II. (16), direkt daneben lockt die asiatische Küche. Das Terrassenlokal bietet eine schier endlose Speisekarte mit chinesischen und indischen Gerichten. Nicht ganz authentisch, doch die Qualität lässt nichts zu wünschen übrig. Und wer sich bei so viel Auswahl nicht entscheiden kann, bestellt einfach eines der zahlreichen mehrgängigen Menüs.

The Green Frog (11), Deko der ganz anderen Art findet man in diesem Lokal. An den Wänden, auf Simsen, in Nischen und Ecken hängen, hocken, liegen Frösche. Dazu kommen jede Menge Kinderbilder, die den "grünen Frosch" zum Thema haben. Wohl fühlt sich hier v. a. englisches Publikum: am Morgen bei Fried Eggs und Pancakes, am Mittag bei Toffee Pudding und Apple Pie und am Abend bei einem warmen Gericht mit Chips. Auch die Kellnerinnen kommen natürlich aus Großbritannien. Aber der Wirt ist Grieche – von Tsatsíki bis Baklavá ist deshalb alles geboten. Regelmäßige Events wie Sunday Lunch, Greek Night etc.

After (3), winziges Lädchen, in dem man ausgezeichnete Sandwiches und Crêpes mit den unterschiedlichsten Füllungen, süß und salzig, bekommen kann.

Nachtleben (s. Karte oben)

Die englischen Pauschalgäste bestimmen das Angebot. Gut bestückte Bars werden Abend für Abend geplündert. Bingospiele, Quiz und vor allem die Riesenleinwände, die dafür sorgen, dass man kein Spiel von Manchester United verpasst, sorgen für zusätzliche Unterhaltung.

Avalon (4), eine imposante Ritterburg bildet den Rahmen für diese Bar, in der man zu fetziger Musik zwischen Rüstungen und Schwertern seine Drinks genießt. Ob das Gebäude bis zur nächsten Saison allerdings so bestehen bleibt, können wir Ihnen nicht versprechen. Der Besitzer hat viel Fantasie – vor nicht allzu langer Zeit saß man im

Innern eines Schoners, die Bar hieß The Wreck – und wird sich möglicherweise bald eine neue bauliche Überraschung einfallen lassen.

Kiss Bar (6), gegenüber vom Avalon. Hier wird zu Technomusik getanzt, was das Zeug hält.

Magic Mushroom (9), zur Straße durch dicht stehende Bananenbäume abgegrenzt, was ein gewisses tropischen Flair bewirkt. Barbetrieb, zwischendurch spielt man eine Partie Billard.

Koútsis Club, ca. 1 km vom Zentrum entfernt an der Straße nach Xirokástello. Hier treffen sich vor allem Griechen bei Bouzoúk-Musik. Vor 7 Uhr morgens selten geschlossen.

Spaziergang auf den Argássi Hill

In etwa einer halben Stunde hat man den ca. 1 km langen Weg auf den Hügel oberhalb von Argássi geschafft. Für die Anstrengungen des Aufstiegs wird man durch einen tollen Panoramablick und eine kühle Erfrischung oder ein leckeres Essen in der dort oben gelegenen Bar entschädigt.

Meeresnarzissen findet man an mehreren Stränden auf der Halbinsel Skopós

Gehen Sie an der zentralen Kreuzung am Shoppingcenter Derékas nach rechts und die belebte Straße 350 m aufwärts bis zur Tavérna Phoenix. Unmittelbar davor zweigt man nach rechts ab und folgt dem Hinweisschild zur Target Bar. Die asphaltierte Straße steigt steil an. Nach weiteren 180 m hält man sich bei einer Hotelanlage links und geht weiter auf der bald stilleren, von Olivenbäumen gesäumten Straße aufwärts, bis man nach 500 m links einen Treppenweg entdeckt. Über diesen erreicht man in wenigen Minuten die auf der Kuppe des Hügels gelegene Bar. Von den in dem kleinen Garten stehenden Tischen kann man hinunter nach Argássi und bis zum Peloponnes hinüber schauen und das Kommen und Gehen der Fähren beobachten.

Wanderung 1: Von Argássi zur Gipfelkirche Panagía Skopiótissa

Steil windet sich der Weg jenseits des Dorfes Argássi den Berg Skopós hinauf. Oben steht zwischen den Ruinen eines ehemaligen Klosters die hübsche weiße Kapelle. Der Rundblick ist grandios. Planen Sie für den einfachen Weg (ca. 4,5 km) etwa zwei Stunden ein, unterwegs bestehen keine Verpflegungsmöglichkeiten.

Die Tour beginnt am **Koútsis-Club,** also am östlichen Rand von Argássi. Folgen Sie der Asphaltstraße Richtung Vassilikós. Nach der Überquerung einer Brücke passieren Sie das Ortsschild dieser aus mehreren Weilern bestehenden Gemeinde. 100 m dahinter zweigt gegenüber der Zufahrt zur Taverne Theodorítis eine Piste nach rechts ab, die sich unmittelbar danach gabelt. Sie halten sich rechts, gehen durch ein immer geöffnetes eisernes Tor und steigen, alle Abzweigungen ignorierend, links von einer dicht bewachsenen Schlucht aufwärts.

700 m nach der Abzweigung passiert man einen einzelnen Tierstall und wandert un-

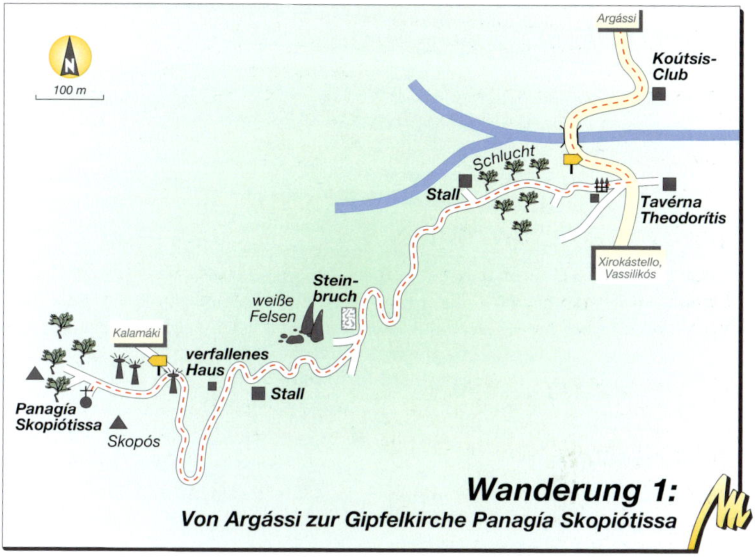

terhalb eines Bergkegels weiter steil aufwärts. Bald entfernt sich der Weg von der Schlucht, wendet sich nach Osten und verläuft zunächst fast eben oberhalb der Küste weiter, bis er wieder in engen Serpentinen aufwärts zu einem **Steinbruch** führt. Weiße Kalkfelsen setzen in einer grünen Landschaft hübsche Akzente. Man steigt weiter auf der Piste nach oben und erreicht nach insgesamt knapp 4 km einige Rundfunk- und Fernsehsendemasten.

Ein Schild mit der Aufschrift **"Panagía Skopiótissa"** weist den Weg nach links. Nur noch 500 m sind es bis zu der weißen Marienkapelle mit ihrer eigenartigen achteckigen Kuppel unterhalb des Gipfels (492 m), die erst ganz kurz vor dem Erreichen des Ziels zu sehen ist (s. Kasten S. 128).

Den steinigen, durch ein Kreuz markierten Gipfel des Berges Skopós kann man nicht besteigen, ein schmaler Weg führt von der Kapelle jedoch in nördliche Richtung ein Stückchen aufwärts bis zu einer **Felswand.** Von dort hat man einen phantastischen Blick auf die Stadt Zákynthos und die dahinter liegende Ebene, auf die Insel Kefaloniá und bis zum Peloponnes (an klaren Tagen kann man die Burg oberhalb von Kilíni erkennen). Rechts schweift das Auge bis zum Kap Gérakas und das grüne Marathoníssi. Wenn Sie auch noch die gesamte Bucht von Laganás sehen möchten, müssen Sie eine weitere, mit einem Kreuz gekennzeichnete Kuppe hinter dem Kloster besteigen. Es lohnt sich!

Denjenigen, die nicht den gleichen Weg zurückgehen möchten, empfehlen unsere Leser Tina und Stefan Mitterer nach Kalamáki hinabzuwandern und von dort ein Taxi zum Ausgangspunkt der Tour zu nehmen. Wir geben im Folgenden ihre Wegbeschreibung wieder:
Gehen Sie zurück zu dem Schild "Panagía Skopiótissa" und biegen links auf eine abwärts führende Staubstraße ein, die an einem derzeit noch aktiven Steinbruch endet. Etwa 100 m davor zweigt bei einem kleinen Gebäude ein alter Fahrweg nach rechts ab und führt in Schleifen nach Kalamáki hinunter.

Neues Gotteshaus in altem Gemäuer

Um die Skopiótissa-Kapelle herum stehen und liegen die Reste eines Klosters, das im ausgehenden Mittelalter, so nimmt man an, auf den Ruinen eines antiken Artemistempels errichtet worden war. Nach der völligen Zerstörung durch das große Erdbeben hat man die Kirche wieder aufgebaut und dabei nur noch den alten Rahmen der Eingangstür in den modernen Bau integrieren können. Erhalten geblieben sind dagegen im Innern u. a. das steinerne Templon und die wundertätige Marienikone, die nach der Eroberung Konstantinopels durch die Türken 1453 nach Zákynthos gebracht wurde. Drohte der Bevölkerung einst ein Unheil, etwa eine Epidemie oder ein Piratenangriff, holte man sie in der Hoffnung, dass sie helfen werde, in die Stadt hinunter. Auch heute noch hat die weithin sichtbare Kapelle eine große Bedeutung für die Zakynther. Aus den umliegenden Dörfern und aus der Stadt machen sich viele am 15. August auf den beschwerlichen Weg hinauf, um das Namensfest der Gottesmutter zu feiern und ihre verehrte Ikone zu küssen.

Xirokástello

Hoch oben über der Küste, eingerahmt von Pinienwäldern und Olivenhainen, thront der kleine Ort, der eigentlich schon zur Gemeinde Vassilikós gehört, in der Tat wie ein Kastell. Spektakuläre Blicke entlang der Küste bis nach Ágios Nikólaos und hinüber zum Peloponnes bieten sich von einigen atemberaubend an den Steilhang gebauten Tavernen. Tief unten locken kleine Badebuchten, die mittlerweile touristisch voll erschlossen sind.

• *Verbindungen* Der 4x täglich zwischen Zákynthos-Stadt und Pórto Róma verkehrende **Bus** hält auch in Xirokástello. Fahrplan und Preise siehe S. 64.

• *Übernachten* **Sea View Village,** A-Kat., seit Sommer 2002 führt die resolute María Tzanétou die große Anlage am Hang, die ihrem Namen tatsächlich gerecht wird: Der Blick auf die Küste ist phantastisch. Und auch sonst fehlt es an nichts: Pool mit Kinderschwimmbecken und Jacuzzi, Snackbar. Die 36 Wohneinheiten mit Küche, Balkon (Meeresblick versteht sich!), AC, teilweise im Maisonettestil gebaut, sind geschmackvoll eingerichtet und unterschiedlich groß (bis zu 6 Personen). Zu zweit bezahlt man 45 bis 97 €, Frühstück wird mit 5 € extra berechnet; ✆ 2695035178, ℻ 2695035152.

• *Essen und Trinken* **Tavérna Anemómilos,** direkt an der Abzweigung zum Kamínia-Beach. Bietet einen schönen Rundblick. Vor dem Lokal steht ein kleiner Holzkohlengrill, von dem es abends verführerisch duftet. Das zubereitete Gemüse stammt aus dem Garten unterhalb des Hauses.

Restaurant I Théa, direkt dahinter, daher ist die Aussicht noch spektakulärer. Besonders romantisch sitzt man unter den Tamarisken an der Mauer. Viele Griechen kommen zum Fischessen, und auch wir waren mit den Barboúnia (Rotbarben) sehr zufrieden.

• *Sonstiges* In einem **Supermarkt** östlich der Abzweigung zum Kamínia-Beach können Sie die wichtigsten Lebensmittel kaufen. Gleich daneben bekommt man in einer **Bäckerei** Brot, und in der Nähe finden Sie außerdem einen **Briefkasten.**

Kamínia-Beach

Steil führt die schmale Straße in Serpentinen zu der kleinen Sandbucht hinab, deren touristische Infrastruktur voll entwickelt ist: Übernachtungsmöglichkeiten, Lokale, Sonnenschirmverleih, Süßwasserduschen und sogar eine Art Floß, von dem aus man ins Wasser springen kann. Insbesondere für Kinder ein großer Spaß.

• *Anfahrt* etwa 1 km lange Asphaltstraße von Xirokástello, keine Busverbindung.

• *Übernachten* **Villa Contessa,** gepflegtes villenartiges Haus, das einige steile Fußmi-

nuten vom Beach entfernt liegt. Aber das macht der einmalig schöne Blick von den Zimmerbalkonen wieder wett! Bei Spíros und Frósso Grigorópoulos zahlt man für eines der hellen Studios zwischen 38 und 65 €. Ausgestattet sind sie mit einem Doppel- und einem Einzelbett sowie mit Bad und Kochnische. Außerdem vermieten die beiden noch eine Wohnung, die für Familien geeignet ist; ✆ 2695035161.

Studios Levantino, direkt am Strand steht das Haus von Andónis und Élena Kolokatzá. In den geräumigen, hellen Zimmern mit Kochnische, Bad und Balkon (Meerblick) können bis zu 3 Personen unterkommen (25–60 €). Ganz urig fanden wir auch das kleine, aus grob behauenen Steinen gemauerte Haus mit Holzdach, in dem es zwei Schlafzimmer mit vier Betten gibt. ✆ 2695035366.

Vourdéri-Beach

Zwischen dem Kamínia-Beach und Pórto Zóro liegt die kleine Kiesbucht am Ausgang eines Flusstals; v. a. die Gäste der oberhalb stehenden Hotels baden hier. Auf einem schmalen Pfad kann man zum Kamínia-Beach hinüberlaufen.

• *Anfahrt* Ein steiles Asphaltsträßchen führt von der Hauptstraße (Hinweisschild) knapp 1 km zum Meer hinab. Es gibt keine Busverbindung.

• *Übernachten* **Hotel Célia,** direkt über dem Strand thront das komfortable Hotel, in dem sich vor allem Ruhe suchende Gäste wohl fühlen. Die Terrasse mit Pool ist so schön, dass manche gar nicht mehr an den Strand gehen; angeschlossen ist auch ein Restaurant. Die 32 Studios, z. T. im Maisonettestil gebaut, haben Bad, Kochnische, Balkon (Meerblick) und sind je nach Größe für 2–4 Personen geeignet. Zu zweit bezahlt man zwischen 31 und 50 €, Frühstück wird extra berechnet. ✆ 2695035441, ✆/℻ 2695035202.

Vassilikós

Zwischen Wäldern und Olivenhainen liegen in lieblicher Landschaft die Häuser der Streusiedlung Vassilikós, zu der die schönsten Badebuchten der Insel gehören.

Seit der jüngsten Gemeindereform beginnt das Gebiet des Dorfes kurz hinter Argássi, schließt Xirokástello mit ein und erstreckt sich bis zum Kap Gérakas. Im Winter wohnen kaum 350 Menschen in den vereinzelt stehenden Häusern – nur oberhalb vom Iónion-Beach, bei der Pfarrkirche Ágios Geórgios und an der Abfahrt zur Mavrátzis-Bucht verdichten sie sich. Einst waren die Bewohner vor allem Bauern und Viehzüchter, heute jedoch bestimmt der Tourismus ihr Leben, locken doch die traumhaften Buchten Gäste aus vielen Ländern an. Einige der Strände gehören zu den wichtigsten Eiablageplätzen der Unechten Karettschildkröte und liegen im **Meeresnationalpark Zákynthos,** so dass dort entsprechendes Verhalten selbstverständlich sein sollte.

So kleidete sich einst der Adel

Auf dem Weg zu einem der Strände lohnt es sich, einen Stopp im **Folkloremuseum Nemorósa** einzulegen (von Argássi kommend, muss man 500 m nach der Tankstelle rechts einbiegen, beschildert; täglich 10–14 und 16–18 Uhr, Eintritt 3 €). Es ist der Initiative von Konstantínos Vardakastánis zu verdanken, der jahrelang Gegenstände aus vergangener Zeit gesammelt hat. Im Untergeschoss sind Kleidungsstücke und Gebrauchsgegenstände des einfachen Volkes ausgestellt. Zu Letzteren gehörte z. B. ein mit Maschendraht abgedichteter Vorratsschrank für die Lebensmittel zum Schutz vor lästigen Fliegen, eine Vogelfalle, Waagen aus alten Pantopolía oder eine Maschine zur Herstellung von Gewichten. Der obere Stock ist vor allem der städtischen Mittel- und Oberschicht gewidmet: Gezeigt werden Mobiliar und in Trachten gekleidete Puppen. Beachten Sie z. B. die "Archóntissa" (vornehme Stadtdame) in pfirsichfarbenem Gewand.

Und wenn Sie nun schon vergangenen Tagen nachspüren, können Sie vielleicht auch noch dem urigen **Pantopolíon** (Aufschrift "Minimarket") der alten María vor der Abzweigung zum Mavrátzis-Beach einen Besuch abstatten. An ein paar Ti-

Keramikwerkstatt in Vassilikós

schen vor dem gelben Haus mit großen Eukalyptusbäumen kann man ein kühles Erfrischungsgetränk genießen und über die alten Zeiten nachdenken.

Verbindungen/Adressen

• *Verbindungen* Während der Saison verkehren regelmäßig **Busse** zu den an der Hauptstraße gelegenen Ortsteilen von Vassilikós sowie nach Ágios Nikólaos und Pórto Róma. Genauere Informationen sowie Preise siehe S. 64. Nicht angefahren werden Iónion-Beach, Banána-Beach und Gérakas-Beach.

Nur im Sommer warten einige **Taxis** an der Abzweigung nach Ágios Nikólaos.

• *Auto-/Zweiradvermietung* **Potamiá Rental** unterhält nahe der Ágios-Geórgios-Kirche ein Büro (✆ 2695035249), weitere Zweigstellen außerdem in Ágios Nikólaos, am Mavrátzis-Beach und in Pórto Róma. Im Angebot sind recht günstige Kleinwagen, Jeeps sowie motorisierte Zweiräder.

• *Ausflüge* **Nature World Travel,** auf Ausflüge innerhalb des Nationalparks hat sich dieses im Jahr 2002 eröffnete Reisebüro nahe der Ágios-Geórgios-Kirche spezialisiert. Täglich werden z.B. Touren mit einem Katamaran nach Peloúzo und Marathonísi (45 €), Sun-Set-Fahrten (40 €) oder Schnorchelausflüge (25 €) durchgeführt, aber auch Wanderungen und Touren zu Pferde werden angeboten.

• *Einkaufen* Entlang der Hauptstraße sorgen zahlreiche **Supermärkte** dafür, dass man in seinem Studio bzw. Zimmer immer gut versorgt ist. In einigen gibt es neben den üblichen Lebensmitteln auch **frisches Obst.** Eine große **Bäckerei** befindet sich nahe der Abzweigung zum Iónion-Beach. Und auch auf **deutschsprachige Zeitungen** muss man nicht verzichten.

Hanne Mi's Ceramics, nahe der Abzweigung zum Mavrátzis-Beach verkauft die nette Norwegerin schöne Keramik in einem kaminroten Haus, in dem sich auch ihre Werkstatt befindet. Seit 13 Jahren lebt sie auf der Insel und will ihr auch weiterhin treu bleiben – schließlich geben ihr die zakynthische Landschaft und die Nähe zum Meer wertvolle Impulse für ihre Arbeit. Neben Krügen, Tassen und Schalen töpfert sie schöne Dekoartikel wie Kacheln, Reliefs, Spiegel, Windspiele, Leuchter, Springbrunnen. Täglich von 9–18 bzw. 20 Uhr geöffnet.

• *Post/Telefonieren* In der Nähe der Georgskirche finden Sie einen Briefkasten und ein Kartentelefon.

Übernachten/Essen (siehe Karte rechts)

• *Übernachten* Abgesehen vom Banána-Beach bestehen an allen Stränden zahlreiche Möglichkeiten (s. u.). Aber auch direkt in Vassilikós, besonders nahe der Georgskirche, werden Zimmer angeboten. Am besten gefallen haben uns die **Angelika Studios (12)** in einem blumengeschmückten Landhaus etwas abseits der Hauptstraße. Von April bis Oktober stehen hier 6 DZ mit Küche, Bad und Balkon zum Preis von 30–45 € zur Verfügung. ✆ 2695035221 und 2695035201.

• *Essen und Trinken* Nicht nur an den Stränden, sondern auch oben im Ort laden viele Tavernen zur Rast ein.

Restaurant O Gállos (8), beim Gallier nahe der Georgskirche können Sie sich neben griechischen Gerichten auch einige französische Speisen schmecken lassen. Wie wär's z. B. mit einem provencalischen Ratatouille oder Huhn in Senfsoße? Und als Nachtisch dann ein Mousse au Chocolat?

Restaurant Ta Fanária (10), unmittelbar daneben liegt das typisch zakynthische Lokal. Probieren Sie hier doch einmal Kaninchen oder Schweinefleisch in Weinsoße.

Coffee House Vassilikós (4), wer ein Zimmer ohne Frühstück gebucht hat, kann sich in dem schönen Café an der Hauptstraße z. B. Spiegeleier schmecken lassen. Dazu serviert der Wirt verschiedene Tees, heiße Schokolade, Cappuccino oder andere Kaffeespezialitäten.

Pórto Zóro

Gleich die erste der vielen Badebuchten von Vassilikós kann mit dem aufwarten, was man an einem Strand so gerne hat: viel Sand, kristallklares Wasser sowie eine äußerst malerische Kulisse durch im Meer liegende, grün bewachsene Felsen. Und auch die Infrastruktur lässt nichts zu wünschen übrig: Von der Taverne bis zum Sonnenschirmverleih ist alles geboten.

• *Anfahrt* Von der Hauptstraße gibt es zwei Zufahrten: Ein Asphaltsträßchen (Hinweisschild "Pórto Zóro") windet sich zum gleichnamigen Hotel am Strand hinab, knapp 500 m weiter (von Argássi kommend) führt ein weiteres Sträßchen (Schild "Mare") hinunter.

• *Übernachten/Essen* **Hotel Pórto Zóro,** bei den Brüdern Piromális ist für alles gesorgt: Man kann ab Anfang April bis Ende Oktober in Doppel- oder Dreibettzimmern mit Bad, Kühlschrank, Fan und Balkon mit Blick zum Meer für 40–55 € (inkl. Frühstück)

Felsen und Sand machen den Reiz der Bucht aus

Zwischen Iónion-Beach und Ágios Nikólaos

unterkommen (die dritte Person zahlt ca. 25 % mehr). Dem Pórto Zóro angeschlossen sind eine Taverne und eine Strandbar. ✆ 2695035404, 2695035087.

Banána-Beach

Der Hunderte von Metern lange, fast kerzengerade Strand unterhalb eines Kiefernwäldchens lässt die Herzen der Badefans höher schlagen. Insbesondere der östliche Teilabschnitt hat mit tiefem, weißem Sand und bewachsenen Dünen fast Südseecharakter. Mehrere Strandbars mit teilweise exotischen Namen – nach einer wurde der ganze Beach benannt – verstärken diesen Eindruck noch. An mehreren Plätzen werden Sonnenschirme und Liegen vermietet, dennoch tritt man sich hier noch nicht gegenseitig auf die Füße.

Der westliche Abschnitt, auch **Iónion-Beach** genannt, ist z. T. von Kieseln durchsetzt, aber ebenso flach abfallend wie der eigentliche Banána-Beach und deshalb ebenfalls für Kleinkinder geeignet. Hier ist die Infrastruktur stärker entwickelt: Tavernen, Pensionen, mehrere Süßwasserduschen – und trotzdem hält sich der Betrieb noch einigermaßen in Grenzen.

• *Anfahrt/Verbindungen* Um zum **Iónion-Beach** zu gelangen, zweigt man (von Argássi kommend) bei dem Hinweisschild "Pórto Iónio" auf eine schmale Asphaltstraße nach links ab und erreicht nach etwa 1 km die drei Zugänge zu diesem Strandabschnitt. Zum eigentlichen **Banána-Beach** fährt man auf der Hauptstraße weiter nach Osten und benutzt dann entweder die Staubpiste zur Caretta-Beach Bar oder ein noch weiter östlich hinabführendes Asphaltsträßchen. Auch über die Zufahrt zum Golden Bay Village ist der Strand zu erreichen.

Die **Busse** von Zákynthos-Stadt nach Pórto Róma bzw. umgekehrt halten auf Wunsch an den Zufahrten zu den einzelnen Strandabschnitten (Karte S. 133).

• *Übernachten (s. Karte S. 133)* Es gibt zahlreiche Möglichkeiten in der oberhalb des Strandes gelegenen Streusiedlung Vassilikós. Aber auch am Iónion-Beach wird man fündig, und in den nächsten Jahren werden mit Sicherheit noch einige Unterkünfte hinzukommen.

Pension Aríon (9), seit Jahren ist das 200 m vom Iónion-Beach entfernt gelegene hübsche Haus von Marína Moniviáti mit Roofgarden, Pool und Jacuzzi bei Pauschal- und Individualgästen beliebt. Die 52 unterschiedlich großen Zimmer sind mit Bad, AC, Kühlschrank, Balkon (einige mit zauberhaftem Meerblick) und z. T. mit Kochnische und Wohnraum ausgestattet. Ein DZ kann man zum Preis von 39–56 € bekommen, auf Wunsch wird Frühstück serviert. ✆ 2695036020, ℻ 2695036021.

Vassilikós Studios (3), direkt am Strand kann man bei Familie Tziríkos in einem ihrer z. T. mit AC ausgerüsteten 21 Studios für 2–4 Personen unterkommen. Von einigen Balkonen hat man einen schönen Meerblick. Zu zweit bezahlt man für ein Studio im Erdgeschoss 20–45 €, für eines im Obergeschoss 25–50 €. Großer Garten vor dem Haus mit Zierrasen und schattigen Sitzplätzen unter Bambusdächern. ✆ 2695035497 u. 2695035101.

• *Essen und Trinken (s. Karte S. 133)* **Tavérna Pórto Iónio (2),** ein besonders schöner Platz ist die im traditionellen Stil gemauerte Terrasse unter Tamarisken, auf der man fast schon über dem Strand "schwebt". Und auch das, was auf den Tisch kommt, kann sich sehen lassen, z. B. die üppigen Papoutsákia, die mit einer dicken Hackfleisch-Käse-Schicht überbacken sind. Große Auswahl an Vorspeisen und Salaten, aufmerksamer Service.

Tavérna Boússoulas (1), am Iónion-Beach (etwas weiter westlich). Urige Taverne, in der wieder einmal die ganze Familie mithilft. Gute Gemüsegerichte wie Briam oder Okra. Besonders schön sitzt man an den luftigen Tischen unter den Tamarisken.

Snackbar Marína (7), an der Straße zum Iónio-Beach kann man sich eine Kleinigkeit zu essen oder einen Kaffee servieren lassen. Der Clou ist, dass den Gästen ein Swimmingpool und Liegen zur Verfügung gestellt werden.

Ágios Nikólaos

Meistbesuchter Badeort im östlichen Teil der Halbinsel Skopós. Am Hauptstrand geht es deshalb während der Hochsaison auch ziemlich lebhaft und laut zu. Schließlich locken neben dem kinderfreundlichen Sandstrand auch exzellente Wassersportangebote inklusive Tauchschule.

Etwas ruhigere Plätze findet man aber am südlichen Ende des Strandes, wo am Nachmittag die grün bewachsenen Felsen natürlichen Schatten spenden, und am jenseits des Kaps Ágios Nikólaos gelegenen **Pláka-Beach** sowie in der benachbarten **Golden-Bay-Bucht.** An allen Stränden kann man Beachvolleyball spielen, werden Sonnenschirme und Liegen vermietet und stehen Süßwasserduschen zur Verfügung. In all dem Trubel sorgt die auf dem kleinen Kap gelegene ziegelgedeckte Nikolauskapelle für romantisches Ambiente. Einen Abendspaziergang auf der ins Meer hinausragenden Felsnase, auf der kaum eine andere Pflanze als der Meeresfenchel Fuß fassen kann, sollten Sie nicht versäumen. Vom Nikolaus-Beach können Sie über den Felsrücken in westliche Richtung (ca. 10 Minuten) zum Pláka-Beach wandern, wobei man am Schluss etwas mühsam abwärts klettern muss. Einfacher kommt man dorthin über die Straße. Von diesem Strand erreicht man ohne Schwierigkeiten die Golden-Bay-Bucht.

Verbindungen/Ausflüge/Einkaufen

• *Verbindungen/Anfahrt* Zu den **Busverbindungen** siehe die entsprechenden Hinweise unter Vassilikós auf S. 131. Während der Sommermonate warten oben an der Durchgangsstraße/Abzweigung nach Ágios Nikólaos **Taxis** auf Kundschaft.

Mit dem **Auto/Motorrad** fährt man eine etwa 1 km lange schmale Asphaltstraße hinab zum Strand. Am Ende der Straße befindet sich ein großer **Parkplatz.**

- *Fahrzeugvermietung* Gegenüber dem Vassilkó Beach Hotel unterhält **Potamiá Rental** ein Büro. 9.30–12.30 und 18–21 Uhr. ✆ 2695035249.
- *Einkaufen* Zwei **Minimärkte** liegen rechts und links der Straße. Derjenige am Ortsausgang hat das größere Angebot, z. B. auch **frisches Brot** und **deutschsprachige Zeitungen.**
- *Telefonieren* Vor dem Büro von Potamiá Rental und steht ein Kartentelefon.

Unterhalb der idyllisch gelegenen Nikolauskapelle erstreckt sich einer der beliebtesten Strände der Halbinsel Skopós

Wassersport

St. Nicholas Beach Watersport Centre, am Hauptstrand von Ágios Nikólaos, eines der größten Wassersportzentren der Insel. Das Geschäft "brummt" im wahrsten Sinne des Wortes, den ganzen Tag rasen Bananaboats, Ringos und Jetskis übers Meer. Im Angebot auch Wasserski, Parasailing und Tretboote. Wer noch mehr Nervenkitzel sucht, kann ja mal einen Tauchversuch wagen. Der erste Tauchgang kostet 50 €, der zweite nur noch 35 €. Fortgeschrittene werden zum Tauchen zu lohnenden Revieren gefahren. Ausrüstung kann geliehen werden.

No Fear Watersport, auf einer kleinen Plattform zwischen Golden-Bay-Bucht und Banána-Beach: Wasserski, Jetski, Bananaboat und Ringo.

Tretboote werden außerdem unterhalb der Strandtaverne **Koukís** verliehen.

Übernachten (siehe Karte S. 133)

Angebote vom Luxushotel bis zur Pension – dennoch ist es im Sommer schwierig, ein Zimmer zu bekommen. Sehr ruhig wohnt man in den Quartieren südlich der Straße.

Golden Bay Village (13), A-Kat. Zwar hat der Gebäudekomplex dieses Luxushotels noch nicht die Ausmaße eines Dorfes, aber er dominiert mit seiner Größe in jedem Fall den Strandabschnitt, der mittlerweile auch nach der Hotelanlage benannt wird. Neben Pool, Supermarkt, Fitnessraum, Kinderspielplatz etc. gibt es ein umfangreiches Animationsprogramm. Die großzügigen Zimmer sind auf verschiedene mehrstöckige Häuser verteilt und verfügen teilweise über Meerblick, auch Studios mit bis zu 4 Betten werden angeboten. Qualität hat ihren Preis: Ein DZ kostet zwischen 80 und 135 €, Frühstück wird mit 5 € pro Person berechnet. ✆ 2695035435 u. 2695035438, ℻ 26950 35398.

Hotel Vassilikó Beach (16), C-Kat., hübsche Anlage mit direktem Zugang zum Nikolaus- und Pláka-Strand. Die 54 Zimmer verteilen sich auf mehrere begrünte Häuser, Zentrum ist ein großer Hof mit gestufter Terrasse, einfallsreich mit Figuren aus der griechischen Mythologie und mit Vasen dekoriert. Ein DZ (z. T. Meerblick) mit Bad, Kühlschrank und Balkon kostet zwischen 55 und 90 €, Frühstück gibt es gegen Aufpreis (ca. 8 € pro Person). Ein drittes Bett wird mit

20 % Aufschlag berechnet. ✆ 2695035325 u. 2695035326, ✆ 2695035327.

Koukís Beach Apartments (21), tolle Lage direkt über dem südlichen Ende des Nikolausstrandes, die Terrasse mit großem Pool über dem tiefblauen Meer lässt Ferienwünsche wahr werden. Bei Barbára und Jánnis kostet ein Studio mit Kochnische zwischen 48 und 80 €. ✆ 2695035239 u. 2695035427, ✆ 2695035446.

Studios Kurís (19), zweigt man von der Straße, die zu den Koukís Beach Apartments führt, bei der ersten Möglichkeit nach rechts ab, kommt man zur kleinen Anlage der Familie Péttas. Die großzügigen, kühlen Zimmer mit gefliesten Böden, jeweils zwei Balkonen, von denen man aufs Meer oder auf die Berge schaut, Kochnische und Bad kosten je nach Saison 35–75 €. ✆ 2695035413 u. 2695048984.

Pension Ártemis (18), direkt daneben. Bei der freundlichen Roúla Botóni wohnt man idyllisch zwischen Olivenbäumen und Kiefern. Benannt hat sie ihr Haus nach der Jagdgöttin, die laut Mythologie in den Wäldern der Skopós-Halbinsel wohnte. Von Juni–September werden hier DZ mit Küche, Bad und Veranda oder Balkon (teilweise Meerblick) zum Preis von 35–45 € vermietet, ein Studio mit 4 Betten kostet bis zu 60 €. ✆ 2695035240 u. 2695044343.

Christína's Apartments (15), an der Abzweigung zum Pláka-Beach. Bei dem charmanten Andréas Vardakastánis lässt es sich in einem auffallend verwinkelten Haus mit Holzbalkonen gut wohnen. Freundliche Zimmer mit typisch mediterranem Mobiliar, von den Balkonen hat man einen tollen Blick aufs Meer, teilweise sind Kochnischen vorhanden. Ein einfaches DZ ist zum Preis von 30–50 € zu haben, ein Dreibettstudio kostet zwischen 40 und 60 €, die Wohnungen mit 2 Schlafzimmern sind etwa 30 % teurer. ✆ 2695035474 u. 2695035421.

Essen und Trinken (siehe Karte S. 133)

Família Tavérna (17), gegenüber der Abzweigung zum Pláka-Beach führt ein junges Ehepaar das nette Terrassenlokal, Bananenbäume und Bambusdächer spenden Schatten. Sehr gutes Essen, empfehlenswert z. B. das mit Reis, Knoblauch, Gemüse und Käse gefüllte Hähnchen oder die grünen Bohnen in fruchtiger Tomatensoße. Auch mittags gibt es Gerichte vom Grill.

Tavérna Koukís Beach (20), Neben Biftéki & Co. gibt es auch zakynthische Spezialitäten wie Gávros aus dem Ofen.

Tavérna Pláka Beach (14), oberhalb des gleichnamigen Strandes führt die resolute Virgína ein modernes Lokal mit großem Angebot an europäischen und griechischen Gerichten auch ausgefallenerer Art wie z. B. Gemüsekebab. Im Angebot auch verschiedene Pizzen. Außerdem gibt's leckeren Hauswein.

Mavrátzis-Beach

Die kleine Bucht zwischen Pórto Róma und Ágios Nikólaos wird beherrscht von dem riesigen Komplex einer bekannten Hotelkette, die hier gleich drei große Luxusherbergen errichtet hat. Infolgedessen sieht man fast nur deren Gäste hier – und das ist vielleicht auch gut so, denn viel mehr würde der von steilen Felsen eingerahmte Sandstrand auch nicht verkraften. An Infrastruktur wird einiges geboten: Sonnenschirm- und Liegenverleih, Süßwasserduschen, eine Taverne, ein Café, Beachvolleyball etc.

- *Verbindung/Anfahrt* Von der Hauptstraße führt eine asphaltierte Stichstraße hinunter an den Strand. Der **Bus** hält auf Wunsch oben an der Abzweigung.
- *Auto-/Zweiradvermietung* **Potamiá Rental** unterhält auch hier eine Zweigstelle, bei der Sie Autos und Bikes mieten können. ✆ 2695035208.
- *Wassersport* Das **Mavrátzis Beach Center** verleiht Tretboote. Außerdem im Angebot: Ringo, Bananaboat, Wasserski und Parasailing.
- *Übernachten* Durch ein im mittelalterlichen Stil errichtetes Tor fährt man zu den auf einem Hügel errichteten Luxushotels **Zante Royal Palace, Palazzo di Zante** und **Imperial Beach** (alle A-Kat.) hinauf. Insgesamt etwa 500 Zimmer mit AC, Sat-TV, Minibar etc. stehen zur Verfügung. Was Annehmlichkeiten und Unterhaltungsangebot

angeht, bleiben keine Wünsche offen: mehrere Schwimmbäder (z. T. mit riesiger Wasserrutsche), Sauna, Jacuzzi, Tennisplätze, Animation, Fitnessräume und vieles mehr. Zwischen Strand und Hügel mit den Hotels verkehren zwei Fahrstühle. Ein DZ mit Frühstück (Buffet) kostet 83–145 €, wer Meerblick haben möchte, muss allerdings noch tiefer in die Tasche greifen. ✆ 2695 035492, ✆ 2695035488 (Zante Royal Palace), ✆ 2695035121 (Palazzo di Zante), ✆ 2695035035 u. 2695035027 (Imperial Beach).

Weiter oben an der Straße werden auch einfache Studios und Zimmer vermietet, z. B. bei **Dímitra,** ✆ 2695035415 u. 2695048052.

Pórto Róma

Gesäumt von Apartmentanlagen, Tavernen und Minimärkten windet sich die schmale Straße hinab zu der halbrunden Bucht, die nach Aléxandros Rómas benannt wurde. Als Mitglied einer sehr angesehenen zakynthischen Familie, die in der Gegend große Ländereien besaß, ließ er den kleinen Hafen am östlichen Ende der Bucht bauen, in dem heute noch malerisch ein paar bunte Fischerboote dümpeln. Ein weiteres Mitglied der Rómas-Dynastie, Dionýsios Rómas, schickte von hier kampfeswillige Zakynther aufs Festland, die beim griechischen Befreiungskampf gegen die Türken mitwirkten. An all diese Ereignisse aus der Vergangenheit denkt heute aber wohl kaum noch jemand, wenn er an dem schmalen Sand-Kiesel-Strand in der Sonne brutzelt (unterhalb der Taverne Pórto Róma werden Sonnenschirme und Liegen vermietet).

• *Verbindungen* Der Bus fährt über Vassilikós und Ágios Nikólaos nach Pórto Róma und zurück. Genauere Informationen siehe S. 64.

• *Ausflüge* Eine Bootstour zur Bucht von Laganás bis zu den Kerí Caves bietet Mários aus Zypern mehrmals wöchentlich an. Preis ca. 36 €. Mehr unter ✆ 6944917108.

• *Auto-/Zweiradvermietung* Bei Potamiá Rentals gibt es Autos und Bikes in verschiedenen Größen. Wenn Sie ein Fahrzeug länger mieten, bekommen Sie einen Preisnachlass (z. B. 3 Tage mieten, 2 Tage bezahlen). ✆ 2695035466.

• *Einkaufen/Telefonieren* Zwei Supermärkte machen einander etwa 300 m oberhalb vom Strand Konkurrenz. Bei dem mit dem Namen "Smáro" können Sie auch **deutschsprachige Zeitungen** bekommen. Dort befindet sich außerdem ein **Kartentelefon.**

• *Übernachten* **Villa Kapnísi,** noch ziemlich weit oben an der Straße, vom Strand ca. 1 km entfernt. Bei Níkos kann man Studios (für 2–3 Personen) zum Preis von 20–45 € bekommen. Für 4 Personen sind die gut eingerichteten Apartments (35–90 €) geeignet. Um das Haus herum befindet sich ein kleiner Garten mit Olivenbäumen und Palmen. ✆ 2695035331, ✆ 2695041180.

In Marías Kafepantopolíon geht es noch gemütlich zu

Panórama Studios, weiter unten liegt, etwas zurückversetzt von der Straße, die aus mehreren Häusern bestehende gepflegte Anlage, in der 32 Studios (für 2–3 Personen) zum Preis von 23–48 € vermietet werden. Für eine 5-köpfige Familie ausreichend sind die Apartments (38–69 €), Halbpension ist möglich. Für Abwechslung sorgen neben Schwimmbad, Jacuzzi, Bar, Billardtischen und Sat-TV ein umfangreiches Informations- und Unterhaltungsprogramm. Einmal wöchentlich findet ein griechischer Abend (die Tänzer tragen zakynthische Trachten) statt, außerdem lässt Kóstas die Gäste und weitere Interessierte gerne an seinem Hobby teilhaben, indem er ihnen mit Hilfe seines Teleskops die Sternenwelt erklärt. ✆ 2695035377, ℻ 2695035055.

Brigitta, nettes Haus, in dem Dionýsios Vítsas 12 DZ mit Bad vermietet, 4 davon haben einen Balkon. Preis je nach Ausstattung und Saison 25–50 €. Für ein Studio, in dem bis zu 3 Personen unterkommen können, verlangt Dionýsios 50–100 €. Frühstück wird auf Wunsch in der angeschlossenen Cafeteria serviert. ✆ 2695035274 u. 2695035230.

Villa Kateŕina, empfehlenswerte Adresse 200 m oberhalb vom Strand. In dem rosa getünchten Gebäude mit schönem Garten kann man bei dem netten Spíros und seinem Sohn Kóstas in einem der 10 Apartments mit Küche, Bad und Balkon (teilweise Meerblick) zum Preis von 20–48 € unterkommen. Leicht teurer sind die größeren Studios, die sich wie die Familienapartments (für bis zu 5 Personen) mit sehr großen Balkonen (42–90 €) in einem weiteren Gebäude befinden. ✆ 2695027230 u. 2695035456.

Nach **Zimmern** kann man sich auch bei den Besitzern der beiden Supermärkte an der Asphaltstraße erkundigen.

• *Essen und Trinken* **Psarotavérna Pórto Róma,** mit wunderschöner Terrasse über der Bucht, der Blick aufs Meer ist traumhaft. Im Angebot neben verschiedenen Fischgerichten auch typisch griechische Küche. Uns haben die Kalamares sehr geschmeckt.

Mikrí Platía, ein besonderer Platz ist das Terrassenlokal hoch oben an der Straße – bis zur Kreuzung zum Kap Gérakas geht man nur wenige Meter. Sehr gutes Essen, empfehlenswert z. B. das Kokkinistó und die gefüllten Tomaten. Und wenn Sie keinen Hunger haben, genießen Sie den Blick auf die liebliche Landschaft doch bei einem Tässchen Kaffee.

Kap Gérakas

Wie ein schmaler Finger ragt das Kap am östlichen Ende von Zákynthos nach Süden ins Meer hinaus. Der lang gezogene gleichnamige Beach unterhalb davon gehört zu den wichtigsten Eiablageplätzen der Karettschildkröten, aber auch zu den herausragenden Badeparadiesen auf der Insel – Interessenskonflikte sind also vorprogrammiert.

Einen Besuch dieses Landstrichs sollten Sie schon wegen des hier vor einigen Jahren eingerichteten **Information Centers** der "Archelón Sea Turtle Protection Society of Greece" (STPS) unbedingt in Ihre Urlaubsplanung mit aufnehmen (Mai bis September täglich 10 bis 18 Uhr). Wandtafeln mit Fotos und Texten (auch auf Deutsch) informieren über die Caretta caretta und über die Arbeit der Organisation. Außerdem kann man typische Inselprodukte sowie T-Shirts und andere Souvenirs kaufen und damit die Arbeit der STPS unterstützen.

Der flach abfallende **Sandstrand,** an dem auch die weiße Meeresnarzisse wächst, ist insbesondere bei Familien beliebt; während der Hochsaison sollen hier an einem einzigen Tag schon mal bis zu 1000 Leute gezählt worden sein. Auch hier wurden Liegen und Sonnenschirme aufgestellt, die man am Abend leider nicht wegräumt. Für die nachts zur Eiablage ankommenden Schildkrötenweibchen stellen sie ein ernstes Hindernis dar. Aber immerhin ist es mittlerweile gelungen, ihre Zahl auf ca. 60 Garnituren zu beschränken, und zum Glück gibt es direkt am Strand keine Taverne. Dennoch ist es sicherlich am besten, an einem der vielen anderen Strände von Zákynthos zu baden und so einen Beitrag zum Artenschutz zu leisten. Falls Sie

Am Informationszentrum der STPS

dennoch hier bleiben, beachten Sie auf jeden Fall die von den Naturschützern um die Nester aufgestellten Drahtgeflechte und halten Sie die erforderlichen Verhaltensregeln ein (siehe Hinweise auf S. 26).

Am westlichen Ende der Bucht, wo der Sand nicht mehr so feinkörnig ist, geht es etwas ruhiger zu. Die meisten Besucher wissen gar nicht, dass direkt hinter dem Beach ein Tal mit interessanten Erosionsformen zu entdecken ist. Oberhalb davon laden Schotterpisten zu Spaziergängen zwischen Olivenhainen und in kleinen Wäldchen ein (s. S. 140). Immer wieder bieten sich schöne Ausblicke auf die Laganás-Bucht und die beiden vorgelagerten Inselchen Peloúzo und Marathoníssi. Dass die Nazis und die Italiener in dieser Idylle während des Zweiten Weltkriegs Soldaten stationiert hatten – die Gegend heißt deshalb heute noch Kanónia–, erscheint gegenwärtig kaum mehr vorstellbar.

• *Anfahrt/Verbindungen/Parken* Die Hauptstraße durch die Halbinsel Skopós endet am Gérakas-Beach. Der **Bus** fährt diesen Strand jedoch nicht an. Direkt oberhalb vom Strand befindet sich ein größerer **Parkplatz.** Im Hochsommer ist er jedoch bereits am späten Vormittag besetzt. Dann stellt man sein Fahrzeug halt an den Straßenrand.

• *Einkaufen/Telefonieren* Links der Straße bekommt man in einem gut sortierten **Minimarkt** alles, was man für den Urlaub braucht: Brot, Obst, Bastmatten, deutschsprachige Zeitschriften etc.

Der zum STPS-Informationszentrum gehörende **Earth-&-Nature-Shop** bietet schöne und sinnvolle Souvenirs: typische Inselprodukte wie z. B. Olivenöl, Bücher, Schildkröten-T-Shirts, Keramik etc. In unmittelbarer Nähe des Zentrums steht ein **Kartentelefon**.

• *Essen und Trinken* **Bar Tavérna Gérakas,** schöne Bar oberhalb des Strandes, in der man seinen Durst mit tollen Fruchtdrinks und Milchshakes löschen kann. Angeschlossen ist eine hübsche Taverne mit gemütlicher baumbestandener Terrasse.

Tavérna Galíni, etwas abgelegen, doch der Weg lohnt sich. Gehen Sie an der Kreuzung oberhalb der Bucht (von dieser kommend) ca. 300 m nach links (s. auch die Skizze zur Wanderung 2, S. 141). Auf mehreren Terrassen sitzt man wunderschön und genießt

Blick auf Kap Gerákas

einen weiten Panoramablick über das Kap bis zum Peloponnes. Die Speisekarte bietet ein reichhaltiges Angebot. Probieren Sie z. B. die leckeren Spanakópittes, das würzige Spetsofaí oder ein typisch zakynthisches Kaninchen-Stifádo. Die Kinder toben derweil auf dem riesigen Spielplatz herum, spielen mit den frei laufenden Kaninchen oder schließen Bekanntschaft mit den hauseigenen Schafen.

Wanderung 2: Rundtour am Kap Gérakas

Bei der knapp 4 km langen Tour bekommt man, ohne größere Steigungen überwinden zu müssen, in einer guten Stunde verschiedene reizvolle Landschaften zu sehen. Unterwegs gibt es mehrere Einkehrmöglichkeiten.

Geht man vom Parkplatz in Richtung Strand, sieht man, dass oberhalb von diesem nach rechts eine Piste abzweigt, unmittelbar links davon verläuft ein Fußpfad, der zum westlichen Strandabschnitt hinunterführt. Auf der Staubpiste wandert man oberhalb der Küste etwa 500 m weit in westliche Richtung, bis man links unter sich ein Tal mit **bizarren Erosionsformen** liegen sieht. Das weichere Gestein wurde einst vom Wasser abgetragen, das härtere leistete mehr Widerstand und wurde zu einer Art "Orgelpfeifenlandschaft" geformt.

Der Weg verläuft oberhalb dieses Tales nach Norden und wendet sich am Talschluss dann nach links. Nach weiteren 700 m stößt man auf eine **T-Kreuzung.** Insbesondere am späten Nachmittag lohnt ein kurzer Abstecher, für den man mit einem wunderschönen **Panoramablick** auf das Kap Gérakas belohnt wird. Gehen Sie dazu an der T-Kreuzung links und folgen Sie dem immer schmaler werdenden Weg nach Süden zu einem mit dichtem Gestrüpp bewachsenen steilen Abhang über der Gérakas-Bucht.

Zurück an der T-Kreuzung halten Sie sich nun geradeaus. Sie kommen bald – alle Abzweigungen ignorierend – in ein **kleines Wäldchen,** in dem viele Kermeseichen wachsen und passieren ein altes Haus.

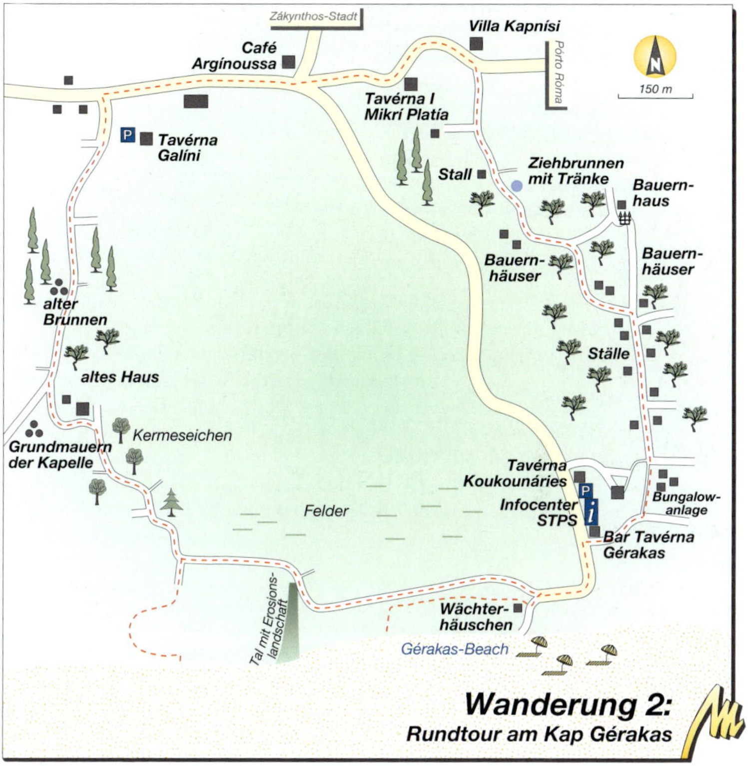

Wenn Sie nun bei der nächsten Möglichkeit wenige Meter nach links gehen, können Sie die **Grundmauern einer Kapelle** erkennen, die von den Nazis während des Zweiten Weltkriegs gesprengt worden ist. Die Wanderung führt aber in entgegengesetzte Richtung weiter durch den Wald. Etwa 250 m nach der zerstörten Kapelle passiert man einen **eingefassten Brunnen,** aus dem sich die Menschen der Umgebung bis etwa 1950 mit Wasser versorgt haben.

300 m weiter erreicht man die **Tavérna Galíni,** wo man sich auf der schönen Terrasse eine Erfrischung gönnen kann. 50 m dahinter zweigt man nach rechts ab und passiert kurz darauf einen auffallend in **Kaminrot gehaltenen Gebäudekomplex.** Er gehört heute noch der Familie Róma, die auf der Insel einst sehr einflussreich war. Das Sträßchen mündet bald in eine große Kreuzung. Hier kann man entscheiden, ob man lieber etwa 1 km lang nach rechts zum Ausgangspunkt hinunterwandert oder einen kleinen, allerdings nicht einfach zu findenden Umweg macht.

Dafür folgt man, vorbei an einer hier aufgestellten **Büste D. Rómas,** etwa 500 m weiter der Asphaltstraße Richtung Pórto Róma (auch dieser kleine Hafen ist nach der Familie benannt). Schräg gegenüber der **Villa Kapnísi** zweigt man nach rechts auf eine abwärts führende Piste ab, die auf einen großen Stall zuführt. Wenige Meter dahinter sieht man links vom Weg einen abgedeckten **Ziehbrunnen** mit einer kleinen Viehtränke. Folgen Sie den Windungen des Weges bis zu einem großen Bauernhaus. Rechts von diesem führt er weiter durch ein stets geöffnetes Gatter. Zunächst passiert man einige Ställe, dann erreicht man eine neue Hotelanlage. Kurz vor einer zweiten Feriensiedlung – die bunt gestrichenen Bungalows tragen verschiedene Namen wie Kallиópi, Penelope etc. – zweigt man auf einen schmalen Fußpfad ab, der wenige Meter danach auf eine schlechte Piste stößt. Folgen Sie dieser nach rechts. Knapp 100 m weiter kommen Sie zur Straße. Von hier aus hat man in wenigen Minuten den Ausgangspunkt erreicht.

Dáfni-Beach

Unterhalb von steilen Felsen liegt der lange Sandstrand, unmittelbar östlich grenzt der kleine **Pórto Mélia Beach** an. Hier prallen die Interessen der Naturschützer und der am Tourismus verdienenden Einheimischen so stark aufeinander wie nirgendwo sonst auf Zákynthos. Dáfni gehört nämlich zu den bevorzugten Eiablageplätzen der Meeresschildkröten und liegt in der **Zone A des Schutzgebietes,** das die gesamte Bucht von Lagánas und damit auch die westlichen Strände der Halbinsel Skopós umfasst (s. Karte auf S. 27). Dennoch werden hier Sonnenschirme und Liegen vermietet und mehrere Tavernen bzw. Snackbars betrieben – ohne Erlaubnis, wie uns der Leiter des Nationalparkbüros in Argássi mitteilte.

• *Anfahrt* Gleich zwei nicht ganz ungefährliche Wege führen nach Dáfni hinab. Der erste zweigt, wenn man aus Argássi kommt, in Xirokástello nach rechts ab. Nur der erste Kilometer ist asphaltiert, dann wird der Weg zur Staubpiste. An einer Straßenbiegung ca. 1,5 km weiter östlich beginnt der zweite (nicht asphaltiert). Die beiden Schotterstraßen treffen einander in der Bucht nicht. Es ist also nicht möglich, mit dem Auto oder dem Bike eine Rundtour zu machen.

Sekánia-Beach

Etwa die Hälfte der auf Zákynthos nistenden Meeresschildkröten legen in der schönen Sandbucht mittlerweile ihre Eier ab. Nicht von ungefähr: 1994 erwarb der WWF, nachdem die international tätige Organisation zuvor zu diesem Zweck eine Spendenkampagne durchgeführt und außerdem bei der Europäischen Union eine größere Summe lockergemacht hatte, die Landfläche oberhalb des Strandes zum Preis von 2,6 Millionen US-Dollar (Strände selbst sind in Griechenland Staatsbesitz und können nicht käuflich erworben werden). Durch ein Tor wird dieser Privatbesitz markiert, nur über einen schwierig zu begehenden Fußpfad kann man nach Sekánia gelangen. Der Strand selbst wird von Mai bis Oktober vom WWF bewacht, ständig anwesende Mitarbeiter des STPS bzw. des Nationalparks fordern außerdem eventuelle Eindringlinge auf, das Gebiet möglichst schnell wieder zu verlassen. Man will diese Bucht den Schildkröten als letztes natürliches Eiablagegebiet erhalten, wohl wissend, dass die anderen, touristisch genutzten Strände nur noch eingeschränkt diesem Zweck dienen können. Wir möchten Sie deshalb bitten, Sekánia höchstens von oben, also von der Straße nach Dáfni aus, zu betrachten und so dazu beizutragen, dass es bleibt, was es ist: eine unberührte Bucht, in der die Natur zu ihrem Recht kommt.

Bizarre Felsformation am Kap Gérakas

Laganás – das touristische Zentrum der Insel

Die Bucht von Laganás

Riesige, weit geschwungene Bucht im Süden der Insel, eingerahmt von der Halbinsel Skopós und dem Kap Marathiá. Wie von zwei Wächtern wird sie von den vorgelagerten Inselchen Peloúzo und Marathoníssi bewacht, ein drittes Minieiland, Ágios Sóstis, liegt unmittelbar vor der Küste. Die ausgedehnten, größtenteils feinsandigen Strände haben dafür gesorgt, dass sich hier der Tourismus wie sonst nirgendwo auf Zákynthos entwickeln konnte.

Im Zentrum der Bucht, von Kalamáki bis Laganás und Ágios Sóstis, erstreckt sich ein mehr als 9 km langer, traumhafter Beach mit feinem goldenem Sand, unterbrochen von malerischen Felsen und zum Hinterland abgegrenzt durch bewachsene Dünen – einer der schönsten und längsten ganz Griechenlands. Alljährlich zieht er im Sommer deshalb Massen von sonnen- und badehungrigen Urlaubern an. Und mit diesen hat sich in den letzten Jahrzehnten auch das Landschaftsbild enorm gewandelt. Wo früher zwischen Olivenbäumen, Feldern und Schilf nur ein paar Bauernhäuser standen, wurden Hotels aller Größen und Kategorien, Tavernen, Geschäfte etc. gebaut – blickt man vom Inselchen Ágios Sóstis zur Bucht hinüber, erscheint sie regelrecht voll gestellt.

Schwierigkeiten ganz dramatischen Ausmaßes bestehen deshalb auch für die Meeresschildkröten. Denn die breiten Sandstrände von Kalamáki, Laganás und Marathoníssi waren und sind z. T. auch heute noch ihre wichtigsten Brutplätze auf der Insel. Die Bucht steht deshalb unter besonderem Schutz – Bootsverkehr und Wassersport sind stark eingeschränkt (s. Schaubild auf S. 27). Insbesondere durch Schnellboote, z. B. auch eingesetzt beim Wasserski, wurden bis zur Einrichtung der Schutzzonen mehrere Tiere pro Woche lebensgefährlich verletzt oder sogar getötet. Die Situation hat sich zwar gebessert, optimal ist sie jedoch keineswegs. Zwar wurde die Bucht inzwischen National Marine Park, die mittlerweile geltenden Verordnungen können aber nur schleppend in praktische Maßnahmen umgesetzt werden, der Tourismus entwickelt sich weitgehend zu unkontrolliert. Eine Folge ist, dass der Strandabschnitt von Laganás von den Schildkröten überhaupt nicht mehr aufgesucht wird. Die Strände von Kalamáki und der Vorinsel Marathoníssi konnten dagegen bisher noch für sie erhalten werden und stehen unter besonderer Beobachtung der "Archelón Sea Turtle Protection Society" (STPS) und der Nationalparkbehörde. Auch hier wieder unsere Bitte: Halten Sie sich an den touristischen Badestränden, die auch von nistenden Meeresschildkröten aufgesucht werden, an die notwendigen Verhaltensmaßnahmen zum Schutz der Tiere (s. die ausführlichen Hinweise auf S. 26).

Zwischen Ágios Sóstis und dem besonders bei Individualreisenden beliebten Fischer- und Badeort Límni Kerioú wird es deutlich ruhiger, denn dort sind die Strände schmaler (auch kiesig) und werden daher auch nicht von den Schildkröten frequentiert. Man kann sogar Abschnitte entdecken, die über keine oder nur geringe touristische Infrastruktur verfügen. Aber baden lässt es sich auch hier wunderbar.

Kalamáki

Nach Laganás das zweite Touristenzentrum in der Bucht. Auch dieser Ort besteht zwar fast nur aus Hotels, Tavernen, Bars, Reisebüros und Supermärkten, jedoch ist es hier, auch wenn in den letzten Jahren unglaublich viel gebaut wurde, immer noch weitaus ruhiger und angenehmer.

Ziemlich verstreut stehen die Häuser, sie verdichten sich lediglich an der Straße nach Laganás und an der zum östlichen Strandabschnitt. Abends bummelt man durch die Geschäfte, sitzt in den Tavernen und trifft sich anschließend in den Bars. Alles bleibt überschaubar, Bingospiele und Fußballübertragungen haben hier noch nicht die Oberhand gewonnen. Oberhalb der Straße nach Laganás kann man sogar noch einen Eindruck davon gewinnen, wie Kalamáki ausgesehen hat, bevor der Tourismus Einzug gehalten hat: Um die kleine Kirche Panagía Skorapoúlia herum stehen ein paar alte Häuser und eine urige Taverne, in der sich die Nachbarschaft trifft.

Der von malerischen, z. T. bewachsenen Dünen und Felsen unterbrochene Strand konnte sich deutlich mehr von seiner Naturschönheit bewahren als der von Laganás. Neben der Bucht von Sekánia ist er eines der wichtigsten Brutgebiete der Unechten Karettschildkröten. Jede Nacht bewachen ihn deshalb Mitarbeiter des Nationalparks, um Besucher, die die Tiere stören könnten, fernzuhalten.

Verbindungen/Parken

• *Verbindungen* Sehr häufig fahren **Busse** in die Chóra und von dort zurück. Genauere Informationen siehe S. 64. Alle Busse halten an der zentralen Kreuzung. Weitere Bushaltestellen sind mit blauen Schildern gekennzeichnet. **Taxis** warten an der zentralen Kreuzung, ✆ 2695048400.

• *Parken* An allen Zugängen zum Strand finden sich Parkmöglichkeiten. In der Hochsaison wird's aber überall eng.

Adressen

• *Ärztliche Versorgung* An der Abzweigung zum Flughafen gibt es in unmittelbarer Nachbarschaft sowohl eine **Apotheke** als auch eine **Arztpraxis** mit Dienstbereitschaft von 8–24 Uhr; ✆ 2695024745.

• *Auto-/Zweiradvermietung* Auch in Kalamáki hat man die Qual der Wahl, z. B.:

Zante Hermes Rental, Autos und Bikes. ✆ 2695023284.

AutoTraffic, großes Angebot an Wagen der unterschiedlichen Kategorien sowie an Zweirädern mit und ohne Motor, ✆/℻ 2695 023430.

Yánnis Rent a Bike, hat sich auf Fahrräder und Scooter spezialisiert, ✆ 2695049042.

• *Einkaufen* Mehrere gut sortierte **Supermärkte** bieten alles, was man im Urlaub braucht: Lebensmittel, einschließlich frischem Brot, deutschsprachige Zeitungen, Badeutensilien und auch Souvenirs. **Bäckereien** finden Sie an der Straße nach Laganás sowie an der nach Zákynthos-Stadt.

Gold Center, professionell geführtes Unternehmen mit großem Sortiment an Schmuck der unterschiedlichsten Qualität.

Leatherland, großer Shop an der Straße nach Laganás, in dem man Sandalen und Gürtel, aber auch Taschen und Jacken in guter Qualität recht günstig erstehen kann.

Levantíno, in dem auffallenden Gebäude an der Straße nach Laganás befindet sich ein Shopping-Center mit großem Angebot an Kitsch und Kunst.

• *Geld* Auch in Kalamáki kann man per Knopfdruckfür Nachschub sorgen. Der Bankautomat befindet sich an der Straße nach Laganás.

• *Internetcafés* Sowohl in **Sofía's Bar (8)** als auch im **Mustang Saloon (12)** boomt das Web.

• *Post/Telefonieren* Mehrere Kartentelefone und Briefkästen finden Sie zwischen der zentralen Kreuzung und dem Zugang zum Strand bei der Tavérna Zépo's (18).

• *Reisebüros* Alle gängigen Ausflüge kann man natürlich auch bei den Filialen der Reisebüros in Kalamáki buchen. Aus der Fülle der Anbieter eine kleine Auswahl:

Pélargos Tours, bietet auch Fährtickets zum Peloponnes oder nach Italien an, ✆ 269 5023811; **Mamfreda's Tours,** ✆ 2695044720; **Diónisos Tours**, ✆ 2695043568; **Spring Tours,** ✆ 2695048004.

Baden/Wassersport

Kilometerlang zieht sich der Strand hin. Insbesondere im Osten kann man zwischen Klippen wunderbar herumklettern. Reizvolles Ambiente bietet der Blick auf die Felsen der Halbinsel Skopós. Zwar geht es auch hier im August recht turbulent zu, doch – den Schildkröten sei Dank – ist dieser wunderschöne Strand noch unverbaut und relativ naturbelassen. Schade nur, dass auch hier dem Verleih von Sonnenschirmen und Liegen bisher noch kein Einhalt geboten wird. Wenigstens ist ihre Zahl limitiert.

Wassersport ist in Kalamáki aus gutem Grund nur eingeschränkt möglich; es werden nur Kanus und Tretboote vermietet.

Übernachten (siehe Karte rechts)

Die meisten Häuser arbeiten mit Pauschalveranstaltern zusammen, es ist deshalb besonders im Hochsommer nicht einfach, eine Bleibe zu finden. Eine Vorbuchung erscheint uns empfehlenswert. Im östlichen Teil von Kalamáki ist das Publikum bunt gemischt, im westlichen dominieren Pauschalgäste von den britischen Inseln.

Hotel Méandros (10), A-Kat., eines der neueren Häuser mit sehr ansprechender Architektur: Rotweiß gemauerte, begrünte Gebäude mit Rundbögen gruppieren sich um einen großzügigen Pool – besonders am Abend von der Bar aus ein stimmungsvolles Bild. Interessant gestalteter Eingangsbereich in einem Rundbau mit riesigen Fenstern. Die Studios (2–4 Personen) sind mit AC und TV ausgestattet und kosten 76–121 € inkl. Frühstücksbuffet. Außerdem stehen auch Familienapartments (bis zu 6 Personen) zum Preis von 95 bis 150 € zur Verfügung. ✆ 2695049065, ℻ 2695049064.

Hotel Klélia (15), B-Kat., zentral gelegene und doch nur wenige Fußminuten vom Strand entfernte Anlage aus zwei Gebäuden, ganz in Weiß gehalten. Großer Swimmingpool mit Kinderschwimmbecken, angeschlossen ist ein empfehlenswertes Restaurant (s. u.). An der Rezeption sorgt man sich herzlich um das Wohl der zum Großteil deutschsprachigen Gäste. Die 60 hellen Zwei- bis Vierbettzimmer haben Bad und einen geräumigen Balkon, teilweise auch AC, fürs DZ zahlt man inklusive Frühstücksbuffet 30–70 €. Lassen Sie sich einen der oberen Räume geben, sie sind viel luftiger. ✆ 2695027056, ℻ 2695041288.

Übernachten

1 Rooms Chatzís
2 Studios Spíros
5 Hotel Ránia
10 Hotel Méandros
15 Hotel Klélia
16 Hotel Sirocco
19 Katerína Apartments

Essen & Trinken

3 Mikaléo's Tavérna
4 Tavérna The Garden
7 Rest. Petríno
9 Rest. Olive Tree
13 Tavérna Páris
14 Tavérna Aphrodíti
17 Rest. Klélia
18 Tavérna Zépo's

Nachtleben

6 Byzántio
8 Sofía's
11 The Cave

Sonstiges

12 Mustang Saloon

Kalamáki

Hotel Sirocco (16), B-Kat. Nachdem Familie Theodósis jahrelang in Mannheim harte DM erwirtschaftet hatte, kehrte sie nach Kalamáki zurück und baute das beliebte, ruhig gelegene Hotel. Die 60 Zwei- und Vierbettzimmer sind sehr unterschiedlich ausgestattet (z.T. mit Kühlschrank, Sat-TV und AC) und eingerichtet. Besonders ansprechend fanden wir die sog. Luxuszimmer mit traditionellen Möbeln. Zu zweit bezahlt man für ein einfaches Zimmer 30–60 €, für einen Raum der gehobenen Kategorie 59–105 €. Die Besitzer sprechen – natürlich! – sehr gut Deutsch und bemühen sich ganz besonders um ihre Gäste. Empfehlenswerte Adresse. ✆ 2695026083, 📠 2695026087.

HotelRánia (5), C-Kat., kleinere Anlage an der Straße mit Pool und schön bepflanzter Terrasse, die auch von Lesern sehr empfohlen wurde. Ein DZ mit Bad, Kühlschrank, AC und Balkon kostet inkl. Frühstück 40–60 €. Die nach hinten gelegenen Zimmer sind ruhiger und angenehmer. Besitzerin ist die nette Ánna Boúa. ✆ 2695027874, 📠 2695041290.

Katerína Apartments (19), mitten in den Feldern von Kalamáki vermietet Katerína 4 große DZ mit Bad, Kochnische und Veranda zum Preis von 30–45 €. Im oberen Stockwerk befinden sich außerdem zwei Wohnungen (für 4 Personen) mit je zwei getrennten Schlafzimmern, Bad, Küche und Balkon; hübsch geflieste und helle Räume. Empfehlenswerte Adresse, da das Haus äußerst ruhig und doch vom Zentrum und vom Strand nicht weit entfernt liegt. Mai–Oktober geöffnet. ✆ 2695022824.

Studios Spíros (2), an der Straße nach Zákynthos-Stadt liegt das von Olivenbäumen umgebene gepflegte Haus, in dem ausschließlich Individualreisende unterkommen. Die Studios für 2 Personen kosten 30–40 €, haben ein großes Bad und eine geräumige Küche, die Balkone sind zur Straße hin gerichtet. Für eine Wohnung mit zwei getrennten Schlafzimmern (für 4 Personen) zahlt man zwischen 50 und 80 €. ✆ 2695022165.

Rooms Chatzís (1), direkt daneben steht das Haus mit vier steinernen Löwen am Eingang. Auch hier gibt's wieder Studios mit hellen und geräumigen Zimmern, z. T. zu dem hinter dem Haus liegenden Garten gerichtet. Schöne Sitzplätze unter Obstbäumen, angenehme Atmosphäre. Zu zweit bezahlt man zwischen 30 und 50 €. ✆ 2695028354.

Essen und Trinken (siehe Karte S. 147)

Man hat sich auf den touristischen Geschmack eingestellt: Es gibt umfangreiche Speisekarten in verschiedenen Sprachen, und meist werden die Hauptgerichte mit Beilagen wie Pommes frites oder Reis und Gemüse serviert. Neben griechischer Küche sind internationale Gerichte von der Pizza Calzone bis zum Huhn Kiew im Angebot.

Tavérna Zépo's (18), vor wenigen Jahren kehrte die Besitzerfamilie aus Kanada zurück und eröffnete das vor allem am Mittag gut besuchte Lokal oberhalb des Strandes. Spezialität ist Kalbfleisch im Krug, satt essen kann man sich aber auch an leckeren Vorspeisen, denn die Portionen sind üppig. Gut z. B. der gegrillte Oktopus, das herzhafte Spetsofái und der Taramosaláta. Spritziger Hauswein.

Restaurant Klélia (17), À-la-Carte-Restaurant am Pool des gleichnamigen Hotels. Renner ist jedoch das allabendliche Dinner-Buffet. Für ca. 8,50 € (Kinder 3,50 €) kann man sich an zehn Vorspeisen und Salaten, drei verschiedenen Hauptgerichten (auch für Vegetarier ist etwas dabei) und einem Nachtisch satt essen. Gutes Preis-Leistungs-Verhältnis. Empfehlenswert.

Tavérna Páris (13), nicht nur die zentrale Lage, sondern auch das hübsche Ambiente unter Palmen mit bunten Lichterketten führt dazu, dass es hier jeden Abend rappelvoll ist. Gehobene griechische und italienische Küche.

Restaurant Petríno (7), wurde von Lesern wärmstens empfohlen, da man hier auch einige ausgefallenere Gerichte auf der Speisekarte findet und das Essen vorzüglich schmeckt.

Restaurant Olive Tree (9), von Olivenbäumen zwar keine Spur, dafür bietet das funktionale Restaurant eine superlange Speisekarte und u.a. gute Pasta und leichte Fischgerichte. Lecker fanden wir z.B. das Codfilet mit Brokkoli, Tomaten und Knoblauch.

Tavérna Aphrodíti (14), mit seinen originalen griechischen Kaffeehausstühlen und der schlichten Terrasse wirkt das Restaurant im Vergleich zu vielen anderen in Kalamáki sehr einfach. Was das Angebot angeht, braucht es sich aber bestimmt nicht

Der Strand von Kalamáki

zu verstecken. Neben griechischer Küche findet man auf der Speisekarte eine Vielzahl internationaler Gerichte wie Huhn Kiew oder Scampi Provencale. Wir sind bei den landestypischen Speisen geblieben und fanden die Champignons in Knoblauch und Tigánia (Schweinefleisch mit Gemüse) sehr gut. Zum Oúzo kann man hier ein kleines Mezé bestellen.

Mikaléo's Tavérna (3), jeden Abend pilgern Scharen von Touristen zu der beliebten Taverne am Ortsrand Richtung Zákynthos-Stadt. Grund ist nicht nur die gemütliche Terrasse, sondern auch die leckere griechische Hausmannskost. Probieren Sie doch einmal das zarte Stifádo oder die gut gewürzten Souvlákia!

Tavérna The Garden (4), mitten im alten Ortskern liegt das alteingesessene Lokal, dessen Name Motto ist: Man sitzt unter wunderschönen Bäumen, und das Gemüse kommt aus den Beeten hinter dem Haus. Hauptsächlich Einheimische treffen sich hier auf ein Glas Wein, zu dem man ein typisch zakynthisches Gericht wie Hähnchen aus dem Ofen isst. Lecker fanden wir auch das gefüllte Lamm. Preiswert.

Nachtleben (siehe Karte S. 147)

Es gibt weniger Diskos und Clubs, dafür eine ganze Menge Bars. Wem das zu wenig ist, der kann ja ins nahe Laganás ausweichen.

Byzántio Club (6), hoch über dem Ort geht hier im Juli und August am Wochenende die Post ab. Überall auf der Insel werden die speziellen Events wie Jungle Party etc. angekündigt. Man erreicht den Club, indem man vor dem Hotel Ránia auf eine asphaltierte Straße nach rechts abzweigt.

Sofía's (8), auffälliges Etablissement an der Straße nach Laganás. Tagsüber sitzt man bei Eiscreme oder Bier um den Pool, den man kostenlos benutzen darf. Abends hört man fetzige Musik. Außerdem gibt's auch Live-Vorstellungen, Bingo etc.

The Cave (11), gepflegte Bar, die ihren Namen deshalb trägt, weil sie an eine Höhle angebaut ist. Man sitzt auf einer tropisch anmutenden Terrasse oder auf einem Türmchen im mediovalen Stil und genießt bunte Cocktails im Abendlicht. Schöner Platz für die Happy Hour.

Laganás

Touristen-El-Dorado Nummer eins auf der Insel. Viele Bettenburgen, Restaurants, Diskos, Bars, Geschäfte – Laganás zieht vor allem jüngere Gäste an, am Abend gleicht die Hauptstraße einem großen Rummelplatz. Tagsüber aalt man sich am kilometerlangen Sandstrand dicht gedrängt in der Sonne, der von den Meeresschildkröten schon lange nicht mehr als Brutstätte genutzt wird.

Fast paradiesisch mag die einstige kleine Fischersiedlung vor drei Jahrzehnten ausgesehen haben. Heute pulsiert hier das Leben, ständig werden neue Gebäude hochgezogen. Unvorstellbar erscheinen die Erzählungen der Einheimischen, dass man einst für ein paar tausend Drachmen riesige Landflächen erwerben konnte. "Nimm einen Stein und wirf, so weit du kannst. Dort, wo er niederfällt, ist dein Besitz zu Ende" – auf diese Weise wurden hier früher Kaufverträge abgeschlossen. Heute gibt keiner seinen Grund und Boden leichtsinnig her. Wer in Laganás bauen kann, hat in der Regel ausgesorgt.

Trotz allen Rummels kann es einem aber auch in Laganás gelingen, eine nette Taverne und eine Unterkunft mit Atmosphäre zu entdecken. Positiv zu bewerten ist sicher auch, dass man sich darum bemüht, nicht nur den unterhaltungswütigen jungen Gästen Genüge zu tun, sondern auch Schritte eingeleitet hat, die Familien und Ruhebedürftigen zufrieden zu stellen. Dazu gehört auch die Einführung einer Sperrstunde, ständig überwacht von der Polizei: Ab 23 Uhr muss in allen Bars etc. die Lautstärke der Musikanlagen zurückgedreht werden, ab 24 Uhr dürfen nur noch die Clubs, die über einen Innenraum verfügen, Musik laufen lassen, ab 3.30 Uhr (Wochenende 6 Uhr) muss absolute Ruhe herrschen.

Verbindungen/Parken

• *Verbindungen* Mit dem **Bus** bestehen sehr häufige Verbindungen nach Zákynthos-Stadt über Kalamáki (genauere Informationen siehe S. 64). Die Bushaltestellen entlang der beiden Hauptstraßen sind durch blaue Schilder gekennzeichnet.

Taxis warten gegenüber vom Hotel Victoria, unten am Strand und z.T. auch an der Straße nach Kalamáki. Eine Fahrt nach Zákynthos-Stadt kostet ca. 8 €, nach Kerí 13 €, nach Volímes 20 €, nach Alikés und zum Kap Gérakas jeweils 13 €.

• *Parken* Ein großes Problem! Die Parkplätze am Strand sind meist schon in den frühen Vormittagsstunden belegt. Dann bleibt nur noch, auf die Parkplätze der großen Hotels oder in die Nebenstraßen (z. B. in der Nähe der Tavérna Jánnis) auszuweichen.

Adressen

• *Ärztliche Versorgung* Viele **Allgemeinärzte** bieten ihre Dienste an. Das **Hippocrates Medical Care Center** an der Straße nach Kalamáki hat einen 24-Stunden-Service; ✆2695053004. Die folgenden Praxen liegen in der zum Strand führenden Straße nahe der Abzweigung nach Ágios Sóstis: **Dr. Saliba Fey,** ✆ 2695051867; **Dr. P. Riganélis,** ✆ 2695055155; **Dr. Ólga Sidirókastri,** ✆ 2695052865; **Dr. Laura Kampióti,** ✆ 2695 052202. In der Nähe des Hotels Iónis befindet sich außerdem eine **Apotheke.**

• *Polizei* 15 Polizisten sorgen in Laganás und Umgebung für Ruhe und Ordnung; ✆2695051252.

• *Bankautomaten* An der Hauptstraße zum Strand konnten wir bei unserem letzten Besuch vier Geräte zählen.

• *Filmentwicklung* Beim **Foto Service** können ganz Ungeduldige innerhalb von einer Stunde erfahren, wie die Urlaubsfotos geworden sind.

• *Internet-Café* Im **Cyberland Internet Café** kann man surfen, E-Mails versenden etc.

Der Strand von Laganás bietet verschiedene Vergnügungsmöglichkeiten

• *Auto- und Zweiradverleih* Auch in dieser Branche wetteifert eine Masse von Anbietern um die Gunst der Kunden. Fahrzeuge gibt es z. B. bei:

Iónion Cars, auf der Insel weit verbreitetes Unternehmen mit einer großen Auswahl an Kraftwagen und Bikes. ✆ 2695052114.

Circuit Rentals, neben Autos auch Motorräder und Ähnliches. ✆ 2695051687.

Motor Jim, hier sind Zweiräder mit und ohne Motor im Angebot. ✆ 2695051092.

Dennis, der riesige Fahrradfuhrpark des gleichnamigen kompetenten Besitzers sticht zwischen all dem Einerlei hervor. Hier findet wirklich jeder den richtigen Drahtesel für sich, denn es gibt die verschiedensten Modelle: Mountainbikes, Cityräder, Kinderfahrräder, Zubehör aller Art usw. Der nette Dennis repariert auch Fahrzeuge, die man nicht bei ihm gemietet hat. ✆ 2695051124.

• *Reisebüros* Die in Zákynthos-Stadt vertretenen Agenturen haben auch Niederlassungen in Laganás und bieten dort dieselben Ausflüge (Inselrundfahrt, Olympía etc.) wie in der Chóra an. Man wird dann mit dem Bus zum jeweiligen Startpunkt der Tour gebracht. Für diesen Service wird kein Aufpreis verlangt. Nähere Informationen zu den Ausflügen auf der Insel im Kapitel "Zákynthos-Stadt" auf S. 102.

• *Reiten* **Zante Horse Center** am Ortseingang. Pro Stunde bezahlt man als Erwachsener 15 €, falls Ihr Kind einmal auf einem Pony reiten möchte, wird dies mit 5 € berechnet. Täglich 9–12 und 15–20 Uhr.

• *Wäscherei* **Launderette Bougáda,** in der Nähe von Iónion Cars befindet sich das gut organisierte Unternehmen unter asiatischer Leitung. Eine Waschmaschinenfüllung (5 kg) kostet 6,50 €, gegen einen geringen Aufpreis (1,50 €) kann man die Kleider auch bügeln lassen, auf Wunsch werden die Sachen außerdem vom Hotel abgeholt bzw. wieder dorthin gebracht. Rund um die Uhr geöffnet, sehr guter Service. ✆ 2695052227 u. 2695028583.

Einkaufen

Wer seinen Urlaub in Laganás verbringt, findet in den Shops des Touristenortes bestimmt alles, was er zu Hause möglicherweise vergessen hat – und noch vieles mehr.

• *Supermärkte* Davon gibt es jede Menge, die meisten bieten auch **frisches Obst** und **deutschsprachige Zeitungen** an.

• *Bäckerei* Frisches Brot und süßes Gebäck können Sie z.B. in dem Laden nahe der Abzweigung nach Ágios Sóstis kaufen.

• *Souvenirs/Schmuck* Neben Jeans- und T-Shirt-Shops findet man vor allem die üblichen Mitbringsel aus Keramik etc., aber auch recht hübschen Schmuck.

Leathershop, Taschen, Gürtel, Westen u. v. m. machen das Angebot dieses Ladens aus.

Athiná, neben den unvermeidlichen Schildkrötenteppichen findet man hier auch geschmackvolle Keramik, Windspiele, Taschen, Schmuck, Tischdecken.

Spíra, hübsche Kleider, aber auch originelle mediterran geprägte Dekoartikel aus Glas und Keramik, z. B. fischförmige Uhren etc.

Ethnic, Schönes aus Übersee, v.a. aus dem asiatischen Raum, das der nette Besitzer während der Wintermonate vor Ort einkauft.

Kinderunterhaltung

Auch für die Kleinen ist einiges geboten. Abends können sie im **Playland** beim Hotel Byzántio auf einem Trampolin herumtoben oder Minicar fahren (jeweils 4 € für 15 Minuten). Angeschlossen ist hier auch ein kleines **Reptile House** (je nach Alter 3 bis 6 €). Tagsüber flutschen Wasserratten bei den **Wet Wild Waterslides** an der Straße nach Zákynthos-Stadt über eine **Riesenrutsche** ins Wasser. Für die Eltern steht eine Bar mit Liegestuhlverleih zur Verfügung.

Baden/Bootsausflüge/Tauchen

• *Baden* Der flach abfallende, ewig lange **Sandstrand** steht als Badeplatz hoch im Kurs. Dementsprechend voll ist es hier, aber bedingt durch das enorme Angebot findet man selbst in der Hochsaison noch einen freien Liegestuhl, denn davon gibt es an dem Beach wirklich jede Menge. An mehreren Stellen werden **Tretboote** verliehen. Der westlich vom Zentrum gelegene Strandabschnitt trägt den Namen **Vezál** im Osten liegt der sogenannte **Boúka-Beach.**

• *Bootsausflüge* Mehrere kleine Unternehmen bieten vom Strand aus verschiedene Bootsausflüge an. Während der Monate Juni–August stehen dabei die sogenannten **Turtle-Spotting-Trips** im Vordergrund, bei denen die Bootsführer die zur Brutzeit häufig im seichten Wasser schwimmenden Schildkröten aufspüren und den Fahrgästen deren Beobachtung ermöglichen. Durch ihren Werbeslogan "no turtle – money back" locken die Ticketverkäufer natürlich jede Menge Kunden an und sorgen andererseits aber auch dafür, dass diese Fahrten unter Erfolgsdruck stehen. Vom Marine Park wurde inzwischen in Zusammenarbeit mit den Agenturen ein Konzept zur angemessenen Beobachtung ausgearbeitet: Jeweils nur zwei Boote dürfen sich bis auf einen Abstand von 15 m und nur von hinten einer Schildkröte nähern, sodass das Tier jederzeit wegschwimmen kann. Andere Fahrzeuge müssen in einer Entfernung von 45 m warten, bis die ersten Boote wieder weggefahren sind. Zum Zeitpunkt unserer Recherche wurden diese Regeln allerdings unserer Beobachtung zufolge noch nicht konsequent in die Tat umgesetzt. Bleibt zu hoffen, dass dies bald geschieht und die Boote verantwortungsbewusster Agenturen dann auch tatsächlich, wie geplant, mit dem Logo des Nationalparks ausgewiesen werden, damit sie von den Touristen als solche identifiziert werden können.

Außerdem besteht die Möglichkeit, Fahrten zum vorgelagerten Inselchen **Marathoníssi** (ca. 2 Stunden) oder zu den **Höhlen von Kerí** (ca. 3 Stunden) zu machen und dort am Strand bzw. in den Höhlen zu baden.

• *Tauchen* Zwei **Tauchschulen** bieten ihre Dienste an. Das **Diver's Paradise** hat seinen Sitz im Zante Beach Hotel (12), das **Zante Dive Center** befindet sich am Strand nahe dem Hotel Astir Palace (16). Die unter deutscher Leitung stehende Tauchschule bietet Ausrüstungsverleih, Tauchkurse (CMAS, PADI), Kindertauchprogramme etc und erhielt für ihre Leistungen mehrfach Auszeichnungen; ✆ 2695029696, ℻ 2695052876. Deutsches Büro: Theodor-Heuss-Str. 4, D-66133 Saarbrücken, ✆ 0681/817907, ℻ 0681/842823.

Übernachten (siehe Karte S. 154/155)

Die meisten Besucher buchen ihre Unterkunft pauschal, allzu viele Möglichkeiten für Einzelreisende gibt es deshalb nicht. Außer in den von uns eigens hervorgehobenen kann man es außerdem in mehreren Häusern an der Straße nach Zákynthos-Stadt versuchen. Dort sind vor allem Studios im Angebot.

Louis Zante Beach (12), A-Kat., eine der komfortabelsten Anlagen in Laganás, über mehrere Veranstalter pauschal buchbar. Durch ein kleines Wäldchen vom Trubel im Ort abgeschirmt. Für Abwechslung sorgen Tennisplätze, Tischtennisanlagen, ein Tauchcenter, ein Gymnastikraum, Animation (auch für Kinder) etc. Eigener Zugang zum feinen Sandstrand, außerdem gibt's einen Pool. Eines der 271 geräumigen Zimmer mit Bad und Balkon kostet im Doppel inkl. Frühstück 78–160 €, mit Meerblick ca. 12 € mehr. ✆ 2695051130-31, ℻ 2695051135.

Astir Palace (16), A-Kat. Die weitläufige, etwas nüchterne Anlage oberhalb des Strandes besteht aus mehreren Gebäuden; eine Erweiterung ist geplant. Auch hier wird an der Rezeption Deutsch gesprochen, denn viele Gäste kommen über Reiseveranstalter aus Mitteleuropa. Zum Hotel gehören ein Pool und ein Kinderschwimmbecken, außerdem ein Restaurant, eine Snackbar etc. Für ein DZ mit Bad, TV, AC, Kühlschrank und Balkon (teilweise Blick zum Meer) bezahlt man zwischen 72 und 105 € (Frühstücksbuffet eingeschlossen). ✆ 2695053300, ℻ 2695053308.

Hotel Anastasía (19), B-Kat., besonders geschmackvoll gestaltetes Haus direkt am Strand in dem östlich vom Zentrum gelegenen Hotelviertel. Die 85 Zimmer mit AC, Kühlschrank und Balkon (zu zweit bis zu 88 € inkl. Frühstück) gruppieren sich um einen luftigen Innenhof mit einer hübsch gestalteten Gartenlandschaft, einige haben Meerblick. Zur Anlage gehören eine Liegewiese, ein Pool mit Kinderschwimmbecken und ein Restaurant. Sehr freundlicher Service, auch hier wird Deutsch gesprochen. ✆ 2695051455 u. 2695051615, ℻ 2695052583.

Hotel California (17), B-Kat., ebenfalls nur wenige Meter vom Strand entfernt und damit ruhig gelegen. Magdaléni Kalófonou vermietet ihre 67 Zwei- und Dreibettzimmer mit Bad, AC und Balkon (z. T. zur Meerseite) an Pauschal- und Individualreisende. 40–80 € inkl. Frühstücksbuffet. Zum Haus gehört auch ein Pool mit Bar. ✆ 2695052337, ℻ 2695052340.

Hotel Victoria (8), C-Kat., mitten im Zentrum, die beliebtesten Bars sind nur einen Katzensprung entfernt. Viele Pauschalgäste aus Großbritannien und dem deutschsprachigen Raum, insgesamt stehen 136 angenehme Zwei-, Drei- und Vierbettzimmer mit Bad, AC, Kühlschrank und Balkon zur Verfügung. Ein DZ kostet mit Frühstück 50–80 €. ✆ 2695051617.

Hotel Iónis (23), C-Kat. Der große Bau an der Hauptstraße ist nicht zu übersehen, zum Strand geht man nur wenige Minuten. Die 54 Zimmer sind zwar nicht besonders geräumig, aber sauber und haben Bad, Kühlschrank, Balkon (teilweise Meerblick) und AC. Für ein DZ zahlt man bis zu 50 € inkl. Frühstücksbuffet. Es sind außerdem auch Einzel- und Dreibettzimmer vorhanden. ✆ 2695051141, ℻ 2695051601.

Hotel Sissy (4), C-Kat. Mittlerweile führt Familie Visvárdis das angenehme kleine Haus, umgeben von einem hübschen Gärtchen, das nur wenige Fußminuten vom Strand entfernt liegt. Viel deutschsprachiges Publikum, das die Unterkunft meist pauschal gebucht hat. Insgesamt gibt es 26 Zwei- und Dreibettzimmer mit Bad und Balkon (einige haben Blick aufs Meer). Inkl. Frühstück kosten sie zwischen 25 und 45 €. Empfehlenswerte Adresse. ✆ 2695052266, ℻ 2695052268.

Hotel Byzántio (1), C-Kat., an der Straße Richtung Kalamáki, aber immer noch mitten im Geschehen. Der nette Kóstas gibt seine 15 Zwei- und Dreibettzimmer mit Bad, Kühlschrank und Balkon ausschließlich an Einzelreisende ab! Die nach hinten gelegenen Räume sind wesentlich ruhiger. Zu zweit bezahlt man 20–40 € ohne Frühstück. ✆ 2695051136 u. 2695052575.

Studios Delfíni (20), ein echtes Kleinod ist das Haus von Familie Georgoudáki unweit vom Strand. Schon allein der liebevoll mit Pflanzenkübeln und antiken Statuen geschmückte Innenhof ist eine Augenweide, und auch die gut eingerichteten, geräumigen Studios lassen keine Wünsche offen. Schade nur, dass die Mehrzahl aller Zimmer an einen englischen Reiseveranstalter vergeben ist. Wenn man rechtzeitig vorbucht, hat man aber auch in der Hochsaison noch Chancen, ein Zweibettstudio (30–40 €) zu bekommen. Auch ein 4er-Apartment behalten María und Dimítris für Einzelreisende übrig (bis zu 55 €). ✆ 2695052095.

Rooms Hermes (26), hinter der Taverne Paradise liegt das Gebäude von Familie Kalófonos. Ihre 7 Zwei- und Dreibettzimmer mit Bad, Küche und unterschiedlich großen Balkonen (Meerblick) kosten zwischen 30 und 45 €. Gute Adresse für Individualreisende, da kein Pauschalbetrieb. Von Juni bis Ende September geöffnet. ✆ 2695053362.

Essen und Trinken (s. Karte rechts)

Ein riesiges Angebot unterschiedlichster Qualität erwartet den Besucher. Während man in dem einen Restaurant langweiliges, auf mitteleuropäischen Geschmack getrimmtes Essen vorgesetzt bekommt, serviert das Lokal nebenan phantasiereiche Gerichte. Charakteristisch für viele Tavernen ist, dass sie erst am Abend öffnen – tagsüber hält sich das Publikum am Strand auf, da lohnt das Geschäft nicht.

Restaurant Korálli (28), auf einer hübsch begrünten Terrasse sitzt man schön oberhalb vom Strand und genießt gute griechische Küche. Riesenauswahl an schmackhaften Vorspeisen, z. B. Dolmádes in Zitronensoße oder Tirópittes. Wer sich nicht entscheiden kann, sollte die Pikilía (Vorspeisenplatte) wählen, darauf werden die besten Dinge zusammengestellt. Sehr gut fanden wir den Hauswein. Ganztägig geöffnet.

Restaurant Mouriá (25), das Lokal profitiert sehr von seiner zentralen Lage. Große Speisekarte, auch Pizzen und Frühstück. Tagsüber sitzt man besser in dem hübsch bemalten Innenraum mit kühlenden Ventilatoren, abends zieht es viele auf die Terrasse.

Tavérna Estía (6), auch hier lockt zunächst einmal das Ambiente: Schöne Bilder mit antiken Motiven geben dem Lokal in der Hauptstraße ein besonderes Flair. Aber auch das, was aus der Küche kommt, kann sich sehen lassen. Probieren Sie hier einmal das Giouvétsi. Erst am Abend geöffnet.

Tavérna Jánnis (9), die Lage abseits vom großen Rummel bekommt der netten Taverne gut, vielleicht trifft man hier deshalb auch besonders viel griechisches Publikum an. Der Wirt Jánnis kommt aus Orthoniés, macht aber jeden Mittag den weiten Weg in den Inselsüden, um selbst die auf der reichhaltigen Karte angebotenen Speisen zuzubereiten. Griechische Küche in phantasiereichen Variationen, empfehlenswert z. B. die mit reichlich Knoblauch gewürzten Muscheln oder Pilze. Wer "Jánnis Special" bestellt, bekommt eine leckere Zusammenstellung aus Schweinefleisch, Gemüse und Píttabrot. Vorweg gibt es gratis einen interessant abgeschmeckten Appetizer zum Weißbrot. Sehr freundlicher Service.

Restaurant China Town (14), zwischen all den umliegenden Bars und Discos hebt

sich das hübsch dekorierte Lokal mit den roten Lampen deutlich ab. Renner ist hier ein warmes Buffet, bei dem man für ca. 9 € verschiedene Gerichte geboten bekommt, Kinder zahlen die Hälfte. Ab 18 Uhr geöffnet.

Restaurant Taj Mahal (3), ein weiterer "Exot" unter den Lokalen von Laganás. Wie der Name schon sagt, kann man hier indische Gerichte probieren, aber für die weniger Mutigen stehen auch einige europäische Speisen auf der Karte. Über Mittag ist das Taj Mahal geschlossen.

Tavérna Zougrás (2), wer den weiten Weg nach Bóchali zu den dortigen, allerdings stimmungsvolleren Musiktavernen scheut, kann am Ortsrand von Laganás die typisch zakynthischen Kantaten hören. Hier trifft man hauptsächlich griechische Zákynthos-Urlauber. Sehr schmackhaftes Essen, empfehlenswert fanden wir z. B. die Leber in pikanter Soße und das zakynthische Sofritó (mit Käse verfeinertes Kalbfleisch in Tomatensoße). Erst am Abend geöffnet.

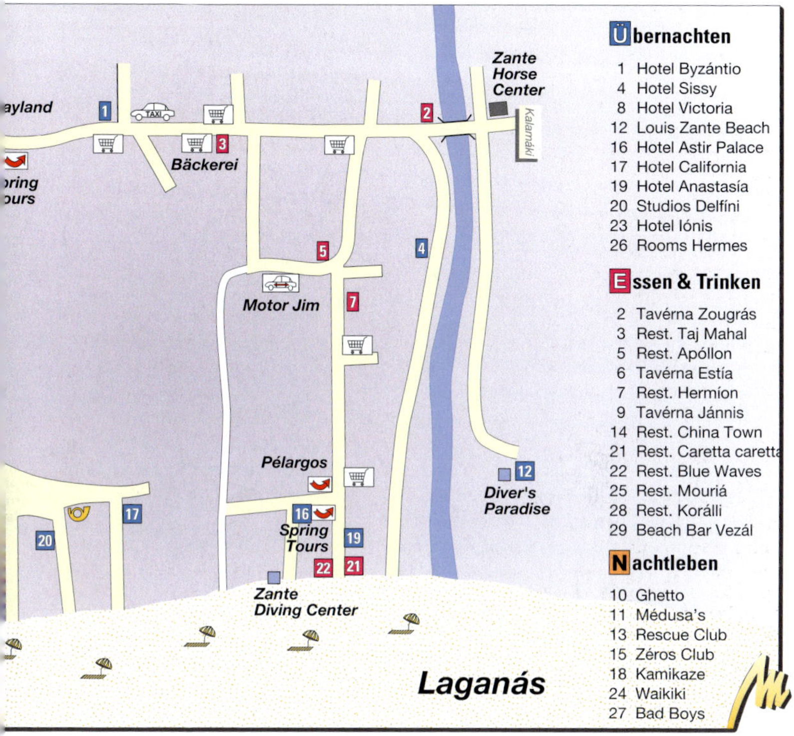

Restaurant Apóllon (5), gut besuchtes Lokal im östlichen Hotelviertel. Sehr lecker fanden wir die Spaghetti mit Shrimps und Gemüse, auch die vegetarische Platte kann sich sehen lassen. Erst am Abend geöffnet.

Restaurant Hermíon (7), ganz in der Nähe liegt das allabendlich gut besuchte Lokal mit einer der längsten Speisekarten Griechenlands. Neben einheimischer Küche erwarten Sie hier z.B. eine große Auswahl an Salaten, Pasta, aber auch viele Fleischspezialitäten. Allein die Koteletts werden z.B. auf acht verschiedene Arten zubereitet.

Restaurant Caretta caretta (21), oberhalb vom Strand gelegen und deshalb auch tagsüber in Betrieb. Das zum Hotel Anastasía gehörende Lokal bietet gute griechische Küche (leckere Jemistá!), aber auch interessante Baguettesandwiches für den kleinen Hunger. Angenehme Atmosphäre.

Restaurant Blue Waves (22), direkt gegenüber und im Service durchaus vergleichbar. Besonders umfangreiche Speisekarte, schöne Sitzplätze auf einer mit Weinlaub bewachsenen Terrasse.

Beach Bar Vezál (29), eine der vielen Strandbars, die vom Frühstück über das deftige Mittagessen bis zum abendlichen Cocktail wirklich alles bieten. Exotisches Ambiente durch Sitzplätze unterm Bambusdach – aber auch das ist nichts Außergewöhnliches bei den Bars von Laganás.

Nachtleben (s. Karte oben)

Dass von den stilleren Touristenorten wie Alikés regelmäßig Nightlife-Ausflüge nach Laganás angeboten werden, kommt nicht von ungefähr, denn hier reiht sich wirklich Disko an Bar und Bar an Disko. Ab 23 Uhr wird die Musik heruntergedreht, doch in den sogenannten Clubs, die über einen Innenraum verfügen, darf bis 3.30 Uhr (am Wochenende sogar bis 6 Uhr früh) weitergefeiert werden.

Bad Boys Club (27), einer der Renner unter den Nachtlokalen in Laganás. Gleich auf 2 Ebenen kann man hier Musik hören, Cocktails trinken, tanzen. In der Saison sehr voll.

Waikiki (24), in unmittelbarer Nachbarschaft, steht dem Bad Boys Club in nichts nach.

Rescue Club (13), ebenfalls sehr beliebte Disko, künstlicher Nebel sorgt neben bunten Lichtern und fetziger Musik für die richtige Stimmung. Ähnlich was Aufmachung und Publikum angeht sind die benachbarten Lokale **Médusa's (11)** und der **Zéros Club (15).**

Ghetto (10), Bar mit guter Musik und angenehmer Atmosphäre. Auch hier wird erst in den frühen Morgenstunden zugemacht.

Kamikaze Bar (18), proppenvolle Bar, man hört Rock und nimmt einen Drink dazu.

Laganás außerhalb der Saison

Bunt gestreifte Markisen säumen die schnurgerade Straße, darunter stehen Hunderte von Postkarten- und Sonnenbrillenständern, hängen drall aufgepumpte Luftmatratzen, liegen zahllose Stoffschildkröten. Die Restaurants und Bars sind überfüllt, auf der Hauptstraße gibt es kaum ein Durchkommen mehr, und am Strand ist viel nackte Haut in den verschiedensten Farbtönen zu sehen: vom ungesunden Orangerosa, über aufgebranntes Rot bis zum tiefen Braun. Laganás im Hochsommer – Wunschziel für den einen, Horrorvision für manch anderen. Laganás noch einmal besuchen, Gast und nicht "Massentourist" sein, vielleicht im Frühjahr oder Herbst? Allein am Strand liegen und die weit geschwungene Bucht in Ruhe genießen, wie es vor dreißig Jahren noch möglich war! Eine verführerische Vorstellung.

Doch wer wirklich außerhalb der Saison kommt, wird enttäuscht, denn dann fühlt man sich in Laganás fast wie in einer Geisterstadt. So gut wie niemand wohnt hier. Die Hotels und Restaurants sind geschlossen, die Souvenirshops und Geschäfte verbarrikadiert. Ein paar ausrangierte Postkartenständer verrosten in einer Ecke, am Strand ein kaputtes Tretboot zwischen den Gestellen für die Sonnenschirme, die nackt im Sand stecken. Der Strand selbst ist schmutzig und wenig einladend.

Erst zu Saisonbeginn wird er wieder gepflügt und gesäubert, überall wird emsig gestrichen und geputzt, werden neue Markisen an den Fassaden angebracht; im Herbst dagegen setzt das große Aufräumen ein. Vergeblich sucht man nach der entspannten und gepflegten Atmosphäre, die einen in Ferienstimmung bringt. Fazit: Wenn schon Laganás, dann muss man den im Sommer herrschenden Trubel mögen, außerhalb der Saison zu kommen lohnt nicht.

Spaziergang zum alten Herrenhaus Sarakiná

Bei all dem Angebot an Unterhaltung kommen die meisten Urlauber gar nicht dazu, dem einstigen Herrschaftshaus der Grafen von Lountsi aus dem 18. Jh. einen Besuch abzustatten. Es wird Sarakiná genannt, weil sich in der Umgebung einst sarazenische Piraten aufgehalten haben sollen. Der seit dem großen Erdbeben immer mehr verfallende Gebäudekomplex mit dem abblätternden Putz in den venezianischen Farben inmitten von Oliven- und hohen Eukalyptusbäumen hat einen ganz besonderen Charme und ist ein charakteristisches Beispiel für das Landhaus einer Adelsfamilie, wie es sie früher häufig auf Zákynthos gab.

Folgen Sie ab dem Zentrum von Laganás stets den Wegweisern zur Taverne Sarakiná. Man geht vom Strand aus auf der Hauptstraße ortsauswärts, zweigt unmit-

Das alte Herrenhaus Sarakiná

telbar nach der Kreuzung mit der Straße nach Kalamáki nach links ab und geht zwischen Olivenhainen aufwärts. Nach ca. 2 km ist die Taverne erreicht.

Auf der anderen Straßenseite führt ein schmaler Fußpfad zur Rückseite der Villa, wo sich auch ein stark von Strauchwerk überwucherter **Brunnen** befindet. Geht man weiter, erreicht man die **Hauskapelle,** die dem heiligen Johannes geweiht ist und Familiengräber enthält. Gegenüber liegt das **Gebäude der Bediensteten.** Achten Sie auf die eisernen Ringe an der Außenmauer – hier wurden die Pferde angebunden. Wenn Sie um das Haupthaus herumgehen, kommen Sie zu seinem Eingang mit einer mächtigen **Freitreppe.** Von hier hat man einen wunderbaren Blick über die Ebene bis zu den Hängen des Berglands und kann zwischen den Olivenbäumen die alte gepflasterte Straße erkennen, über die Familienmitglieder, Besucher, Händler etc. sich einst der noblen Villa näherten.

Insel Marathoníssi

Schildkröteninsel wird das nur zwei Meilen vom Festland entfernte, teilweise dicht bewachsene Eiland nicht nur deshalb genannt, weil die Caretta caretta den auf der Südwestseite gelegenen Sandstrand als Nistgebiet nutzt. Vielmehr ähnelt auch seine Form einer riesigen Schildkröte. Von Menschen wird die Insel wegen ihrer herrlichen Badeplätze aufgesucht.

Zu dem weißen, fast tropisch anmutenden **Sandstrand** können Sie allerdings nur von kleinen Booten gebracht werden, da diese nicht ankern müssen, sondern einfach auf den Beach hochgezogen werden können. Anker zu werfen ist in der Zone B des Schutzbereichs verboten. Im Sommer ist auch hier einiges los, Mitarbeiter des Marineparks bzw. der STPS achten jedoch darauf, dass die Schutzbestimmungen eingehalten werden. Ebenfalls sehr faszinierend ist die weiter östlich gelegene buchtabgewandte Seite der Insel mit einem hübschen **Kiesstrand und zwei Höhlen.** Schwimmt man in eine der beiden hinein, kann man sich im Innern auf einem weiteren kleinen Strand ausruhen und von dort aus, unter einem durchlöcherten Felsvorsprung hindurchtauchend, wieder zum Kiesstrand zurückkehren. An dieser Seite von Marathoníssi ankern die größeren Ausflugsboote. Bedenken Sie, dass es an beiden Badeplätzen kaum natürlichen Schatten gibt. Ein ausreichender Sonnenschutz ist deshalb unerlässlich. Fliegende Händler bieten Sandwiches, Brot und Getränke an. Am 15. August statten die Einheimischen dem Inselchen einen Besuch ab und feiern in der Marienkapelle zu Ehren der Panagía eine Messe. Anschließend isst man zusammen gegrillten Fisch und Salat.

Siedlungen und Strände südlich von Laganás

Den Bewohnern des Dorfes Lithakiá (s. S. 195) gehört das Küstengebiet zwischen Laganás und Límni Kerioú. Je weiter man sich von dem Touristenmekka entfernt, desto mehr Ruhe hat man, allerdings sind die Strände hier auch schmaler und z. T. nicht mehr feinsandig, sondern mit Kieseln durchsetzt.

Ágios Sóstis

Die kleine Feriensiedlung gegenüber dem gleichnamigen Felseninselchen, das 1633 durch ein Erdbeben von der Küste getrennt wurde, ist nur einen Katzensprung von Laganás entfernt und hat doch ein ganz anderes Flair. Vielleicht liegt es an dem pittoresken Fischerhafen oder an den netten, oberhalb der Küste angesiedelten Tavernen, in denen sich abends Pauschal- und Einzelreisende treffen. Ein Gewirr von Straßen führt zu den verstreut in Olivenhainen liegenden Hotels und Apartmentanlagen.

Vom Hafen aus zieht sich der lange Sandstrand nach Norden in Richtung **Vezál-Beach.** Dort findet man auch eine kleine Wassersportstation, an der Liegestühle, Tretboote, Kanus und Surfbretter verliehen werden. Auf der anderen Seite kann man über einen hübschen Weg ca. 400 m weit zu dem recht schmalen **Akardianós-Beach** und weiter nach Pórto Koúkla (s. u.) laufen.

Anfahrt/Ausflüge/Adressen

• *Anfahrt* Mehrere Wege führen nach Ágios Sóstis, und die Orientierung ist nicht immer leicht. Am einfachsten erreicht man den Hafenort, wenn man in Lithakiá an der Tavérna Dennis nach Osten abzweigt. Die meisten Unterkünfte liegen oberhalb des Hafens, biegen Sie dorthin vor dem Supermarkt "La Curva" (s. Karte rechts, 2) nach rechts ab. Eine weitere, häufig befahrene Strecke führt von Laganás (s. Ortsplan auf S. 154/155) nach Ágios Sóstis. Folgen Sie dabei der Beschilderung zum Campingplatz bzw. zur Bar Cameo.

• *Ausflüge* Auch in Ágios Sóstis haben einige Reiseunternehmen aus Zákynthos-Stadt ihre Vertretungen angesiedelt und bieten das übliche Tourenprogramm an (s. Kapitel "Zankynthos-Stadt", S. 102). Außerdem kann man auch hier Bootsausflüge buchen, z. B nach Marathoníssi. Anbieter sind am Strand **Spíros** mit seinem "Taxi Boat" und die Besitzer der **Tavérna Mánthos (6).**

• *Auto-/Zweiradvermietung* **Smart Rentals** (s. Karte rechts, 4), hier gibt's zwar nicht den gleichnamigen Wagentyp der bekannten schwäbischen Autofirma, dafür aber jede Menge andere Kleinwagen, Jeeps, Scooter und Fahrräder; deutschsprachiger Service. ✆ 2695053100.

• *Einkaufen* Viele **Supermärkte.** Zu haben sind Lebensmittel, wie Brot, frisches Obst, außerdem **deutschsprachige Zeitungen.**

• *Post/Telefonieren* Vor mehreren Supermärkten findet man Briefkästen und auch Kartentelefone.

Übernachten/Essen und Trinken/Nachtleben (s. Karte oben)

• *Übernachten* Relativ viele Hotels in Ágios Sóstis sind in den Katalogen deutschsprachiger Reiseveranstalter vertreten. Daneben gibt es aber auch zahlreiche Unterkünfte für Einzelreisende, u. a. werden diese auch von Tavernen und Supermärkten angeboten.

Bozíkis Palace (1), C-Kat. Die sehr gepflegte und ruhige Anlage mit Pool liegt an der direkten Zufahrt zum Hafen, ca. 300 m vom Meer entfernt. Auch deutschsprachige Pauschalgäste fühlen sich hier wohl. Ein DZ mit Bad und Balkon (teilweise Meerblick) kostet inklusive Frühstück zwischen 50 und 70 €, die EZ sind etwas billiger. Von Anfang April bis Anfang Oktober geöffnet. ✆ 2695052260, 📠 2695052263.

Bei **Jánni und Beate (5)** wohnt man zentral und unweit vom Meer in einem von mehreren frei stehenden kleinen Häuschen auf einem weitläufigen Gelände. Unterschiedlich groß, bieten sie alle Terrasse, Grillplatz und Kochgelegenheit und sind für 2–6 Personen geeignet. Für das DZ mit Bad zahlt man je nach Saison 30–35 €, gerne werden aber auch ganze Häuschen vermietet. Bei Paaren sind die sogenannten "Liebeslauben" besonders begehrt. Die meisten Gäste finden über Mundpropaganda den Weg zu den Kládis – kein Wunder, denn Beate bemüht sich mit echt schwäbischem Charme um ihre Gäste und sorgt dafür, dass keine Wünsche offen bleiben. Jánnis lässt Sie gerne einmal von seinem ausgezeichneten Hauswein kosten. Sehr familiäre und angenehme Atmosphäre. ✆/📠 2695052656.

Studios Kóstas Kládis (8), unweit davon vermietet der freundliche Kóstas Kládis praktisch eingerichtete Studios bzw. Apartments

Auf dem Weg zum Felseninselchen Ágios Sóstis

mit 3–6 Betten in kleinen Reihenhäusern, teilweise mit Meerblick. Auch er hat viel Platz für Individualreisende, mit denen zusammen er gerne seine in Deutschland erworbenen Sprachkenntnisse aufpoliert. Zu dritt 30–40 €. ☏ 2695051112, ✆ 2695051561.

Tavérna Mánthos (6), Leser waren sehr zufrieden mit den Zimmern, die in einem Neubau (ca. 500 m vom Strand entfernt) von den Besitzern des Restaurants vermietet werden. ☏ 2695051528.

Camping Laganás, schöner Platz unter alten Olivenbäumen. Mit Pool, Restaurant, Supermarkt und sauberen sanitären Anlagen gut ausgestattet. Pro Person zahlt man ca. 5,50 €, Zelt und Auto kosten je 4,50 €, ein Wohnmobil 8 €. Vom 1.4. bis 31.10. geöffnet. Am einfachsten ist der Platz über die von Laganás kommende Straße zu erreichen (etwa 1 km von Laganás entfernt; der Beschilderung folgen). ☏ 2695051708.

• *Essen und Trinken* **Tavérna Sirtáki (9),** in dem empfehlenswerten Familienbetrieb schwingt die Mama den Kochlöffel – und das schmeckt man. Viele Besucher kommen gerne immer wieder, denn auch der Service stimmt.

Tavérna Mánthos (6), sehr beliebtes Lokal oberhalb des Strands. Auf der umfangreichen Speisekarte werden u. a. Spezialitäten wie ein aus Meeresfrüchten und Wurst bestehendes Mezé zum Oúzo oder Schweinefleisch aus der Pfanne angeboten. Wir waren mit den Kalamária sehr zufrieden, auch Leser lobten Essen und Service.

Olé Olé Restaurant (7), hinter der "Strandzeile" findet man das kleine Terrassenlokal mit griechischer und zakynthischer Küche. Heute Mixed Grill, morgen Hähnchen aus dem Backofen, danach Crêpes mit Schokolade und Grand Marnier – hier hat man die Qual der Wahl.

• *Nachtleben* **Cameo Bar (3),** auf der Insel Ágios Sóstis. Am Tag kommt man auf einen Kaffee her, am Abend tanzt man oberhalb vom Wasser auf der einen Seite zu Rock und Rap, auf der anderen zu Bouzoúki-Musik.

Pórto Koúkla

Nur eine Hand voll Hotels und Apartmentanlagen findet man zwischen uralten Olivenbäumen oberhalb der kleinen Koúkla-Bucht. Zum Baden geht man aber besser an den benachbarten **Akardianós-Beach,** der sich etwa einen Kilometer weit bis zum Inselchen Ágios Sóstis hinzieht. Trotz Sonnenschirm- und Tretbootverleih herrscht an dem schmalen Strand mit feinem Sand auch im Sommer noch nicht allzu viel Trubel – der richtige Platz zum Entspannen.

• *Anfahrt* Die direkte Zufahrt führt von der Verbindungsstraße nach Kerí (ca. 1,5 km nach Lithakiá) abwärts zum Meer. Man kann aber auch über gewundene Sträßchen durch ausgedehnte Olivenhaine von Ágios Sóstis aus nach Pórto Koúkla kommen.

• *Ausflüge/Bootsverleih* Unterhalb des Hotels Pórto Koúkla Beach werden Fahrten zur Insel Marathoníssi sowie Motorboote angeboten.

• *Übernachten/Essen und Trinken (s. Karte S. 159)* **Porto Koúkla Beach Hotel (11),** B-Kat., sehr angenehmes Hotel mit familiärer und besonders freundlicher Atmosphäre, das man auch pauschal buchen kann. Viele deutschsprachige Gäste, die u. a. auch zu schätzen wissen, dass das Hotel umweltschonend geführt wird (so wird z. B. das verbrauchte Wasser zur Bewässerung von Garten und Olivenhainen wieder verwendet). Die praktisch eingerichteten Zimmer haben Bad, Kühlschrank und Balkon (teilweise Meerblick) und werden nur mit Halbpension vermietet. Pro Person zahlt man je nach Saison zwischen 20 und 38 €. Souvenir- und Zeitungsshop im Haus, zum Strand geht man über eine Treppe hinab. ✆ 2695052393, ℻ 2695052391.

Zu der Anlage gehört auch eine sehr empfehlenswerte **Taverne,** in der nicht nur Hotelgäste gerne essen. Mittags ist die Auswahl auf der Terrasse überm Meer zwar etwas kleiner, aber durchaus ansprechend: Den Schwertfisch fanden wir z. B. sehr lecker. Am Abend speist man im darüber gelegenen Hotelgarten. Manchmal greift der Wirt dann auch zur Gitarre und gibt seine Sangeskunst zum Besten.

Ouzerí Avgoustiástis (10), mitten in den schönen alten Olivenhainen von Koúkla führt Sotíris aus Lamía mit seiner Frau Chrissoúla ein ganz besonderes Lokal. Auf einer hübschen Terrasse serviert er wunderbare Vorspeisen und delikate Fleisch- und Fischgerichte wie Schweinefleisch in Zitronensauce oder Oktopus in Wein – alles auf kleinen Tellern. Am schönsten ist es, gar nichts Bestimmtes zu bestellen, sondern sich von Sotíris eine Auswahl zusammenstellen zu lassen, wobei er Sie dann nach Ihren Vorlieben fragen wird: "Aus dem Garten, dem Meer oder den Bergen?" Abgerundet wird das Mahl am Ende von einem hausgemachten Zitronenlikör, der den Vergleich mit dem italienischen Limoncello nicht zu scheuen braucht.

Wer länger bleiben möchte, kann bei den beiden eines ihrer 6 **Studios (10)** (2 bzw. 3 Betten) mit Balkon (Meerblick) zum Preis von 30 bis 37 € mieten. ✆/℻ 2695052223.

Kamínia-Beach: Diesen Kiesstrand in der halbrunden, mit viel Schilf bewachsenen Bucht kann man sogar in der Hochsaison weitgehend für sich haben, nur vereinzelte Badegäste trifft man hier. Deshalb fehlt auch jegliche touristische Infrastruktur.

Anfahrt Am besten erreicht man ihn von Pórto Koúkla aus, indem man dort einem schmalen Weg nach Süden folgt.

Krónos-Beach: Unmittelbar dem Kamínia-Beach benachbart und ebenso wie dieser sehr schmal und von Schilf begrenzt. Seine Badematte breitet man hier auf groben Kieseln aus.

Anfahrt Von Lithakiá fährt man Richtung Kerí und zweigt etwa 2 km außerhalb des Dorfes kurz hinter einer kleinen Kapelle auf ein schmales, gewundenes Asphaltsträßchen ab.

Castéllo: Mit diesem Namen bezeichnen die Einheimischen das Gebiet nördlich von Límni Kerioú. Die meisten Besucher werden von dem besonders schönen Campingplatz angezogen.

• *Anfahrt* Von der Durchgangsstraße nach Kerí zweigt man kurz nach der Abfahrt zum Krónos-Beach nach links zum Campingplatz ab (beschildert).

• *Übernachten* **Camping Tartaruga,** seit mehr als einem Jahrzehnt führen Anna und Veit aus Villach erfolgreich den wohl idyllischsten Platz auf der Insel. Die gepflegte terrassenartige Anlage mit vielen Olivenbäumen zieht sich bis zu einem schmalen Kiesstrand hinab, wo man über eine Leiter ins Wasser eintauchen kann. Ein bunt gemischtes Publikum fühlt sich hier wohl. In einem Restaurant mit toller Lage kann man preisgünstig und lecker essen, vorhanden ist auch ein gut sortierter Minimarkt. Im

Frühsommer lassen sich vom Strand aus die im glasklaren Wasser schwimmenden Schildkröten hervorragend beobachten, Veit leiht Interessierten auch mal sein Fernglas aus. Pro Person 5 €, Auto 2,80 €, Stromanschluss 3,20 €, Zelt und Wohnwagen je 4,20 €, Wohnmobil 7 €. Vermietet werden auch einfache, aber komplett eingerichtete Bungalows. Geöffnet von April–Oktober, auf Anfrage auch darüber hinaus. ✆ 2695051967, 📠 2695053023.

Im Hafen von Límni Keriоú

Límni Keriоú

Um den hübschen Fischerhafen des gegenüber der Insel Marathoníssi gelegenen Bergdorfes Kerí sind in den letzten Jahren einige Tavernen und kleinere Anlagen entstanden. Auch hier fasst der Pauschaltourismus allmählich Tritt, doch die Kapazität des bescheidenen, kleinen Kiesstrandes im Ort ist begrenzt. Richtig voll ist er nur im Hochsommer.

Neben der angenehmen Atmosphäre machen die Ausflugsmöglichkeiten in die Umgebung Límni Keriоú zu einem interessanten Standort. Das sehr ursprünglich gebliebene Bergdörfchen **Kerí** (s. S. 209) lockt mit schönen Wanderzielen. Am Hafen werden Bootstouren nach **Marathoníssi** (s. S. 157) und zu den **Höhlen von Kerí** (s. u.) angeboten. Wer gerne auf eigene Faust die umliegenden wunderschönen und ganz einsamen **Badestrände am Kap Marathiá** erkunden möchte, mietet sich am besten ein kleines Motorboot. Badefreunden sei der nahe gelegene, von zwei Felsen eingerahmte Marathiá-Beach empfohlen, den man in einem etwa halbstündigen Fußmarsch erreichen kann. Und auch wer sich fürs Tauchen interessiert, ist in Límni Keriоú genau richtig. Die freigegebenen Reviere sind nahe, deshalb haben sich hier auch zwei Tauchschulen angesiedelt. Schon allein für die Anfahrt zu dem kleinen Hafenort sollte man sich Zeit nehmen, führt sie doch auf einem gewundenen Sträßchen durch weite Olivenhaine. Die z. T. uralten Bäume, deren knorrige Stämme einen

Durchmesser von einem Meter und mehr erreichen, stehen so in Reih und Glied, dass man oft den Eindruck hat, in Alleen hineinzuschauen. Am Ende weitet sich der Blick auf die Bucht von Límni Kerioú und die angrenzende schilfbewachsene Ebene mit ihren Entwässerungskanälen. Bevor Sie hinunterfahren, sollten Sie in dem Panoramarestaurant Anemómilos einen Stopp einlegen und die Aussicht genießen.

Die Pechtümpel des Herodot

Der weit gereiste antike Geschichtsschreiber Herodot berichtet bereits im 5. Jh. v. Chr. ausführlich von diesem eigenartigen Naturphänomen, den sogenannten "Pechquellen von Kerí", die sich im heute noch versumpften Teil der Küstenebene von Límni Kerioú befanden. Er erwähnt mehrere "Pechseen" und überliefert auch ganz genau, wie man dieses Pech förderte: mit einer Stange, an deren Ende man einen Myrtenzweig band, woran die zähflüssige Masse hängen blieb. Das Pech wurde zunächst in einer Grube gesammelt und dann in große Amphoren umgefüllt. Es war damals ein wertvoller Rohstoff für die Schiffsbauer, die damit die Planken gegen das Meerwasser abdichteten (kalfatern). Angeblich wurden die Pechseen noch weit bis über das Mittelalter hinaus genutzt.

Heute sieht es anders aus als von Herodot beschrieben. Die meisten Quellen sind versiegt, zu sehen ist nur noch ein einziger Pechtümpel, den man zu Ehren des antiken Berichterstatters "Quelle des Herodot" nennt (ein weiterer soll sich im dahinter liegenden unzugänglichen Sumpfland befinden). Blickt man hinein, erkennt man deutlich die schwarze, klumpige Schicht am Grund des ummauerten "Sees", der etwa einen Meter tief ist und einen Durchmesser von knapp zwei Metern aufweist. Mit bereitliegenden Stöcken kann man ein wenig von der klebrigen Masse heraufholen. Auf dem Wasser, das sehr klar und übrigens auch trinkbar ist, treibt ein Ölfilm, ab und zu steigen Gasbläschen auf. Es soll sich dabei, so der Geograph und Griechenlandkenner Alfred Philippson, um Naphtagas handeln, das auch noch an verschiedenen anderen Stellen der Insel austritt. Bei mehreren Probebohrungen nach Erdöl in der Gegend wurde man zwar fündig, aber die Mengen waren so gering, dass sich eine Förderung nicht lohnte. Übrigens: Mit Vulkanismus oder den häufigen Erdbeben, wie viele meinen, haben die Pechseen nichts zu tun.

Sie finden das Naturphänomen an der Straße zum Hafen, unmittelbar hinter den Studios Herodot.

Verbindungen/Ausflüge/Adressen

• *Verbindungen* Bus zweimal täglich über Agalás und Kerí nach Límni Kerioú, von dort in die Chóra zurück. Haltestelle oben an der Abzweigung von der Durchgangsstraße Laganás–Kerí Richtung Hafen.

• *Ausflüge/Wanderungen* Den ganzen Tag über werden Touren zur Insel Marathoníssi angeboten (ca. 10 €). Wer will, lässt sich morgens hinüberfahren und abends abholen.

Das Boot zu den Höhlen von Kerí (s. u.) fährt je nach Bedarf, am Nachmittag in der Regel seltener als am Morgen. Dauer ca. 2,5 Stunden, Preis 12 €. Die Tickets werden am Hafen oder z. B. in dem Touristshop von Spíros und Andrea (s. u.) verkauft.

• *Auto-/Zweiradvermietung* Autos und Bikes werden vom **Kerí Tourist Center** und vom Besitzer der **Studios Kiprianós** vermittelt.

• *Einkaufen* Das Nötigste und etwas mehr findet man in Límni Kerioú ohne Mühe. Eine **Bäckerei** und mehrere gut sortierte **Minimärkte** liegen ca. 100 m vom Meer entfernt an der Stichstraße, die zur großen Verbindungsstraße Laganás–Kerí hochführt.

Kerí Tourist Center, ganz in der Nähe vom Anlieger führen Andrea aus Deutschland und Spíros ein gut sortiertes Geschäft, in dem es neben hübschen Souvenirs, Badeutensilien etc. auch eine Auswahl an deutschsprachigen **Zeitungen** gibt. Außerdem übernehmen die beiden noch jede Menge andere Funktionen: Fahrzeugvermietung, Zimmervermittlung, Verkauf von Tickets für die Ausflugsboote etc. ✆ 2695041315.

• *Tanken* Eine Tankstelle findet man an der Stichstraße, die von der Verbindungsstraße Laganás–Kerí abzweigt.

• *Telefonieren* In der Mitte der Bucht kann man von einem Kartentelefon aus die Lieben daheim anrufen.

Tauchen/Tret- und Motorboote

• *Tauchen* Zwei Tauchschulen bieten Schnupper- und Anfängerkurse und die Abnahme verschiedener Zertifikate an. Mehrmals täglich wird man mit Booten zu einigen der etwa 30 Tauchplätze in der Umgebung gebracht und kann in Grotten, Spalten und an Steilabfällen und Riffen wunderschöne Unterwasserlandschaften und ihre Bewohner beobachten.

Nero Sport Diving Center, beim Lokal Patári. Etwas vom Strand zurückversetzt betreibt Peter Mohr seine Basisstation. Sehr differenziertes Angebot, so kann man sich hier auch im Nachttauchen oder Strömungstauchen kundig machen. Tauchausbildung nach CMAS oder PADI, wer erst mal nur einen Versuch machen möchte, bucht einen Schnupperkurs zum Preis von 36 €, Equipment kann geliehen werden. Die Tauchschule vermittelt auch Flug, Unterkunft und Verpflegung. ✆ 2695028481, ✆ 269 5049125. Kontaktadresse in Deutschland (Winter): Nero Sport, Im Reitwinkel 32, 45661 Recklinghausen, ✆/✆ 02361/32041.

Turtle Beach Diving Center, direkt neben der Taverne Nikólaos. Auch hier werden die unterschiedlichsten Kurse angeboten. ✆/✆ 2695048768.

• *Tret- und Motorboote* Bei zwei **Wassersportcentern** kann man Tretboote und 8-PS-Motorboote leihen und mit ihnen die umliegenden Strände erkunden. Pro Stunde bezahlt man zu zweit 15 €, für 2 Stunden 25 €, für 3 Stunden 35 €. Außerdem werden hier **Sonnenschirme** und **Liegen** verliehen.

Übernachten/Essen und Trinkem

• *Übernachten* **Harmony,** A-Kat., oberhalb der Küste liegt das angenehme Haus mit 28 Studios (2 bis 3 Personen) und Apartments (bis zu 5 Personen). Von den schmiedeeisernen Balkonen hat man einen tollen Blick über die Bucht und auf Marathoníssi, alle Schlafräume sind mit AC ausgestattet. Den Gästen stehen ein schöner Pool, ein kleines Restaurant und eine Snackbar zur Verfügung. ✆/✆ 2695049317.

Kiprianós, sehr auffallendes neues Gebäude an der Zufahrtsstraße nach Límni Keríoú, vom Strand etwa 10 Fußminuten entfernt, in dem sich deutschsprachige Pauschal- und Einzelreisende wohl fühlen. Der freundliche Kóstas Libéris bietet 13 gepflegte und komplett eingerichtete Studios mit Fan oder AC (für 2–3 Personen) und 6 Apartments (für 4 Personen) an. Zu zweit bezahlt man 20–44 €, ein Apartment kostet bis zu 76 €, auf Wunsch wird in der dazugehörigen Bar auch Frühstück serviert. ✆ 2695048780, ✆ 2695049146.

Studios Herodot, nahe der Pechquelle an der Straße zum Hafen gelegen, ruhig. Die freundlichen Zimmer mit Bad, Kochnische und kleinem Balkon in dem hellblauen, von Bananenbäumen umgebenen Haus kosten zwischen 20 und 45 €, die Apartments (bis 80 €) sind für Familien geeignet. Dem netten Besitzer gehört auch der nebenan liegende Kiosk. Besonders stolz ist er auf den kleinen Pavillon, den er um die Pechquelle gebaut hat. ✆/✆ 2695048792.

Minimarkt The River, der Eigentümer dieses Geschäfts am östlichen Ende der Bucht hat in einem hübschen Gebäude am Rande der Bucht 10 DZ zum Preis von 30–50 €, mehrere Dreibettzimmer (20 % Aufschlag) und ein hübsches Apartment (bis zu 5 Betten) zum Preis von 45–75 € zu bieten. Alle Räume sind praktisch und angenehm eingerichtet, zu den unteren gehört jeweils eine Veranda, oben blickt man von Balkonen auf den Hafen. ✆ 2695049147.

• *Essen und Trinken* **Tavérna Pitsolós,** etwas zurückversetzt von der Hafenfront liegt das Lokal an einem kleinen Kanal, auf dem einige Enten herumschwimmen. Angenehmer Familienbetrieb, ganzjährig geöffnet. Gut geschmeckt haben uns das Kaninchen mit gebratenen Kartoffeln und der Salat aus grünen Bohnen. Und auch der Tsatsíki ist zu empfehlen.

Tavérna Nikólaos, bezeichnet sich selbst als Psarotavérna. In dem an der Hafenfront gelegenen Lokal gibt es aber auch Fleisch, z. B. leckere Souvlákia vom Holzkohlengrill und saftige Koteletts. Viele Einheimische kommen gerne zum Essen hierher, sonntags ist es oft brechend voll.

Kerí Restaurant, hübsch aufgemachter Platz für einen stilvollen Frappé bzw. für die Happy Hour – man genießt dabei nicht nur die dezente Musik im Hintergrund, sondern auch den Blick auf die weite Bucht von Laganás. Aber auch das Essen ist empfehlenswert – probieren Sie das Moussaká.

Marathiá

Für die Bucht von Laganás völlig untypisch ist der recht große Strand mit weißen Kieselsteinen am gleichnamigen Kap. Oberhalb davon stehen einige Häuser. In dem glasklaren Wasser lässt es sich wunderbar baden, zudem geht es hier noch sehr viel ruhiger zu als an den Sandstränden. Da der Beach nicht allzu steil abfällt, ist er für größere Kinder geeignet. Ein Sonnenschirm- und Liegenverleih ist vorhanden.

• *Anfahrt* Vom Hafen in Límni Kerioú geht oder fährt man zunächst steil aufwärts, dann eben weiter in Richtung Kap Marathiá. An der Taverne O Marathiós führt ein Pfad abwärts zu großen Klippen, auf denen man sein Handtuch ausbreiten und sich sonnen kann. Wem das zu unbequem ist, der geht/fährt auf der Straße weiter bis zur zweiten Taverne (To Vótsalo) und folgt von dort einem 200 m langen, steilen Fußweg hinab zum Kiesstrand. Allzu spät sollte man am Nachmittag aber nicht kommen, denn die Felswände werfen früh Schatten.

• *Übernachten* Einige Möglichkeiten, vor allem Griechen mieten sich hier gerne ein.

Villa Meltémi, zwischen Marathiá und Límni Kerioú liegt die gepflegte terrassierte Anlage oberhalb vom Meer. Sie bietet gut ausgestattete Apartments, in denen auch Familien unterkommen können. Zu zweit bezahlt man je nach Saison 36 bis 60 € ✆/℻ 2695048707.

• *Essen und Trinken* **O Marathiós,** von der kleinen Terrasse hat man einen wunderschönen Blick auf die im Meer liegende riesige "Schildkröte" Marathoníssi. Auch das Angebot kann sich sehen lassen, gerne isst man hier frischen Fisch.

To Vótsalo, um die Mittagszeit ist es hier oft gar nicht so einfach, einen Platz zu finden, schließlich macht Baden hungrig, und der Strand liegt direkt unterhalb der Taverne. Hübsches Ambiente auf der aus Kieselsteinen gemauerten Terrasse, und auch die Küche des Hauses bietet einiges.

Höhlen von Kerí

Vor allem dann, wenn man keine Gelegenheit hat, den "Blauen Grotten" am Kap Skinári einen Besuch abzustatten (s. S. 250), sollte man sich diese Tour nicht entgehen lassen. Dabei bekommt man faszinierende Felsformationen an der Steilküste zu sehen, z. B. riesige Bögen, unter denen die Boote z. T. hindurchfahren. Dann tuckert man in einige der Höhlen hinein, manche weisen ein phantastisch blaues Licht auf. Höhepunkt ist jedoch das Bad in dem klaren Wasser. Badesachen also nicht vergessen! Hinweise zu Anbietern und Preisen siehe unter "Límni Kerioú/Ausflüge/Wanderungen" auf S. 163.

Beeindruckende Felsen am Südwestzipfel der Insel

Das Nonnenkloster Elefheótria in Macherádo

Der Osten: das Flach- und Hügelland

Üppig grün zieht sich von der Bucht von Laganás bis nach Alikés und Katastári ein ausgedehntes Tiefland, in dem auch Zákynthos-Stadt liegt. Doch wer in der ausgesprochen fruchtbaren Ebene nur langweilige Felder erwartet, wird angenehm überrascht, denn die Natur sorgt mit wunderschönen Buchten und Stränden an der Küste und einer von Dörfern gekrönten Hügelkette fast unmittelbar dahinter für Abwechslung. Und auch in den kleinen Bauernorten westlich davon, am Fuße des mächtigen Kalkgebirges, gibt es einiges zu entdecken.

Kaum ein Fleckchen Erde wird hier nicht landwirtschaftlich genutzt: Olivenhaine, Weinberge, Orangen-, Zitronen- und andere Obstbäume, so weit das Auge reicht. An vielen Häusern hängen Schilder mit der Aufschrift "Wein zu verkaufen", zwei große Kellereien vermarkten den Rebensaft ganz professionell. Im Sommer sieht man überall neben den vielen Sträßchen auf Netzen zum Trocknen ausgelegte Korinthen. Kein Wunder, dass der Osten die höchste Bevölkerungsdichte aufweist – zählt man die Einwohner der Chóra dazu, leben im Flach- und Hügelland insgesamt zwei Drittel aller Inselbewohner. Wer einmal nachts die Straße von Kilioméno nach Macherádo hinunterfährt, bekommt eine anschauliche Vorstellung davon – fast fühlt man sich angesichts der Lichter an den Anflug auf eine Millionenstadt erinnert.

Dabei leben die Bewohner in kleinen, dicht beieinander liegenden Dörfern, deren Grenzen nur Insider benennen können. Oft wird der eigentliche Kern erst auf den zweiten oder dritten Blick erkennbar, Ortsschilder zeigen nur an, wo die Gemarkung einer Gemeinde beginnt bzw. aufhört. Nach den Zerstörungen durch das Erdbeben von 1953 hatten sich viele Bewohner dazu entschlossen, ihr Haus im Dorf nicht wieder aufzubauen, sondern stattdessen ein neues direkt bei den oft kilometerweit entfernten Feldern zu errichten. Auf diese Weise entstanden die Streusiedlungen, die für die Gegend so typisch sind. Ganz im Westen ziehen sich die Dörfer die unteren Hänge des Vrachíonas-Gebirges empor, damit ja kein wertvolles Ackerland verloren geht.

Viele Touristen zieht es an die traumhaften Badeparadiese entlang der Ostküste. Besonders britische, aber zunehmend auch deutschsprachige Pauschalgäste fühlen sich in den beiden Touristenzentren Plános/Tsilivi und Alikés mit ihren Sandstränden wohl, und immer beliebter werden auch die kleinen Badebuchten, die zwischen diesen beiden Orten liegen. Wo heute Hotels, Tavernen und Supermärkte stehen und das große Geld verdient wird, hat man vor 25, 30 Jahren noch Felder bestellt. Ihre Besitzer galten übrigens einst als arme Schlucker, war doch der Boden nahe der Küste sandiger und oft auch morastig und damit der am wenigsten fruchtbare des Flach- und Hügellandes. Das Blatt hat sich inzwischen gewendet, denn mit neidvollen Augen blicken manche von "oben" oder von "weiter innen" auf die Küstenanrainer, die im Übrigen neben ihrem Hotel, Restaurant etc. oft noch einen kleinen Weinberg sowie einen Olivenhain bewirtschaften.

Hübsches Fischerboot in Alikanás

Routen durch das Flach- und Hügelland

Durch das Gebiet führt ein Gewirr von Straßen, die zum größten Teil von den Briten während ihrer Herrschaft über Zákynthos angelegt wurden. Am uninteressantesten ist die viel befahrene **Durchgangsstraße** von der Chóra nach Katastári, dem größten Dorf der Insel, da sie nur die eher langweiligen Siedlungen Ágios Dimítrios und Ágios Kirikós passiert. Eine schmale, verwinkelte **Küstenstraße** verbindet Plános/Tsiliví mit Alikés. Von ihr zweigen immer wieder Stichsträßchen zu den einzelnen Buchten ab (s. Karte "Strände zwischen Plános/Tsiliví und Alikés" auf S. 176/177). Zwischen diesen Routen verläuft eine **kleine Straße von der Chóra nach Alikés.** Über sie erreicht man die besonderen Schmankerl dieser Gegend, die Weinorte und die Dörfer auf den Hügeln. Auf der **westlichen Straße von Lithakiá nach Katastári** kommt man schließlich durch die Hangdörfer am Fuß des westlichen Kalkberglandes.

Das kleine Felseninselchen Wódi

Plános/Tsiliví

Quirliger Badeort mit traumhaften Stränden und großem Unterhaltungsangebot – eine gute Alternative zu Argássi und Laganás, aber auch hier boomt der Tourismus von Jahr zu Jahr mehr.

Vom stillen Bauernörtchen, dessen Bewohner einst von denjenigen der etwas höher gelegenen Dörfer Tragáki und Kipséli, der damals beliebteren Wohngegenden mit den fruchtbareren Feldern, milde belächelt wurden, hat sich Plános in den letzten Jahrzehnten zum aufstrebenden Ferienort gewandelt. Grund: der zum Ort gehörende Tsiliví-Beach, der sich parallel zu den Häusern von Plános erstreckt. Zu großen Teilen feinsandig und flach abfallend, ist er ideal für Kinder, aber auch für Wassersportler. Hinzu kommt das angenehme Klima, denn aufgrund der im Hochsommer immer mal wieder wehenden Nordwinde empfindet man die hohen Temperaturen als angenehmer als beispielsweise auf der Halbinsel Skopós. Gleichzeitig schützt das am Nordrand der Bucht ins Meer ragende Kap Gaídaros die Badenden vor zu starken Wellen.

Das Zentrum der lang gezogenen Siedlung befindet sich zwischen dem Rathaus und der Bushaltestelle bzw. dem Taxistandplatz, aber auch weiter westlich bestehen an den Zufahrten zu den einzelnen Strandabschnitten Verdichtungen mit guter touristischer Infrastruktur. Als angenehm empfinden viele Besucher die Nähe zu Zákynthos-Stadt, doch dieser Umstand führt andererseits auch dazu, dass insbesondere an den Wochenenden an den Stränden ein ziemliches Gedränge herrscht. Dennoch sind diese (wie auch das Wasser) sehr sauber, wofür sie schon häufig mit der im Rahmen eines europäischen Programmes für Naturschutz vergebenen "Blauen Flagge" ausgezeichnet wurden.

Etwas abseits der Durchgangsstraße kann man im **Maritime Museum** die Entwicklung der griechischen Schifffahrt von der Antike bis zur Gegenwart anhand von detailgetreu gemalten Bildern des Künstlers Antónios Milános nachvollziehen. Dieser sitzt in der Regel selbst an der Kasse und gibt auf Wunsch gerne genauere Erläuterungen zu den einzelnen Bildern. Vielfältige Gegenstände und Darstellungen wie imposante Schiffsmodelle, riesige Maschinenteile, Anker, Waffen, Fotografien, Trachten etc. ergänzen seine Ausstellung. Für Marinefans unbedingt empfehlenswert!

Von vielen unbemerkt bleibt leider das schöne Hinterland von Plános, die Dörfer auf den östlichen Hügeln, in denen die Uhren noch etwas anders gehen. Ein ideales Gebiet für Spaziergänge und Radtouren!

Öffnungszeiten des Museums täglich 9.30–14 und 18–21.30 Uhr. Eintritt 2,40 €, ermäßigt 1,20 €.

Verbindungen/Parken/Adressen

- *Verbindungen* Mit der Inselhauptstadt bestehen häufige **Busverbindungen,** z. T. fährt der Bus weiter an der Küste entlang nach Alikés. Genauere Informationen S. 64. Die Haltestelle befindet sich gegenüber der Bar Reportage. An der Kreuzung bei der Bar warten außerdem oft zwei, drei **Taxis** auf Kundschaft. ✆ 2695048400.
- *Parken* Am ehesten findet man noch einen Platz an den Zufahrten zum Strand.
- *Apotheke* Schräg gegenüber dem kleinen Rathaus bekommt man Aspirin & Co.
- *Ärztliche Versorgung* Drei Arztpraxen sind während der Saison tägl. in den Vormittags- und Abendstunden besetzt (vgl. Plan). Sie sind unter folgenden Telefonnummern erreichbar: ✆ 2695029415, ✆ 2695022105, ✆ 2695024416.
- *Auto-/Zweiradverleih* Es besteht ein überaus großes Angebot, unsere Auswahl macht nur einen Bruchteil der tatsächlich vorhandenen Anbieter aus:

Rent a Car Alexándra, Autos verschiedener Kategorien. ✆ 2695023942 und 2695028914.

Rent a Car Márgaris, im westlichen Teil des Ortes gelegen, vergleichbares Angebot. ✆ 2695044538.

Blue Bird Rentals, ganz in der Nähe. Hier bekommt man sowohl Autos als auch Zweiräder mit und ohne Motor. ✆ 2695027361.

Tsilivi Sport Rental hat gleich zwei Niederlassungen. Auch hier gibt es Fahrräder, Mofas, Motorräder etc. ✆ 2695027447.

- *Geld* Am **Bankomat** gegenüber von Blue Bird Rentals bekommt man mit ec- oder Kreditkarten Bargeld.
- *Kutschfahrten* Gegenüber dem Taxistand warten am Abend Droschken auf Kundschaft, der Preis ist Verhandlungssache.
- *Reisebüros* Dasselbe Bild wie in den anderen Touristenorten. Alle großen Agenturen auf der Insel haben Niederlassungen in Plános/Tsilivi und bieten die bekannten Ausflüge auf Zákynthos, nach Kefaloniá und hinüber zum Festland an. Mit Bussen wird man in die Chóra gebracht, wo die eigentliche Tour dann beginnt. Genauere Informationen zu den Ausflügen finden Sie im Kapitel "Zákynthos-Stadt" auf S. 102. Buchen kann man die Touren z. B. bei **Pélargos,** ✆ 2695023155, **Mamfreda's Tours,** ✆ 2695042110 und **Diónisos Tours,** ✆ 26950 43628.
- *Tankstelle* Im westlichen Ortsteil kann man auftanken.
- *Telefonieren* Mehrere Kartentelefone stehen entlang der Durchgangsstraße.
- *Wäscherei* Wer keine Lust hat, seine Wäsche selbst vom Schmutz zu befreien, bringt seine Sachen ins **Launderette.** Eine Waschmaschinenfüllung kostet 7 €, dasselbe bezahlt man noch einmal, wenn die Wäsche danach auch in den Trockner soll. Täglich 9.30–14 und 18–23 Uhr.

Einkaufen

- *Bäckerei* größeres Gebäude an der Durchgangsstraße, gute Auswahl an Brot und leckerem süßen Gebäck.
- *Lebensmittel* Jede Menge **Supermärkte** sind über den ganzen Ort verstreut. Der größte ist Arkadianós nahe dem Taxistand.
- *Souvenirs* Das übliche Angebot, wer intensiv sucht, findet aber doch vielleicht etwas Hübsches.

Trenta Nove, schöner, kleiner Laden an der zentralen Stichstraße zum Strand. Viele der hier angebotenen Dekoartikel werden von der Besitzerin María selbst entworfen und von ihrem Bruder Denis verwirklicht. Im Angebot außerdem mediterrane Keramik sowie Porzellan, aber auch auf der Suche nach traditionellen Schattenspielfiguren kann man hier fündig werden.

Authentic, der runde Pavillon lenkt die Aufmerksamkeit auf sich. Im Innern findet man ein recht hübsches Sammelsurium aus Schmuck, Keramik, Porzellanpuppen in zakynthischer Tracht und vielem mehr.

Sávvas führt Goldschmuck in recht guter Qualität.

Akrotíri T-Shirt-Factory, ca. 2,5 km außerhalb von Plános, an der Straße nach Krionéri, kann man sich verschiedenfarbige T-Shirts mit vielfältigen Motiven, u.a. natürlich auch mit Schildkröten, bedrucken lassen.

Ceramic Art Studio, in Marinéika, einem kleinen Weiler westlich von Plános (vorbei am Rathaus, geradeaus bis zu Dennis' Pizzeria, dann rechts), bietet Dionysía Avoúri ihre hübschen Keramikwaren, u.a. mit Schildkröten-, Fisch- und Olivenmotiven.

Baden/Wassersport

Insbesondere die Strände im östlichen Abschnitt der Bucht **(Tsiliví Beach)** sind besonders feinsandig, relativ breit und deshalb sehr kinderfreundlich. Der westliche Abschnitt, auch **Paralía Boúka** genannt, besteht aus einem Kies-Sand-Gemisch und ist schmaler. Unterhalb vom **Kap Gaídaros** liegt ein hübscher kleiner Fischerhafen, auch dort kann man sehr schön baden. Überall werden Sonnenschirme und Liegen vermietet, zum Teil gibt es auch Süßwasserduschen.

Für Abwechslung am Strand sorgen ein **Tretbootverleih** und die besonders gut ausgerüstete **Tsiliví-Watersport-Station.** Hier

gilt wieder einmal: Es gibt nichts, was es nicht gibt, und das auch noch in enormer Stückzahl.

Übernachten (siehe Karte oben)

Auch in Plános/Tsiliví dominiert der Pauschaltourismus, vor allem aus Großbritannien und auch aus Mitteleuropa. Insbesondere die Hotels entlang der Durchgangsstraße sind in der Hauptsaison von diesem Kundenkreis nahezu vollständig belegt. Viel schöner und auch ruhiger wohnt man aber ohnehin an den verschiedenen Strandabschnitten, und in einigen Häusern hat man dort auch als Individualtourist gute Chancen, ein Dach über den Kopf zu bekommen.

Hotel Caravel (8), A-Kat., eine der komfortabelsten Unterkünfte auf der Insel, die viele Urlauber während ihres Aufenthaltes wahrscheinlich kaum verlassen, denn es gibt nichts, was es nicht gibt: einen Pool mit großer Liegewiese, einen Tennisplatz, mehrere Restaurants und Bars, einen "Game Room", einen gut sortierten Minimarkt etc. Die 160 geschmackvoll eingerichteten Zimmer verfügen über eine hervorragende Ausstattung (Fön, AC, Kühlschrank), und auch bei den z. T. mit Marmor verkleideten Bädern wurde nicht gespart. Das DZ kostet 137–165 €, inkl. American Breakfast Sehr

freundlicher Service, an der Rezeption spricht man Deutsch, schließlich fühlen sich hier auch viele mitteleuropäische Pauschalurlauber wohl. ✆ 2695045261-64, ℻ 2695045548.

Hotel Phoenix (1), A-Kat., sehr schön und ruhig direkt am Strand gelegen, es lockt aber auch die großzügige Terrasse mit ansprechendem Pool. In den 42 Zimmern kommen hauptsächlich englisch- und deutschsprachige Pauschaltouristen unter. Ein DZ mit AC und Balkon (teilweise Meerblick) kostet inkl. Frühstücksbuffet 68–97 €. Lassen Sie sich einen der im oberen Stockwerk gelegenen Räume geben – dort ist die Aussicht wesentlich besser. Angenehme Atmosphäre. ✆ 2695022483, ℻ 2695022487.

Hotel Strofádes (12), B-Kat., im Jahre 2002 wurde die komfortable Anlage am östlichen Ortsrand von Plános eröffnet. Die freundlich eingerichteten Zweibett-, Dreibett- und Familienzimmer mit Balkon (Meerblick), AC, Fön, Internetanschluss, Pay-TV und Minibar liegen in mehreren Gebäuden um den Pool herum; außerdem gibt es ein Restaurant, zwei Bars und einen Minimarket. Zu zweit bezahlt man 41 bis 103 € inkl. Frühstücksbuffet; ✆ 2695024530-41, ℻ 2695049227.

Hotel Balcony of Zante (10), C-Kat. An der Straße von Akrotíri nach Plános/Tsiliví liegt in traumhafter Lage dieser empfehlenswerte Familienbetrieb. Von den Balkonen hat man einen umwerfenden Panoramablick auf die gesamte Bucht, an den Sandstrand führt eine Treppe hinunter, vom Ortszentrum liegt das Hotel allerdings ca. 2 km entfernt. Die 33 freundlichen, unterschiedlich großen Zimmer (Kühlschrank, AC, die neueren verfügen über großzügigere Bäder entweder mit Dusche oder Badewanne), kosten 35–60 € ohne Frühstück. Für ein Apartment (4–5 Personen) mit Kochnische bezahlt man bis zu 90 €. Ab Mitte Mai geöffnet. ✆/✆ 2695028638.

Hotel Anétis (4), C-Kat., zentral und doch ruhig in unmittelbarer Nähe zum Strand. In all dem Trubel von Plános ist das Haus ein echt uriges griechisches Hotel geblieben, in dem Individualtouristen besonders gute Chancen haben. Die resolute Níki und ihre Familie kümmern sich herzlich um die Gäste ihrer 12 Zwei-, Drei- und Vierbettzimmer. Diese sind zweckmäßig mit Kühlschrank und AC ausgestattet, von den Balkonen hat man Meerblick. Zu zweit zahlt man zwischen 30 und 60 €, Frühstück kostet extra. ✆ 2695028579.

Helen's Studios (9), die nette Eléni Lavránou nimmt in einem länglichen Gebäude an der Straße zum Strand nur Individualtouristen auf. Sie vermietet 5 unterschiedlich große Studios (2–5 Betten) mit Bad, Küche und hübsch begrünten Balkonen. Zu zweit bezahlt man je nach Saison 30–45 €. ✆ 2695 026953 u. 2695044671, ✆ 2695046671.

Domátia Ánna (13), an der Durchgangsstraße, einige Räume sind aber nach hinten gerichtet. Bei Ánna fühlen sich vor allem Familien mit Kindern wohl, ihre geräumigen Wohnungen verfügen nämlich über 4–6 Betten, ausgestattet sind sie mit Bad, Küche und Balkon. Zu viert bezahlt man in der Nebensaison 50, im August 80 €. ✆ 2695049015.

Essen und Trinken (siehe Karte S. 170/171)

Restaurant Majestic (18), im Zentrum von Plános, bietet auf seiner schönen Terrasse ein Riesenangebot vom Frühstück bis zum Abendessen und ist auch deshalb meist sehr gut besucht. Neben Moussaká, Souvláki & Co. gibt es auch viele internationale Gerichte. Beliebt sind vor allem die Crêpes mit verschiedenen Füllungen.

Tavérna Olive Tree (19), schräg gegenüber speist man unter Olivenbäumen in einer alteingesessenen Taverne hauptsächlich Landestypisches. Sehr würzig fanden wir den aus Wurst und Gemüse bestehenden Eintopf Spetsofái und die Muscheln à la Chef.

Restaurant Trenta Nove (5), man sitzt in einem großen Garten unter Eukalyptus- und Nadelbäumen besonders schön und ruhig – wirklich angenehm, dass hier keine laute Musik aus irgendwelchen Bars die Tischgespräche übertönt! Auf der Speisekarte können Sie eine kulinarische Reise durch alle Kontinente unternehmen. Selbstverständlich darf man absolut authentische Küche nicht erwarten, wenn man z. B. italienische Pasta oder ein chinesisches Reisgericht wählt – sicherer fährt man mit den griechischen Speisen. Gut fanden wir z. B. die Papoutsákia (gefüllte Auberginen). Große Auswahl an Salaten.

Tavérna Koúkos (14), trotz Touristentrubel und der üblichen meterlangen Speisekarte ist dieses Lokal immer noch eine bodenständige Taverne geblieben. Bei Familie Koúkos aus Ágios Dimítrios bekommt man leckere zakynthische Gerichte, mehrere Vorspeisenplatten (sehr empfehlenswert der ellinikó Piáto) und Gutes vom Grill wie z.B. das saftige Kotosoúvli oder zarten Oktapódi.

Tavérna by Roxáni and Frank (21), das Lokal mit der kleinen Terrasse hebt sich wohltuend vom üblichen Einerlei ab. Roxáni zaubert in der Küche raffiniert mit Kräutern, Knoblauch und Wein abgeschmeckte Gerichte wie z.B. einen zarten Lammbraten, Frank aus Berlin führt im Sevice das Regiment. Auch von Lesern wurde das Lokal sehr empfohlen.

Restaurant Anétis (3), keine Frage, der Koch in diesem zum gleichnamigen Hotel gehörenden Lokal versteht sein Handwerk. Täglich frisch bereitet er ausgezeichnete zakynthische Hausmannskost zu. Dazu schmeckt der Hauswein, der aus zwei riesigen Holzfässern gezapft wird.

Mános Grill (15), wer mal wieder Lust auf ein deftiges Gýros oder eine würzige Souvláki-Pitta hat, ist in dem kleinen Lokal an der Durchgangsstraße genau richtig.

Tavérna Avgoustís (2), romantisches Plätzchen im westlichen Strandbereich (Paralía Boúka). Auf einer hübschen Terrasse ohne großen Schnickschnack kann man hier sehr gut Fisch und griechische Gerichte aus dem Ofen oder Kochtopf essen.

Old Vineyard Tavérna (7), hinter dem Hotel Caravel liegt oberhalb vom Strand das kleine, unauffällige Lokal, das wegen seiner authentischen zakynthischen Küche einen guten Ruf genießt.

Café Balcony of Zante (10), an der Straße zum Kap Akrotíri spektakulär oberhalb vom Tsiliví-Strand gelegen. Schöner Platz für ein

In den Gärten wachsen süße Melonen

gemütliches Frühstück, einen Snack oder einen Frappé, der hier gerne auch mit Vanilleeis serviert wird. Den tollen Blick auf den Strand und das Felseninselchen Wódi gibt's gratis dazu. Großer Parkplatz neben dem Gebäude.

Nachtleben (siehe Karte S. 170/171)

Es gibt jede Menge Bars, in einigen bekommt man Abend für Abend meist englische Livemusik geboten.

Joker (20), in dieser Dancing-Bar sorgen wechselnde Events wie eine Elvis Clone Show oder Karaoke Night für Abwechslung.

Magdaléna's (17), fungiert tagsüber als Internetcafé, abends gibt's auch hier ein ständig wechselndes Programm wie die unvermeidlichen Karaokeabende. Vielleicht haben Sie ja auch Lust auf eine Shanghai-Night?

Reportage (16), eine der größten Bars mit Diskobetrieb oberhalb der zentralen Kreuzung. In der Hauptsaison ist sie oft proppenvoll.

Planet (11), auffälliges Terrassenlokal an der Durchgangsstraße. Die Auswahl an Cocktails ist so groß, dass man jeden Abend einen anderen schlürfen kann.

Radtour/Wanderung 3: Von Plános zu zwei Hügeldörfern und zurück

Machbar ist die Tour sowohl zu Fuß als auch mit dem Drahtesel. Da man aber ständig zwar meist stille, aber doch durchweg asphaltierte Straßen benutzen muss, schlagen wir Letzteres vor. Man kommt dabei, mal bergauf, mal bergab, in zwei der sogenannten Hügeldörfer, nach Tragáki und Kipséli. Obwohl diese Dörfer nur wenige Kilometer von der Küste entfernt liegen und mit dieser durch zahlreiche Besitzungen verbunden sind, bieten sie ein völlig anderes Bild als die Strandsiedlungen (Genaueres zu Tragáki und Kipséli finden Sie auf S. 189 bzw. S. 191). Zu Fuß benötigen Sie für die 14 km lange Tour ca. 5 bis 6 Stunden, mit dem Rad weniger als die Hälfte. Unterwegs findet man mehrere einfache Kafenía.

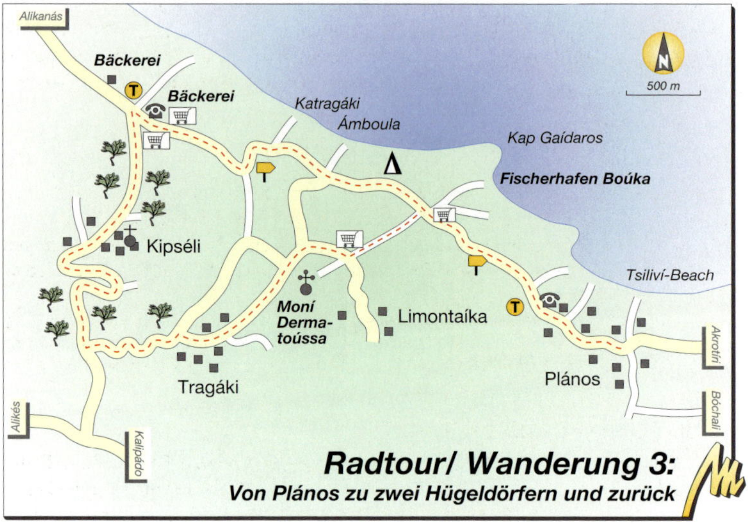

In Plános startet man an der zentralen Kreuzung an der **Bar Reportage** bzw. am **Restaurant Ariadne** und verlässt den Ort auf der Küstenstraße in nordwestliche Richtung. Zunächst verläuft sie eben, erst nach 1,7 km steigt sie beim Ortsschild "Tragáki" (das eigentliche Dorf ist aber noch lange nicht erreicht) allmählich an. Nach weiteren 500 m zweigt man an einer Kreuzung links Richtung Tragáki ab, rechts geht es zum imposanten Kap Gaídaros mit seinem malerischen Fischerhafen. Steil aufwärts gehend/fahrend, erreicht man 700 m weiter eine T-Kreuzung mit einem Minimarkt. Wandert oder radelt man von hier aus auf einem schmalen Weg 200 m weiter aufwärts, gelangt man zu dem verfallenen **Dermatoússa-Kloster.** An dieser Stelle soll einst eine in Leder (Dérma) eingewickelte Marienikone in einem Baum gefunden worden sein.

Die Rundtour führt jedoch an dem **Minimarkt** nach rechts und unmittelbar danach wieder links den Berg hinauf. Etwa 1,5 km weiter – hier trifft ein anderes Sträßchen auf das von Ihnen benutzte – hält man sich halb rechts, und schon bald liegt das Dorf **Tragáki** vor einem. In diesem zweigt man an der kleinen Platía nach links ab, kommt bald wieder zum Ortsausgang und sieht auf dem gegenüberliegenden Hügel schon das nächste Etappenziel, Kipséli, liegen.

Man folgt der steil bergab führenden Straße nach links und erreicht nach ca. 1 km unten in einer Senke eine T-Kreuzung. Hier hält man sich rechts und steigt/fährt zwischen alten, knorrigen Olivenbäumen aufwärts zum hoch gelegenen Dorf **Kipséli.** Gleich am Dorfeingang zweigt man noch vor dem Kafepantopolíon nach links ab, ein Schild mit der Aufschrift "Beach" weist den Weg. Ein wunderschönes gewundenes Landsträßchen führt zwischen z. T. mächtigen Bäumen, die an zwei Stellen sogar einen regelrechten Bogen bilden, ca. 1,5 km abwärts erneut zu einer **T-Kreuzung.** Hier ist mit einem Supermarkt, einer Bäckerei und einem Kartentelefon eine kleine "Versorgungsstation" für die nahe liegenden Strände entstanden. Zweigen Sie nach rechts auf die Küstenstraße ab und folgen Sie 1 km weiter an einer Gabelung den **Hinweisschildern** nach links, die den Weg zu verschiedenen Hotels anzeigen. Bleiben Sie nun immer auf dieser

Straße. Nach weiteren 4 km erreichen Sie wieder Plános.

Alternativ dazu kann man auch an der Kreuzung mit den Hotelwegweisern rechts abbiegen. Auf ganz stillen Wegen kommt man durch kleine Weiler bzw. vorbei an einzelnen Häusern nach Plános; die Tour ist dadurch aber ca. 2 km länger.

Zwischen Plános und Alikanás

Schöne Badebuchten mit sauberen Sand- bzw. Sand-Kies-Stränden reihen sich zwischen dem Kap Gaídaros und dem Kap Agía Kiriakí aneinander. Sie gehören zu den Hügeldörfern und sind teilweise auch nach ihnen benannt. Mittlerweile verfügen sie über eine gute touristische Infrastruktur, es herrscht kein Mangel an Hotels, Tavernen etc.

Anfahrt/Verbindungen Die Busse nach Alikés fahren z. T. auch die Küstenstraße entlang, erkundigen Sie sich in der KTEL-Station in Zákynthos-Stadt danach. Von dieser Hauptstraße führen kurze Stichwege (teilweise durch Hotelhinweise ausgeschildert) zu den einzelnen Stränden hinab.

Ámboula-Beach/Katragáki-Beach

Nur 3 km von Plános entfernt liegt der sehr gepflegte Ámboula-Beach, ein z. T. mit feinen Kieseln durchsetzter Sandstrand. Auch hier weht wieder die "Blaue Flagge" als Auszeichnung für die Sauberkeit von Strand und Wasser. Das Angebot an Wassersportmöglichkeiten ist gut, außerdem werden Sonnenschirme und Liegen verliehen. Etwa 1 km weiter westlich liegt der Katragáki-Beach, ein ruhiger Minikiesstrand, an dem man das Meer noch weitgehend für sich hat.

• *Übernachten (s. Karte S. 176/177)* **Hotel Louis Plágos Beach (16),** Ámboula-Beach. A-Kat., eine der besten Adressen der Insel. Wie überall lässt es die Louis-Kette auch hier nicht an Komfort fehlen. Strahlend weiß ist der Eingangsbereich, die großzügigen 161 Einzel-, Doppel- und Familienzimmer liegen in mehreren Wohngebäuden, ausgerichtet zum Garten oder Meer. DZ 52–132 €, inkl. Frühstücksbuffet. Dafür stehen einem dann aber auch vielfältige Einrichtungen wie Tennisplatz, Billardtische, Videogames, Pool mit Kinderschwimmbecken etc. und ein Animationsprogramm kostenfrei zur Verfügung. ✆ 2695062800-05, 📠 2695062900.

Studios Fiorentinós (12), Katragáki-Beach. Sehr empfehlenswerte Adresse für alle, die gerne abgeschieden und ruhig wohnen. Auf einem hübschen Gelände mit Garten vermietet eine nette Frau aus Tragáki 4 geräumige Studios mit Balkon oder Veranda zum Preis von 35–48 € an Individualtouristen. Viele kommen immer wieder. ✆ 2695063323.

Camping Zante, Ámboula-Beach. An der Küstenstraße gelegen, die Entfernung nach Plános beträgt ca. 2 km. Geführt wird die gut ausgestattete Anlage (Restaurant, Minimarkt) von der netten Eleftheria. Gepflegte sanitäre Anlagen, neue Gemeinschaftsküche mit Waschmaschine, direkter Zugang zu einem kleinen Kiesstrand. Pro Person 4,50 €, Zelt 3,50 €, Auto 3 €. ✆ 2695061710, 📠 2695063030.

• *Essen und Trinken (s. Karte S. 176/177)* **Psarotavérna Ámboula (17),** Ámboula-Beach. Direkt am Strand, von der spektakulären Terrasse hat man einen tollen Blick aufs Meer. Da schmeckt der fangfrische Fisch noch einmal so gut. Empfehlenswert auch das direkt gegenüberliegende **To Kýma (15),** mit vergleichbarem Angebot.

Tavérna Katragáki (14), Katragáki-Beach. Etwas zurückversetzt von der Küstendurchgangsstraße gelegen. Aus der Küche kommt gute Hausmannskost. Lecker fanden wir z. B. das Pastítio.

• *Sonstiges/Ámboula-Beach* Oberhalb des Strandes findet man an der Durchgangsstraße alles für den täglichen Bedarf in einem **Supermarkt** mit Brotverkauf. Dort gibt es auch ein **Kartentelefon** und einen **Briefkasten.**

Pachiá Ámmos Beach

Durch Olivenhaine führt die Stichstraße hinab zum Meer (Schild Hotel Tsámis Zante). Oberhalb der Klippen hat man von der **Ágios-Charálambos-Kapelle** einen wunderbaren Rundblick. Die steinernen Bänke auf dem Vorplatz des Kirchleins werden vor allem bei der jährlichen Feier des Namenstages des Heiligen am 10. Februar genutzt, wenn viele Zakynther hierher kommen.

Oberhalb der Kapelle kann man außerdem einen gut erhaltenen gedrungenen **Wachturm** aus der Zeit der Venezianer bewundern. Unterhalb davon liegt die Paralía Pachiá Ámmos, ein schmaler Sandstrand. Einige Klippen, die Zeugnis eines schrecklichen Ereignisses sind (s. Kasten), setzen malerische Akzente.

• *Übernachten (s. Karte rechts)* **Hotel Tsámis Zante (10),** A-Kat., gepflegte, gut geführte Anlage, in der sich viele deutschsprachige Pauschal- und Individualreisende aufhalten. Der traumhaft über dem Meer liegende Pool entschädigt dafür, dass der Strand nicht der allerbeste der Insel ist. Im Angebot sind komfortable DZ (59–109 € inkl. Frühstücksbuffet) oder Familienapartments (103–149 €). Im Restaurant kann man sich am Buffet bedienen oder á la carte speisen. ✆ 2695062962, ℻ 2695061659.

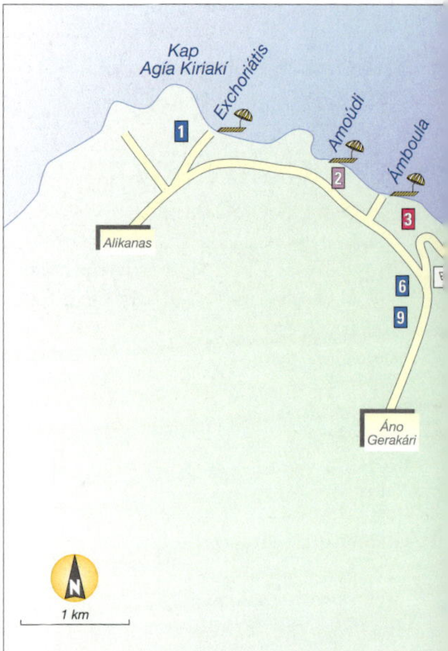

Strände zwischen Plános Tsiliví und Alikanás

Gedenke des Feiertags, dass du ihn heiligst ...

Maróki tou Papá, Steine des Priesters, werden die Klippen auch genannt, denn ein Gottesmann war es, der hier einst fürchterlich für den Bruch des Feiertagsgebotes bestraft wurde. Dieser Pfarrer wollte nämlich an einem Namenstag eines Heiligen mit seinem Boot zum Fischen hinausfahren. Da kam ein frommer Mensch daher und erinnerte ihn daran, dass man an einem derartigen Tag doch nicht arbeiten dürfe. Das interessiere ihn nicht weiter, entgegnete der Papás trotzig, schließlich feiere man nahezu täglich irgendeinen Heiligen, da käme er ja nie zum Fischen. Entschlossen ruderte er los, doch nach wenigen Augenblicken erfasste eine riesige Welle sein Boot, zerbrach es und schleuderte die Stücke an den Strand. Diese wurden wie der Priester selbst zu Stein bzw. zu den Klippen, die Sie hier sehen.

Drossiá-Beach

Unterhalb des Hügeldörfchens Kipséli liegt der sehr schmale Sandstrand, nur an wenigen Stellen wird er etwas breiter. Hier geht es auch noch im August ruhig zu, und in der Nähe gibt es weitere kleine, einsame Badeplätze, an denen man in der Nebensaison oft ganz alleine ist.

• *Übernachten/Essen und Trinken (s. Karte oben)* In vereinzelt zwischen Feldern und Gärten stehenden Häusern werden Studios vermietet. Für Ruhesuchende ein Tipp!

Ilíessa (13), nicht am Strand, sondern 800 m davon entfernt vermieten Chará und Dionýsios Papageorgópoulos fünf idyllisch, mitten zwischen Oliven-, Zitronen- und Granatäpfelbäumen gelegene Steinhäuschen für 2 bis 5 Personen. Von den Veranden hat man einen wunderbaren Blick auf die Küste, die Ausstattung lässt mit Küche, AC, Aufenthaltsraum nichts zu wünschen übrig; tägl. Reinigung. Für ein Häuschen bezahlt man 50–90 €, ✆/℻ 2695061444.

Hotel Beloúsi Beach (7), B-Kat., direkt am Strand werden in einem zweistöckigen Gebäude Studios in unterschiedlicher Ausstattung (35–80 €) und Familienapartments (60–110 €) inkl. Frühstück vermietet. Sehr empfehlenswert ist auch die angeschlossene **Taverne (5)** mit einem großen Angebot an Vorspeisen – die Skordaliá trägt ihren Namen zu Recht, die Kalamares waren wunderbar zart! ✆ 2695061954, ℻ 2695062995.

Psarotavérna Andréas (4), urige Taverne mit gutem Angebot an frischem Fisch direkt am Hauptstrand von Drossiá – ganz so, wie man sich Griechenland vorstellt.

Psaroú-Beach

Ohne Zweifel einer der schönsten Flecken zwischen Plános und Alikanás, der zudem vom Pauschaltourismus noch nicht entdeckt ist. Die erste Zufahrtsstraße (Schild "Kávos") führt zur Anlegestelle für die Fischerboote, von der die Gegend ihren Namen (Fischerstrand) hat. Das weiter nördlich abzweigende Sträßchen endet an einem schmalen Strand mit feinem Sand unterhalb einer malerischen **Marienkapelle**, Liegematten und Sonnenschirm, wenn man beides unbedingt benötigt, muss man noch selbst mitbringen. Im Hinterland breiten sich üppige Felder und Gärten aus.

• *Übernachten* **Camping Paradise,** sehr gepflegter Platz, von Pappeln, Eukalyptus-, Bananen-, Oliven- und Maulbeerbäumen bestanden. Gute Ausstattung (Minimarkt, Taverne, saubere sanitäre Anlagen, Wasch- und Bügelplätze sowie Küchen), der nette Besitzer steht bei Fragen mit Rat und Tat zur Seite. Person und Zelt je ca. 4 €, Wohnwagen 7 €, Stromanschluss und Auto je 2,50 €. ✆ 2695061888. **Zimmer** findet man z. B. an der Zufahrt mit dem Schild "Kávos". Einen guten Eindruck machten die **Studios Kavoú Psaroú,** ✆ 2695062889.

• *Essen und Trinken* Unterhalb der Kapelle Panagía Psaroú sitzt man sehr schön in einer einfachen **Strandtaverne,** die von vielen Griechen zum Fischessen aufgesucht wird, aber auch ein umfangreiches Angebot an Snacks bietet.

Amoúdi/Ámboula-Beach

In derselben großen Bucht, nur durch einen Felsvorsprung von Psaroú getrennt, ist an den beiden schmalen, feinsandigen Strandabschnitten Amoúdi und Ámboula (nicht zu verwechseln mit dem weiter südöstlich liegenden gleichnamigen Beach) eine regelrechte Touristensiedlung mit Hotels, Tavernen, Minimärkten etc. entstanden. Liegen und Sonnenschirme werden vermietet.

• *Auto-/Zweiradvermietung (s. Karte S. 176/177)* Bei **Giant Rentals (2),** am Ende der Siedlung Richtung Alikanás gelegen, gibt es Autos verschiedener Größen sowie Zweiräder mit und ohne Motor. ✆ 2695062637.

Ámboula-Beach – sauber und gepflegt

• *Einkaufen* Gute Versorgungsmöglichkeiten, von Obst bis zur Zahnpasta kann man alles bekommen.

• *Übernachten (s. Karte S. 176/177)* **Remézzo (6),** in dem im Jahre 2000 errichteten Gebäude wohnt man ruhig und doch zentral. Vor dem Haus befindet sich eine großzügige Grünanlage, dahinter ein Olivenhain. Bei der freundlichen Familie kann man entweder in einem Studio (2 Personen, 25–45 €) oder in einer Wohnung (4–5 Personen, 45–70 €) unterkommen. Geräumige, helle Zimmer, schöne Bäder, und auch auf den Balkonen (Meerblick) ist viel Platz. Für Einzelreisende ein absoluter Tipp!
✆ 2695061874 u. 2695063581.

Hotel Kozanós (9), direkt daneben liegt das noch recht neue Hotel von Herrn Kozanós, der mit seinem Pick-up die Gegend mit frischem Obst beliefert. Hier kann man zu ähnlichen Preisen in gut eingerichteten Studios unterkommen. ✆ 2695061260, ✆ 2695063544.

• *Essen und Trinken (s. Karte S. 176/177)* **Restaurant Achílleon (3),** oberhalb vom Strand, angeschlossen ist eine Anlage, in der an englische Pauschaltouristen Studios vermietet werden. Dementsprechend gehören zum Unterhaltungsangebot auch Barbecue- und Quizabende. Auf der Speisekarte stehen neben Pizzen (üppig und lecker!) und Burgern auch griechische Gerichte. Gut z. B. das Kotópoulo foúrnou (Hähnchen aus dem Backofen).

Exchoriátis-Beach

Die recht große Bucht gehört schon zum Gebiet von Alikanás. Am schmalen, von Tamarisken bestandenen Sandstrand mit Sonnenschirm- und Liegenverleih findet man mehrere Tavernen und Unterkunftsmöglichkeiten, einige weitere zudem auch an der Straße oberhalb der Bucht.

Übernachten (s. Karte S. 176/177) **Veléndzas Holidays (1),** größere Anlage auf einem Hügel über der Bucht. Zu haben sind Apartments und Studios. ✆ 2695083561, ✆ 2695083519.

Alikanás

Gesichtsloser Touristenort in der Nachbarschaft von Alikés. Das Zentrum besteht nur aus einer von Tavernen und Bars gesäumten, kurzen Hauptstraße.

Von dort führen Stichwege zum Strand und zu Apartmentanlagen, die nahezu komplett von britischen Pauschalunternehmen ausgebucht sind. Nirgendwo auf Zákynthos hat man es als Individualtourist so schwer wie in Alikanás. Das schönste Plätzchen ist sicherlich der kleine, lebendige **Fischerhafen** bei der Kapelle Agía Kiriakí unterhalb des gleichnamigen Kaps. In diesem Bereich bieten sich auch die besten Bademöglichkeiten.

Verbindungen/Adressen/Einkaufen

- *Verbindungen* Der **Bus** nach Alikés fährt z. T. auch über Alikanás, genauere Informationen siehe S. 64. Zwischen Alikés und Alikanás pendeln in den Abendstunden regelmäßig **Pferdekutschen** hin und her.
- *Ausflüge* Im Fischerhafen von Alikanás starten auch Ausflugsboote zu den Blue Caves und/oder zum Shipwreck-Beach; Dauer der Tour ca. 2 Std., 15–25 €/Person.
- *Auto-/Zweiradvermietung* **Péppas,** von Plános/Tsiliví kommend, liegt das Büro am Ortsanfang. Im Angebot Autos verschiedener Größen. ✆ 2695083010 u. 2695083011.

Iónion Rental, die auf der ganzen Insel verbreitete Agentur hat in Alikanás ihren Sitz an der zentralen Kreuzung. Hier können Sie Autos und Bikes mieten. ✆ 2695083983.
Jet Center, am Ortsausgang Richtung Alikés bieten junge Briten verschiedene Dienstleistungen an, u. a. kann man Fahrräder leihen (ca. 3–6 € pro Tag). ✆ 2695084098.

- *Reisebüro* **Diónisos Tours,** gleiches Angebot wie in den Agenturen in den anderen Touristenorten. ✆ 2695083896.
- *Wäscherei* Im **Jet Center** gibt es u. a. auch einen Laundry-Service. Eine Waschmaschinenfüllung kostet inklusive Trocknen 8 €. ✆ 2695084098.
- *Einkaufen* Neben gut sortierten **Supermärkten** gibt es für die Alltagsversorgung auch eine **Bäckerei.** Probieren Sie einmal die leckeren Blätterteigtaschen (Tirópittes)! In dem Ort finden Sie natürlich auch ein paar **Souvenirgeschäfte:** Hübsches aus Ton bietet z. B. der **Keramikshop** an der Mittelpunktkreuzung. Schönes aus Olivenholz und Schmuck gibt es im **Treasure Shop** im Zentrum des Ortes.

Baden/Reiten

- *Baden* Jenseits der Mole von Alikés beginnt der Strand von Alikanás, der sich bis zum Hafen bzw. bis zur Kirche Agía Kiriakí entlangzieht. Anfangs sehr schmal, wird er allmählich immer breiter und schöner. Am meisten los ist deshalb erst in dem Abschnitt nahe der Kapelle, der nach dieser auch **Paralía Agía Kiriakí** genannt wird. Hier werden auch Sonnenschirme, Liegen und Tretboote vermietet. Man erreicht den Beach, wenn man im Zentrum an der zentralen Kreuzung zum Meer abzweigt. Fährt oder geht man von der Kapelle aus über den Hügel, der im Kap Kiriakí ausläuft, kommt man zum **Exchoriátis-Beach**.
- *Reiten* Das **Alikanás Equestrian Center** verleiht seine Pferde zu Ausritten, pro Stunde zahlen Erwachsene 15 €, Kinder die Hälfte. Buchbar auch bei **Diónisos Tours,** ✆ 2695083896.

Übernachten/Essen und Trinken

- *Übernachten* **Valaís-Hotel,** B-Kat., großer Komplex in ruhiger Lage am Fischerhafen mit Pool, Bar, Restaurant und Minimarket. Ein DZ mit Bad und Balkon (Meerblick) ist hier zum Preis von 48 bis 71 € zu haben; ✆ 2695083223, 📠 2695083748.

Hotel Létsos, C-Kat., mit ca. 100 Zwei-, Dreibett- und Familienzimmern eine der größten Anlagen in Alikanás. Das Zentrum bildet ein großzügiger Pool mit Bar und Restaurant. ✆ 2695083760, 📠 2695083870.

Studios Patrinós, am Ortseingang vermietet der nette Kírios Patrinós (er hat uns glaubhaft versichert, sein Großvater sei aus Pátras auf die Insel übergesiedelt und habe deshalb diesen Namen erhalten) 16 Zwei-, Drei- und Vierbettzimmer mit Kochnische, Bad und Balkon, teilweise auch mit AC, zum Preis von 25 bis 45 €. Für Individualreisende eine empfehlenswerte Adresse; ✆ 2695083753.

• *Essen und Trinken* **Psarotavérna Neráida,** am kleinen Hafen gelegenes Fischlokal; hier sitzt man besonders schön. Aber natürlich gibt es nicht nur Meeresfrüchte, sondern auch griechische und internationale Küche.

The Creedy Greek, im ganzen Umkreis wird für das riesige Restaurant mit internationaler Küche im Zentrum von Alikanás geworben, überall werden Prospekte und Ermäßigungsscheine verteilt. Außer der riesigen Speisekarte, familienfreundlichen Einrichtungen wie Wickeltisch, Spielecke und Kindervideos lockt auch der wöchentliche griechische Abend.

Restaurant Madaléna, an der Hauptstraße gelegen. Das nette Lokal kann immerhin schon auf eine 20-jährige Tradition zurückblicken. Sogar in einer englischen Zeitung ist schon ein Bericht über den Familienbetrieb erschienen; voller Stolz haben ihn die Besitzer im Eingangsbereich ausgehängt. Hier wird typisch griechisch gekocht, auch Vegetarier kommen voll auf ihre Kosten. Sehr empfehlenswert finden wir die gemischte Vorspeisenplatte, die Pikilía.

Catacómbes, schräg gegenüber, im Gebäude einer alten Ziegelei. Abends werden im Obergeschoss schreiend bunte Cocktails serviert, tagsüber kann man im Erdgeschoss alkoholische Getränke einkaufen.

Alikés

Der alte Fischerhafen von Katastári in einer weit geschwungenen Bucht hat sich zu einem beliebten Badeort gemausert, in dem es viel Abwechslung, aber dennoch noch nicht den ganz großen Trubel gibt.

Das Ortsbild wird vor allem durch die **Salinen** geprägt, die wie ein riesiger See jenseits der Küste liegen. Vor etwa einem Jahrzehnt wurden sie stillgelegt, weil die Erträge zu gering waren. Heute lebt man hier nicht mehr vom Salz, sondern nahezu ausschließlich vom Tourismus. Die Klientel des Badeortes ist ein buntes Gemisch: Pauschalgäste aus verschiedenen Ländern, aber auch griechische Urlauber und einige Individualreisende aus ganz Europa. Sind sie abgereist, werden die Läden und Tavernen entlang der Hauptstraße fest verrammelt, denn die Besitzer gehen wieder hoch ins Dorf Katastári und verbringen dort den Winter.

Anziehungspunkt Nummer eins für die Besucher ist natürlich der **breite Sandstrand** mit zwei Molen: Die weiter nördlich gelegene ist älter und kleiner, an der neuen am südlichen Ende können die Ausflugsboote anlegen, wenn sie die Gäste zur Inselrundfahrt abholen. Trotz aller Badefreuden sollte man aber nicht versäumen, einen Spaziergang entlang des von Eukalyptusbäumen gesäumten Flusses Skoúrtis nach Alikanás zu machen. Dabei bekommt man nämlich auch die hübsche **Bogenbrücke aus venezianischer Zeit** zu sehen. Zwischen den Fischerbooten schwimmen ein paar Enten umher, ein Angler versucht von der Brücke aus sein Glück, und im stillen Wasser ist sein Spiegelbild zu sehen – man glaubt sich fast nach Holland versetzt.

Und noch ein Tipp: Die Schönheit der riesigen, von grünen Feldern und Bäumen umrahmten Bucht vor dem bergigen Hinterland kann man nur richtig genießen, wenn man sie von oben betrachtet. Einen tollen Blick auf Alikés hat man von der Terrasse der Nikolauskirche in Áno Gerakári (s. S. 193).

Zwischen dem Meer und den Salinen liegt das Zentrum von Alikés

Verbindungen/Adressen/Einkaufen

• *Verbindungen* Mehrmals täglich fährt der **Bus** von der Chóra über Kallipádo oder entlang der Küste nach Alikés. Genauere Informationen S. 64. Die Busse halten und die Taxis warten an der zentralen Kreuzung nahe der Taverne Ponderosa.

Auch **Pferdekutschen** sind ein beliebtes Transportmittel. Diese sog. "Horse Taxis" warten an der Hauptstraße auf Kundschaft. Man kann die Droschken auch stundenweise für eine Spazierfahrt mieten (ca 15 €).

• *Ausflüge* Dolphin Watersports bietet Bootsausflüge zum **Shipwreck-Beach** (25 €) und zu den **Blue Caves** (15 €) an. Zweimal täglich fährt eine **Touristeneisenbahn** zum Folkloremuseum nach Pigadákia, siehe S. 204.

• *Ärztliche Versorgung* Auch in Alikés ist mittlerweile nahe dem Taxiplatz eine Notfallpraxis eingerichtet worden; ✆ 6978312337.

• *Auto-/Zweiradvermietung* **Dennis Rentals,** die richtige Adresse für Zweiräder mit und ohne Motor. ✆ 2695083298.

Rent a Bike Níkos, auch hier kann man Drahtesel, Roller und Motorräder mieten. ✆ 2695083648 u. 2695083171.

Alikés Rent a Car, im Angebot sind nicht nur Autos, sondern auch motorisierte Zweiräder. ✆ 2695083616.

Péppas Rent a Car hat sich auf Autos spezialisiert. ✆ 2695083010.

• *Reisebüros* Auch in Alikés kann man sich wieder an die von der Chóra aus veranstalteten Ausflüge um und über die Insel "anhängen". Für die Inselumrundung legen die Schiffe bei ausreichender Nachfrage eigens einen Stopp am Hafen von Alikés ein, ansonsten wird man zur allgemeinen Abfahrt in den Hauptort gebracht. Außerdem bieten die Agenturen auch Shoppingtrips nach Zákynthos-Stadt oder Laganás an (3 €/Person).

Diónisos Tours, eindeutig der Marktführer in der Region. Englisches Management, auch die Angestellten und Reiseleiter kommen aus Großbritannien. Neben den üblichen Ausflügen gibt es noch einige zusätzliche Schmankerl, z. B. Fahrten nach Kefaloniá (3x pro Woche, 29 €), Shopping-Trips in die Stadt (12 €), Night Out in Laganás (9 €) u. a. ✆ 2695083156.

Mamfreda's Tours, die auf der ganzen Insel vertretene Agentur hat auch eine Filiale

Strandvergnügen für Groß und Klein

in Alikés mit dem gängigen Angebot. ✆ 2695083522.

• *Einkaufen* Neben vielen gut sortierten Supermärkten, die fast alle auch deutschsprachige Zeitungen verkaufen, sorgt eine Bäckerei für das leibliche Wohl der Urlauber. In den Souvenirshops gibt es das Übliche: Stoffschildkröten, T-Shirts, Olivenölseifen etc.

Baden/Wassersport/Reiten

• *Baden/Wassersport* Familien mit kleinen Kindern kommen besonders gerne hierher zum Baden, denn schließlich ist der dem Ortskern vorgelagerte Strand feinsandig und flach abfallend – man kann wirklich "ewig weit" hinauslaufen. Schaut man dann zurück zum Strand, hat man einen wunderbaren Panoramablick auf das westliche Bergland mit dem lang gezogenen Dorf Katastári. Am Hauptstrand werden Sonnenschirme und Liegen vermietet, außerdem sorgen **Kóstas Watersports** und **Golden Dolphin Watersports** (beide mit fast identischem Angebot) für Abwechslung. Je weiter man nach Norden geht, desto kiesiger wird der Strand – dafür aber auch umso einsamer, so dass man den Blick auf Kefaloniá in idyllischer Ruhe genießen kann.

• *Reiten* Auf dem Pferderücken lässt sich die Umgebung von Alikés gut erkunden. Eine Stunde, auf Wunsch auch unter fachkundiger Begleitung, kostet für Erwachsene 15 €, Kinder zahlen die Hälfte. Buchbar direkt im **Alikanás Equestrian Center** und bei **Diónisos Tours**, ✆ 2695083156.

Übernachten (siehe Karte rechts)

Bungalows Alikés Park (9), A-Kat., riesige Anlage in idyllischer, ruhiger Lage, in der sich viele deutschsprachige Gäste wohl fühlen. In einem lichten Hain aus Pappeln, Oliven- und Eukalyptusbäumen wohnt man bei den netten Brüdern Láttas in kleinen Häuschen (2 Schlafzimmer, eine riesige Küche, Veranda und großzügiges Bad mit Badewanne!) oder in Apartments, die für 3–4 Personen geeignet sind. Den Gästen steht ein Pool mit Kinderschwimmbecken zur Verfügung. Je nach Saison 51–77 €. ✆ 2695083592, ✆/℻ 2695083419.

Hotel Koukounária (13), A-Kat. Etwas zurückversetzt von der Straße nach Katastári steht das hübsche hellgelbe Haus mit Pool,

Bar und "Game Room" zwischen mächtigen Pinien, von denen es auch seinen Namen hat. Die 80 Apartments mit Kühlschrank oder voll eingerichteter Küche, Bad, großem Balkon, AC und 2–6 Betten sind hauptsächlich von Briten belegt. Zu zweit bezahlt man inkl. Frühstück zwischen 40 und 65 €. ✆ 2695083591, ℻ 2695083608.

Konstantínos Beach Hotel (3), B-Kat., hübsches Gebäude am Ortsrand mit direktem Zugang zum Strand, Pool, Strandtaverne und kleinem Kinderspielplatz. Bei dem jungen Kóstas herrscht eine angenehme Atmosphäre. Eines der insgesamt 34 Zwei- oder Dreibettzimmer mit Bad und Balkon (größtenteils Meerblick) ist je nach Saison zum Preis von 63–76 € zu haben, Frühstück gibt's in der hauseigenen Bar gegen Aufpreis. ✆ 2695083060-61, ℻ 2695083062.

Hotel Montreal (4), C-Kat., direkt daneben und in der Qualität durchaus vergleichbar, Pool, schönes Restaurant mit einer von Tamarisken und Palmen gesäumten Terrasse direkt am Meer, in dem u. a. auch kanadische Küche serviert wird – schließlich war Familie Tsoukalás, der Name des Hotels lässt es schon vermuten, lange in Montreal. Ein DZ mit Bad, AC und Balkon (Meerblick) bekommt man hier inkl. Frühstücksbuffet für 60–75 €. ✆ 2695083341, ℻ 2695083342.

Die venezianische Bogenbrücke von Alikés

Hotel Astoria (5), C-Kat., zentral gelegen und mit direktem Zugang zum Strand. Das moderne Hotel mit Restaurant, Minimarkt und gemütlicher Rezeption ist besonders bei englischen Gästen sehr beliebt. Die Zimmer sind mit Teppichboden ausgelegt und mit Bad, AC, Kühlschrank und TV gut ausgestattet. Von den Balkonen hat man teilweise Meerblick. Zu zweit bezahlt man 72 bis 92 €. ✆ 2695083533, ℻ 2695083572.

Hotel Iónion Star (17), C-Kat. Am Ortseingang liegt der nüchterne Bau, in dem man aber angenehme Zimmer mit Bad, Kühlschrank, AC und Balkon (Meerblick) bekommen kann. Bei Sokrátis Goussétis legt man in der Hochsaison für ein EZ 36 €, zu zweit 51 € auf den Tisch, Frühstück jeweils inklusive. ✆ 2695083416, ℻ 2695083173.

Hotel Astéria (11), D-Kat. Über der gleichnamigen Taverne werden von Familie Piskopós einfache DZ mit Bad, Kühlschrank und Balkon zum Preis von 30–40 € vermietet, das Meer hat man direkt vor der Nase. Das Hotel ist zwar pauschal buchbar, dennoch haben hier Individualreisende noch recht gute Chancen, ein freies Zimmer zu bekommen. ✆ 2695083203 u. 2695084059.

Hotel Galíni (16), D-Kat. Mitten im Ortskern führt seit 20 Jahren ein älteres Ehepaar das kleine, leuchtend rosa getünchte Hotel, in dem man zum Preis von 20–38 € in einem der 14 einfachen Doppel- und Dreibettzimmer mit Bad, Kühlschrank und kleinem Balkon unterkommen kann. Frühstück bekommt man gegen Aufpreis in der benachbarten Bar, die den Besitzern auch gehört. ✆ 2695083264.

Camping Alikés Papágou (1), nördlich des Ortes befindet sich der einfache Platz mit direktem Zugang zum Strand, Olivenbäume sorgen für Schatten. In einer Bar kann man frühstücken oder einfache Snacks bestellen. Der Platz verfügt außerdem über saubere sanitäre Einrichtungen, Waschplätze und Küchen. Person und Wohnwagen je 4,50 €, Zelt und Stromanschluss je 4 €, Auto 2,50 €, in der Nebensaison wird ein deutlicher Nachlass gewährt. ✆ 2695083233.

Essen und Trinken (siehe Karte S. 183)

Griechische Küche mit internationalem Einschlag – so könnte man das Angebot in Alikés zusammenfassend charakterisieren.

Restaurant Ambrosía (10), mitten im Geschehen sitzt man in diesem bei Touristen sehr beliebten Lokal, von der Dachterrasse kann man fast den ganzen Ort überblicken.

Umfangreiche Speisekarte mit interessanten Fischgerichten.

Casa Nostra (8), ganz in der Nähe. Die klassische Pizzeria darf auch in Alikés nicht fehlen. Neben leckeren Pizzen gibt es eine recht gute Auswahl an Pastavariationen.

Tavérna Astéria (12), direkt am Strand finden Sie diesen alteingesessenen Familienbetrieb. Auf einer schattigen Terrasse kann man zwischen griechischen Gerichten, verschiedenen Pizzen und Sandwiches auswählen, auch das Angebot an Kindermenüs kann sich sehen lassen. Empfehlenswert z. B. das leckere Moussaká.

Tavérna Ponderosa (15), das kleine Terrassenlokal im Zentrum bietet den typischen Mix aus griechischer und internationaler Küche, ein Kleftikó kann man z. B. auf Wunsch mit Pellkartoffeln bekommen! Bei unserem Besuch war gerade ein Lammbraten im Ofen und verströmte einen verführerischen Duft.

Restaurant Fantasía (14), riesiges Lokal an der Straße nach Kastatári mit dem Flair der "guten alten Zeit". Der Wirt sitzt an der Kasse, auf der Speisekarte stehen v.a. griechische Gerichte, aus den Lautsprecherboxen ertönen wunderbare Bouzoúkiklänge. Und es schmeckt – wir waren vom Moussaká ganz begeistert.

Tavérna Apóllon (2), gut besuchtes Lokal am nördlichen Ortsrand, in dem viel Ausgefallenes serviert wird. Großes Angebot auch für die erste Mahlzeit des Tages. Wie wär's z. B. mal mit Pancakes with Lemon & Sugar? Neben fettarmen Fleischgerichten, z. B. Truthahn oder Rind, gibt es auch einiges Leckere für Gemüsefans.

Tavérna Anatolikós (7), ein weiteres Strandlokal, besonders mittags ist hier in der Hochsaison eine Menge los. Üppige Portionen, von der Vorspeisenplatte wird man zu zweit so satt, dass man das Hauptgericht ausfallen lassen muss. Die Küche ist sehr auf den europäischen Geschmack abgestimmt. Wer gerne Süßes mag, sollte die Spalte mit den Nachtischen studieren!

The Terrace (6), in dem kleinen Laden gibt es gutes Gebäck und leckeres Eis.

Früchte im Überfluss

Die Wein- und Hügeldörfer

Abgesehen von Kallipádo mit seiner gut besuchten Weinkellerei bekommen die Orte entlang dieser Route kaum Touristen zu sehen. Schade eigentlich, denn sie sind noch recht ursprünglich, auch die hügelige Landschaft ist ausgesprochen reizvoll und bietet z. T. grandiose Ausblicke.

In diesen Weilern jenseits der Nordostküste – z. T. liegen sie in der Ebene, z. T. thronen sie richtiggehend oben auf den Hügeln – kann man wunderschöne alte Kirchen entdecken, in urigen Kafenía sitzen, auf einer Platía dem beschaulichen Dorfleben zuschauen oder an idyllischen Plätzen, wie man sie im Urlauberrummel der Küste vergeblich sucht, einfach die Seele baumeln lassen. Zudem: Wer die Vielfalt von Zákynthos wirklich erfahren möchte, sollte auf diese Tour, die man mit einem motorisierten Fahrzeug gut an einem halben Tag schaffen kann, nicht verzichten.

Die Korinthen werden zum Trocknen in der Sonne ausgebreitet

Korinthen

Fährt man im August/September durchs Flach- und Hügelland, sieht man sie überall vor den Häusern ausgebreitet, die Korinthen von Zákynthos. Ursprünglich aus der Region Achaía auf dem Peloponnes stammend, traten sie seit der Mitte des 16. Jh. ihren Siegeszug auf der Insel an. Die venezianischen Herren sahen dies übrigens gar nicht gerne, denn danach ging der Getreideanbau dramatisch zurück – die Korinthen brachten den Bauern viel mehr Profit.

Man gewinnt sie aus kleinen, kernlosen, schwarzblauen, äußerst süßen Trauben. Wenn diese ganz reif sind, erfolgt im August die Lese. Dann werden sie auf einem viereckigen Holzgestell, manchmal auch nur auf einer großen Plane oder einem engmaschigen Netz ausgebreitet, wo sie ungefähr 20 Tage in der heißen Sommersonne trocknen. Selbst ein kleiner Regenschauer, was zum Glück zu dieser Jahreszeit ganz selten passiert, schädigt die ausgelegten Früchte und drückt ihren Preis erheblich. Wenn sie ihre Feuchtigkeit weitgehend verloren haben, werden sie mit Hilfe spezieller Maschinen gereinigt bzw. von Stängeln und Blättern befreit. Früher machte man das übrigens mit einer Art Besen, mit dem man sie stundenlang umrührte. Anschließend werden sie in Säcke verpackt und zur Genossenschaft gebracht. Schon seit dem 16. Jh. wurden in Großbritannien Korinthen aus Zákynthos eingeführt, damals machte man aus ihnen sogar Wein. Heute werden sie vorwiegend in die EU-Staaten exportiert. Ein Bauer bekommt übrigens für ein Kilogramm gerade mal etwa 80 Cent.

• *Verbindungen* Am besten sind Sie mit einem Mietauto oder Bike unterwegs. Denn der **Bus** aus Zákynthos-Stadt hält nur in Vanáto sowie in Kallipádo und fährt dann unterhalb der Hügeldörfer zu seinem Ziel Alikés weiter. An dieser Durchgangsstraße gibt es mehrere Haltestellen. Eine Fahrt mit dem **Taxi** von Plános/Tsiliví nach Tragáki kostet etwa 4 €, für die Strecke von Alikés nach Áno Gerakári zahlt man ca. 5 €.

• *Anfahrt* Von **Zákynthos-Stadt** fährt man zunächst nach **Bóchali** hinauf und folgt der Straße jenseits des Hügels abwärts ins Tiefland nach **Gaitáni,** das durchweg aus neuen Häusern besteht und touristisch wirklich nichts zu bieten hat. Biegen Sie deshalb nicht nach links in den Ortskern hinein ab, sondern fahren Sie weiter geradeaus, vorbei an einer großen Schule, nach **Vanáto.**

Wer in **Plános/Tsiliví** startet, fährt dort die Hauptstraße entlang Richtung Zákynthos-Stadt und hält sich an der Abzweigung nach Bóchali geradeaus (siehe Ortsplan auf S. 170/171). Vorbei am Hotel Pétros fährt man aus dem Ort. Auf einer schmalen Straße geht es in westliche Richtung weiter, dabei hält man sich an allen Abbiegemöglichkeiten stets geradeaus. Nach ca. 2 km stößt man am Ortseingang von **Gaitáni** auf die Straße nach **Vanáto.** Hier biegt man rechts ab.

Vanáto

Die Häuser dieses typischen zakynthischen Weindorfs liegen weit verstreut zwischen Reben und Olivenhainen. Nahezu jede Familie produziert hier eigenen Wein. Eine **kleine Kellerei am Ortseingang** verkauft einen wirklich guten Tropfen und dazu hübsche Becher und Krüge aus Ton, die zu dem kräftigen Rebensaft passen. Seit über 100 Jahren stellt Familie Moúsoura Wein auf völlig natürliche Weise her und lässt ihn heute wie damals in riesigen Eichenfässern reifen. Will man von der Kellerei aus noch einen Abstecher in die Streusiedlung hinein machen, fährt man geradeaus (die Durchgangsstraße führt nach links). Auf schmalen Wegen kommt man u. a. zum urigen Gartenlokal O Plátanos, das mitten zwischen Weinbergen liegt, in dem aber erst abends Essen serviert wird.

• *Öffnungszeiten der Weinkellerei* täglich vormittags und ab dem frühen Abend. Die nachmittägliche Siesta ist den Moúsouras heilig.

• *Essen und Trinken* **Psistariá O Plátanos,** nach einer immerhin 130 Jahre alten, mächtigen Platane ist das schöne Lokal benannt. Abends kommen viele Einheimische zum Essen hierher, denn die Grillgerichte, die hier auf den Tisch kommen, genießen einen vorzüglichen Ruf. Auch wir waren mit den Lammkoteletts sehr zufrieden. Am Tag freut sich der stets gut gelaunte Wirt aber auch über Gäste, die mit ihm ein Gläschen seines Hausweins oder ein Tässchen Kaffee trinken. Dann hat er nämlich mal wieder Gelegenheit, Inselschnurren aus vergangenen Tagen zu erzählen. Wer sich zudem für die Ereignisse des Zweiten Weltkrieges auf Zákynthos interessiert, ist bei ihm an der richtigen Adresse.

Kírios Moúsouras ist stolz auf seinen Wein

Kallipádo

Das auf den ersten Blick etwas verschlafen wirkende Straßendorf hat bei näherem Hinsehen einiges zu bieten. Insbesondere Freunde des Rebensaftes kommen auf ihre Kosten, hat doch hier die größte private Kellerei der Insel, das Weingut Callínico, ihren Sitz.

Der Großvater des jetzigen Besitzers baute sie einst auf. Geräte aus der Anfangszeit des Betriebs und den folgenden Jahrzehnten kann man in einer **kleinen Ausstellung** anschauen: riesige Körbe, mit denen die Trauben früher aus den Weinbergen herausgeschleppt wurden, eine gewaltige Presse, die traditionellen Eichenfässer, Maschinen, die das Verkorken und Ettiketieren der Flaschen erleichterten und anderes mehr. In dem hallenartigen Raum dahinter, in dem ein süßlicher Geruch den Gast fast betäubt, sieht man, wie die Weine heute in Alufässern lagern und die Flaschen maschinell gefüllt und verschlossen werden. Callínico produziert jährlich ca. 400 Tonnen verschiedene Rot-, Rosé- und Weißweine, auch zuckersüße Dessertweine sind zu haben. Eine kleine **Weinprobe** (kostenfrei) lohnt sich schon deshalb, weil man hier auch Weine kosten kann, die es nicht in den einschlägigen Geschäften der Insel zu kaufen gibt.

Ziemlich versteckt liegt die hübsche Johanneskapelle

Anfahrt/Öffnungszeiten Gleich am Ortseingang (von Zákynthos-Stadt bzw. Vanáto kommend) zweigt man nach links ab (beschildert) und kommt so auf den Hof der Kellerei. Geöffnet ist sie täglich außer So von 9–21 Uhr. Kein Eintritt für die Ausstellung.

Wer nicht nur Spaß am Wein, sondern auch an alten Kirchen hat, sollte das Dorf nach dem Besuch der Kellerei noch nicht verlassen. Fahren Sie auf der Hauptstraße ortseinwärts und biegen Sie nach der Schule (auf der linken Straßenseite ist eine Apotheke) nach rechts ab. Sie steuern nun auf die Pfarrkirche Ágios Sotíris zu. Aber nicht sie ist besonders interessant, sondern vielmehr die dahinter in einem Blumengarten stehende, mehrere hundert Jahre alte **Johanneskapelle** (Ágios Joánnis). Einst war sie im Privatbesitz einer angesehenen Adelsfamilie, die zur Zeit der Venezianer vorwiegend in militärischen Diensten tätig war. Glücklicherweise wurde das im barocken Stil erbaute Gotteshaus durch das Erdbeben von 1953 nicht allzu sehr zerstört, so dass man heute noch die mit Gold überzogene geschnitzte Ikonostase und die Bilder im italienischen Stil bewundern kann. Wenn die Kirche verschlossen ist, fragen Sie im Dorf nach dem Popen.

Will man noch ein wenig die Gegend erkunden, kann man von der Kapelle aus weiter geradeaus fahren und dann nach links auf ein schmales Sträßchen zur hoch

In den Hügeldörfern gehen die Uhren noch anders

gelegenen **Kirche Móni Spiliás** mit ihrem futuristisch anmutenden Glockenturm abbiegen. Ihr Name kommt von einer kleinen Höhle (Spiliá) in der Nähe, in der man einst eine Panagía-Ikone gefunden hat. Früher befand sich hier ein Kloster, was auch verständlich ist, denn von hier oben hat man einen wunderbaren Ausblick. Wenn Sie auf dem Rückweg an der Johanneskapelle links und gleich danach wieder rechts abzweigen, kommen Sie zu einer einfachen Ouzeri bzw. zu einem **Kafeníon,** wo man Ihnen gerne ein Tässchen Kaffee oder einen Oúzo mit einem leckeren Mezé als Beigabe serviert. Touristen werden Sie hier kaum antreffen.

Weiterfahrt Fahren Sie von hier aus wieder auf die Durchgangsstraße und biegen Sie 1 km nach Kallipádo nach rechts ab (Schild "Kipséli"). Wenn Sie sich an der folgenden T-Kreuzung wieder rechts halten, erreichen Sie Tragáki.

Tragáki

Ein besonders liebenswerter Ort ist dieses kleine Dörfchen am Hang des Kavalláris-Hügels. Die ca. 400 Bewohner leben aufgrund ihres Landbesitzes an der Küste zwar teilweise auch vom Tourismus, hier oben bleibt man jedoch, abgesehen von ein paar Kurzbesuchern, unter sich. Weitgehend noch unverfälschtes Dorfleben und einige interessante Gebäude bekommt man bei einem kurzen Spaziergang durch Tragáki zu sehen.

Kommt man von Kallipádo, kann man gleich am Ortseingang einen tollen Panoramablick auf das gegenüberliegende Hügeldörfchen Kipséli und die Ostküste genießen. Achten Sie auch auf die vielen Granatäpfel-, Orangen- und Zitronenbäume, die sich hier den Hang hinunterziehen. Auf der stillen Hauptstraße kommt man dann, vorbei an der nach dem großen Erdbeben errichteten **Panagía-Kirche,** zu einem durch eine große Freitreppe auffallenden uralten Gebäude. Durch die geöffnete Tür können Sie erkennen, dass es sich um ein für zakynthische Dörfer so typisches

Das Leben geht seinen geregelten Gang

Kafepantopolíon handelt. Die Männer palavern, zocken oder schweigen miteinander. Ab und zu kommt eine Hausfrau herein und kauft ein Paar Socken ein, einen Besen, Papiertaschentücher oder ein Stück Käse. Der nette Athanásis freut sich übrigens sehr über Gäste. Setzen Sie sich einfach zu den Männern dazu – bestimmt wird man Sie bald neugierig ausfragen.

Von hier aus sind es nur ein paar Schritte bis zu einem links in der Gasse stehenden Gebäude, aus dem Eisenstangen herausragen. Im Innern sieht es chaotisch aus. Was hier herumsteht und -liegt sind die Überbleibsel der alten **Olivenpresse,** die neue befindet sich unmittelbar daneben in einem länglichen Gebäude. Vorbei an einer einfachen Psistariá kommt man zur kleinen **Platía** des Dorfes, in deren Zentrum ein riesiger Gummibaum wuchert. In einem alten Steinhaus am Eck befindet sich, erkennbar am entsprechenden Schild und urigen Gerätschaften im Innern, seit Menschengedenken die Dorfmetzgerei. Geht man hier wenige Meter nach rechts, sieht man auf der gegenüberliegenden Straßenseite vor dem Gemeindehaus das **Grabmal des unbekannten Soldaten.** Die zum Himmel blickende Büste ist mit der Anfangszeile der griechischen Nationalhymne versehen: "Sei gegrüßt, oh Freiheit!" Ganz in der Nähe stehen einige besonders hübsche blumengeschmückte Häuser. Hält man sich dagegen links, kommt man bald zur **Nikolauskirche** und zu dem zum Meer hin orientierten **Friedhof** – sogar die die Gräber schmückenden Figuren schauen aufs Wasser. Gegenüber befindet sich der alte **Dorfbrunnen.**

• *Parken* Auf zwei kleinen Plätzen an der Dorfgasse können Sie Fahrzeuge abstellen.

• *Essen und Trinken* **Harry's Grill,** ganz in der Nähe des Dorfplatzes betreibt Dionysía mit ihrem Mann alles auf einmal: ein Kafeníon, ein Pantopolíon, in dem man das Nötigste einkaufen kann, und eine kleine Psistariá. Auf Wunsch bereitet sie einfaches Essen zu oder brät ein Kotelett. Von der Terrasse aus kann man wunderbar das Dorfgeschehen beobachten.

• *Weiterfahrt* Zurück beim nördlichen Dorfeingang, fährt man die zuvor benutzte Straße abwärts in eine Senke und dann an der bereits bekannten Kreuzung den gegenüberliegenden Hügel hinauf nach Kipséli.

Kipséli

Schon von weitem, ob von Tragáki oder von der Durchgangsstraße in der Ebene aus, beeindruckt die Lage des Dörfchens mit seiner mächtigen Paraskeví-Kirche hoch oben auf einem Hügel.

Durch ausgedehnte Olivenhaine und Felder mit den verschiedenartigsten Obstbäumen fährt man steil den Hang hinauf. Dem ganzjährig reichen Ertrag an Obst und Gemüse – man hat es mit dem ständigen Anwachsen des Honigs in einem Bienenkorb (Kipséli) verglichen – verdankt der Ort auch seinen Namen. Bei den Alten ist auch noch der einstige venezianische (nämlich Beloúsi) im Gebrauch. Abgeleitet vom italienischen "bello", bezeichnet dieser das Dorf und die umliegende Gegend als besonders "schön".

Im ruhigen und idyllischen Kipséli kann man gleich am Dorfeingang auf der rechten Seite ein hübsches altes **Kafepantopolíon** aufsuchen. Auch hier rückt man gerne zusammen, wenn Fremde sich hinzusetzen wollen. Ein weiteres uriges **Kafeníon** finden Sie oben an der **Paraskeví-Kirche.** Wenn Sie Glück haben und sie geöffnet ist, können Sie ihr dreischiffiges Innere mit der beeindruckenden hölzernen Ikonostase bewundern. Vor der Kirche hat man auch hier ein **Grabmal des unbekannten Soldaten** errichtet.

Weiterfahrt Vom Dorf fährt man auf demselben Weg wieder abwärts in die Ebene und hält sich an der folgenden Kreuzung rechts. Nach ca. 1 km ist die Straße nach Alikés erreicht, der Sie weitere 2 km folgen.

Hoch oben liegt das kleine, ruhige Kipséli

Káto Gerakári

Kleiner Knotenpunkt mit Tankstelle und einigen typischen Dorfläden. Ein Kuriosum ist die **"hohle" Panagía-Kirche** nahe der zentralen Kreuzung. Nach der Zerstörung durch das große Erdbeben wurde sie nicht wieder instand gesetzt und bietet heute nur noch Tauben einen Zufluchtsort.

• Reiten **Jánnis Horse-Riding,** an der Durchgangsstraße nach Alikés liegt der große Reiterhof mit 30 Pferden, die man auch stundenweise ausleihen kann (15 €). Anschließend lockt ein kühles Getränk in der Saloon-Bar.

• Weiterfahrt Zweigen Sie an der Tankstelle rechts ab, etwa 1 km windet sich die Straße steil aufwärts. Wenn Sie an der folgenden Kreuzung noch einmal rechts abbiegen, kommen Sie nach "Mittel-Gerakári".

Olivenbäume so weit das Auge reicht

Oliven und Olivenöl

Auf Zákynthos ist man sehr stolz auf das hier erzeugte Olivenöl. Nahezu jede Speise wird mit einem ordentlichen Schuss verfeinert, und der Verzicht auf Öl während der Karwoche bedeutet wirklich eine Entbehrung.

Die Ernte beginnt Ende Oktober. Man legt große engmaschige Netze oder Plastikplanen unter die Bäume. Sobald die Früchte reif sind, fallen sie herunter. Was noch hängt, wird mit Rechen vom Baum gestreift oder mit langen Stöcken heruntergeschlagen. Mittlerweile gibt es auch schon entsprechende Rüttelmaschinen.

Nachdem man die Oliven von Blättern und Astwerk befreit hat, werden sie in Säcken gesammelt und so schnell wie möglich bei der Olivenölpressanlage abgeliefert. Je kürzer die Zeit zwischen Sammlung und Pressen, desto besser die Qualität des Öls. Fast jeder größere Ort hat eine solche Anlage. Dort werden die Oliven mehrmals gepresst. Die erste, manchmal auch eine zweite Kaltpressung ergibt das hochwertige Speiseöl ("virgin oil"), die folgende hydraulische Heißpressung minderwertiges Öl, das z. B. zur Seifenherstellung verwendet wird. Die übrig gebliebenen festen Bestandteile dienen als Heizmaterial oder als Viehfutter. Die Durchschnittsernte eines Baumes besteht aus 60 bis 80 kg Oliven. Aus etwa 4 bis 5 kg wird etwa ein Liter Öl erzeugt – ein Baum bringt also ungefähr 15 bis 18 Liter. Bei einer guten Ernte auf Zákynthos werden ca. 12.000 Tonnen Olivenöl produziert. Bedenkt man, dass ein Baum nur alle zwei Jahre abgeerntet werden kann, bekommt man eine Vorstellung davon, wie viele es auf der Insel gibt.

Manch einer hält Olivenöl sogar für eine Medizin und empfiehlt, jeden Morgen ein Mokkatässchen davon zu trinken, wenn man ein hohes Alter erreichen will. Wem dies zu radikal ist, der sollte es aber auf jeden Fall in der Küche verwenden. Schließlich belegen Statistiken, dass in den Mittelmeerländern die Zahl der Herzerkrankungen deutlich geringer ist als dort, wo man vor allem tierische Fette verwendet.

Méssa Gerakári

Von dichten Bäumen verborgen liegt das vergleichsweise große Dorf isoliert auf einem Hügel. Ohnehin mutet es ein bisschen seltsam an, dass die drei Gerakári-Dörfer (s. u. noch Áno Gerakári) räumlich und auch verwaltungstechnisch völlig voneinander getrennt sind. Die Herkunft des gemeinsamen Namens kann bis heute nicht eindeutig geklärt werden. Möglicherweise kommt er daher, dass hier in der Umgebung im Mittelalter mit Falken (Geráki) gejagt wurde, vielleicht erinnert er aber auch an heilige Spiele (ierá Karnía), die in der Antike bei einem Apollontempel durchgeführt worden sein sollen. Der Dorfhügel wird von einer mächtigen **Panagía-Kirche** gekrönt. Von hier oben hat man einen wunderschönen Blick auf die Ebene von Laganás und Zákynthos-Stadt.

- *Essen und Trinken* Die **Pizzeria Lófos** bietet "the best view" und außerdem auch leckere Pizza und Pasta.
- *Weiterfahrt* Von Méssa Gerakári fährt man wieder abwärts bis zu der schon bekannten Kreuzung, überquert diese und folgt dem Sträßchen hügelaufwärts ins Dorf Áno Gerakári hinein.

Bis nach Kefaloniá reicht der Blick

Áno Gerakári

Den gegenüberliegenden, etwas höheren Hügel nimmt "Ober-Gerakári" ein. Der hübsche Dorfkern zieht sich die südliche Flanke entlang, über den gesamten Nordhang verteilen sich aber bestimmt noch einmal so viele Häuser bis zur Ebene hinab.

Im Dorf erreicht man bald die kleine **Platía.** Am Abend sind die rundum stehenden Bänke von älteren Männern besetzt, die, auf ihren Stock gestützt, miteinander reden oder auch nur den spielenden Kindern zusehen. Jenseits des Platzes windet

In der Nikolauskirche von Áno Gerakári

sich eine enge Straße zwischen hohen Bäumen auf die Kuppe des Hügels hinauf. Hier oben steht die von der Ebene aus weithin sichtbare **Nikolauskirche,** deren Zwiebelturm durchaus auch ins Alpenvorland passen würde. Sie teilt das Schicksal vieler Gotteshäuser auf Zákynthos, wurden doch das ursprünglich im Jahre 1590 erbaute Gebäude und auch die Folgebauten durch Erdbeben immer wieder zerstört. In ihrem Innern ist deshalb nur ein Teil der ursprünglichen Ikonostase, die von Säulen im korinthischen Stil durchgliedert wird, erhalten. Von den Einheimischen sehr verehrt werden die auf der linken Seite stehenden **Ikonen** des heiligen Nikolaus und des Schutzheiligen der Insel, des heiligen Dionýsios. Falls die Kirche aber wieder einmal geschlossen ist, können Sie immerhin den wirklich grandiosen Panoramablick auf Kefaloniá, die weite Bucht von Alikés und das grüne Tiefland bis hinüber nach Laganás genießen.

- *Essen und Trinken* Wer noch etwas länger bleiben möchte, kann ja das empfehlenswerte Speiselokal **Fioro tou Levante** aufsuchen, das von den Zakynthern gerne für Familienfeiern genutzt wird.
- *Weiterfahrt nach Alikés/Ende der Tour* Von der Kirche aus fährt man wieder abwärts zu der prägnanten Kreuzung zwischen Áno und Méssa Gerakári, zweigt dort links ab und folgt den Kehren der Straße durch wunderschönes grünes Land zum Miniweiler Alónia. Wenn man diesen passiert hat, kommt man bald erneut (obwohl man jetzt schon relativ weit unten ist) in das Gebiet von Áno Gerakári. So kompliziert sind die Verhältnisse hier. An der Ölmühle des Dorfes biegt man rechts ab und fährt auf einer größeren Straße weiter Richtung Alikés.

Süßes und Erfrischendes zum Abschluss der Tour

Etwa 500 m nach der Abzweigung Richtung Alikés sieht man rechts die neue Kirche Panagía Vrachiótissa. Nicht sie, sondern vielmehr der wunderschöne, filigran verzierte Glockenturm ihrer Vorgängerin – einer der schönsten der Insel – ist einen Stopp wert. Etwa 1 km weiter kommen alle Naschkatzen auf ihre Kosten, denn in einem kleinen, an eine Mandoláto-Fabrik angeschlossenen Laden kann man die süße Masse erstehen. Von hier ist in wenigen Minuten der Strand von Alikés erreicht, und man kann sich durch einen Sprung ins kühle Nass erfrischen.

Die Hangdörfer

Eine recht idyllische Route auf nur wenig befahrenen Straßen führt am Fuße des mächtigen westlichen Berglandes von Lithakiá nach Norden bis zum Johanneskloster nördlich von Katastári.

Kleine, idyllische Weiler, aber auch größere Dörfer mit attraktiven Sehenswürdigkeiten, z. B. Macherádo, Agía Marína und Pigadákia, machen diesen Ausflug ins Hinterland lohnenswert. Wer über ausreichende Kondition verfügt, kann die Tour auch gut mit dem Fahrrad bewältigen. Überlegenswert wäre dann, sie in Pigadákia zu beenden (einfach ca. 16 km).

Lithakiá

Recht großes Dorf oberhalb der Bucht von Laganás, zu dessen Gebiet auch die dortigen Strände von Ágios Sóstis bis Castéllo (siehe S. 158 ff.) gehören, wo viele Einwohner Hotels, Pensionen, Tavernen etc. besitzen. Schon immer galt Lithakiá wegen seines fruchtbaren Bodens und der kräftig sprudelnden Quellen als besonders wohlhabend, heute tut der Tourismus ein Übriges. Das eigentliche Dorf zieht sich an der Straße nach Kilioméno den Hang hinauf. Gegenüber der neuen Olivenpressanlage richtete im Sommer 2003 der Lehrer Sávvas Chaikális zusammen mit seiner Frau Sabine in der einstigen Ölmühle seines Großvaters eine interessante Ausstellung alter Geräte v.a. für die Olivenölgewinnung mit angeschlossenem Verkauf eigenen Öls ein. Wenige Meter danach zweigt vor der Schule eine Gasse zu der im Jahre 1633 errichteten **Faneroméni-Kirche** ab. Sie besitzt wieder die für Zákynthos charakteristische holzgeschnitzte Ikonostase und eine Menge sehr alter, schöner Ikonen. Es sind deshalb so viele, weil man diejenigen aus anderen durch Erdbeben zerstörten Kirchen hierher gebracht hat. Als Pope wirkt hier übrigens der höchst interessante und gebildete Pávlos Bouthíkis, der jede Woche eine eigene Sendung in Radio Zákynthos (Skai 902) bestreitet, in der er über die Vergangenheit der Insel, über ihre Baudenkmäler etc. erzählt.

Ein Kleinod ist der Turm der Kirche Panagía Vrachiótissa (Kasten S. 194)

Geht man weiter die z.T. noch von charakteristischen alten Holzhäuschen gesäumte Hauptstraße aufwärts, erreicht man das Zentrum des Dorfes, die **Platía** mit Kafeníon und mehreren Läden. Links davon kommt man über eine schmale Gasse zum ehemaligen **Herrenhaus** der Familie Messála, einem der prachtvollsten in

Lithakiá. Heute ist darin das "Environment Education Centre" untergebracht. Regelmäßig finden darin für Kinder Schulungen zum Thema Natur statt. Noch weiter oben an der Hauptstraße steht rechts zwischen den letzten Häusern des Dorfes der 1586 erbaute Glockenturm der einstigen Kirche **Agía Marína**, der das Erdbeben von 1953 weitgehend unbeschadet überstanden hat.

- *Verbindungen* Von Zákynthos-Stadt nach Lithakiá kommt man mit dem **Linienbus,** der Kerí und Agalás anfährt. Auf dem Weg in den Norden legen die Busse nach Anafonítria, Volímes und Ágios Nikólaos (Skinári) einen Stopp ein. Genaueres auf S. 64.
- *Einkaufen* **En Zakíntho,** Ausstellung, Informationen auch am PC, Mezedopolíon und Verkauf von Olivenöl. Geplant ist die Eröffnung dieser interessanten Kombination in einem altehrwürdigen Gebäude im Jahre 2004.
- *Essen und Trinken* **Tavérna Dennis,** an der Durchgangsstraße Richtung Kerí gelegen. Genießt bei den Einheimischen einen guten Ruf. Besonderer Service: Mit einem Minibus wird man nach der Mahlzeit zurück ins Hotel in die Laganás-Bucht gebracht.
- *Weiterfahrt* Um nach Pantokrátoras zu gelangen, fährt man von Lithakiá auf der Verbindungsstraße Richtung Zákynthos-Stadt. Nach etwa 1 km zweigt man gegenüber dem Rathaus (2. Abzweigungsmöglichkeit) nach links ab und fährt auf einer schmalen Nebenstraße weiter.

Pantokrátoras

Ein typisches Hangdorf. Will man den alten Ortskern kennen lernen, muss man, nachdem man die Dorfkirche passiert hat, von der Durchgangsstraße nach links abzweigen, denn die Häuser ziehen sich steil den unteren Teil des Gebirgsabhangs hinauf.

Für die Versorgung mit dem Notwendigsten gibt es ein einfaches Pantopolíon. Weitaus mehr Infrastruktureinrichtungen (Rathaus, Fachgeschäfte, Arzt) haben Sie bereits unten an der großen Verbindungsstraße zwischen Lithakiá und der Chóra passiert. Dort unten ist ein neues Dorfzentrum entstanden, denn Pantokrátoras ist der Sitz der Verwaltung der Gemeinde Laganás. Die meisten Grundstücke am Strand, auf denen heute die großen Hotels, Tavernen etc. stehen, gehören den 700 Einwohnern von Pantokrátoras. In dem Ort kann man besonders gut nachvollziehen, wie sich das Leben auf Zákynthos in den letzten Jahrzehnten verändert hat. Bis zum Erdbeben wohnte man in relativ einfachen Häusern am Hang. Danach bauten viele weiter unten neue Häuser, um den Feldern näher zu sein. Und als dann zwei Jahrzehnte später der Tourismus nach Zákynthos kam, errichtete man auf den Äckern in der großen Bucht Hotels und andere touristische Einrichtungen. So entstand der Badeort Laganás, in dem aber im Winterhalbjahr so gut wie niemand wohnt (s. Kasten auf S. 156).

Mouzáki

Das Dorf wird auf der ganzen Insel für sein gutes Wasser gerühmt, das aus einem Brunnen links der Straße am Ortseingang sprudelt. Davor steht ein schöner **Ikonenständer** in Form einer Kapelle. Auch Mouzáki zieht sich mittlerweile weit Richtung Laganás-Bucht hinunter, weshalb an der dortigen großen Straße nach Zákynthos-Stadt ebenfalls ein Ortsschild steht.

Eingebettet im Grünen liegt Macherádo

Macherádo

Gleichgültig, aus welcher Richtung man sich dem drittgrößten Ort der Insel nähert, die mächtigen Türme seiner Hauptkirche und die des Klosters Panagía Eleftherótria fallen sofort ins Auge.

Auf der Hauptstraße herrscht meist Gedränge: Inselrundfahrt- und Pilgerbusse vom Festland, aber auch Einzelreisende – in Macherádo legt jeder einen Stopp ein. Und auch die Zakynther kommen gerne hierher, küssen in der Kirche die Ikone der heiligen Mávra und lassen sich dann die leckeren Souvlákia schmecken, eine Spezialität des Dorfes, die rund um die Platía vielfach angeboten wird.

Im Zentrum des Ortes steht die ca. 400 Jahre alte **Kirche Agía Mávra**. Sie wurde zu Ehren dieser Heiligen und ihres Gatten Thimótheos erbaut, die beide im 3. Jh. n. Chr. im ägyptischen Theben wegen ihres Glaubens gekreuzigt wurden, unter einem Herrscher übrigens, der später selbst zum Christentum konvertierte und den Märtyrertod starb. Zuvor sollen sie unglaubliche Torturen erlitten haben, die in der Kirche auf dem silbernen Rahmen der Thimótheos-Ikone zu betrachten sind. Ihm sollen z. B. mit einem glühenden Bratspieß die Augen ausgestochen, auf dem Rad die Glieder gebrochen und der Mund mit Salz aufgefüllt worden sein; ihr soll man u. a. die Finger abgehackt haben.

Das heutige einschiffige Gotteshaus geht auf das Jahr 1631 zurück, der Turm mit seinen besonders schön klingenden Glocken wurde im Gegensatz zum Kirchengebäude beim Erdbeben 1953 nicht beschädigt. Im Innern fällt zunächst die reich mit Girlanden verzierte und vergoldete Ikonostase auf. Links davon steht in einem goldenen Templon die alles beherrschende Ikone der heiligen Mávra. Daran befestigt sind zahlreiche Votivtäfelchen, die zeigen, worum die Gläubigen sie anflehen:

Noch sind die Tische nicht besetzt

ein gesundes Herz, das Ende einer Augenkrankheit, endlich ein Kind... Ganz in der Nähe steht die Ikone des Thimótheos in versilbertem Rahmen. Zwischen dem 3. Mai und dem 1. bzw. dem 2. Sonntag im Juli (zwei bedeutenden Festen der Kirche) werden allerdings die Standplätze und die Rahmen der beiden Ikonen getauscht. Beachtung sollte man aber auch den schönen Wand- und den Deckengemälden (die vier Evangelisten, die Dreifaltigkeit und die Herrscherin der Engel) und den schweren silbernen Leuchtern schenken. Im rückwärtigen Teil der Kirche sieht man noch die alte Frauenempore aus Holz.

Öffnungszeiten der Kirche Agía Mávra täglich von Sonnenaufgang bis -untergang. Eintritt frei. Auf respektable Kleidung wird Wert gelegt.

Zur einstigen Hauptkirche Macherádos, Agía Ipapandí, geht man von der Agía-Mávra-Kirche auf der Straße, die nach Zákynthos-Stadt führt, ca. 100 m weit abwärts, passiert ein uriges, altes Pantopolíon, biegt dann in die zweite Straße nach links ein und hält sich gleich darauf rechts. Der spätmittelalterliche steinerne Glockenturm – er ist einer der höchsten der Insel – bietet mit seinen spiralförmigen Verzierungen ein schönes Bild, auch die Nordfassade der Kirche weist welche auf. Wie häufig auf Zákynthos hat sie im Innern nicht mehr viel zu bieten, da man nach dem Erdbeben alle wertvollen Ikonen in die Agía-Mávra-Kirche gebracht hat.

Legenden um die heilige Mávra

Viele wundersame Geschichten werden aus dem Leben der Heiligen erzählt. So sollte sie einmal bei lebendigem Leib in kochend heißem Wasser getötet werden. Als sie jedoch den Bottich mit der todbringenden Flüssigkeit bestieg, wies diese plötzlich nur noch angenehme Körpertemperatur auf, und Mávra war gerettet.

Ein anderes Wunder betrifft ihre Ikone. Mitglieder der zakynthischen Tzavariá-Familie hatten sie aus Ägypten auf die Insel gebracht. Viele Jahre später wurde sie von einem Hirten aus Lagopódo an einem Zaun hängend gefunden, nachdem er zuvor durch ein seltsames Licht auf sie aufmerksam geworden war. Natürlich trug er sie in die Kirche seines Dorfes. Am anderen Tag fand er sie jedoch wieder an demselben Zaun und nahm sie wieder mit. Das Ganze wiederholte sich so lange, bis man verstanden hatte, was es bedeuten sollte: Die heilige Mávra musste an genau dieser Stelle ein eigenes Gotteshaus bekommen. Zunächst baute man eine Kapelle, die im Laufe der Jahrhunderte erweitert, verändert, wieder eingerissen und schöner und größer neu errichtet wurde. Und so entstand eine der stolzesten Kirchen auf Zákynthos.

Einen Besuch wert ist außerdem das **Nonnenkloster Panagía Eleftheótria.** Um dorthin zu kommen, müssen Sie am Lithakiá zugewandten Ortseingang links auf die Straße nach Kilioméno abbiegen. Nach ca. 200 m erreichen Sie die hübsche, ganz in Ziegelrot und Weiß gekalkte Anlage, die sich eindrucksvoll vom Grün der Umgebung abhebt. 1961 wurde das Marienkloster von einem der Mönche des Dionýsios-Ordens in der Chóra gegründet, die den heute hier lebenden 13 Nonnen noch regelmäßig die Messe lesen und andere priesterliche Dienste leisten.

Streng schirmen sich die Nonnen durch eine dicke Mauer von der Außenwelt ab. Die vollständig ausgemalte **Klosterkirche** ist jedoch der Öffentlichkeit zugänglich, eine der Klosterfrauen achtet jedoch streng auf die Einhaltung von Bekleidungs- und Benimmregeln (z. B. duldet sie es nicht, wenn eine Frau mit überschlagenen Beinen in der Kirchenbank sitzt). Neben der schön geschnitzten Ikonostase und den Wandbildern ist auch eine Nische im rückwärtigen Teil des Gotteshauses interessant. Dort findet man eine Sammlung von Steinen, die zakynthische Pilger aus verschiedenen aus der Bibel bekannten Orten in das Kloster mitgebracht haben. Auch wenn man nicht gut Griechisch lesen kann, gelingt es doch, einige Aufschriften zu entziffern: Bethlehem, Nazareth, Kanaan, Samaria etc.

In einer Seitennische hängt die von den Einheimischen sehr verehrte Marienikone. Über diesen kleinen Raum kommt man in einen liebevoll angelegten **Klostergarten** mit vielen Blumen und einer Zisterne sowie zu einem mit Girlanden geschmückten **Arkadengang,** in dem einige Vogelbauer mit zwitschernden Singvögeln hängen. Jenseits davon liegen die Zellen der Nonnen, rechts gelangt man zu einem Devotionalienladen.

Im Hof des Nonnenklosters Eleftheótria

Öffnungszeiten täglich 7–12 und 16–20 Uhr. Eintritt frei. Auf respektvolle Kleidung wird großer Wert gelegt.

Den schönsten Blick auf das Kloster hat man übrigens von der Straße, die in Serpentinen nach Kilioméno hinaufführt. Auf dieser erreicht man nach 2 Kilometern das **Ausflugsrestaurant Kastéli** (mittags und abends geöffnet), von dessen Terrasse Sie die Aussicht auf Kloster und Dorf bei einem Tässchen Kaffee ungestört genießen können.

Er hat viel zu tun in Macherádo

• *Verbindungen* Macherádo wird von den **Bussen** nach Katastári und Kilioméno angefahren. Genauere Informationen s. S. 64.

• *Ärztliche Versorgung* Mo–Fr vormittags in der **Gesundheitsstation** an der Platía. ✆ 2695092217.

• *Einkaufen* Schräg gegenüber der Kirche Agía Mávra finden Sie einen **Bäcker.** Gut sortiert ist der **Supermarkt** in der Nähe der Platía. Ein **Souvenirgeschäft** darf natürlich auch in Macherádo nicht fehlen.

• *Post/Telefonieren* Die Post befindet sich ebenfalls an der Platía (Mo–Fr 7.30–14 Uhr), genau wie ein Kartentelefon.

• *Feste* Gleich zweimal im Jahr feiern die Zakynther zu Ehren der heiligen Mávra: Am **3. Mai** findet eine Messfeier mit einem eigens für sie von einem zakynthischen Mönch entworfenen Gesang statt. Spektakulärer ist jedoch das Fest am **ersten** bzw. **zweiten Sonntag im Juli.** Nach einem Gottesdienst und einer Prozession um die Kirche wird in Macherádo die ganze Nacht getanzt und gefeiert – nach der Dionýsios-Feier im August das größte Fest auf der Insel.

• *Essen und Trinken* **Café Apróopto,** mehr als nur ein Café, denn in dem kleinen Lokal gegenüber der Agía Mávra bekommt man auch Grillgerichte. Die Souvlákia waren wirklich prima, aber auch das Spinándero (Grillgericht aus Innereien von Ziege und Lamm) sollten Sie ruhig mal probieren.

Dennis, in etwa dasselbe Angebot. Besonders am Abend sitzt man hier an der Platía sehr stimmungsvoll.

Mehrere **Snackbars** liegen gegenüber dem Kampanile. Am Vormittag sitzen die Männer im Schatten der Kirchenmauer zum Plausch beisammen, am Abend tun sie dasselbe auf der gegenüberliegenden Straßenseite.

Lagadákia und Umgebung

Nur relativ neue Häuser säumen die Durchgangsstraße. Viel ist nicht los in dem kleinen Dorf, am Ortseingang wartet ein am Rande eines Weinbergs gelegenes Pantopolíon auf Kundschaft, gegenüber davon befindet sich eine Ölmühle, vor der großen Kirche sitzen morgens und abends ein paar alte Männer beisammen und erzählen von den Zeiten vor dem Erdbeben. Damals lag das Dorf nämlich noch viel weiter oben am Gebirgshang an einer kleinen, dicht bewaldeten Schlucht namens

Lagádi tou Andréa. Als die Häuser und auch die drei Kirchen 1953 dann völlig zerstört waren, beschloss man, es denen nachzutun, die schon Jahre vorher ihre Wohnungen in die Nähe der Felder, also weiter nach unten in die Ebene, verlegt hatten. Heute noch holen jedoch viele Dorfbewohner ihr Trinkwasser von der Quelle oben an der Schlucht.

Fährt man von Lagadákia weiter in nordwestliche Richtung, kommt man nach **Fiolítis,** wo ein alter Glockenturm neben dem neuen Kirchengebäude an vergangene Zeiten erinnert. Nicht weit davon entfernt liegt **Ágii Pántes.** Wie in Lagadákia befindet sich auch hier das alte Dorf weiter oben am Gebirgshang. Im Zentrum des heutigen Ortes lockt die nette Psisteriá Skaliótis, am Ortsausgang kann man eine Olivenpressanlage sehen.

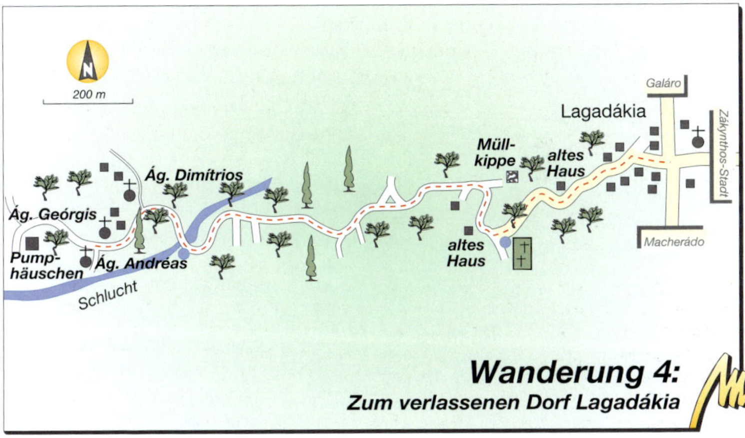

Wanderung 4:
Zum verlassenen Dorf Lagadákia

Wanderung 4:
Von Lagadákia zum ehemaligen, heute verlassenen Dorf

Auf einem stets aufwärts führenden Asphalt- bzw. Schottersträßchen erreicht man in ca. 40 Minuten vom heutigen Lagadákia die malerisch gelegenen Ruinen des bis zum Erdbeben von 1953 bewohnten alten Dorfes. Unterwegs passiert man Zisternen und Quellen.

Gegenüber der großen **Pfarrkirche Iperagías Theotókou** führt ein schmales Sträßchen zum alten Dorf hinauf (beschildert). Zwischen Wohnhäusern und terrassenartig angelegten Olivenhainen wandert man zunächst ca. 600 m zum Friedhof. Mitten auf der Straße steht ein prachtvoller **Olivenbaum.**

Alle Abzweigungen ignorierend (eine führt zu einer kleinen Müllkippe), erreicht man 1 km weiter die **kleine Schlucht Lagádi tou Andréa.** Dass sie mit Zypressen, Kermeseichen und Feigenbäumen dicht bewachsen ist, liegt am Wasserreichtum der Gegend, links des Weges ist auch eine **eingefasste Quelle** zu sehen. Von hier aus hat man in wenigen Minuten das noch etwas höher gelegene einstige Dorf erreicht. Es macht Spaß, zwischen den Ruinen in absoluter Einsamkeit herumzustöbern und sich vorzustellen, wie die Menschen hier früher gelebt haben. Die Überreste der

Kirchen sind am besten zu erkennen. Von der **Dimítrios-Kirche** steht heute nur noch das Portal, die **Georgskirche** gleich neben dem Weg besitzt immerhin noch Teile der alten Außenmauern und einen halben Kampanile. Den schönsten und besterhaltenen Glockenturm aber hat die **Andréas-Kirche,** die über einen links abzweigenden Hohlweg zu erreichen ist. Auf demselben Weg geht es zurück ins heutige Dorf.

Agía Marína

Weit oben am Hang liegen die Häuser des stillen Dorfes dicht zusammengedrängt. Zentrum ist der große Kirchplatz, auf dem auch die alten Zisternen nicht fehlen.

Gleich am Ortseingang ist in einem ehemaligen Schulgebäude das **Museum Helmi** untergebracht. Gezeigt wird eine interessante Ausstellung zur Natur der Insel Zákynthos. Auf Schautafeln mit Texten (auch in englischer Sprache) erfährt man viel über ihre Flora und Fauna sowie über die traditionelle Landwirtschaft. Dazu kommen zahlreiche Muscheln, präparierte Tiere sowie eine anschauliche Gesteinssammlung.

Kunstvoll verziert sind die Kirchenfenster in Agía Marína

Die **Kirche der heiligen Marína** wurde Mitte des 19. Jh. an der Stelle einer weitaus älteren erbaut. Auffallend ist ihr in Rot und Himmelblau gehaltener Glockenturm, den zusätzlich weiße Verzierungen schmücken. Er wurde nach dem Erdbeben von 1953 originalgetreu wieder aufgebaut. Ausgesprochen prachtvoll ist das Innere der Kirche. Mächtige Säulen im ionischen Stil unterteilen den dreischiffigen Raum und stützen die Decke, in deren Mitte Vater, Sohn und Heiliger Geist, umgeben von den Aposteln, zu sehen sind. Wunderschön ist die noch aus der alten Kirche stammende Ikonostase. Die im Altarraum aufbewahrte Marienikone ist in etwa ebenso alt, wurde sie doch 1680 von dem Künstler Vitális geschaffen. Sehr verehrt von den Einheimischen wird auch die versilberte Ikone der Agía Marína, der Namensgeberin der Kirche und des Dorfes.

Anschließend kann man noch einen Blick auf die alte einklassige **Volksschule** am Nordostrand des Kirchplatzes werfen. Seit 1953 ist sie geschlossen, aber das Haus steht unter Denkmalschutz. Nach dem Erdbeben wurden die Kinder in dem zum Museum umfunktionierten Gebäude unterrichtet, heute bringt man sie, wie in vielen anderen kleinen Dörfern auf Zákynthos, in eine zentrale Mittelpunktsschule. In dem kleinen Häuschen neben der Schule waren bis in die Mitte des vergangenen Jahrhunderts Geisteskranke untergebracht. Sie wurden wahrlich grausam behandelt. Eine schwere eiserne Kette schränkte ihre Bewegungsfreiheit ein. Wenn

Das Dorf Agía Marína mit der gleichnamigen Kirche

der Platz nicht ausreichte, band man einige an die Bäume auf dem Kirchplatz fest. Vor der Errichtung dieses "Gefängnisses" im Jahre 1912 sollen die Kranken im hinteren Teil des Kirchenschiffes angebunden worden sein – in der Hoffnung, die räumliche Nähe zur heiligen Marína beschleunige die Heilung.

- *Verbindungen* Der **Bus** nach Katastári hält auch in Agía Marína.
- *Essen und Trinken* **Tavérna Dennis Place,** ganz oben im Ort. Im Sommer genießt man von der Terrasse einen tollen Blick auf Agía Marína und das Umland, in der kälteren Jahreszeit sitzt man gemütlich zwischen alten Möbeln in dem an einen Fels gebauten Haus. Geboten wird leckere Hausmannskost, am besten lässt man sich die Tagesgerichte nennen, anstatt in die Speisekarte zu schauen. Wir waren von dem leicht mit Zimt gewürzten Stifádo und den mit Kräutern verfeinerten Melitsánes Skordostoúpi schlichtweg begeistert. Allerdings sollten Sie unbedingt etwas Zeit für Ihren Aufenthalt mitbringen.
- *Öffnungszeiten der Kirche* Das Gotteshaus ist meist verschlossen. Verwahrt wird der Schlüssel von einer netten Familie in dem zweigeschossigen Haus gegenüber. Dort hilft man Ihnen gerne weiter. Aber niemals während der Siesta!
- *Öffnungszeiten des Museums* Zwischen Mai und Oktober tägl. von 10–18 Uhr, Eintritt 3 €, Kinder zahlen die Hälfte.

Skoulikádo

Großes, weitläufiges Dorf mit vielen Zisternen, die sich z. T. sogar am Fahrbahnrand befinden. So kostbar ist das Wasser, dass man seinetwegen sogar eine Einschränkung des Verkehrs hinnehmen muss – und das im geschwindigkeitsbegeisterten Griechenland. Mittelpunkt des Ortes ist die Marienkirche, auf deren Terrasse die Bewohner nicht nur an den Festtagen der Gottesmutter, sondern z. B. auch am Dionýsios-Tag im August mit Speise, Trank und Tanz kräftig feiern.

Weiterfahrt Die Route führt an der Kirche vorbei (folgen Sie dem P-Schild). Bald passieren Sie die alte Nikolauskirche und fahren durch die Felder weiter nach Kallithéa. Von dort ist es nicht mehr weit bis Pigadákia.

Jagdfieber auf Zákynthos

Wandert man auf einsamen Staubstraßen durch abgelegene Gegenden, wird man nicht selten durch ein kurzes donnerndes Geräusch aufgeschreckt, und oft tritt einem aus dem Gebüsch ein zünftig gekleideter Zakynther mit geschultertem Gewehr entgegen. Kein Zweifel, auf dieser Insel ist das Jagen eine ganz besondere Leidenschaft. "Um 3 oder 4 Uhr in der Frühe", so erzählt María aus Pigadákia, "stehen meine großen Jungen mit Begeisterung auf, wenn sie zur Jagd gehen wollen. Aber wehe, wenn es um Arbeit oder Besorgungen geht, dann bringst du sie nicht aus dem Bett."

Junge und Alte jagen, wann immer sie die Möglichkeit dazu haben: von Oktober bis März Schnepfen, Wildenten und Stare, im April und September Hohltauben, im August Wachteln und fast das ganze Jahr über Kaninchen. Die ganz Begeisterten fahren dafür sogar extra auf die Strophadeninseln. Im Kafeníon ist die Jagd deshalb auch häufig ein wichtiges Thema. Und nicht selten wird der mitteleuropäische Fremde neugierig gefragt, wie viele Gewehre er denn zu Hause am Haken hängen habe. Denn das "Óplo", das Gewehr, gehört auf Zákynthos fast schon zum Statussymbol, schließlich sollen die 35.000 Insulaner, Babys und Alte mitgerechnet, insgesamt im Besitz von 40.000 Ballermännern sein.

Pigadákia

Weit verstreut stehen die Häuser des Dorfes am Hang des Berges Kakí Ráchi, des "schlechten Rückens", der seinen Namen deshalb trägt, weil es viel Mühe kostet, seinen Gipfel zu erklimmen. Manche Bewohner nennen ihn aber auch "guten Rücken", hält er doch durch seine Höhe oft das von Westen kommende schlechte Wetter ab.

Brunnen waren es, denen der Ort mit heute 400 Einwohnern seinen Namen verdankt. Vor der kleinen, ständig geöffneten **Panteleímonas-Kirche** am nördlichen Ende des Dorfes findet sich dann auch eine sehr ergiebige Trinkwasserquelle und in ihrem Innern, hinter der Ikonostase, ein **Brunnen mit schwefelhaltigem Wasser.** Es stinkt wirklich unglaublich, wenn man mit dem Schöpfgefäß das angeblich heilbringende Nass aus der Tiefe emporholt. An Festtagen zu Ehren des heiligen Panteleímonas, der zu Lebzeiten als Arzt wirkte, soll es sogar aus dem Brunnen hervorquellen. Wer dabei nachhilft, konnten wir nicht überprüfen. Die ursprüngliche Kirche aus dem 17. Jh. wurde durch das große Erdbeben zerstört und später wieder aufgebaut, auch der Glockenturm hat die Katastrophe nicht unbeschadet überstanden. In der modernen **Dorfkirche Agía Varvára** sammelte man nach 1953 viele Kunstschätze aus umliegenden zerstörten Gotteshäusern.

Einen Besuch wert ist das **Museum Vertzágio**. Die gleichnamige Familie hat über Jahre hinweg zakynthische Alltagsgegenstände gesammelt und auf diese Weise eine wirklich sehenswerte Ausstellung zustande gebracht. In einem großen, eigens dafür errichteten Gebäude kann man die verschiedensten inseltypischen Hauswirtschafts- und Landwirtschaftsgeräte bewundern, z. B. eine Maschine zur Reinigung der Korinthen, einen Mühlstein zum Zermahlen der Oliven, eine Olivenpresse, einen alten Webstuhl und vieles mehr. Auch die Wohnungseinrichtungen ehemaliger Zakynther aus verschiedenen sozialen Schichten und das kleine Schulzimmer sind sehenswert. Auch außerhalb des Museumsgebäudes gibt es Interessantes zu bestaunen, z. B. ein typisches Regenauffangbecken mit angeschlossener Zisterne und eine einst für Zákynthos ganz charakteristische Vergákia-Hütte s. Kasten S. 206).

• *Öffnungszeiten des Museums* täglich von 9–21 Uhr. Eintritt ca. 3 €. Beschriftungen in englischer u. deutscher Sprache erleichtern das Verstehen der ausgestellten Objekte.

• *Ausflüge* 2mal täglich, am Vormittag und am Abend, kann man von Alikanás oder Alikés mit dem Touristenbähnchen **Trainàki** eine Fahrt nach Pigadákia machen. Kosten inkl. Eintritt ins Museum und ein Getränk in der Taverne: 10 €. Weitere Informationen im Tour Train-Büro in Alikés (siehe Ortsplan S. 183) oder unter ✆ 2695083580.

• *Essen und Trinken* **Tavérna Kakí Ráchi,** Familie Vertzágio betreibt auch das nette, im traditionellen Inselstil eingerichtete Lokal gegenüber der Panteleímonas-Kirche. Auf der Terrasse kann man – wie sonst die Einheimischen in den Innenhöfen ihrer Häuser – auf mit Decken belegten Simsen sitzen. Und auch das Essen ist zu empfehlen. Falls es Ihnen geschmeckt hat, können Sie ein paar leckere Souvenirs (Wein, Öl, Korinthen) für zu Hause erstehen.

• *Wandertipps* Außerdem gibt Ihnen Spíros, der Wirt, gerne Tipps zur Erkundung der näheren Umgebung, denn die kennt er wie seine Westentasche. Bei unserem letzten Besuch war er gerade dabei, einen 2km langen Wanderweg zu den von seiner Familie als Ziegenställe genutzten Höhlen Vertzágio anzulegen.

Unbedingt einen Besuch wert ist das Folkloremuseum

Katastári

Etwa 3000 Menschen leben in dem größten Dorf der Insel, das sich an der viel befahrenen Durchgangsstraße nach Zákynthos-Stadt entlangzieht und aus mehreren Ortsteilen besteht. Mittelpunkt ist die große Kreuzung mit der Abzweigung nach Alikés nahe der neu erbauten Dorfkirche. Hier findet man neben Rathaus, Polizei, Gesundheitsstation und verschiedenen Läden auch einige Kafenía und recht ursprüngliche Tavernen, in denen vor allem Zakynther verkehren. Schade nur, dass man seinen Frappé oder Oúzo wegen der oft in halsbrecherischem Tempo durchs Dorf rasenden LKWs nur eingeschränkt genießen kann.

• *Verbindungen* Katastári ist mit dem **Bus** vor allem von der Chóra aus, aber auch von den Dörfern des nördlichen Berglands recht häufig zu erreichen (genauere Informationen siehe S. 64).

• *Einkaufen* Einen **Bäcker** finden Sie unmittelbar an der zentralen Kreuzung. Ein besonders gut sortierter **Supermarkt** liegt am Ortsausgang Richtung Ágios Nikólaos.

• *Medizinische Versorgung* Gegenüber der großen Dorfkirche ist in einem kleinen Gebäude rechts neben dem Rathaus die **Gesundheitsstation,** ✆ 2695083208.

Eine **Apotheke** finden Sie an der Durchgangsstraße nahe der großen Kreuzung.

• *Polizei* Direkt gegenüber liegt die kleine Station, erkennbar an den davor parkenden charakteristischen weißblauen Autos der Beamten. ✆ 2695083217.

• *Post* Weiter oben an der Durchgangsstraße auf dem Weg nach Ágios Nikólaos, geöffnet Mo–Fr 7.30–14 Uhr.

• *Telefonieren* Mehrere Kartentelefone stehen an der Hauptstraße, eines z. B. nahe der Kirche.

• *Übernachten* **Archontikó,** fast schon am nördlichen Ortsausgang stehen die 6 edel renovierten Herrenhäuschen in einer gestuften Anlage. Hinter dem Eingang scheint jenseits der Durchgangsstraße eine andere Welt zu beginnen. In den gelb getünchten Häusern befinden sich 7 sehr gut ausgestattete und geschmackvoll eingerichtete zweistöckige Wohnungen, die 2–5 Personen Platz bieten. Zwischen Mai und Oktober bezahlt man zu zweit 38–95 €, Frühstück wird pro Person mit 7 € extra berechnet. Zum Strand von Alikés geht man ca. 800 m, zur Anlage gehört auch ein schöner Pool mit Bar. ✆ 2695083035 u. 2695083080.

• *Essen und Trinken* Besonders schön fanden wir das **Kafeníon Apóllon** gegenüber der Abzweigung nach Alikés. Man sitzt unter Arkaden im Freien oder im schmucklosen Innenraum.

Zwei einfache **Tavernen** bieten vor allem Gegrilltes. Im weinlaubgeschmückten **Vlássis** werden auch verschiedene Steakspezialitäten angeboten.

Vergákia-Hütten: geniale Architektur auf den Feldern

Früher waren sie zumindest im Flach- und Hügelland landschaftsprägend. Zwischen den Feldern und Weinbergen ragten die an Baumhäuser erinnernden Hütten heraus. Auf vier Holzpfosten errichtete man in etwa zwei Metern Höhe – so konnte auch der Boden darunter landwirtschaftlich genutzt werden – ein Häuschen mit Veranda aus Schilfrohr, die Wände bestanden aus Gras und getrocknetem Schilf. Man wohnte hier in der Regel nur tageweise, z. B. wenn man während der Erntezeit viel Arbeit hatte und sich den zeitaufwendigen Rückmarsch bzw. Eselsritt nach Hause ersparen wollte. Außerdem diente es der Siesta, bot es doch einen hervorragenden Schutz vor der drückenden Mittagshitze im Sommer.

Kloster Ágios Ioánnis Prodrómou

Fährt man vom Ortskern von Katastári Richtung Ágios Nikólaos, zweigt nach knapp 4 km kurz vor einem Aussichtsparkplatz mit Kantína-Wagen eine Piste nach links zum Johanneskloster ab. Wann die große Anlage erbaut wurde, ist nicht bekannt. Rechts und links der Kirche liegen die einst von Nonnen bewohnten Klosterzellen, heute lebt nur noch ein freundlicher alter Mönch in dem rechten Trakt, zu dessen Eingang man über eine steinerne Treppe mit schmiedeeisernem Geländer hochsteigen muss. Er zeigt Ihnen gerne das Innere der Kirche, die eine hübsche Ikonostase und mehrere wertvolle Ikonen aufzuweisen hat. Von besonderer Bedeutung ist die des Namensgebers des Klosters, die seine Enthauptung zeigt. Johannes der Täufer war übrigens der Schutzpatron von Zákynthos, bevor er vom heiligen Dionýsios abgelöst wurde.

Die Umgebung von Kilioméno lädt zum Wandern ein

Der Westen und der Norden: das Bergland

Vom Kap Marathiá im Südwesten bis zum Kap Skinári im Norden zieht sich ein nicht besonders hoher, aber schroff ansteigender, breiter Gebirgszug entlang, der weit mehr als die Hälfte der Insel einnimmt. Karg, rau und wild wirkt die verkarstete Landschaft, wie eine spröde Schönheit – der Gegensatz zum lieblichen, üppigen Flach- und Hügelland könnte kaum größer sein.

Atemberaubende Natur hat die bizarre, über weite Strecken senkrecht abfallende Steilküste zu bieten, in die das Meer zahlreiche zauberhaft schöne Höhlen und ein paar schlauchartige, ganz im Norden auch breitere Buchten hineingefressen hat. Nur an ganz wenigen Stellen ist sie vom Land aus zugänglich.

Kiefernwälder, Buschvegetation und manchmal auch ganz kahle Felsen prägen die Landschaft. Das war aber keinesfalls immer so, denn einst war sie dicht bewaldet, und zahlreiche Menschen lebten von der Forstwirtschaft. In den Dörfern kann man immer wieder auf ältere Menschen treffen, die einem erzählen, wie waldreich ihre Heimat in ihrer Jugend noch war. Doch wie auf so vielen griechischen Inseln wurden die Wälder durch Übernutzung und vor allem durch Brände stark dezimiert. Dass diese nicht immer nur natürliche Ursachen hatten, belegt eindrucksvoll eine erhalten gebliebene Urkunde aus dem Jahre 1490. Damals wurde ein Zakynther namens Andréas Lampíris zum Tode verurteilt, weil er in der Umgebung des Kaps Skinári einen Waldbrand gelegt hatte. Vielleicht wollte er das Weideland für seine Tiere vergrößern.

Am Abend trifft man sich gerne auf einen Schwatz

Da sich das Bergland aus regendurchlässigem, weil porösem Kalkstein aufbaut, ist es ausgesprochen wasserarm und war seit jeher viel dünner besiedelt als der Rest der Insel. In Zisternen, die man in großer Zahl in den Orten sieht, sammelte und sammelt man auch gegenwärtig noch das Regenwasser. Trotz der schwierigen Naturbedingungen ist die Region bis heute zumindest teilweise Bauernland. Den Bewohnern blieb auch lange kaum eine andere Wahl, als neben der Holzwirtschaft mit Schaf- und Ziegenzucht ihren Unterhalt zu verdienen. Und den gehörnten Tieren begegnet man auch häufig, wenn man durchs Bergland fährt oder wandert. Kein Wunder, dass die zakynthischen Käsespezialitäten aus dieser Gegend kommen. Nur in den etwas fruchtbareren Karstwannen – das sind kleine Senken mit besserem Boden – sieht man Olivenhaine, ein paar Getreidefelder und ab und zu mal einen Weinberg.

Die meisten Dörfer sind noch sehr ursprünglich geblieben, auch wenn inzwischen einige Bewohner zur Arbeit in die Stadt pendeln und das Gebiet verkehrsmäßig gut erschlossen ist. Die Menschen sind herzlich und offen, in den Kafenía und Tavernen geht es noch wirklich griechisch zu. Sicher, Kambí, Volímes und Anafonítria werden inzwischen regelmäßig von Ausflugsbussen und Tagestouristen per Bike oder Mietauto angefahren, und dann sieht es dort kurzfristig aus wie auf einem Rummelplatz. Die Einheimischen sehen die Möglichkeit, am Tourismus zu verdienen, und preisen mehr oder weniger aufdringlich Textilien und landwirtschaftliche Produkte an. Aber länger bleibt so gut wie keiner, am Nachmittag wird's wieder ruhig, und in den übrigen Orten legt sowieso kaum einer einen Stopp auf der Fahrt zum obligatorischen Shipwreck-Beach ein.

Das Bergland hat immer noch relativ viel unbesiedelte Naturlandschaft zu bieten und ist ein ideales Gebiet für ausgedehnte Spaziergänge und Wanderungen. Lohnende Ziele sind neben den schönen Dörfern z. T. verlassene, einsam gelegene

Klöster, eine Karsthöhle oder auch der mit 756 m höchste Gipfel des Vrachíonas-Gebirges, Vouní genannt. Schließlich gehören die ins Meer hinabstürzenden weißen Felsen der Küste zum Schönsten und Spektakulärsten, was Zákynthos zu bieten hat. Nicht nur der Shipwreck-Beach, eines der bekanntesten Postkartenmotive in Griechenland überhaupt, sondern die gesamte imposante Kliffküste ist sehenswert. Mit kleinen Booten kann man zu malerischen Stränden gelangen und geheimnisvolle Höhlen mit phantastischem Lichtspiel erkunden. Neben den berühmten "Blauen Grotten" am Kap Skinári und denen bei Kerí gibt es noch sehr viele mehr. Wer Spaß am Tauchen hat, kommt voll auf seine Kosten, ein Erlebnis der besonderen Art ist aber auch ein Sprung vom Boot ins tiefblaue Meer. Und am Abend kann man dann noch hoch oben am Steilabfall einen beeindruckenden Sonnenuntergang genießen.

Kerí

Hübsches Dorf mit gemütlicher Atmosphäre oberhalb des gleichnamigen Kaps mit Leuchtturm. Nur abends, wenn die Sonne spektakulär ins Meer gesunken ist, füllen sich die zwei Grilltavernen mit Besuchern aus den nicht weit entfernten Touristenzentren Límni Kerioú, Ágios Sóstis und Laganás.

Kerí hat unter dem Erdbeben von 1953 etwas weniger gelitten als andere Inselorte. An einem sanften, dicht mit Olivenbäumen bewachsenen Hang, überragt von zwei etwas über 400 m hohen Berggipfeln (einer heißt übrigens auch Skopós wie sein Pendant auf der anderen Seite der Bucht von Laganás), ziehen sich ziemlich dicht zusammengedrängt die niedrigen Häuser der insgesamt ca. 1000 Bewohner entlang. Den Mittelpunkt bildet eine kleine, von schmalen Gassen umgebene Platía. Vor den Kafepantopolía sitzen die Männer auf einfachen Holzstühlen und lassen gelangweilt die Perlen ihres Kombolóis, ein Kettchen aus Holz-, Kunststoff- oder Glaskugeln, durch die Finger gleiten. Aus den Küchen duftet es verführerisch nach einem deftigen Braten oder einem Gemüseeintopf. Am Abend finden auch die Frauen Zeit, den Hocker vors Haus zu stellen und bei einer Handarbeit das Geschehen auf der Straße zu beobachten. Um diese Zeit lohnt es sich schon deshalb umso mehr, weil wegen des Sonnenuntergangs ein paar Fremde im Dorf sind. Wanderfreunde haben Kerí nicht nur als Tagesausflugsziel entdeckt, kann man doch in der reizvollen Umgebung wunderschöne Touren machen.

Oberhalb der Westküste liegt das hübsche Kerí

Im Dorf selbst zieht vor allem die **Kirche Panagía Keriótissa** die Besucher an. Von der Platía geht man auf der Straße Richtung Leuchtturm knapp 100

Meter abwärts und folgt dann einem beschilderten Abzweig nach rechts zu dem mächtigen, im Renaissance-Stil erbauten Gotteshaus. Durch das Erdbeben hat es nur leichte Schäden erlitten und weist deshalb immer noch die Originalverzierungen an den Fenstern und am säulenbestandenen Portal auf. Noch schöner sind die filigran geschnitzte Ikonostase und der hölzerne Priesterstuhl im Innern.

Der gedrungene Glockenturm neben der Kirche kann bestiegen werden – von oben schweift der Blick über das Dorf bis zur Küste hinab.

Die meisten Besucher werden aber von den Attraktionen in der Umgebung angezogen. Vom Dorf aus führt eine schmale asphaltierte Straße etwa 1,5 km weit abwärts zum **Leuchtturm von Kerí.** Den schneeweißen Turm (er ist eingezäunt) kann man zwar nicht begehen, doch ein steiniger Fußpfad führt in ca. 10 Minuten zu einem der schönsten Aussichtspunkte der Insel (s. Wanderung 5 auf S. 212). Der Blick über die steil nach unten stürzenden grün bewachsenen Felsen der Westküste ist wirklich grandios. Einen **Sonnenuntergang** hier zu erleben gehört zu den Highlights eines Zákynthos-Urlaubs.

Auf dem Weg zurück ins Dorf sollte man unbedingt im **Lighthouse Restaurant** einen Stopp einlegen. Der Panoramablick von dessen Terrasse ist nämlich umwerfend. Direkt vor einem ragen die beiden strahlend weißen **Mizíthres-Felsen** wie eine große und eine kleine Pyramide aus dem in verschiedenen Blautönen schimmernden Meer heraus, an der Küste reihen sich helle, sichelförmige Strände aneinander. Hier kann man gut und gerne einen Nachmittag vertrödeln.

Panorama am Kap Kerí

• *Verbindungen* 2x täglich fährt der **Bus** nach Zákynthos-Stadt und Límni Kerioú (genauere Informationen s. S. 64).

• *Einkaufen* An der Platía kann man sich in den Kafepantopolía mit dem Nötigsten eindecken. Ein größeres Sortiment, auch frisches Brot, hat der **Supermarkt** rechts unterhalb der Hauptstraße im Angebot.

• *Feste* Am Montag nach Ostern füllt sich der große Kirchplatz mit dem Brunnen. Dann feiern die Bewohner Kerís und der umliegenden Orte **zu Ehren "ihrer" Panagía** (s. auch Kasten) traditionsgemäß ein großes Fest. Nach der Liturgie wird die Ikone der Gottesmutter durch das Dorf getragen, danach gibt es ein Festmahl, und natürlich wird auch getanzt. Der **15. August,** der größte Feiertag der Muttergottes in Griechenland, verläuft dagegen eher enttäuschend, denn außer einer Messe findet nichts statt.

• *Telefonieren* Ein Kartentelefon findet man z. B. an der Platía.

• *Übernachten* **Pension Apeláti,** an der Abzweigung nach Agalás steht das hübsche Haus von Familie Livéris, zum Dorf-

Im prächtigen Glockenturm der Panagía-Kirche

Kerí, die Panagía und die Piraten

Wer über die Insel Zákynthos reist, kommt bei den Namen der Kirchen schnell ins Grübeln. Zahlreiche Dörfer haben ein Gotteshaus der Gottesmutter, der Panagía, geweiht und dieser dann einen lokalen Beinamen gegeben: Panagía Keriótissa, Anafonítria, Krionerítissa etc. Dass es nur eine einzige gibt, ist auch bei den Zakynthern unbestritten – hat sie aber für ein Dorf nach Meinung der Bewohner ein Wunder gewirkt, gibt man ihr als Zeichen der besonderen Verehrung und Dankbarkeit den entsprechenden Namenszusatz. So auch in Kerí:

Die Bewohner des Ortes fürchteten im Mittelalter, wie die Menschen anderer Mittelmeerinseln auch, kaum etwas so sehr wie die Piraten. Obwohl das Dorf so angelegt worden war, dass man es vom Meer aus nicht entdecken konnte, kam es doch immer wieder zu Überfällen. An einem klaren Sommertag war es wieder einmal so weit: Die Seeräuber hatten auf dem Weg von der Küste zum Dorf bereits einiges Unheil angerichtet und marschierten siegesgewiss weiter gegen Kerí. Da zog urplötzlich dichter Nebel auf, so dass sie Angst bekamen, sie könnten ihren Ankerplatz nicht mehr finden. Es blieb ihnen nichts anderes übrig, als unverzüglich den Rückzug anzutreten und das Dorf zu schonen. Und wer war dafür verantwortlich? Die Panagía natürlich.

kern geht man ca. 2,5 km. Ganzjährig werden hier zum Preis von 25–35 € (inkl. Frühstück) 5 einfache Zwei- und Dreibettzimmer mit Bad und umlaufendem Balkon angeboten – der richtige Ort für Erholungssuchende. ✆ 2695043324.

• *Essen und Trinken* **Tavérna Diliná,** ein kleines Lokal mitten im Ort, von dessen weinüberwachsener Terrasse man beobachten kann, wie die Sonne hinter der Dorfkirche versinkt – das Alternativprogramm zum allabendlichen Spektakel am Leuchtturm. Dem freundlichen Wirt gehört die gegenüberliegende Metzgerei – wer gerne gutes Fleisch verzehrt, ist hier genau richtig. Allabendlich drehen sich bei ihm

Ferkel, würziges Kokorétsi und Soúvla am Spieß.

Lighthouse Restaurant, nicht nur der schönen Aussicht wegen, sondern auch, was die Küche angeht, ein Tipp! Die typisch zakynthischen Gerichte wie geschmortes Hähnchen oder gefülltes Kaninchen kommen hier aus dem Holzofen und schmecken deshalb besonders gut. Lecker auch die im Darm gegrillte, mit vielen Kräutern gewürzte Leber, Spinándero genannt. Vegetarier sollten die Jemistá probieren!

Eine ebenfalls nette Taverne gehört zur **Pension Apeláti** (s. o.). Sie ist den ganzen Tag über geöffnet. Besonders stolz ist die Wirtin auf ihren Ziegenbraten und das Stifádo, doch auch die Gemüsegerichte mit Erzeugnissen aus dem eigenen Garten sind zu empfehlen.

Wanderung 5: Von Kerí zum Leuchtturm am Kap Kerí und zurück

Die gut 6 km lange Rundtour, für die Sie etwa 2,5 Stunden einplanen sollten, verläuft durch eine besonders schöne Ecke der Insel. Dabei können Sie atemberaubende Ausblicke auf die Halbinsel Kerí und die Westküste genießen und unterwegs in das Lighthouse Restaurant mit seiner spektakulär gelegenen Terrasse einkehren. Festes Schuhwerk ist erforderlich.

In der Mitte des Dorfes Kerí folgen Sie an der kleinen Platía dem Wegweiser zum **"Fáros Kerí"** und biegen auf eine schmale Asphaltstraße nach rechts ab. Auf dieser gelangt man in 1,3 km zum Lighthouse Restaurant. Ab hier führt sie in Kehren 300 m leicht aufwärts zum Leuchtturm, der für die Öffentlichkeit nicht zugänglich ist. Überqueren Sie den rechts davon liegenden Parkplatz in südwestlicher Richtung und biegen Sie dann auf einen schmalen Fußpfad ein. Zwischen Wacholder- und anderem stacheligem Gariguegebüsch windet er sich abwärts zu einem kleinen Plateau mit einer auffallenden Kiefer, einem besonders schönen **Aussichtspunkt** auf die senkrecht ins Meer abfallenden weißen Felswände der Westküste. Unmittelbar neben dem Plateau wird man leider auch wieder an Geschehnisse aus dem Zweiten Weltkrieg erinnert. Man erkennt das kreisrunde Fundament eines ehemaligen Waffenlagers und Beobachtungspostens der Italiener und später der Deutschen.

Zurück zum Parkplatz geht man auf demselben Fußweg, oder man benutzt einen Trampelpfad, der weiter links verläuft. Oben wandert man wieder abwärts zum **Lighthouse Restaurant.** Hier sollten Sie unbedingt eine Pause einlegen, denn von der Terrasse bekommt man eines der beliebtesten Fotomotive der Insel geboten:

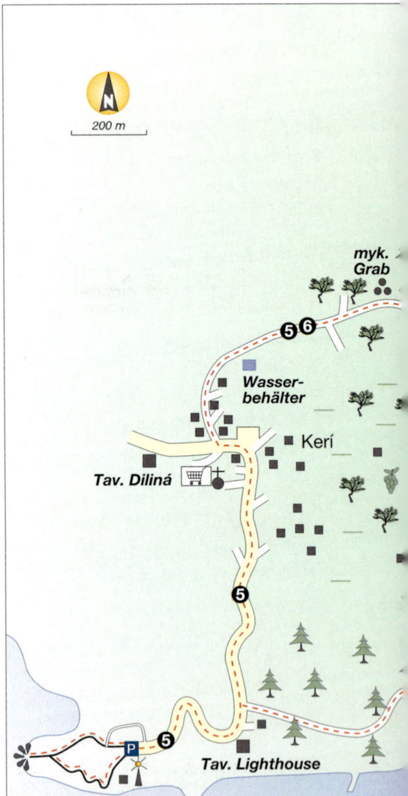

den Blick auf die beiden **Mizíthres-Felsen** (zum Fotografieren ist der Nachmittag die beste Zeit; s. Foto auf S. 16).

Um wieder nach Kerí zu gelangen, wandern Sie etwa 100 m auf der Asphaltstraße und zweigen dann hinter einem **Haus mit der Aufschrift "Iónio"** auf eine Piste nach rechts ab. Durch einen dichten Kiefernwald geht es leicht aufwärts an der westlichen Flanke des Kakavákia-Berges (416 m) entlang. Nach ca. 1200 m zweigt nach links ein schmaler Weg zu ummauerten Feldern und einer alten Zisterne ab. Um die Tour fortzusetzen, bleibt man auf der bisher benutzten Piste und hält sich dann, 200 m weiter, an einer Gabelung halb rechts. Bald sieht man links unten Felder, auf denen Bewohner von Kerí hauptsächlich Olivenbäume, aber auch Weinstöcke angepflanzt haben. Man folgt immer der Piste, bis man nach weiteren 1,5 km auf ein Betonsträßchen stößt. Hier zweigt man nach links ab. Wenige Minuten später entdeckt man rechts vom Weg unterhalb einiger Kiefernbäume (hinter einem Zaun) die Reste eines tholosförmigen **mykenischen Grabes.** Alle Abzweigungen ignorierend, erreicht man auf diesem Betonweg in knapp 15 Minuten den Ortskern von Kerí, wo man sich in einem der kleinen Kafenía eine wohlverdiente Erfrischung gönnen kann.

Wanderung 6: Von Kerí über Marathiá nach Límni Kerioú

Eine in gut 2 Stunden zu bewältigende Tour (ca. 7 km), bei der man nicht nur schöne Landschaften durchstreift und tolle Ausblicke genießen, sondern unterwegs auch einen Bade- und Tavernenstopp einlegen kann (nehmen Sie trotzdem ausreichend Wasser mit). Von Límni Kerioú können Sie mit dem Nachmittagsbus zum Ausgangsort zurückkehren. Sie müssen diesen aber oberhalb des Badeortes an der Asphaltstraße nach Kerí anhalten.

In Kerí geht man von der zentralen Platía auf der Straße wenige Meter Richtung Zákynthos-Stadt und biegt bei einem Hinweisschild zum mykenischen Grab nach rechts auf eine schmale, ansteigende Betonpiste ab. Dieser folgt man, alle Abzweigungen ignorierend, aus dem Dorf hinaus. Nach ca. 1 km passiert man links vom Weg ein eingezäuntes **mykenisches Grab,** 200 m weiter gelangt man zu einer Kreuzung. Gehen Sie links und folgen Sie dann konsequent der Staubpiste weiter aufwärts. Links wird sie von einem dichten Kiefernwäldchen, rechts von Olivenhainen gesäumt. Nach insgesamt 2,2 km erreicht man eine **markante Gabelung.** Der linke Weg führt zu einem einsam gelegenen Haus, rechts geht es eben weiter nach Marathiá, eine rote Markierung weist den richtigen Weg.

Bald sieht man am Wegrand eine **alte Zisterne,** kurz darauf öffnet sich der Blick auf die Laganás-Bucht mit dem Inselchen Marathoníssi bis hinüber nach Zákynthos-Stadt. Bei einem **verfallenen Bauernhaus** hält man sich an einer weiteren markanten Gabelung rechts (roter Punkt) und trifft nach wenigen Minuten auf eine andere Staubstraße. Gehen Sie hier links und weiter ca. 1,5 km oberhalb der Küste bis zu einer **T-Kreuzung.** Hier zweigt man rechts ab und wandert nun 800 m steil abwärts. Olivenbäume zeigen an, dass man wieder die "Zivilisation" erreicht hat. Hinter einem einzelnen Wohnhaus biegt man links ab und geht noch 500 m bis zur Taverne Vótsalo weiter. Unterhalb von dieser liegt der schöne **Strand von Marathiá.**

Von der Taverne aus führt ein asphaltiertes Sträßchen zu einem weiteren Lokal und dann aufwärts nach Norden. Am höchsten Punkt des Weges wird man mit einem tollen Blick auf Límni Kerioú für die letzte Anstrengung belohnt. Kurz darauf zweigt man an der Villa Meltémi nach rechts ab und erreicht so in wenigen Minuten das Ziel (die Ortsbeschreibung von Límni Kerioú finden Sie auf S. 162 ff.).

Agalás

Gäbe es nicht die ungewöhnliche, weil doppelstöckige Höhle des Damianós ganz in der Nähe, die man als Ansichtskartenmotiv kennt, käme wohl kaum ein Tourist in dieses abgelegene Bergdorf, das aber doch einiges mehr zu bieten hat.

So gut wie kein Verkehr herrscht auf der Straße, die sich von Kerí durch dichten Pinienwald zu dem oberhalb der Westküste gelegenen Örtchen zieht. Zusammen mit den üppigen Olivenhainen sorgte er einst für Arbeit und Brot. Heute ist der Holzschlag verboten, und die meisten der inzwischen nur noch ca. 350 Einwohner verdingen sich in den nicht allzu weit entfernten Touristenzentren der Bucht von Laganás.

Beim Bummel durch die steilen Gassen sieht man bald, dass nach dem Erdbeben von 1953 viele Bewohner ihre Häuser ganz aufgegeben haben und entweder weggezogen sind oder einfach daneben neue errichteten. Meist sind es alte Leute, denen man begegnet. Auffallend sind außerdem die zahlreichen **Zisternen** – nahezu vor

Reste einer alten Ölmühle

jedem Haus steht eines der runden steinernen Becken. Agalás zeigt besonders deutlich die "Wasserproblematik" des westlichen Berglands. Erst seit etwa 25 Jahren gibt es in den Häusern fließendes Wasser. Da dieses aber salzhaltig ist, sammeln die Bewohner, wie in allen Dörfern des Berglands, auch heute noch das Regenwasser nach mehr oder weniger demselben System, wie dies schon vor Jahrhunderten üblich war.

Zisternen

Da das westliche Bergland aus wasserdurchlässigem Kalkstein besteht, versickern auch die ergiebigsten Niederschläge in große Tiefen und sind für Mensch und Tier verloren. Auch Flüsse gibt es bei einem solchen Gesteinsuntergrund nicht. Wer hier lebte, war schon immer darauf angewiesen, im Winter Regenwasser in so großen Mengen zu sammeln, dass es für den sehr trockenen Sommer reichte. Daran hat auch der Anschluss an die inselweite Wasserversorgung nichts geändert. "Zu salzig! Nicht genießbar!", schimpfen die Menschen. Also braucht man weiterhin Zisternen, d. h. unterirdische Behälter aus Mauerwerk und Stampfbeton. Dass sie etwa einen Meter über dem Meeresboden herausragen und mit einem Deckel oder einer Steinplatte verschließbar sind, soll eine Verschmutzung des gesammelten Wassers verhindern, hat aber auch architektonisch-ästhetische Gründe. Wenn es regnet, wird das Wasser von einer sauberen Unterlage, z. B. einem Flachdach oder auch einer eigens dafür betonierten, leicht geneigten Fläche auf dem Erdboden, mit Hilfe von Rohren in die Zisterne hineingeleitet. Serviert man Ihnen in einem der Dörfer des Berglands ein Glas Wasser, handelt es sich bei dem wohlschmeckenden Trunk in aller Regel um Regenwasser vom letzten Winter.

Die doppelstöckige Höhle des Damianós

Bevor man sich zu den ganz besonders lohnenden Zielen in der Umgebung aufmacht, kann man im Dorf selbst der **Art Gallery** von Dionýsios Giatrás einen Besuch abstatten. Der Künstler stellt in einem leuchtend blau gestrichenen Gebäude neben der Pfarrkirche Kiría ton Angélon seine Werke aus. Diese zeigen vor allem die typischen Kykladenmotive, aber auch einige surrealistische Bilder sind unter seinen Arbeiten. Dionýsios hat jedoch noch mehr vor: Gegenüber der Kirche will er in einem alten, verfallenen Gebäude eine mehr als 100 Jahre alte Ölmühle restaurieren und Besuchern zugänglich machen. Zudem beabsichtigt er, ein Heimatmuseum einzurichten. Mehr als die Hinweisschilder war bei unserem letzten Besuch allerdings noch nicht zu entdecken.

Öffnungszeiten Tägl. 10–14.30 und 18–21. Eintritt frei.

Hauptattraktion ist aber die **doppelstöckige Höhle des Damianós** westlich des Dorfes. Eine beschilderte Straße (Wegweiser Tavérna Sunset) führt südwestlich der Taverne I Karídia steil aufwärts aus diesem hinaus. Nach ca. 700 m weist ein weiteres Schild auf eine etwa 400 m oberhalb der Straße stehende alte **Windmühle** hin, von der man einen tollen Rundblick über das Dorf, das Bergland und die Westküste genießen kann. Wenn Sie noch ein paar Meter weiter aufwärts bis zu einem Wendeplatz gehen, ist die Aussicht noch schöner. Wieder zurück auf der Straße, fährt man noch ein paar hundert Meter zum Parkplatz vor der Tavérna Sunset. Dahinter führt ein schmaler Fußpfad am Steilhang oberhalb einer dicht bewachsenen Schlucht in wenigen Minuten zur Höhle, der Spiliá tou Damianoú. Der einstige Besitzer des umliegenden Gebiets soll das vergleichsweise kühle Plätzchen als Schaf- und Ziegenstall benutzt haben. Ziegenhafte Kletterkünste sind auch fast vonnöten, wenn man in die obere, leicht größere Höhle, die ebenso wie die untere Ansätze von Stalagtiten und Stalagmiten aufweist, gelangen will. Dazu steigt man am besten links von der unteren Höhlenkammer auf. Aber Achtung: Es besteht Rutschgefahr!

Ebenfalls interessant sind die **venezianischen Brunnen,** auch "Andronio's Wells" genannt. Man zweigt hinter der Dorftaverne nach links ab und fährt auf einem schmalen Asphaltsträßchen in südwestliche Richtung (s. auch Wanderung 7, S. 217). Dabei hat man noch einmal einen sehr schönen Blick auf die Höhle. Am Ende der Straße biegt man nach rechts in eine weite, mit Weinreben bewachsene Karstebene ab und erreicht die 11 eng beieinander liegenden, im 15. Jh. erbauten **Zisternen.** Schaut man in eine hinein, entdeckt man sein Spiegelbild; lässt man ein Steinchen hineinfallen, wundert man sich darüber, dass der Wasserstand deutlich höher ist, als man erwartet hat.

• *Verbindungen/Anfahrt* Die **Busverbindungen** nach Agalás entsprechen denen nach Kerí (genauere Informationen siehe S. 64). Beide Asphaltstraßen nach Agalás, die von Lithakiá und die ab Kerí, sind in gutem Zustand.

• *Essen und Trinken* **Tavérna I Karídia,** der riesige Walnussbaum gab dem gemütlichen Terrassenlokal mitten im Dorf seinen Namen. Hier kann man noch ganz ohne touristische Anmache ehrliche griechische Küche genießen. Mittags ist die Auswahl zwar nicht sehr groß, aber wir wurden von den würzigen Souvlákia aus der Pfanne und dem üppigen Salat wunderbar satt; abends gibt es dann verschiedene Grillgerichte. Schöner Platz zum Relaxen und zudem preiswert.

Wie der Riese Andronio überlistet wurde

Andronio's Wells werden die alten venezianischen Sammelbecken auch genannt. Doch wer war eigentlich Andronio? Einst lebte in der Nähe von Agalás ein fürchterlicher Riese, der die Bewohner ständig in Angst und Schrecken versetzte. Sein Hunger war unermesslich, und um ihn zu stillen, mussten die Menschen ihm unentwegt Nahrung liefern. Nur wenn Andronio satt war, gab er Ruhe, in hungrigem Zustand tobte er fürchterlich. Aber seine Gefräßigkeit wurde immer größer, und den Dorfbewohnern gingen allmählich die Vorräte aus. Da ersann eine alte Frau eine List. Sie bereitete eine vergiftete Pastete zu und reichte diese dem Riesen als besondere Leckerei. Dieser biss gierig hinein, fiel unmittelbar danach tot um und stürzte in die Karstebene hinunter, die heute noch nach ihm benannt ist.

Wanderung 7: Von Agalás über die mittelalterlichen Zisternen nach Kerí oder Límni Kerioú

Die einfache, aber landschaftlich interessante Tour (je nach dem gewählten Ziel 8,5 bzw. 9,5 km lang) führt z. T. auf schmalen Asphaltsträßchen, z. T. auf Erdpisten meist abwärts vom Bergdorf Agalás in das tiefer gelegene Örtchen Kerí oder ans Meer. Wer will, kann die Wanderung auch verkürzen und an der zwischen den beiden Orten gelegenen Tavérna Apeláti (knapp 7 km) abbrechen. Sowohl hier als auch in Kerí oder Límni Kerioú kann man in den Nachmittagsbus nach Zákynthos-Stadt einsteigen. Auch der Startpunkt der Tour, Agalás, ist mit dem Bus erreichbar (s. auch S. 64). Nehmen Sie ausreichend Wasser mit.

In Agalás gehen Sie an der **Taverne I Karídia** die Straße abwärts und biegen nach wenigen Metern links ein (Schild "Venetian Wells"). Auf einem schmalen, wenig befahrenen Asphaltsträßchen wandern Sie – vorbei am Gemeindehaus mit Briefkasten und Telefon – steil abwärts. Nach 450 m können Sie am gegenüberliegenden Berghang die Damianós-Höhle erkennen. 250 m weiter kommt man rechts vom Weg an einem großen **steinernen Ikonenständer** mit mehreren Heiligenbildern vorbei. Das Sträßchen senkt sich weiter in die landwirtschaftlich genutzte Ebene hinab, zunächst säumen Olivenbäume den Weg, dann wird ein riesiger Weinberg sichtbar. Nach weiteren 800 m zweigt nach rechts eine Piste zu den **11 mittelalterlichen Zisternen** (s. oben) ab und führt zwischen diesen hindurch auf die andere Seite des Weinbergs.

Gehen Sie hier links und weiter unter uralten, mächtigen Olivenbäumen eben in südöstliche Richtung. Etwa 1 km nach den Zisternen weist ein Schild darauf hin, dass man sich in einer Flur namens Spráthi befindet. Beachten Sie bitte die folgenden Abzweigungen nicht! Leicht ansteigend führt der Weg aus einem Kiefernwäldchen heraus, und das Meer wird sichtbar. Nach weiteren 600 m erreichen Sie bei einem kleinen **Steinbruch** eine T-Kreuzung und zweigen links ab. Wiederum wandert man leicht aufwärts, bis man 600 m weiter nach rechts abbiegt. Man kommt vorbei an zwei alten Bauernhäusern inmitten von Olivenhainen und muss an der nächsten Gabelung, an der ein kleines Häuschen mit Weinlaube steht (verrostetes Schild "Kerí"), nach links abbiegen. Knapp 1 km zieht sich nun die Piste in östliche Richtung bis zur Asphaltstraße Agalás–Kerí. Hier geht man rechts und erreicht in etwa 1200 m die **Taverne Apeláti.** Auf der Asphaltstraße kommt man rechts ins Bergdorf Kerí oder links nach Límni Kerioú.

Wanderung 7:
Von Agalás über die venezianischen Zisternen nach Kerí oder Límni Kerioú

Kilioméno

Kleiner Verkehrsknotenpunkt, aber dennoch nahezu völlig untouristisches Bergdorf. Das Zentrum bildet die winzige Platía nahe der großen Kreuzung.

Hier sitzt "Mann" in den kleinen Kafenía und grüßt die auf ihren Traktoren vorbeiratternden Kumpel, die auf dem Weg zu ihren Feldern sind. Bei einem Bummel durch die steilen Gässchen sieht man, dass vergleichsweise viele der alten Bruchsteinhäuser stehen geblieben sind. Wahrzeichen des Dorfes ist die **Ágios-Nikólaos-Kirche** bzw. deren auffällig gedrungener vierstöckiger **Glockenturm.** Dieser steht, sogar durch die Straße getrennt, ein ganzes Stück weit von dem Kirchengebäude entfernt. Einer Inschrift zufolge begann man mit seinem Bau im Jahre 1893, vollendet wurde er aber nie, bis heute fehlt ihm die Spitze. Besonders kunstvoll sind die Verzierungen an seinen Außenwänden, durch kreisrunde Bullaugenfenster fällt Licht ins Innere. Filigrane Arbeiten weist auch das "Balkonstockwerk" mit dem Glockenstuhl auf, darüber erkennt man – Sie brauchen aber ein Fernglas dazu – in acht Mauerecken hübsche Skulpturen: einen Totenkopf, eine Hand, die ein Kreuz hält, eine Schlange etc.

In einem uralten zweistöckigen Bauernhaus mit kleiner Terrasse wird eines der schönsten Lokale der Insel betrieben, die **Tavérna I Alitzeríni** (s. u.). Leider ist sie nur abends geöffnet. Sie finden das sehenswerte Haus auf der linken Seite an der Straße nach Macherádo. Fast schon am Dorfausgang steht, ebenfalls an dieser Straße, das kleine **Kirchlein Kiría ton Angélon.** Fährt man noch ca. 1 km weiter, sieht man einen Hinweis zum **Paleókastro** – eine ca. 2 km lange Piste führt zu den

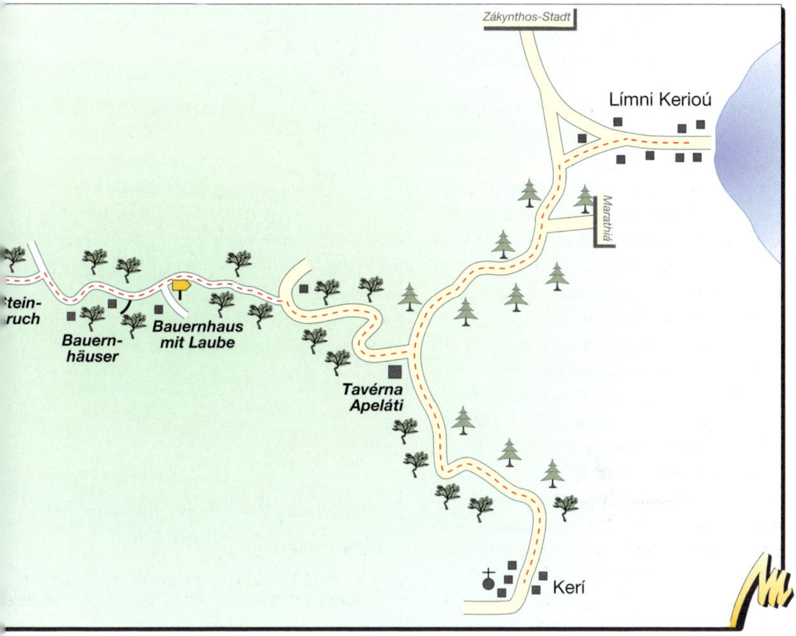

spärlichen Resten dieses mittelalterlichen Kastells. Immerhin hat man von dort einen schönen Rundblick.

• *Verbindungen/Anfahrt* Mit dem **Bus** bestehen mehrmals täglich Verbindungen nach Zákynthos-Stadt und zu den Bergdörfern. Genaue Informationen siehe S. 64.

Landschaftlich weitaus interessanter und auch näher als die Strecke von Lithakiá ist die Route über Macherádo.

• *Polizei/Telefonieren* Eine kleine Polizeistation befindet sich neben der Kirche. Daneben steht auch ein Kartentelefon.

• *Essen und Trinken* **Tavérna I Alitzeríni,** in dem urigen Bauernhaus sitzt und speist man wunderbar. Nicht nur das alte Gemäuer mit winzigen Fenstern, engen Türen und schmaler Holzstiege lässt nostalgische Gefühle aufkommen, auch die Einrichtung stimmt. Die wackeligen Stühle sind zwar nicht sonderlich bequem, aber authentisch. Eine Speisekarte gibt es nicht, denn das Angebot wechselt ständig: Kalb in dunkler Soße, gefüllter Rollbraten, Melitzánes Skordostoúpi etc. Besonders gut fanden wir auch den mit Knoblauch und Essig verfeinerten Auberginensalat. Von Juli–September täglich ab 19 Uhr geöffnet, in den anderen Monaten nur samstagabends sowie sonntagmittags. Reservieren Sie am besten Ihren Tisch im Voraus; ✆ 2695048552, 2695048523.

Tavérna Paleókastro, nettes Lokal mit Sitzgelegenheiten an der Straße und – etwas ruhiger – am Platz. Jánnis, der Wirt, dem ein Teil des Geländes gehört, auf dem die Ruinen des alten Kastells liegen, lebte lange in Zürich und freut sich, wenn er den Gästen Schnurren von der Insel erzählen kann. Seine Frau und seine Tochter bereiten mittags eine kleine Auswahl an Tagesgerichten zu. Zum Abschied kann man für wenig Geld eine Flasche hausgemachten Wein oder ein Glas Honig mitnehmen.

Wanderung 8: Von Kilioméno über das Kloster Iperagáthou nach Loúcha

Nur ein kurzes Stück auf der Asphaltstraße, dann auf einer breiten Piste führt diese Tour in ca. 3 Stunden von einem der größeren Bergdörfer durch abwechslungsreiche Landschaft und vorbei an dem einsamen Kloster in eines der kleinsten. Nur geringe Steigungen, meist läuft man eben oder abwärts. Wer möchte, wandert vom Zielort noch ca. 4 km auf der Asphaltstraße abwärts nach Ágios Léon und nimmt von dort den Mittagsbus zurück nach Zákynthos-Stadt, auch den Ausgangsort Kilioméno kann man mit dem Bus erreichen. In Loúcha gibt es ein Kafeníon.

In Kilioméno startet man an der zentralen Kreuzung und geht auf der Asphaltstraße zwischen dem frei stehenden Glockenturm und den Kafenía Richtung Ágios Léon. Am Ortsausgang passieren Sie einen charakteristischen **steinernen Ikonenständer.** Nach insgesamt 1,3 km zweigt nach rechts eine Piste (beschildert) zum Kloster ab. Diese senkt sich zu recht großen Feldern hinab, dazwischen liegen kleine Weinberge. Nach 700 m hält man sich an einer Gabelung rechts und geht, alle Abzweigungen ignorierend, zwischen jungen Nadelbäumen leicht aufwärts etwa 2 km weiter, bis ein Schild nach rechts zum **Kloster Iperagáthou** hinweist, wo man gemütlich Rast machen kann (nähere Informationen S. s. unten).

Vom Kloster gehen Sie zur Abzweigung mit dem Hinweisschild zurück, biegen rechts ab und wandern über eine Karsthochfläche in westliche Richtung. Nach 900 m hält man sich an einer markanten Gabelung geradeaus und bleibt nun stets auf dieser Piste. Bald wird ein tiefgrüner **Zypressenhain** sichtbar, in den eingebettet eine kleine Ebene mit Weinbergen und Bauernhäusern liegt. Dahinter tauchen bald die Häuser von **Loúcha** auf, eine Piste lässt man noch links liegen und geht auf einem Asphaltsträßchen zu dem Dörfchen hinauf.

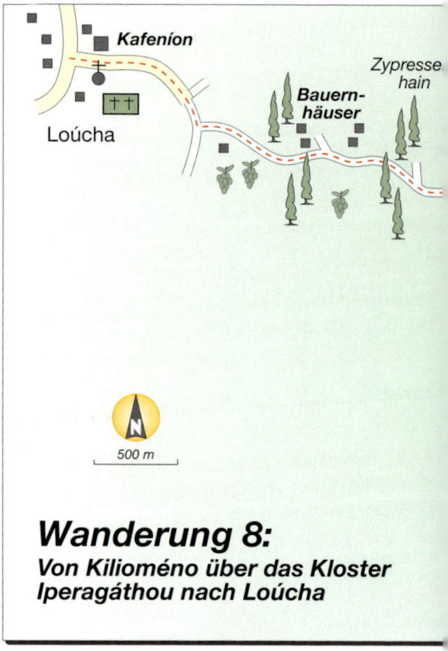

Kloster Iperagáthou

Einsam stehen die Bruchsteingebäude der Klosteranlage zwischen Feldern und Wäldern. Im 17. Jh. wurde sie von zwei Brüdern gegründet und der Gottesmutter geweiht. Später kam sie dann in den Besitz der Mönche des **Katharinenklosters auf dem Berg Sinai.** Von dort entsandte man im Sommer 2002 eine junge griechisch-ägyptische Familie, die seitdem in dem lange Jahre verlassenen Gebäudekomplex wohnt und hier nach dem Rechten schaut. Größere Umbauten und Renovierungsarbeiten sollen ihren Angaben zufolge für die nächsten Jahre geplant sein. Auch will man Erfrischungsgetränke anbieten.

Durch das Eingangstor betritt man den **Klosterhof** mit zwei Zisternen, dessen Mittelpunkt die einschiffige Kirche bildet. Sie hätte in der Tat eine Renovierung dringend nötig, sind doch die alten Ikonen in dem filigran geschnitzten Altargitter und die Malereien in der Apsis ziemlich verblasst. An der rechten Wand erkennt man die Darstellung der im Mutterkloster hoch verehrten heiligen Katharina, schräg gegenüber befindet sich die Ikone der Gottesmutter.

In die der Kirche gegenüberliegenden Wirtschaftsräume kehrt jedes Jahr am 21. November Leben ein. Dann werden zu Ehren der Panagía 100 kg Stockfisch gebraten, Frauen aus Kilioméno und anderen Inselorten bereiten eine deftige Skordaliá und Salate zu. Schließlich wollen die Besucher der Messe, zu denen auch die Kinder der umliegenden Schulen gehören, verköstigt sein.

Ein Schild neben dem Haupteingang weist darauf hin, dass dieser Ort nicht immer nur religiösen Zwecken diente. Am 26. April 1944 wurde in dem Gebäudekomplex die erste Militärstation der Alliierten auf den Ionischen Inseln eingerichtet.

Anfahrt Etwa 1,3 km fährt man von Kilioméno auf der Straße nach Ágios Léon, dann zweigt man auf eine beschilderte Piste nach rechts ab (s. auch Wanderung 8).

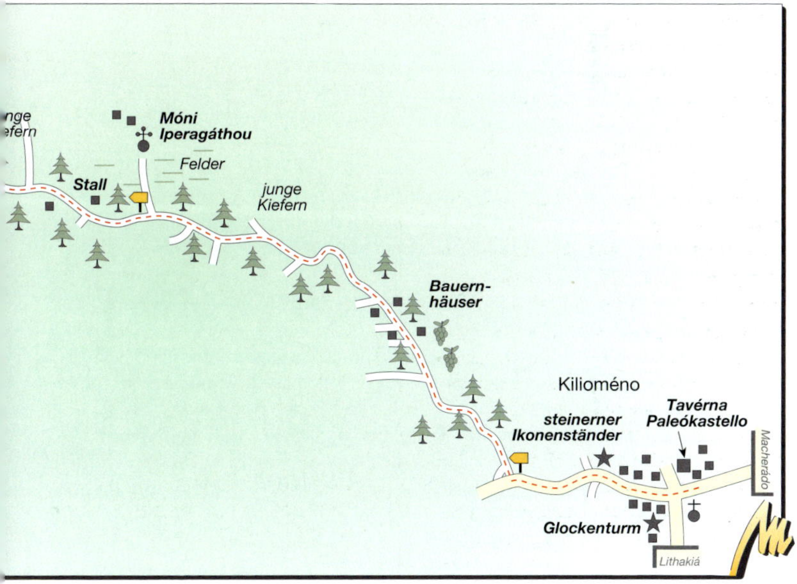

Loúcha

Noch vor Ágios Léon zweigt ein Asphaltsträßchen zum Vrachíonas-Massiv ab, steigt zunächst an und senkt sich dann zu dem in einer kleinen Senke gelegenen Weiler ab. Begrüßt wird man zunächst von aufgeregten Gänsen und Hühnern, die hier ganz ungeniert auf der Hauptstraße umherrennen.

An den engen Gässchen stehen die Häuser noch so, wie sie im 15. Jh. errichtet worden sind – ihnen konnte das große Erdbeben nichts anhaben. Vielleicht ist es ja tatsächlich wahr, dass es Bewohner der Halbinsel Máni (Peloponnes) waren, die sich

Das uralte Haus in Kilioméno dient heute als Taverne

als erste hier niederließen und mit ihrer trutzigen Architektur die Gegend prägten. Jedenfalls, so versicherte der ehemalige Lehrer und heutige Kafeníon-Besitzer Panagiótis, wohne man in diesen Häusern wunderbar. Im Winter schützen die dicken Mauern vor Kälte und Wind, im Sommer vor der Hitze – das Geld für die Aircondition könne man sich sparen.

In exponierter Lage, mitten im Dorf, steht die hübsche **Johanneskirche.** Weit reicht der Blick von der kleinen Plattform vor ihrem Eingang über das sich südlich erstreckende Tal mit den dunklen Zypressenhainen. Gegenüber der Kirche bewirtschaften Panagiótis und seine liebenswerte Frau Evthymía ein wunderschönes **Kafeníon** und ein tipptopp aufgeräumtes **Pantopolíon.** Gäbe es diese für ein griechisches Dorf lebensnotwendigen Einrichtungen nicht, wären die 45 heute hier ansässigen Einwohner auch schon nicht mehr da.

Ein interessanter Spaziergang führt in etwa 15 Minuten zu einer alten **Windmühle** hinauf. Man geht dabei – und das ist auf Zákynthos leider eine Seltenheit – auf uralten Fußpfaden und kann sich vorstellen, wie die Leute früher von Dorf zu Dorf unterwegs waren. Vor der Kirche nimmt man den abwärts führenden Pfad und kommt zunächst an Gärten und Häusern vorbei. Bald steigt man an, quert eine Straße und spaziert auf der gegenüberliegenden Seite ca. 5 Minuten weiter, bis man auf die Straße nach Éxo Chóra stößt. Wenige Meter links steht die alte Mühle.

• *Anfahrt* Es bestehen keine Busverbindungen nach Loúcha und auch nicht ins Nachbardorf Girí. Die Straßen von Éxo Chóra und Ágios Léon nach Loúcha und Girí sind gut befahrbar. Durchgehend asphaltiert ist nun auch die neue Straße von Loúcha zur Ostseite der Insel nach Agía Marína.

• *Essen und Trinken* Unbedingt einen Besuch wert ist das **Kafeníon** von Panagiótis und Evthymía. Auf der blumengeschmückten, zweistufigen Terrasse mit Weinlaube und Walnussbaum kann man die Welt vergessen und auch dem Magen etwas Gutes tun, denn Evthymía hält täglich eine kleine Auswahl an leckeren Tagesgerichten, z. B. Kefthédes in Tomatensoße, bereit.

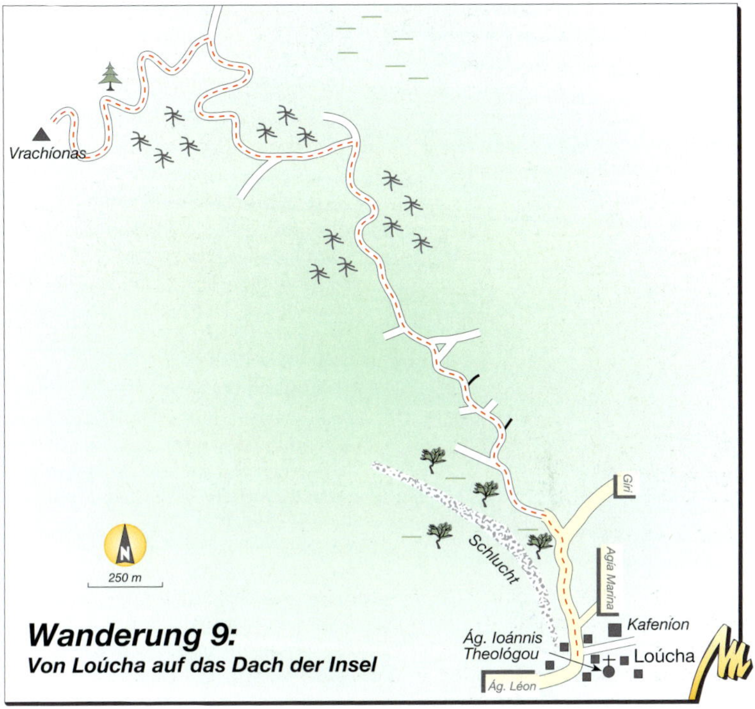

Wanderung 9: Von Loúcha auf das Dach der Insel

Wie ein Klotz ragt das Vrachíonas-Massiv aus dem westlichen Bergland heraus. Einen steilen Gipfel gibt es nicht, vielmehr liegen zwei fast gleich hohe Bergkuppen einander gegenüber: Mit 756 m Höhe bildet der Vouní das Dach der Insel, die Schwesterkuppe Líva weiter östlich bringt es auf 737 m. Von Loúcha kann man den Vouní in ca. 2 Stunden (4,5 km einfacher Weg) erreichen. Etwas Kondition sollte man mitbringen, da die Piste einige Steigungen aufweist und durch fast schattenloses Gebiet führt – der Rundblick macht die Strapazen aber wieder wett. Unterwegs gibt es keine Verpflegungsmöglichkeiten.

In Loúcha geht man auf der **Asphaltstraße Richtung Girí** etwa 500 m leicht aufwärts und biegt dann nach links auf eine breite Piste ein. Diese gabelt sich nach weiteren 400 m – halten Sie sich hier rechts. Leider spenden die niedrigen Büsche und Sträucher am Wegesrand keinen Schatten, doch immerhin scheint ihr Blattwerk den Ziegen zu schmecken. Außer den gehörnten Tieren trifft man hier niemanden. Nach fast 1,5 km zweigt man in einer markanten Kurve links ab und hält sich bald darauf rechts.

Etwa 1 km weiter biegt man an einer T-Kreuzung auf einen sehr schlechten und steinigen Fahrweg nach links ein und folgt den **Serpentinen** etwa 700 m aufwärts bis zum Gipfel, den – wie immer auf griechischen Inseln – eine schnöde Betonsäule markiert. Die Orte im Süden liegen versteckt hinter den Anhängen, doch auf die Nordseite der Insel hat man einen sehr schönen Blick. Gut zu erkennen sind Anafonítria, Volímes und Orthoniés. An klaren Tagen reicht der Blick bis hinüber nach Kefaloniá.

Girí

Nur noch 30 ständige Einwohner hat das Örtchen, in dem es aber immerhin noch eine kleine Steinmetzfabrik gibt.

In dem auffallend großen Gebäude am Ortseingang wird eine alte Tradition fortgesetzt, denn die Männer von Girí gelten seit jeher als Meister in der Bearbeitung des zakynthischen Kalksteins. Gehen Sie ruhig einmal hinein und schauen Sie zu, wie die Handwerker die weißen Steinplatten mit Meißeln bearbeiten und Pfauen, Blumen, Girlanden und andere schöne Motive entstehen lassen.

Girí ist für seine Steinmetztradition bekannt

Spaziert man weiter ins Dorf hinein, entdeckt man schnell, dass viele Häuser leer stehen. Zentrum ist die wieder aufgebaute **Dorfkirche,** die dem Propheten Ilías gewidmet ist. Gegenüber befindet sich ein uriges **Kafepantopolíon,** in dem die Männer an den kalten Wintertagen um einen Böllerofen versammelt sind. Im Sommer sitzt man in einem blumengeschmückten Innenhof mit altem Ziehbrunnen. Wenn Sie nicht einen Kaffee o. Ä. trinken wollen, werfen Sie zumindest einen Blick in den Hof hinein, stehen doch darin viele alte landwirtschaftliche Geräte, z. B. eine riesige Traubenpresse oder ein hölzerner Pflug.

Die meisten Besucher Girís sind hauptsächlich an der etwa 3 km außerhalb des Weilers liegenden **Chagióti-Höhle** interessiert (s. Wanderung 10). Falls Sie sich auf den Weg zu der noch weitgehend unerforschten Höhle machen wollen, nehmen Sie unbedingt eine Taschenlampe mit, da man sich darin sonst nicht orientieren kann. Bei unserem letzten Besuch wurde uns zwar versichert, der touristische Ausbau des unterirdischen Systems solle bald in Angriff genommen werden, doch genaue Angaben konnte niemand machen.

• *Anfahrt* s. unter Loúcha, S. 221. Wenn Sie am östlichen Ortsausgang von Girí bei dem Hinweisschild zur Höhle zunächst rechts, dann bei der nächsten Gabelung links abzweigen, erreichen Sie nach ca. 1 km die neue Asphaltstraße Loúcha-Agía Marína (s. auch Skizze zur Wanderung 10).

• *Essen und Trinken* **Tavérna Kefalokolóna,** ein ganz besonderer Tipp! In dem weinlaubüberwachsenen Innenhof sitzt man auf urigen Holzbänken wirklich idyllisch. Am besten man fragt, was es gerade gibt, denn die Wirtin kocht nicht jeden Tag dasselbe. Alles ist deshalb superfrisch – die Patátes kommen noch nicht aus der Fritteuse, sondern aus der Pfanne. Die mit Kräutern verfeierten Jemistá haben unserer Ansicht nach 5 Sterne verdient; lecker ist auch der mit Möhren verfeinerte Tsatsíki. An den Abenden spielt der Wirt Gitarre und singt Kantaten. Auch außerhalb der Saison am Wochenende geöffnet.

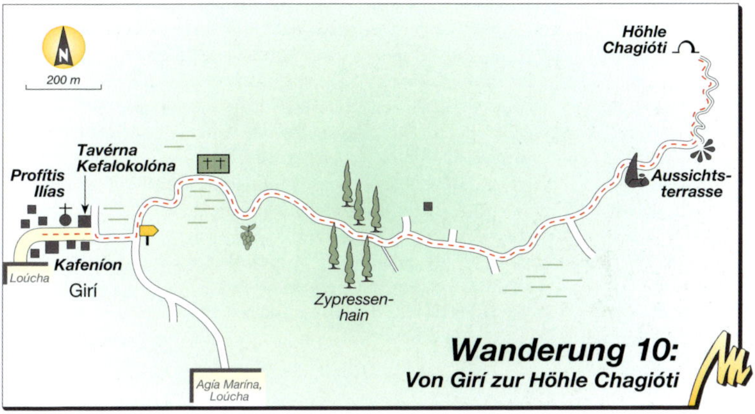

Wanderung 10: Von Girí zur Spiliá Chagióti

Die Südflanke des Vrachíonas-Gebirges entlang führt der Weg von dem liebenswerten Dörfchen Girí zu der im Berghang gelegenen Chagióti-Höhle. Dort kann man zum einen auf eine kleine Entdeckungstour gehen (Taschenlampe nicht vergessen!), zum anderen liegt der Reiz dieser recht bequemen Tour (einfach ca. 3 km, eine Stunde) darin, dass man von der West- zur Ostseite der Insel hinüberwandert. Verpflegungsmöglichkeiten bestehen nur in Girí.

An **Kirche und Taverne** vorbei geht man in östliche Richtung dorfauswärts. An einer T-Kreuzung zweigen Sie nach links ab (Schild) und erreichen bald darauf den ummauerten, von hohen Zypressen umgebenen **Friedhof.** Zwischen Feldmauern und Brombeerhecken führt der Weg meist eben in derselben Richtung weiter. Erst nach knapp 2 km wendet er sich nach Nordosten, führt über den Bergkamm hinweg und gibt einen weiten Blick über das Flach- und Hügelland frei. Etwa 200 m weiter halten Sie sich an einer Gabelung links und passieren bald einige markante Felsen. Die Piste endet an einer Plattform mit einer Art Unterstand und einem verschlossenen **Holzhäuschen** – hier sollen irgendwann einmal Getränke verkauft werden. Links führt ein extrem steiler und steiniger Fußpfad etwa 200 m abwärts zum **Eingang der Höhle,** eine Spalte, die man leicht übersieht. Über eine Holzleiter gelangt man etwa 5 m in die Tiefe. Wer eine Taschenlampe dabeihat, kann Stalagmiten und Stalagtiten erkennen. Der rechte der beiden Gänge endet nach wenigen Metern, der linke führt tiefer in die unterirdische Bergwelt hinein. Sie sollten bei aller Abenteuerlust jedoch unbedingt äußerste Vorsicht walten lassen, ein Sturz hier unten kann verhängnisvoll sein.

Höhle ist nicht gleich Höhle

Auf Zákynthos gibt es Hunderte von Höhlen. Die meisten finden sich an der westlichen und nördlichen Steilküste auf Meeresspiegelniveau und sind sogenannte **Brandungshöhlen,** wie z. B. die "Blaue Grotte". Durch das ständige Anrennen der Brandung wurden sie aus den Felswänden herausgearbeitet, ja geradezu herausgeschlagen, das Kalkgestein dazu z. T. auch noch chemisch gelöst.

Die Höhlen oben im Bergland sind dagegen **Karsthöhlen** und gehen auf die Lösung des Kalkgesteins durch das kohlensäurehaltige Regenwasser zurück. Dieses hat sich seinen Weg in winzigen Haarrissen gesucht, diese zu Klüften und Spalten und an manchen Stellen schließlich zu größeren Hohlräumen geweitet, d. h. gelöst, etwa so, wie Wasser auch Salz auflöst. Immer mehr Wasser sammelte sich an, es entstanden regelrechte Höhlenbäche, die die Löcher chemisch, aber auch durch Erosion und mechanische Reibung immer weiter vergrößerten, bis z. T. riesige Höhlen entstanden. Diese Bäche sind heute längst verschwunden, die meisten Höhlen sind ja auch Hunderttausende, ja Millionen Jahre alt. Das Klima war damals feuchter, zudem hat sich der Grundwasserspiegel gesenkt, die unterirdische Entwässerung liegt heute tiefer, und zwar ungefähr auf dem Niveau, auf dem die Quellen am Ostrand des Berglands austreten. Wenn mit Kalk gesättigtes Wasser langsam von der Höhlendecke herabtropft oder die Höhlenwände herabläuft, setzt sich Kalksinter ab, wodurch im Laufe der Zeit bizarre Tropfsteinformen entstehen, z. B. die Stalagtiten (an der Decke) und die Stalagmiten (vom Boden nach oben wachsend).

Ágios Léon

Das recht große Dorf heißt eigentlich Ágios Léontas, die Einheimischen gebrauchen aber lieber die Kurzform. Entlang der Hauptstraße reihen sich ein paar Kafenía, Tavernen und Minimärkte aneinander – man versucht, vom Durchgangstourismus in den Norden und in die unterhalb des Ortes liegenden Badeplätze Limiónas und Róxa zu profitieren. Meistfotografiertes Objekt ist der etwas seltsam wirkende **runde Glockenturm** der Pfarrkirche, die sich links oberhalb der Häuser befindet. Rechts der Hauptstraße, im älteren Dorfkern, stehen die Häuser dichter beieinander. Beim Bummel durch die Gassen sollten Sie einmal einen Blick in die Innenhöfe mit ihren charakteristischen Sitz- und Liegebänken entlang der Hausmauern werfen. Sie werden von den Bewohnern vielfältig genutzt: zum Mittagsschlaf, als Sitzfläche beim Handarbeiten, beim Gemüseschälen etc. In diesem Teil steht auch eine weitere Kirche, die **Agía Paraskeví.**

- *Verbindungen* Der **Bus** hält auf seiner Fahrt in den Norden der Insel auch in Ágios Léon (genauere Informationen s. S. 64).
- *Einkaufen* Gleich zwei **Bäckereien,** mehrere **Minimärkte** und auch ein **Touristshop** bieten ihre Dienste an.
- *Übernachten* **Ártemis Apartments,** in dem sehr gepflegten Haus an der Hauptstraße vermietet Familie Batsás zwei schöne Wohnungen mit je einem Doppel- und zwei Zustellbetten, Kochnische, großem Bad und Veranda. Hübsche und zweckmäßige Einrichtung mit Kiefernholzmöbeln. Zu zweit bezahlt man 28–40 €. Sehr gutes Preis-Leistungs-Verhältnis. ✆ 2695049171.
- *Essen und Trinken* mehrere Tavernen entlang der Straße. Besonders urig fanden wir es in einem namenlosen Kafeníon mit grünen Stühlen in der Ortsmitte. Ein älteres Ehepaar wartet geduldig auf Kundschaft, bei Verständnisschwierigkeiten wird der Enkel Spíros vom Fernseher weggeholt.

Pórto Limiónas: Die fjordartige, stark zerklüftete Bucht bietet wirklich einen atemberaubenden Anblick. Zwischen den steil abfallenden, grün bewachsenen Felswänden kann man im glasklaren Wasser schwimmen. Etwas abgehärtet sollte man aber schon sein, denn es ist vergleichsweise kalt. Ganz Mutige können auch in mehrere kleine Brandungshöhlen hineinschwimmen. Einen Strand gibt es nicht, man kann jedoch sein Handtuch auf einer betonierten Plattform auslegen. An Augusttagen ist diese jedoch schnell belegt.

• *Anfahrt* Mittlerweile führen zwei asphaltierte Straßen von Ágios Léon hinunter an die Bucht. Die ältere, schmalere, ca. 5 km lange beginnt am Souvenirshop, der fast schon am Ortsausgang Richtung Éxo Chóra liegt. Besser zu fahren, aber dafür länger, da sie zunächst zur Róxa-Bucht (s. u.) führt, ist die neuere, die schon am südlichen Ortsausgang links abzweigt (Schild "P. Róxa, New Road"). Von Pórto Róxa fährt man auf gut ausgebauter Straße noch ca. 2 km oberhalb der Küste bis zur Limiónas-Bucht.

• *Ausflüge* Mit dem kleinen Boot von Herrn Batsás kann man Touren entlang der Westküste zu kleinen Höhlen und einsamen Buchten unternehmen. Der Preis ist Verhandlungssache.

• *Essen und Trinken* **Tavérna Il Tramonto,** zumindest bei einem Kaffee sollte man die wunderschöne Aussicht genießen. Besonders Griechen kommen aber auch gerne zum Essen hierher, und auch wir können die Küche nur loben. Gute Tagesgerichte wie Stifádo oder Schweinefleisch in Weinsoße (Chirinó krassáto). Ein Tipp ist der mit Karotten angemachte Tsatsíki!

Pórto Róxa: Weitaus kleiner als die benachbarte Limiónas-Bucht und längst nicht so dramatisch schön ist der von einigen Fischern genutzte "Hafen" Róxa. Dafür ist hier auch weitaus weniger los. Es gibt keinen Strand, man legt sich auf die Klippen und kühlt sich im klaren Wasser ab.

• *Anfahrt* s. o. Pórto Limiónas.

• *Essen und Trinken* Zwei **Kantína-Wagen** bieten außer gekühlten Getränken auch einfache Gerichte wie Souvláki, Omelett oder Salat an. Man sitzt auf einfachen Stühlen unter einem Bambusdach.

Kambí

Allabendlich, kurz bevor die Sonne malerisch im Meer versinkt, füllen sich die Tavernen an den Klippen oberhalb des kleinen Weilers, der zu Éxo Chóra gehört. Denn dieses Naturspektakel wollen die meisten Zákynthos-Besucher zumindest einmal während ihres Aufenthalts auf der Insel erlebt haben.

Ganze Busladungen werden deshalb mehrmals wöchentlich hier ausgespuckt, und auch die meisten Einzelreisenden kommen für einen Abend nach Kambí. Will man das immer noch beschauliche 70-Seelen-Dörfchen wirklich erleben, sollte man auch mal tagsüber vorbeischauen. Dann herrscht zwischen den verstreut liegenden Häusern Ruhe, der einzige Touristenshop ist noch geschlossen, nur ein alter Mann verkauft in der Nähe der Nikolauskirche Honig und Wein. Doch trotz aller Idylle – die Zeiten, in denen man hauptberuflich Landwirtschaft betrieb, sind vorbei, die 15 Familien leben heute nahezu alle vorwiegend vom Tourismus.

Sowohl im Tages- wie im Abendlicht übt die tief eingeschnittene **Pórto-Skíza-Bucht** einen faszinierenden Reiz aus. Etwa. 200 m stürzen die hellen Felsen senkrecht ins Meer hinab – wäre da nicht der sichernde Zaun oben an der Abbruchkante, könnte man schon etwas nervös werden. Noch beeindruckender wäre die Szenerie, wenn nicht immer wieder Feuer – z. B. in den Jahren 1963 und 1985 – die Nadelbäume auf den dahinterliegenden Hängen zerstört hätten.

Der mykenische Friedhof von Kambí

Ob man den Sonnenuntergang vom Rand der Steilküste hinter dem Dorf genießt (zweigen Sie an der zentralen Kreuzung mit dem Touristshop nach rechts ab) oder von weiter oben, wo ein großes, weithin sichtbares **weißes Kreuz** an die Opfer des furchtbaren griechischen Bürgerkriegs (1946–1949) erinnert, ist Geschmackssache. In den jeweiligen Tavernen sitzt man immer direkt an der Abbruchkante. Das Kreuz erreicht man, wenn man an der genannten Kreuzung nach links abbiegt und den Hügel hinauffährt. Auf dem Weg dorthin kann man noch dem **mykenischen Friedhof** einen Besuch abstatten. Sie finden ihn ca. 150 m hinter der Tavérna Sunset links der Straße. An dem direkt dem Dorf gegenüberliegenden Hang sieht man mehrere gemauerte Erwachsenen- und Kindergräber, sogenannte Schachtgräber. Auch die Menschen der mykenischen Zeit waren also von dieser grandiosen Landschaft fasziniert und siedelten hier.

• *Verbindungen* Der öffentliche **Bus** fährt nicht bis nach Kambí, sondern hält oberhalb an der Durchgangsstraße in den Inselnorden, wo ein asphaltiertes Stichsträßchen zu dem Weiler beginnt.

• *Übernachten* Bei unserer Recherche im Sommer 2003 standen nahe am Ort mehrere Rohbauten für einen Hotelkomplex.

Tavérna Pórto Skíza, gegenüber seinem Lokal vermietet Jánnis Chaikalís 4 einfache DZ mit Bad (30 €). Von den Balkonen kann man den Sonnenuntergang ganz ungestört genießen. ✆ 2695048379.

• *Essen und Trinken* **Cross Tavern,** oben beim Kreuz betreibt der Pfarrer mit seiner Familie ein auf der ganzen Insel sehr geschätztes Lokal. Und das nicht nur, weil die Terrasse geradezu atemberaubend über dem Meer "hängt". Das Essen ist vorzüglich, die Portionen sind üppig, von der Moussaká z. B. können ohne weiteres zwei Personen satt werden.

Tavérna Sunset, auf einer großen Terrasse sitzt man gemütlich unter Schatten spendenden Bäumen vor der Mauer, die vor dem freien Fall in den Abgrund schützt. Der Blick ist phantastisch, und die Souvlákia haben uns auch gut geschmeckt.

Tavérna Pórto Skíza, empfehlenswertes Lokal am Steilabfall, Spezialität ist hier das Mos'chári Kokkinistó. Mehrmals in der Woche finden griechische Abende statt.

Tavérna Kállas, die Alternative zu den Aussichtsrestaurants, denn das kleine Lokal liegt mitten im Dorf. Man sitzt in einem von zahlreichen Bäumen bestandenen Hof und genießt gute zakynthische Hausmannskost. Lecker fanden wir das Hähnchen und das Kaninchen, beide in würziger Soße, serviert mit Beilagen nach Wunsch. Dazu schmeckt der Hauswein.

Éxo Chóra

Die meisten sausen durch das liebenswerte Dörfchen viel zu schnell hindurch und nehmen die hübsche Platía mit der großen, über 100 Jahre alten Platane im Mittelpunkt gar nicht wahr.

Schade eigentlich, denn in ihrem Schatten kann man wunderbar gemeinsam mit den Männern des Dorfes bei einem Tässchen Kaffee ein beschauliches Päuschen einlegen, dem Treiben an dem kleinen Souvenirstand zusehen oder beobachten, wie ein voll beladener Traktor sich durch die engen Gassen quält. Im Übrigen ist Éxo Chóra auch ein idealer Ausgangspunkt für Wanderungen in der schönen Umgebung.

Mächtig ist das Gebäude der einschiffigen **Nikolauskirche.** In ihrem Innern kann man, falls geöffnet ist, eine Kassetten-Holzdecke, die reich verzierte Frauengalerie und die wunderschön geschnitzte Ikonostase aus dem 17. Jh. bewundern. Besonders auffällig ist das Fries mit Elefanten, Hunden und Ebern. Ebenso wie das Gotteshaus weist auch noch ein weiteres Gebäude, ein Wohnhaus direkt an der Straße, die venezianischen Farben Rot, Weiß und Grün auf.

Gegenüber der riesigen Platane steht auf der anderen Straßenseite ein alter, knorriger Ölbaum. Von diesem führt ein Fußpfad ca. 100 m weit zu einem Feld mit zahlreichen **Zisternen aus venezianischer Zeit,** die allerdings nicht so gut erhalten sind wie die in Agalás. Die Einwohner behaupten, insgesamt gebe es rund um Éxo Chóra mindestens 30 oder 40 dieser alten Wasserbehälter. Wie man heute auf den Dächern das Regenwasser sammelt und über Abflussrohre in eine Zisterne fließen lässt, kann man an dem Haus links von der Kirche studieren (s. zu den Zisternen auch den Kasten auf S. 215).

- *Verbindungen* Mehrmals täglich fährt der **Bus** aus Zákynthos-Stadt über Éxo Chóra zu den weiteren Bergdörfern im Norden. Näheres s. S. 64.
- *Einkaufen* An der Hauptstraße finden Sie einige **Kafepantopolía,** in denen man aber nur das Nötigste bekommt. Vor ihrem Wohnhaus nahe bei dem auffälligen knorrigen Olivenbaum verkauft eine nette Frau schmackhaftes Olivenöl.
- *Essen und Trinken* **Kafeníon/Psistariá O Plátanos,** hier sitzt man urgemütlich, abends wird auch gegrillt.

Wanderung 11: Von Éxo Chóra zum italienischen Wachturm und weiter zur Bucht Almirás

Eine bequeme Wanderung führt in ca. 4,5 km von Éxo Chóra auf einem teilweise asphaltierten Sträßchen zu dem während des Zweiten Weltkriegs von den italienischen Besatzern errichteten Wachturm oberhalb der Küste – schöne Ausblicke sind garantiert. Gehzeit für die einfache Strecke ca. 90 Minuten; nehmen Sie Wasser und Verpflegung mit. Unterhalb des Turms liegt die wunderschöne tief eingeschnittene Bucht Almirás. Wer Lust hat, wandert noch 1,5 km steil abwärts dorthin. Badesachen brauchen Sie allerdings nicht mitzunehmen, es gibt keinen Zugang zum Meer. Aber wer weiß? Möglicherweise wird auch diese Piste in einigen Jahren durchgehend asphaltiert, eine Taverne errichtet und eine Plattform für Badelustige ins Meer hinaus gebaut.

In Éxo Chóra starten Sie an der großen **Platane,** überqueren die Durchgangsstraße und gehen eine schmale Gasse zwischen Häusern hindurch. Wenige Meter später zweigen Sie rechts ab und wandern, alle Abzweigungen ignorierend, aus dem Dorf hinaus. Vorbei am **Friedhof** mit der **Ágios-Ioánnis-Kirche** geht man leicht abwärts, wunderschöne Blicke nach Kambí und die Westküste entlang tun sich auf.

Nach ca. 300 m hält man sich an einer Gabelung rechts, nach noch einmal 400 m an einer weiteren Verzweigung geradeaus (der linke Weg führt nur zu Olivenhainen). Oberhalb einer kleinen **Schlucht** wandert man zunächst leicht abwärts, hält sich nach etwa 700 m links und geht nun entlang einer kleinen, mit Olivenbäumen und Weinreben bestellten Hochebene stets auf diesem Sträßchen aufwärts. Bald ändert sich die Vegetation, zunächst säumen Kiefern den Weg, dann sieht man nur noch niedriges Buschwerk. Das Bergland erscheint hier fast kahl – kaum zu glauben, dass es vor den Waldbränden dicht bewachsen war. Nachdem man insgesamt knapp 2,5 km zurückgelegt hat, wird die kleine, auf einem Hügel gelegene **Bastion** sichtbar, nach weiteren 1200 m ist sie erreicht. Im Schatten ihrer Mauern kann man bei einem leckeren Picknick die Aussicht auf das Inselchen Ágios Ioánnis im Norden und die Felsen von Kambí bzw. Pórto Skíza im Süden genießen. Wenn Ihnen die Strapazen des Ab- und Aufstiegs nicht zu groß sind, sollten Sie noch die

700 m nach unten zur Almirás-Bucht mit glasklarem Wasser und mehreren Höhlen wandern.

Wanderung 12: Rund um Éxo Chóra

Eine interessante und bequeme, knapp zweistündige Tour (ca. 6,5 km), bei der Sie nur am Ende aufwärts steigen müssen, führt in die Felder des kleinen Bergdorfes. Dort gibt es u. a. eine eingebrochene Höhle und eine einsam gelegene Kapelle zu sehen. Unterwegs bestehen keine Versorgungsmöglichkeiten.

Der erste Teil des Weges entspricht Wanderung 11. Gehen Sie (wie dort beschrieben) aus dem Dorf hinaus, am **Friedhof** vorbei und wandern Sie ca. 1,5 km leicht abwärts, bis Sie zu einer markanten Gabelung kommen. Zweigen Sie hier nach rechts **Richtung Lákos** ab. Oberhalb einer kleinen Karstebene wandert man 1 km auf einer Piste weiter, unterwegs kommt man an Bienenstöcken vorbei. An einer Gabelung hält man sich rechts (Schild "Pigádia Kílo"), kommt zunächst in einen Olivenhain hinein und umrundet dann eine weite, mit Olivenbäumen und Weinreben

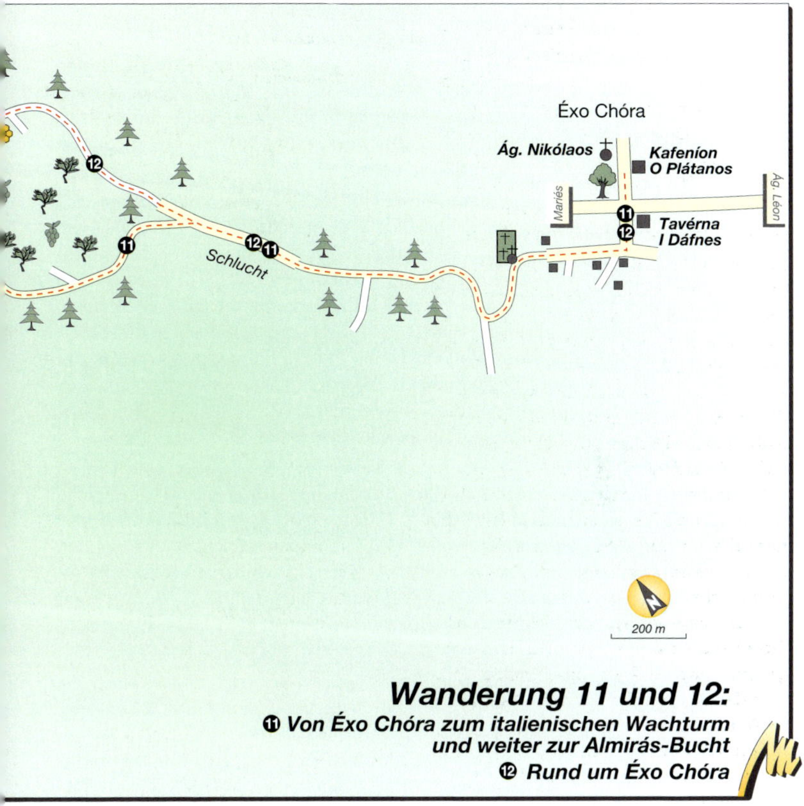

bestellte Hochebene. Das unscheinbare, eher einem Wohnhaus ähnelnde **Kirchlein Ágios Charálambos** ist schon zu sehen.

Nach etwa 500 m zweigt man bei einem verfallenen Bauernhaus nach links ab und geht auf einem Fußpfad ca. 150 m zu der auf einem kleinen Hügel gelegenen Kapelle hinauf. Sie besitzt eine schlichte Ikonostase; links ist der Namenspatron mit seinem langen Bart zu erkennen. Von der Kapelle steigt man nach links auf einem anderen Fußpfad zu zwei **Bauernhäusern** hinab. Dort stoßen Sie auf eine andere Piste, in die Sie nach rechts einbiegen. Nach wenigen Minuten ist **Káto Lákos** erreicht, eine riesige, mit Bäumen und Buschwerk bewachsene Vertiefung, umgeben von steilen Felsen. Im Winter, so erzählen die Einheimischen, sammelt sich darin das Regenwasser. Wahrscheinlich handelt es sich um eine einstige Höhle, deren Decke vor langer Zeit eingebrochen ist.

Von Káto Lákos wandern Sie auf der zuletzt begangenen Piste ca. 800 m in östliche Richtung zurück und erreichen wieder die Gabelung mit dem Schild "Pigádia Kílo". Von hier aus gehen Sie ca. 2,5 km zum Dorf zurück, wo Sie sich unter der Platane eine Erfrischung gönnen können.

Mariés

Nach gleich zwei Marien ist das relativ große, aber stille Dorf unterhalb des Vrachíonas-Massivs benannt. Maria Magdalena und Maria Kliopa sollen nämlich – so die Legende – auf ihrem Weg nach Rom ihre lange Seereise in dem unterhalb des Ortes gelegenen Naturhafen Pórto Vrómi unterbrochen haben und dann in diesen aufgestiegen sein.

Maria Magdalena habe dann den Bewohnern zum ersten Mal von den Lehren Jesu berichtet und sie so zum Christentum bekehrt. Obwohl der Frau aus Magdala von manchen Zakynthern standhaft ein Fußabdruck in einem der Felsen von Pórto Vrómi zugesprochen wird, entspricht die Geschichte mit an Sicherheit grenzender Wahrscheinlichkeit nicht der Wirklichkeit, wurde doch nie durch eine offizielle kirchliche Schrift bestätigt, dass die Heilige je in Rom gewesen ist. Gleichwohl feiert die Gemeinde alljährlich am 22. Juli ein großes **Fest zu Ehren der Maria Magdalena,** nach der auch die große **Dorfkirche** im Zentrum benannt ist. Schon am Vortag backen die Frauen kunstvoll verzierte Brote, die dann während der Feiertagsliturgie geweiht werden. Nach dieser findet eine Prozession durch das Dorf statt, und in den Familien gibt es zu Mittag ein üppiges Festmahl.

Von der Durchgangsstraße zweigt man nach links in eine hübsche Gasse zur Kirche und der Platía ab, dem Kern der Siedlung. Das dreischiffige Gotteshaus ist etwa 500 Jahre alt und enthält einige wertvolle Ikonen und andere Kunstwerke aus den vergangenen Jahrhunderten, z. B. ein steinernes Kreuz. Auch die Ikonostase ist sehenswert. Der hübsch verzierte Glockenturm wurde nach dem Erdbeben verkürzt wieder aufgebaut und passt deshalb in seinen Proportionen nicht ganz zu der großen Kirche.

Auch in Mariés, wo viele Gebäude vom Verfall gezeichnet sind, gibt es noch die einst so charakteristischen Kafepantopolía zur Versorgung und Unterhaltung der Bewohner. Geht man die zentrale Gasse bis zum Ende, blickt man auf ein kleines Plateau, wo die **Kapelle des heiligen Charálambos** steht. Er wird von den Menschen hier ebenfalls sehr verehrt, soll er doch während einer Pestepidemie als Retter des Dorfes gewirkt haben.

• *Verbindungen/Anfahrt* Auf dem Weg nach Anafonítria, Volímes etc. hält der **Bus** auch in Mariés. Genauere Infos S. 64.

Außer über die Westküstenstraße kann man Mariés auch auf einem gut zu befahrenden Asphaltsträßchen von der Ostküste aus erreichen. Dabei kommt man an einigen Kalksteinbrüchen vorbei und muss deshalb immer wieder Lastwagen ausweichen.

• *Essen und Trinken* **Tavérna Sunset,** einfaches Lokal an der Abzweigung nach Pórto Vrómi. Von hier aus kann man schöne Sonnenuntergänge über der Westküste erleben, die Charálambos-Kapelle bietet ein hübsches Motiv im Vordergrund. Aus der Küche kommen z. B. leckere Kalamária und Grillgerichte zu vernünftigen Preisen. Den Salat fanden wir besonders üppig.

Pórto Vrómi

Wild zerklüftete, tief eingeschnittene Bucht, die steilen Wände sind dicht mit Kiefern bewachsen – eines der schönsten Westküstenziele, das man sich nicht entgehen lassen sollte.

Dieser Naturhafen diente in der Antike als wichtiger Anlegeplatz, denn im Osten und Süden war die Flachküste stark versumpft. Seinen Namen "Schmutzhafen", den er einst wegen der Teerausschwemmungen erhielt ("Vrómia" bedeutet "Dreck"),

Pórto Vrómi

straft er heute glücklicherweise Lügen, sind doch die beiden Ministrände und das glasklare Wasser wunderbar sauber. Mittlerweile führen zwei gut ausgebaute Straßen hinunter an die durch einen mächtigen Felsvorsprung zweigeteilte Bucht, eine von Mariés, eine von Anafonítria aus. An beiden Eckpunkten findet man dann jeweils einen Ministrand und in etwa dieselbe Infrastruktur (Bootstouren, Tretbootverleih, Snackbar) vor, etwas ruhiger ist es vielleicht auf der Anafonítria-Seite. In der Mariés zugehörigen Buchthälfte wird man auf einer Infotafel über die angeblich historische Ankunft von Maria Magdalena und Maria Kliopa informiert (s. o. unter Mariés).

Den Reiz von Pórto Vrómi machen neben der landschaftlichen Schönheit auch die Ausflugs- und Sportmöglichkeiten aus. Neben Fahrten zum berühmten Shipwreck-Beach kann man nämlich während der Hochsaison mit Tretbooten selbst Touren zu den aus den Wänden der Bucht herausgefressenen "Blauen Höhlen" und den "Moving Rocks" (sich übereinander schiebende Felsen) unternehmen. Wenn Sie baden möchten, sollten Sie nicht allzu empfindlich sein. Das "eiskalte" Wasser hat schon so manchen zum Zähneklappern gebracht.

• *Anfahrt* Beide Straßen sind gut ausgebaut und in etwa gleich lang, schönere Panoramablicke bietet jedoch die Anafonítria-Strecke. Achtung: Sie müssen auf derselben Route wieder zurückfahren, da die beiden Straßen nicht miteinander verbunden sind. Die Straße von Mariés startet vom Ortsausgang hinter der Tavérna Sunset. In Anafonítria fährt man zunächst zum gleichnamigen Kloster. Dorthin führen zwei Straßen: Die eine beginnt an der Taverne Galaxy am Ortseingang, die andere am Dorfende gegenüber vom Kafeníon "The bright Stars". Hier weist ein irreführendes Schild "Shipwreck-Beach" (bezieht sich nur auf Bootstouren) darauf hin. Jenseits des Klosters verläuft die Straße dann abwärts zur Bucht.

• *Parken* In beiden Buchthälften wurden Parkplätze angelegt.

• *Ausflüge* In der Hochsaison legt – wenn das Wetter es zulässt – etwa jede Stunde ein Ausflugsboot zum **Shipwreck-Beach** ab, wo man dann baden kann. Dauer ca. 2 Std., ca. 10 €.

Für ca. 10 € pro Stunde kann man ein Tretboot mieten und **Exkursionen in der Bucht** unternehmen. Die Vermieter zeigen Ihnen gerne die interessantesten Ziele.

• *Essen und Trinken* Je eine einfache **Snackbar** in beiden Buchthälften. Diejenige an der Mariés-Seite weist das etwas größere Angebot auf.

Anafonítria

Auf dem Weg zum Shipwreck-Beach, zum berühmten Dionýsios-Kloster oder nach Pórto Vrómi muss man das Dorf passieren. Und genau daraus versuchen seine Bewohner natürlich auch Kapital zu schlagen: Die zahlreichen Tavernen und vor allem die schier endlose Reihe von Souvenirständen sind das Erste, was dem Besucher ins Auge fällt.

Alles, was die Bewohner in dem kargen Bergland selbst produzieren, wird auch verkauft: Gemüse, Öl, Honig – daneben aber auch Keramik und die unvermeidlichen Webarbeiten mit Schildkrötenmotiven. Wer den alten, ganz stillen Dorfkern kennen lernen möchte, muss die sich zwischen den Häusern hindurchwindende Durchgangsstraße fast bis zum Ortsausgang entlangfahren bzw. -gehen. Hier findet man noch die typischen weiß gekalkten Häuschen – viel niedriger und kleiner als die zuvor gesehenen neueren, dafür aber fast immer mit einer gemütlichen Weinlaube neben dem Eingang. Biegt man am Kafeníon "The bright Stars" nach rechts ab, kann man durch eine stille Dorfstraße bis zu der alten **Windmühle** hoch über dem Dorf spazieren.

Das **Kloster Panagía I Anafonítria** liegt etwa 1 km westlich vom Ort. Kaum ein Ausflugsbus, der nicht hier hält, nahezu jeder außerhalb der Insel lebende Zakynther kommt während seines Sommerurlaubs in der Heimat hierher. Denn zum einen hielt sich der heilige Dionýsios einige Zeit seines Lebens in dem Kloster auf und ist hier auch gestorben, zum anderen gilt die Panagía-Ikone als wundertätig. Überirdische Kräfte haben ohnehin – so die Überlieferung – dazu geführt, dass sie von Einheimischen gefunden wurde. Ursprünglich stammte die Ikone der den Säugling Jesus haltenden Maria nämlich aus Konstantinopel – mit einem Handelsschiff war sie ins Ionische Meer gelangt. Dieses erlitt vor der Westküste von Zákynthos Schiffbruch, und bald danach fanden Fischer das Panagía-Bild bei den Felsen unterhalb des Dorfes. Weil sie durch ein starkes Leuchten auf die Stelle aufmerksam geworden waren, glaubte man, die Ikone selbst habe nach den Rettern gerufen, und nannte sie daraufhin "Anafonítria", "die Rufende". Zuerst baute man ihr eine Kapelle, im 15. Jh. dann das heutige Kloster, und schließlich wurde sogar das ganze Dorf, das ursprünglich den Namen Pelmonário trug, nach ihr benannt. Und man vertraute auch immer auf den besonderen Schutz der Gottesmutter und erbat in Notsituationen ihre Hilfe.

Heute ist das beim großen Erdbeben kaum zerstörte Kloster längst verlassen, der Dorfpfarrer von Anafonítria liest aber regelmäßig Messen hier. Beim Betreten der Anlage sieht man sofort, dass der **eckige Glockenturm** in früheren Zeiten auch der Verteidigung diente. Bei Piratenangriffen zogen sich die Mönche in diesen zurück und wehrten sich, indem sie die sechs Öffnungen im Mauerwerk als Schießscharten oder Pechnasen benutzten.

Um den **großen Innenhof** mit einer von Säulen umgebenen Zisterne gruppieren sich mehrere Gebäude. Gegenüber dem Eingang steht die **dreischiffige Klosterkirche** mit hölzernem Dach. Insbesondere im Chor und in der Apsis sind einige sehr alte Freskenreste freigelegt worden, das z. T. vergoldete Altargitter mit mehreren gro-

Im Hof des Klosters Panagía I Anafonítria

ßen Ikonen weist starke Verfärbungen durch den Rauch der Kerzen auf. Am linken Pfeiler vor der Ikonostase steht in einem silbernen Rahmen die berühmte Panagía-Ikone, unmittelbar gegenüber dem Eingang ist ein Bild des heiligen Dionýsios. zu sehen. Den Fußboden schmückt ein Relief des byzantinischen Doppeladlers.

Links vom Gotteshaus wird in einer kleinen **Kapelle** die Agía Anastasía verehrt, dahinter liegt der **Friedhof** des Dorfes Anafonítria. Gegenüber der Anastasíakapelle führen Stufen zu einem großen steinernen Becken hinauf. Dieses diente den Mönchen einst als **Traubenpresse**. An seiner Außenseite sieht man in der Mitte der Mauer die Öffnung, aus der der Saft der mit den Füßen gestampften Früchte abfloss. In dem kleinen Gebäude rechts neben der Kirche hat der heilige Dionýsios seine letzten Lebensjahre verbracht – mit dem Ende der seit einiger Zeit andauernden Renovierungsarbeiten soll seine Zelle, in der ein paar seiner persönlichen Gegenstände aufbewahrt werden, zur Besichtigung freigegeben werden.

• *Öffnungszeiten des Klosters* Tägl. von 9–13 und 17–20 Uhr.

• *Verbindungen/Anfahrt* Mehrmals täglich fährt der **Bus** von Zákynthos-Stadt nach Anafonítria und von dort entweder weiter in den Norden hinauf oder über Katastári zurück. Genauere Informationen siehe S. 64.

Anafonítria kann man sowohl über die Westküstenroute als auch über Katastári und Orthoniés erreichen Im Ort zweigen zwei Straßen zum Kloster ab, und zwar an der Taverne Galaxy sowie am Kafeníon "The bright Stars".

• *Ärztliche Versorgung* Die Gesundheitsstation an der Durchgangsstraße ist mittwochs vormittags durch den Arzt von Volímes besetzt. ✆ 2695083258.

• *Einkaufen* Neben mehreren Pantopolía gibt es zahllose Souvenirstände. Vor dem Kloster werden Devotionalien verkauft.

• *Essen und Trinken* Man hat die Qual der Wahl, sogar vor dem Kloster lockt eine riesige Taverne.

Restaurant Margarítas, am nördlichen Ortsausgang genießt man einen schönen Blick von der luftigen Terrasse des erst 2002 eröffneten Lokals. Keine riesige Speisekarte, aber Gutes vom Grill, einige griechische Standardgerichte sowie mehrere Vorspeisen. Auch mit dem Service waren wir sehr zufrieden.

Tavérna Galaxy, direkt an der ersten Abfahrt zum Kloster gelegen. Geboten wird eine ordentliche Auswahl an griechischer Küche sowie verschiedene Snacks. Gut geschmeckt hat uns das Pastítsio.

Kafeníon "The bright Stars", im alten Dorfkern. Man sitzt auf einer mit Blumen geschmückten Terrasse. Der Wirt serviert den Kaffee noch in den traditionellen Tässchen. Ein schöner Platz zum Relaxen.

Wer war der Mörder?

Immer wieder kann man nachlesen, dass der heilige Dionýsios während eines Aufenthalts im Kloster ein schreckliches Erlebnis hatte. Mitten in der Nacht wurde er durch ein Klopfen an der Pforte aufgeschreckt. Ein gesuchter Mörder stand voller Angst vor der Tür und bat flehentlich um Hilfe. Dionýsios bewegte ihn zur Reue und verhalf ihm noch in derselben Nacht zur Flucht von Pórto Vrómi aus nach Kefaloniá. Wer war der Verbrecher? Die Zakynther behaupten, es sei der Mörder seines Bruders Konstantínos gewesen, möglicherweise handelte es sich bei dem Mann jedoch um Konstantínos selbst. Dieser soll – so zumindest die Aussage eines wissenschaftlichen Werkes – im Winter 1580 in Zákynthos das Oberhaupt einer rivalisierenden Adelsfamilie getötet und danach im Kloster Zuflucht gesucht haben. Aber vielleicht haben doch die Zakynther Recht, die sich immerhin auf eine literarische Überlieferung berufen (Andréas Martzókis: "Der Abt des Anafonítria-Klosters"). Wem auch immer Dionýsios in besagter Nacht geholfen hat – es bereitete ihm sicherlich einen tiefen seelischen Schmerz.

Kloster Ágios Geórgios Krimnón

Die festungsartige, strahlend weiß getünchte Anlage aus dem 16. Jh. liegt ganz einsam inmitten eines Kiefernhains. Der Beiname "Krimnón" weist darauf hin, dass es ursprünglich direkt am Steilabfall stand – da der Untergrund dort aber mit der Zeit abzustürzen drohte, musste es an seinen heutigen Platz verlegt werden.

Wo mittlerweile nur noch drei Mönche leben, herrschte einst reges Treiben und emsiges religiöses Studium – das Georgskloster war wegen seiner großen Bibliothek über Zákynthos hinaus bekannt und zog bedeutende Persönlichkeiten an. Der heilige Gerásimos aus Kefaloniá, der auf dieser Insel ähnlich verehrt wird wie Dionýsios auf Zákynthos, lebte hier einige Jahre als Mönch, der Theologe und Historiker Roúsanos (1508–1553) arbeitete in einer Zelle des Klosters bis zu seinem Tod an seinem Werk – sein Grab befindet sich an der Innenseite der Umfassungsmauer links vom Wohngebäude.

Betritt man den Innenhof durch das große Portal, spürt man noch viel vom Glanz der vergangenen Tage. Direkt gegenüber steht der eigenartige Wachturm mit 12 Pechnasen und erinnert daran, dass auch diese Anlage Angriffsziel von Piraten war. Mehrmals wurde sie zerstört und musste von den Mönchen wieder aufgebaut werden. Rechts davon steht die eindrucksvolle Klosterkirche. Auf einer kleinen Terrasse vor deren Eingang hängt ein hölzernes Simandáron. Dieses Signalinstrument wird mit einer Art Hammer geschlagen, um so am Tag wie auch mitten in der Nacht die Mönche zum Kirchgang zu rufen. Im Innern zieht einen sofort das weiße, goldverzierte Altargitter in Bann. Von den zahlreichen Ikonen hat bei den Einheimischen die des Namensgebers des Klosters einen besonderen Stellenwert –

Ganz einsam ist das Georgskloster gelegen

achten Sie einmal auf die vielen Votivtäfelchen, die daran befestigt sind. Eine wahre Augenweide ist das der Kirche gegenüberliegende, heute noch intakte Wohngebäude mit großer Freitreppe. Die karminroten Türen und Fensterläden bieten einen reizvollen Kontrast zum blendend weißen Mauerwerk.

Hat man die Anlage wieder verlassen, kann man rechts auf einem schmalen Fußpfad zwischen Kiefern zu einem kleinen **Aussichtspunkt über die Westküste** gelangen. Der Shipwreck-Beach ist von hier aber noch nicht zu sehen. Ebenso lohnenswert ist der kurze Spaziergang zu dem kleinen überdachten Kiosk, den man auf einem Fußweg vom Parkplatz aus erreicht. Wie in vielen orthodoxen Klöstern haben sich auch hier die Mönche einen beschaulichen Ruheplatz geschaffen, um am Abend die Landschaft zu genießen und zu entspannen.

Anfahrt/Öffnungszeiten In Anafonítria fährt man an der Kreuzung mit dem großen Baum und dem Kafeníon "The bright Stars" Richtung Volímes aus dem Dorf. Nach ca. 2 km ist das Kloster erreicht. Täglich von Sonnenauf- bis Sonnenuntergang geöffnet. Eintritt frei.

Shipwreck-Beach

Kaum ein Ansichtskartenständer in Griechenland, auf dem dieser Traumstand nicht vertreten ist. Aber was man zu sehen bekommt, ist auch wirklich atemberaubend: Feiner, weißer Sand, das Wasser schimmert in schönen Farbtönen von Milchigblau bis Türkis, rechts und links fallen die Felswände senkrecht ins Meer hinab – und in der Mitte, wie fürs Foto drapiert, liegt das gestrandete Schmugglerschiff, das Navágio.

Den schönsten Blick genießt man nicht vom Strand aus – wenngleich diese Perspektive auch ihren Reiz hat –, sondern von oben. Der **Aussichtspunkt** mit der Schwindel erregenden kleinen Plattform, auf der man ca. 100 m über dem Meer "schwebt", ist deshalb auch ein absolutes Muss bei jeder Inselrundfahrt. Will man die

Bucht möglichst vollständig vor die Kamera bekommen, kann man auf einem schmalen Fußpfad einige Minuten nach rechts bzw. nach Norden gehen und sich den idealen Standort fürs obligatorische Urlaubsfoto suchen. Jedoch ist größte Vorsicht geboten, die Felsen fallen z.T. unmittelbar neben dem Pfad ins Meer hinab, dieser ist zudem außerordentlich steinig, und man gerät schnell ins Stolpern. Da es zudem keine Wegsicherung gibt, sollte man ihn mit kleinen Kindern auf keinen Fall begehen.

Der Shipwreck-Beach: Postkartenmotiv Nummer eins

Geheimnisvolles Schmugglerwrack

Will man von den Zakynthern genaue Details über das gestrandete Schiff erfahren, bekommt man meist nur vage Angaben, erntet ein Achselzucken, stößt auf Unsicherheit. Ein wenig peinlich scheint ihnen das Ganze zu sein. Hundertprozentig sicher sind wir deshalb immer noch nicht, doch so oder so ähnlich scheint es sich im Jahre 1980 abgespielt zu haben: Unter einem Kapitän von der peloponnesischen Halbinsel Máni fuhr das Schiff "Panagiótis" eines kefalonitischen Reeders voll beladen mit geschmuggelten Zigaretten auf dem Weg nach Italien die zakynthische Küste entlang. Die hiesige Hafenpolizei hatte Wind davon bekommen und jagte dem Frachter mit Küstenwachbooten hinterher. Als sie das merkten, warfen die 15 griechischen und italienischen Besatzungsmitglieder die Zigaretten ins Meer und versuchten, sich mit Rettungsbooten in Sicherheit zu bringen. Das Schiff trieb führungslos auf dem Meer umher und strandete schließlich in besagter Bucht, die damals noch nach dem heiligen Georg benannt war.

Die Besatzung wurde gefasst, und der Schiffseigner wanderte für fünf Jahre ins Gefängnis. Dem Kapitän gelang es, sich ins belgische Anvers abzusetzen, wo er heute noch lebt. Böse Zungen behaupten, eigentlich hätten die beiden von der zakynthischen Inselregierung eine ordentliche Belohnung verdient – man bedenke nur, wie werbewirksam das Foto des gestrandeten Schiffes ist.

• *Anfahrt* Vom Kloster Ágios Geórgios Krimnón (S. 236) fährt man ca. 100 m weiter Richtung Volímes und biegt dann auf eine asphaltierte Straße (beschildert) nach links ab. Diese endet am Parkplatz beim Aussichtspunkt. Das dortige Restaurant war zum Zeitpunkt der Recherche geschlossen.

Achtung: Folgen Sie in Anafonítria nicht dem Hinweisschild "Shipwreckbeach". Diese Straße führt nur nach Pórto Vrómi, wo man lediglich mit einem Ausflugsboot zu dem Strand fahren kann.

Volímes

Je weiter man nach Norden kommt, desto rauer wird die Landschaft. Zentrum dieser einsamen, dünn besiedelten Gegend ist Volímes. Auf den ersten Blick ein Ort voller touristischer Anmache, auf den zweiten ein liebenswertes Bergdorf, in dem es sich zu bleiben lohnt. Wenn die Ausflugsbusse abgefahren sind, wird es hier oben richtig schön.

Spricht man von Volímes, meint man damit eigentlich drei "Dörfer": Weiter westlich liegen **Káto Volíma** und **Méssa Volíma** – die Häuser der insgesamt 700 Einwohner sind schon fast zusammengewachsen, hier legen die Touristenbusse ihren obligatorischen Einkaufsstopp ein. In das oberhalb davon und weiter östlich gelegene **Áno Volíma** verirren sich dagegen nur selten fremde Besucher. Im Grunde ist "Ober-Volíma" ein echtes Bauerndorf geblieben – durch seine Lage, vielleicht aber auch deshalb, weil seine 400 Einwohner es nicht so nötig haben, sich an der Durchgangsstraße anzubiedern. Denn von den weiten Besitzungen, die die Familien der drei Dörfer hier oben im Norden haben (bis zum Kap Skinári und die nördliche Ostküste entlang), gehört denen von Áno Volíma der Löwenanteil.

Kaum 20 Jahre ist es her, dass nahezu alle Volimnioten nur von der Landwirtschaft lebten. Die Ziegen- und Schafzucht, der Anbau von Getreide und Oliven sowie die Produktion von Honig waren traditionell ihre Ernährungsgrundlage. Wein wird im

Dorfidyll abseits der Hauptstraße

Norden zwar auch angebaut, jedoch in weitaus geringerem Maße als im wärmeren und fruchtbareren Süden. Außerdem jagt man hier oben besonders gerne – bei Wanderungen in der Umgebung von Volímes begegnen einem immer wieder Männer mit geschulterten Gewehren.

Traditionelle Weberei auf Zákynthos

Alles Handarbeit?

Nicht nur in Volímes, sondern auch in einigen anderen Bergdörfern hängen sie überall zum Verkauf an der Straße: die gewebten Teppiche mit Streifen, geometrischen Motiven oder Tierdarstellungen, wobei unter Letzteren auf Zákynthos natürlich die Schildkröte dominiert. Tischdecken, Zierdeckchen, aus reißfestem Garn gehäkelte Handtaschen und Brotkörbe mit komplizierten Spitzen vervollständigen das Angebot. Dass die in derartigen Mengen hergestellte Ware nicht allein das Ergebnis langer Winterabende sein kann, liegt auf der Hand, und auch die Preise (ein Caretta-caretta-Teppich kostet ca. 4 €) sprechen für sich. In der Tat kommt zumindest die gewebte Ware heute zum allergrößten Teil aus Fernost und vom griechischen Festland, z. B. aus großen Webereien der thessalischen Stadt Lárissa.

Doch es gibt tatsächlich noch traditionelle Werkstätten, in der nur beste Materialien in Handarbeit verarbeitet werden. Geórgios Spínos webt zusammen mit seiner Frau die traditionellen Teppiche und wunderschönen Tischdecken aus reiner Baumwolle und schimmernder Kokonseide. Die Decken haben teilweise Randverzierungen aus gehäkelter Spitze, die Geórgios bei einigen Frauen aus dem Dorf in Auftrag gibt. Derartige Prachtstücke kann man aber nicht an den Souvenirständen erwerben – der Preisunterschied wäre zu krass. Wer also Interesse an der echten Ware hat, muss sich z. B. zu Geórgios in Áno Volíma aufmachen (das Haus von Familie Spínos liegt ganz oben am Ortsende von Áno Volíma, ein Schild weist darauf hin).

Heute verdient man zumindest in Unter- und Mittel-Volíma gutes Geld auch mit dem Tourismus. Vor allem entlang der Durchgangsstraße von Káto und Méssa Volíma werden nahezu vor jedem Haus Honig, Teppiche und Häkelarbeiten verkauft. Abseits davon, in den alten Dorfkernen, lernt man die Schönheit und Ursprünglichkeit der Orte sowie die Freundlichkeit der Menschen erst kennen. Volímes ist nach wie vor ein angenehmer Platz zum Bleiben, umso mehr, als es in der Umgebung einiges zu erkunden gibt.

Rundgang

Wenn Sie Spaß daran haben, griechischen Dorfalltag zu erleben und dabei einige hübsche Kirchen und ursprüngliche Kaffeehäuser aufzusuchen, empfehlen wir Ihnen den ca. einstündigen Rundgang durch Káto und Méssa Volíma.

In **Méssa Volíma** startet man an der zentralen großen Kreuzung und biegt vor dem auffallenden Gebäude des Lýkeos (Gymnasiums) nach links ein. Der kleine **Brunnen** davor ist meist von recht aufdringlichen Souvenirverkäufer(inne)n belagert. Vorbei an zwei Bäckereien und einigen hübschen **älteren Häusern mit einladenden Innenhöfen** kommt man zu einem winzigen Kafeníon mit dem Namen "To Néon". Außen hat es eine wunderschöne kleine Weinlaube, doch die Männer sitzen oft lieber innen und zocken, was das Zeug hält. Und manch einer muss von seiner Frau zum Essen geholt werden. Gegenüber davon kann man nach links einen Abstecher zu dem kleinen **Kirchlein Ágios Theodósios** aus dem 15. Jh. machen, einem der ältesten Gotteshäuser auf der Insel überhaupt.

Wieder auf der Hauptstraße, stößt man ein paar Schritte weiter auf ein zweites **Kafeníon,** das gleichfalls "To Néon" heißt. Gegenüber steht die 1633 errichtete **Pfarrkirche Agía Paraskeví** mit kunstvollen Verzierungen am Portal und an den Fenstern, aber nur an der der Straße zugewandten Seite – die Baumeister hatten wohl einen besonderen Sinn fürs Ökonomische. Holzgeschnitzt sind die Decke und die vergoldete Altarwand, sehenswert außerdem die Ikonen der Agía Paraskeví und der Panagía mit Kind. Natürlich darf auch in Volímes eine Erinnerung an den großen Inseldichter Solomós nicht fehlen: Neben dem **Glockenturm,** der demjenigen der Dionýsios-Kirche in der Chóra fast zum Verwechseln ähnelt, steht eine Stele mit einem Vers des Poeten. Unschwer zu erkennen ist, dass man sich in der Umgebung der Kirche im Verwaltungszentrum des Dorfes befindet, denn hier liegen auch das Rathaus und die Gesundheitsstation.

Hinter der Abzweigung nach Ágios Nikólaos beginnt **Káto Volíma.** Zunächst fällt die nach dem Erdbeben neu errichtete Pfarrkirche Ágios Spirídonas auf. Interessanter ist aber das bei der großen Katastrophe zerstörte alte Gotteshaus 50 m weiter, das erst kürzlich renoviert wurde. Sein Glockenturm weist besondere Verzierungen auf.

Gehen Sie nun zurück Richtung neue Kirche und biegen Sie vor dieser nach rechts in ein gepflastertes Sträßchen ab, das Sie über einen kleinen Hügel führt, wobei Sie die Abzweigung zur Polizei nicht beachten. Bald trifft man auf eine schmale Asphaltstraße, der man nach links folgt. Zweigt man 30 m weiter bei einer Zisterne wieder nach links ab, kommt man zu der etwas unterhalb stehenden **Kapelle Ágii Pántes,** der ältesten Kirche von Volímes. Erfreulicherweise ist sie ständig geöffnet, so dass man die wunderschöne alte Ikonostase in dem ansonsten völlig kahlen Innenraum in Ruhe betrachten kann. Gehen Sie zurück zu der Zisterne und dort das Sträßchen aufwärts zu zwei auffallenden alten Windmühlen. Ihr Betrieb wurde

Gasse in Káto Volíma

Ende der 50er Jahre eingestellt. Von hier hat man einen schönen Blick auf Áno Volíma. Die Gasse hinter den Mühlen führt hügelabwärts. Wenn Sie an ihrem Ende nach links abbiegen, kommen Sie zu einem kleinen Platz, an dem die **Nikolauskirche** steht. Gehen Sie an ihrem Kampanile vorbei und am Ende der Gasse wieder links. Sie passieren das besonders reichhaltige **Pantopolíon** von María und haben in wenigen Minuten wieder die Paraskeví-Kirche und kurz danach die große Kreuzung erreicht, wo Sie sich z.B. in der "Snackbar Volímes" ein leckeres Mahl oder einen Kuchen servieren lassen können.

In den steilen Gassen von **Áno Volíma** lässt es sich weniger schön spazieren gehen. Mittelpunkt ist die abschüssige **Platía Agíou Dimítriou,** benannt nach der gleichnamigen großen Pfarrkirche. Auch sie ist ein Bauwerk aus der "Nacherdbebenzeit", der Glockenturm aus dem Jahre 1800 hat das große Unglück jedoch überstanden. Die in dem Dorf herrschende ruhige Atmosphäre bekommt man am besten bei einem Besuch eines der alten Kafenía oder Kafepantopolía rund um den Platz mit. Setzen Sie sich z. B. in das von María, erkennbar an der vorgelagerten Terrasse. Kinder kommen und kaufen Kaugummi, in der Ecke wird aufgeregt politisiert, derweil ein alter Mann zwischen Besen und Melonen am Tisch vor dem Fernseher sitzt und sich eine griechische Seifenoper anschaut.

Käse in Ziegenhaut

Eine besondere Spezialität der nördlichen Gebirgsdörfer ist "Prétsa", ein aus Schafs- oder Ziegenmilch gewonnener Käse, den man zusammen mit aufgekochter Ziegenmilch in der Haut einer jungen Ziege zum Reifen bringt. Den Ziegenhautsack hängt man 8 bis 10 Tage auf oder legt ihn in der kühleren Jahreszeit auf die Dachziegel in die Sonne. Regelmäßig wird neue Milch aufgegossen. Der Käse muss stets darin schwimmen, damit sie ihr Fett an ihn abgibt. Man isst ihn dann schließlich löffelweise mit Pfeffer und Oregano gewürzt, denn in seiner Konsistenz ähnelt er eher Butter. Insbesondere vor größeren Festtagen, wie z. B. an Ostern, wird diese Spezialität auch auf dem Markt in Zákynthos-Stadt oder in den dortigen Supermärkten verkauft.

• *Verbindungen* Mehrmals täglich fährt ein **Bus** über die Bergdörfer nach Volímes und über Katastári zurück. Auch der Bus nach Ágios Nikólaos hält in Volímes. Genauere Informationen S. 64. Die Bushaltestellen befinden sich in Méssa Volíma an der zentralen Kreuzung, in Áno Volíma an der Platía Agíou Dimitríou.

• *Anfahrt* Beide Strecken (über die Bergdörfer oder über Katastári und Orthoniés) sind gut zu befahren. Die Einheimischen ziehen Letztere vor.

• *Ärztliche Versorgung* Die Gesundheitsstation in Méssa Volíma gegenüber der Agía-Paraskeví-Kirche ist täglich außer mittwochs in den Vormittagsstunden besetzt. An der Tür werden eventuelle Änderungen angeschlagen. ✆ 2695031201.

• *Einkaufen* Ziel und Zweck des Besuches der meisten Gäste in Volímes. Geboten werden neben **Textilien** und **Töpferwaren** sehr schmackhafter **Honig, Öl, Kräuter** und auch der eingelegte milde **Käse "Prétsa"** (s. Kasten links). **Handgearbeitete Tischdecken** und **Teppiche** bekommt man am besten bei Familie Spínos in Áno Volíma (ein Schild weist auf das Haus ganz oben im Dorf hin). **Bäckereien** findet man nahe dem Lýkeo in Méssa Volíma.

• *Polizei* Die kleine Station liegt in Káto Volíma nahe der Spirídonas-Kirche, ✆ 2695031204.

• *Post* Das Postamt gegenüber der Tankstelle ist Mo–Fr von 7.30–14 Uhr geöffnet.

• *Tankstelle* nahe der zentralen Kreuzung.

• *Telefonieren* Kartentelefone z. B. in Káto Volíma an der Spirídonas-Kirche oder in Áno Volíma am Dimítrios-Platz.

• *Übernachten* Auf Übernachtungsgäste ist man in Volímes kaum eingerichtet.

Georgios Chassalévis, gleich am unteren Ortseingang vermietet der Besitzer der Snackbar eine Garsoniéra mit 2 Zimmern, Küche und Bad. Je nach Saison 20–50 €. Ganzjährig geöffnet. ✆ 2695031222.

• *Essen und Trinken* **Restaurant Kamináki,** am unteren Ortseingang von Áno Volíma liegt das im traditionellen Stil aus Bruchsteinen gemauerte Haus. Auf einer hübschen Terrasse sitzt und speist man gut. Fragen Sie nach den aktuellen Tagesgerichten! Uns hat das Kotópoulo Ragout sehr gut geschmeckt.

Snackbar Volímes, Familie Kapsavéli bereitet frisch leckere Kleinigkeiten wie Sandwiches, Omeletts (auch mit Gemüse, Wurst und Käse) und gute Salate zu. Zum Nachtisch schmeckt der hausgemachte saftige Walnusskuchen.

Wanderung 13: Von Volímes zum verlassenen Kloster Ágios Andréas

Einsame Tour (einfach ca. 4,5 km) durch abwechslungsreiche Landschaft zu dem durch das Erdbeben stark zerstörten Kloster Ágios Andréas, dessen Kapelle aber noch sehenswerte Freskenreste aufweist. Ein wunderschöner Platz oberhalb der Westküste – wie geschaffen für ein Picknick!

In **Méssa Volíma** geht man an der großen Mittelpunktkreuzung am auffallenden Lýkeo-Gebäude vorbei ins Dorf hinein, passiert nach wenigen Minuten die **Paraskeví-Kirche** und kommt dann nach **Káto Volíma.** Wenige Meter hinter den letzten Häusern dieses Teilortes zweigt gegenüber von zwei einzeln stehenden Neubauten eine unbeschilderte Piste nach rechts ab (ca. 1 km).

Diese verläuft zunächst zwischen Feldern, Weinbergen und Olivenhainen nach Westen, nach 500 m hält man sich an einer Gabelung rechts und wandert bald durch ein recht dichtes **Kiefernwäldchen,** alle Abzweigungen ignorierend. Nach etwa 2,4 km wendet sich die Piste in nördliche Richtung, und es öffnen sich tolle Blicke auf Volímes. Oberhalb der Westküste geht man durch verschiedene Fluren (einige Schilder nennen deren Namen) mal eben, mal abwärts weiter, bis man nach insgesamt 3,6 km auf eine schmale und steinige, stark überwucherte Piste nach links abzweigt (Schild mit der Aufschrift "Móni Andréa/Iglésiou Volios"). Steil geht es abwärts, und bald hat man den ersten Blick auf die verfallene **Klosteranlage.**

Nach ca. 500 m biegt man auf eine andere Staubstraße nach links ein und erreicht

nach wenigen Minuten das Ziel der Wanderung. Wer noch nicht allzu erschöpft ist, kann auf einem schmalen Fußpfad hinter der Klosteranlage auf einen Abhang oberhalb der Westküste hinaufklettern und den Blick auf ein kleines Felseneiland (es gehört zur Gruppe der Diapóri-Inseln) genießen, bevor man im Klosterhof Rast einlegt.

Andreaskloster: Erinnerung an längst vergangene Tage

Natürlich könne er sich noch daran erinnern, dass das Kloster bewohnt war, antwortete uns der alte Dimítrios auf unsere Frage. Aber das Erdbeben... Auch im Kloster des heiligen Andréas hat es so viel zerstört, dass die Gebäude, die Ende des 16. Jh. von einem Priester und seinen beiden Enkeln erbaut worden waren, aufgegeben wurden.

Ein wahres Schmuckstück war die Kapelle, deren Wände ein unbekannter Künstler im 17. Jh. vollständig ausmalte. Zum Glück konnte man diese wunderschönen Illustrationen nach dem Schicksalsschlag von 1953 retten und ins Museum von Zákynthos-Stadt bringen. Doch einige Teile, insbesondere über dem Eingangsportal, sind heute noch an Ort und Stelle zu bewundern. Es ist aber sicher nur eine Frage der Zeit, wann die Sonne, die ungehindert durch das teilweise eingestürzte Dach hereinscheint, alle einst leuchtenden Farben ausgeblichen hat.

Weiler rund um Volímes/Skinári

In dem Gebiet zwischen Volímes und der Nordostküste leben viele Bewohner dieses Dorfes zeitweise oder auch das ganze Jahr über in sogenannten "Außensiedlungen". Hier liegen ihre Felder, und zu den Zeiten, als es noch keine motorisierten

Fortbewegungsmittel gab, hatte es sich eingebürgert, dass man bei diesen ein zweites Haus errichtete, um nicht jeden Morgen und Abend die lange Wegstrecke zwischen Dorf und Äckern bewältigen zu müssen. Manch einer mag inzwischen die Ruhe und Abgeschiedenheit des Lebens in der Natur gar nicht mehr aufgeben und kommt nur noch zu ganz bestimmten Gelegenheiten, etwa zu hohen Feiertagen, in sein Volímes zurück. Was er dort solle, fragte uns ein alter Bauer, der mit seiner Frau und vier anderen Familien an der Küste nahe Eliés lebt. Hier draußen habe er alles: frische Luft, seine Schafe, ein Fischerboot und ein Gärtchen. In Méssa Volíma herrsche hingegen Lärm und Hektik. Was würde er wohl sagen, wenn er zu Besuch in einer europäischen Großstadt wäre!

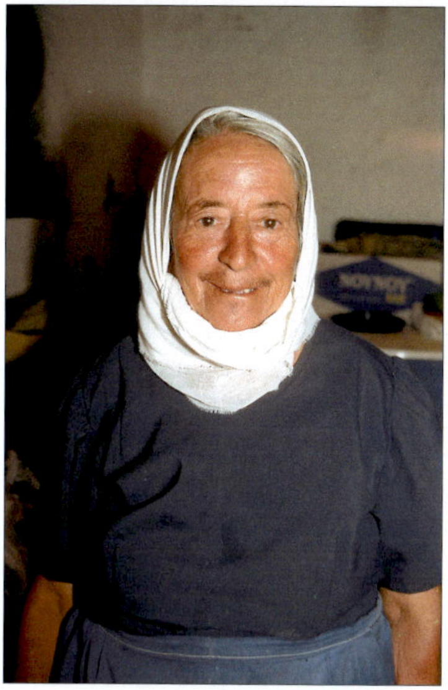

Die älteren Frauen tragen heute noch Kopftuch

Der Name **Skinári** meint das Gebiet östlich von Áno Volíma, aber auch das Nordkap der Insel wurde danach benannt. Fährt man von Áno Volíma auf der asphaltierten Straße durch wunderschönes grünes Bergland, passiert man die kleinen Weiler, die zu diesem Landstrich gehören: das zweigeteilte **Megalóni,** wo man beim Besitzer des Minimarktes übernachten kann; kurz dahinter zweigt eine Straße zum tief unten in einem Tal gelegenen **Agía Thékli** ab. Mittelpunkt ist die gleichnamige weiße Kirche aus dem 16. Jh., die noch Wandmalereien und Ikonen aus ihrer Entstehungszeit enthält. Weiter im Nordosten liegen die wenigen Häuser und Ställe des Mini-Weilers **Askós**, in dem ein ganz besonderer Naturpark auf Sie wartet.

• *Anfahrt* Ab Áno Volíma (beschildert) führt eine gute Asphaltstraße zu den oben genannten Weilern und weiter an die Küste.

• *Stone-Park* An der Straße zwischen Askós und Eliés wurde im Sommer 2003 ein großer Park eröffnet, der den Besuchern Flora und Fauna der Insel vor Augen führen soll. Auf dem terrassenartig angelegten Gelände bekommt man einen Großteil der Pflanzenwelt von Zákynthos und zahlreiche auf der Insel beheimateten Haus- und Wildtiere zu sehen. Von Mai-September zwischen 9 und 19 Uhr, von Oktober bis April 10–17 Uhr geöffnet. Eintritt 7,50 €, Kinder im Alter von 5–12 Jahren 3 €.

• *Übernachten* In **Megalóni** kann man bei Lauréntios Tsoukalás, dem Besitzer des Minimarktes, in einem seiner 5 Studios direkt an der Straße unterkommen. Sie sind jeweils mit 3 Betten, Küche, Bad und Balkon (Meerblick) gut ausgestattet und kosten 20–30 €. Gegen einen Aufpreis von ca. 5 € pro Person kann man auch Verpflegung erhalten. Für Ruhesuchende ein Tipp! Ganzjährig geöffnet. ✆ 2695031067.

• *Essen* **Tavérna Windmill,** ein idyllisches Plätzchen abseits aller ausgetretener Pfade findet man in Askós bei einer alten Windmühle. Von der Terrasse des Lokals bietet sich ein überwältigender Blick über die Ostküste bis zum Berg Skopós. Und auch die Ergebnisse der Küche können sich sehen lassen. Probieren Sie einmal die Jemistá.

Eliés: In dem kleinen zu Méssa Volíma gehörenden Weiler ist nicht viel los, lediglich eine Hand voll Häuser zieht sich zwischen uralten, knorrigen Olivenbäumen den Hang hinab. Auch hier soll in den folgenden Jahren ein Park entstehen, in dem die traditionellen Tätigkeiten der Menschen in der Region dargestellt werden.

Anfahrt Die zwischen Káto und Méssa Volíma abzweigende Asphaltstraße nach Ágios Nikólaos führt durch Eliés.

Koríthi: Ein kleiner "Verkehrsknotenpunkt" ist die 20-Seelen-Siedlung auf dem Weg zum Kap Skinári. Im alten Kern entdeckt man neben verfallenen Häusern und vielen Zisternen eine alte Ölmühle und die Ruine eines Kirchengebäudes. Im ehemaligen Kirchenschiff wachsen heute Olivenbäume. Vieles wurde hier nach dem Erdbeben aufgegeben. Statt die alten Mauern wieder aufzurichten, baute man am Rande des Weilers gleich neu oder zog anderswo hin. Auch eine neue Kirche wurde auf einem zur Küste hin ausgerichteten Plateau erstellt. An der Kreuzung kann man in einem kleinen Pantopolíon sogar Souvenirs einkaufen.

Anfahrt Koríthi ist von Méssa Volíma und von Ágios Nikólaos auf einer gut ausgebauten Straße zu erreichen.

Wanderung 14: Von Askós nach Áno Volíma

Die ca. 4,5 km lange Wanderung führt über kleine, kaum befahrene Asphaltsträßchen zum Teil steil aufwärts durch eine wunderschöne Landschaft im hohen Norden der Insel. Sowohl am Ausgangs- als auch am Endpunkt der ca. 1 ½ stündigen Tour (einfache Strecke) bestehen Verpflegungsmöglichkeiten. Die Idee dazu stammt von unseren Lesern Tina und Stefan Mitterer.

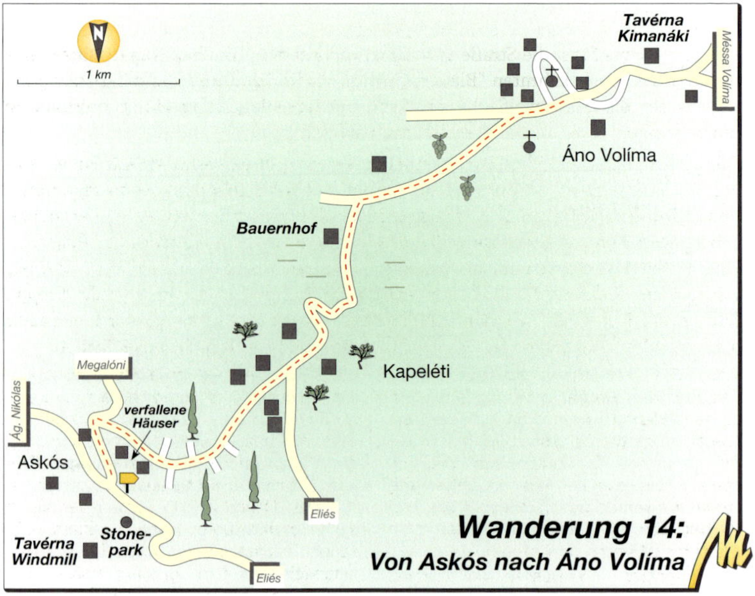

Starten Sie in Askós am Stonepark und wandern Sie ca. 150 m in südöstliche Richtung bis zu einer markanten Gabelung mit dem Hinweisschild "Áno Volíma 4 km". Hier biegen Sie nach rechts auf ein schmales Asphaltsträßchen ab, das Sie, zunächst vorbei an einigen verfallenen Häusern, durch eine schöne Kiefern- und Zypressenlandschaft führt. Nach ca. 1,8 km macht die Straße einen scharfen Knick nach rechts. Bald darauf kommt man zu den verstreut liegenden Häuser des Weilers **Kapeléti**. Immer höher schraubt sich das Sträßchen und gibt schließlich eine fast schwindelerregende Aussicht auf den Nordteil der Insel frei. Nach weiteren 1,6 km ist der höchste Punkt der Wanderung erreicht, der Weg strebt direkt auf Áno Volíma zu. Bei einer **Kapelle** hält man sich rechts und wandert nun auf diesem Sträßchen ins Dorf hinein, wo man sich in einem Kafeníon oder Kafepantopolíon eine Erfrischung gönnen kann.

Viele Höfe und Gassen sind blumengeschmückt

Kap Skinári

Von Koríthi aus führt die Straße ständig abwärts zum nördlichen Kap der Insel, unter dem sich die berühmten "Blauen Grotten" befinden. Einst stand hier nur ganz einsam der blendend weiße Leuchtturm, mittlerweile gibt es einige touristische Einrichtungen. Aber schön ist es hier immer noch.

Die gut ausgebaute Asphaltstraße endet an einem großen Parkplatz mit Taverne in der Nähe des neuen Leuchtturms, die Ruinen des alten sieht man genau gegenüber. Von der unterhalb gelegenen Anlegestelle kann man eine Bootstour zu den nahen "Blauen Grotten" machen. Unweit der Taverne zweigt ein schmales Sträßchen zu einem weiteren kleinen Lokal mit toller Panoramaterrasse neben einer kleinen weißblauen Windmühle ab, in der man auch wohnen kann. Eine steile Treppe führt zum Meer hinab, wo man den Ausflugsbooten zusehen kann. Wer hier baden will, sollte Vorsicht walten lassen: Die Strömung am Kap ist nicht ungefährlich.

• *Ausflüge* **Potamítis Trips** bietet in der Saison etwa jede halbe Stunde eine Tour zu den **"Blauen Grotten"** an, z. T. wird ein Glassbottomboat eingesetzt. Man zahlt ca. 7 €, Dauer nur 30 Minuten, schließlich ist von keinem Punkt der Insel die Entfernung zu den Höhlen so gering wie vom Kap. Bei ruhiger See werden auch Fahrten zum **Shipwreck-Beach** angeboten (10 €).

• *Übernachten* Die Besitzer der Tavérna Fáros (s. u.) vermieten die nur wenige Fußminuten entfernte **Windmühle,** wahrscheinlich die originellste Unterkunft auf der Insel. Im Erdgeschoss befinden sich Küche und Bad, im Obergeschoss der Schlafraum mit einem Stockbett und einem winzigen Balkon, der eine umwerfende Aussicht bietet. Zwischen 60 und 70 €. Außerdem vermieten sie in unmittelbarer Nähe in einem hübschen bruchsteingemauerten Haus 2 neu eingerichtete DZ mit Bad und Balkon zum Preis von 50 bis 60 €. ✆ 2695031132.

• *Essen und Trinken* **Tavérna Fáros,** direkt beim Leuchtturm führt Michális Potamítis mit seiner Familie das empfehlenswerte Lokal. Fischgerichte, wie z. B. ein interessant gewürzter Schwertfisch und zarte Kalamária, sorgen für die Zufriedenheit der Gäste. In der Nebensaison ist hier allerdings nicht allzu viel los, und es kann schon mal sein, dass es nicht alles gibt, was auf der Karte steht.

In Ágios Nikólaos findet man noch viel Ruhe

Ágios Nikólaos

In eine karge, recht unwirtliche Bucht eingebettet ist der kleine, nur im Sommer bewohnte Fischerort. Den bunten Booten gegenüber liegt die gleichnamige Insel – manchmal wird sie auch Megálo Nissí genannt – mit den Ruinen einer Nikolauskirche aus dem 15. Jh.

Die wenigen Tavernen und Läden reihen sich an der einzigen, von Tamarisken bestandenen Straße oberhalb des feinkieseligen Strandes aneinander – was es gibt, hat man schnell gesehen. Doch dafür vermittelt der Volímes zugehörige Hafen die Ruhe und Beschaulichkeit, die man in anderen Orten an der Küste oft vermisst. Daher wird er auch von Individualreisenden sehr geschätzt. Gleich zwei Molen besitzt der Hafen. An der neuen, größeren legen die **Schiffe nach Kefaloniá** an; die alte befindet sich am nördlichen Ende der Bucht. Hier dümpeln zahlreiche Kaíkia in der Sonne, die Fischer flicken ihre Netze, ein paar Katzen warten spitzbübisch darauf, ob nicht beim Entladen eines Bootes auch für sie etwas abfällt. Dazwischen liegen die Ausflugsschiffe zu den märchenhaften **"Blauen Grotten"** am nahe gelegenen Kap. In der Hochsaison herrscht am Hafen ein munteres Treiben, ständig kommen und gehen kleinere und größere Boote, doch im Winter ist der Ort nahezu ausgestorben.

Verbindungen/Information/Adressen

• *Verbindungen* Der **Bus** fuhr im Sommer 2003 pro Woche nur an zwei Tagen je zweimal von Zákynthos-Stadt nach Ág. Nikólaos (genauere Informationen S. 64).

Von Mai–Oktober pendelt die **Fähre** der "Ionion Cruises" täglich zwischen Ágios Nikólaos und Kefaloniá (Hafen Pessáda) hin und her. Abfahrt um 9 und um 19 Uhr, im August außerdem um 13 Uhr. Dauer der Überfahrt ca. 1 Std., pro Person ca. 4 €, Auto 20 €. Die Tickets gibt es im Reisebüro Aktípis, in den Minimärkten oder direkt am Hafen.

• *Ausflüge* Während der Saison fahren ständig größere und kleinere Boote zu den **"Blauen Grotten"** ab, Dauer ca. 1 Std., Preis ca. 5 €, ein kleines Trinkgeld wird häufig erwartet (eine ausführliche Beschreibung der Grotten finden Sie auf S. 250). **Aktípis,** der Marktführer, besitzt verschiedene Boote, u.a. auch mit Glasboden. Touren werden im Sommer im Stundenrhythmus angeboten. Mit dieser Agentur kann man bei ruhiger See von den Höhlen auch weiter um das Kap herum zum **Shipwreck-Beach** fahren. Dauer (inkl. Badeaufenthalt) 2 Std., Preis 12 €. Büro und Abfahrtsstelle befinden sich neben dem Hotel La Grotta.

Eine interessante Alternative sind die **Boote der Fischer,** die ebenfalls in kurzen Abständen vom Fischerhafen abfahren. Meist wird man dort von einem wartenden Jungen über die Abfahrtszeiten informiert. Vorteil: Man ist nur in sehr kleinen Gruppen unterwegs. Allerdings gilt natürlich: Je kleiner das Boot, desto stärker spürt man den Wellengang.

• *Einkaufen* Zwei **Minimärkte** verkaufen die nötigsten Lebensmittel, darunter auch frisches Obst und Gemüse, außerdem Brot. Im Angebot auch eine kleine Auswahl an **Souvenirs.**

• *Tankstelle* mitten im Ort.

• *Telefonieren* kann man von einem Kartentelefon an der einzigen Straße.

Kap Skinári

Baden

Der **feinkieselige Strand** mitten im Ort kann natürlich nicht mit den sandigen Badeplätzen im Süden mithalten – dafür hat man hier aber noch weitaus mehr Platz.

Übernachten/Essen und Trinken

• *Übernachten* Unterkünfte aller Komfortklassen gibt es im Zentrum, vor allem aber außerhalb des Ortes.

Nobélos, A-Kat., sicherlich eine der edelsten und geschmackvollsten Unterkünfte auf der Insel. Das bruchsteingemauerte Haus am südlichen Ortseingang wirkt auf den ersten Blick etwas unscheinbar, hat im Innern aber 5 komfortable Wohnungen (2–4 Personen) zu bieten, die im traditionellen Stil wunderschön eingerichtet sind. Jede sieht ein wenig anders aus, z.B. kann man wählen, ob man in einem schmiedeeisernen oder hölzernen Bett oder auf einem

Podest aus Stein schlafen möchte. Gemeinsam aber ist allen, dass die Ausstattung wie die Fliesen oder die typisch griechischen Lochstickereien bis ins kleinste Details ausgefeilt ist. Den Übernachtungsgästen steht ein exquisites Spezialitätenrestaurant zur Verfügung. Kein Wunder, dass auch griechische Prominente sich bei der gastfreundlichen Fotiní Theodósi Nobélou ab und zu sehen lassen. Dass eine Übernachtung hier den gewohnten preislichen Rahmen übersteigt, versteht sich von selbst. Eine Wohnung ist ab 233 € zu haben. Ganzjährig geöffnet. ✆/℻ 2695031131.

Blue Beach Bungalows, B-Kat. Die große Anlage ca. 500 m außerhalb vom Ort an der Straße nach Koríthi ist nicht zu übersehen. Großes Angebot an Unterhaltungsmöglichkeiten: riesiger Pool, Wasserrutsche, Tennis- und Basketballplatz. Die mit AC, Kühlschrank, Bad und Balkon (toller Meerblick) ausgestatteten Zimmer kosten zu zweit zwischen 35 und 75 €, ein zusätzliches Bett wird mit 5 € Zuschlag berechnet. Von Mitte Mai bis Mitte September geöffnet. ✆ 2695 031522-23, ℻ 2695031524.

Hotel La Grotta, C-Kat., in zentraler Lage mitten im Ort (oberhalb der gleichnamigen Taverne). Bei Familie Aktípis kann man insgesamt 15 zum Meer gerichtete EZ und DZ mit Bad und Balkon mieten. Eine Person bezahlt inkl. Frühstück 25–35 €, zu zweit kostet der Spaß 30-45 €. ✆ 2695031224, ℻ 2695031505.

Pension Panórama, bei der freundlichen Roúla und ihrem Mann findet man ein ordentliches Preis-Leistungs-Verhältnis vor. Etwa 600 m vor Ágios Nikólaos liegt das Haus des Ehepaares aus Volímes oberhalb der Straße, so dass man von den Veranden eine tolle Aussicht aufs Meer und die Berge hat. Geboten werden 8 geräumige Studios (bis 4 Personen) mit schönen Bädern und Kochnischen zum Preis von 30-45 €. Von Ende April bis Anfang Oktober geöffnet. ✆ 2695031013, ℻ 2695031017.

• *Essen und Trinken* Ágios Nikólaos ist einer der besten Plätze auf der Insel, um Fisch zu essen, aber der hat auch hier seinen Preis.

Restaurant La Grotta, riesige Terrasse oberhalb vom Strand, in der kühleren Jahreszeit schützen Fensterscheiben vor dem Wind. Wir haben hier leckere Barboúnia und Kalamária gegessen. Sehr gut zum Salat schmeckte das mit Olivenöl bestrichene und frischem Majoran bestreute geröstete Brot.

Tavérna La Stória, empfehlenswerte Fischtaverne am kleinen Hafen. Hier kann man besonders schön dem Kommen und Gehen der Boote zusehen. In einer Vitrine werden die gefangenen Prachtstücke aus dem Meer, darunter natürlich auch Hummer, ausgestellt.

Die Blauen Grotten

Einer der Höhepunkte eines Zákynthos-Urlaubs. Um die bogenförmigen Felsdurchbrüche und die Höhlen mit ihren phantastischen Farbspielen und Lichtreflexen im Wasser wirklich zu erleben, sollten Sie die Tour aber mit einem der kleinen Boote vom Kap Skinári oder von Ágios Nikólaos aus unternehmen. Bei den großen Inselrundfahrten von Zákynthos-Stadt aus kann man die Schönheit dieses Küstenabschnitts nicht annähernd erleben. Die beste Zeit ist der Morgen bzw. der frühe Vormittag, wenn die Sonne auf der Ostseite der Insel steht. Machen Sie die Fahrt nur an einem ganz klaren Tag!

Vorbei an dem kleinen Vorinselchen tuckert das Boot nach Norden. Schon bald sieht man, dass die Steilküste hier Löcher aufweist wie ein Schweizer Käse. Fast kreisrund ist die **Höhle des Mönchs,** die im Innern einen kleinen Kiesstrand und einen Felsen aufweist, der von seiner Form her einem Klosterbruder gleicht. Schon bald folgen die beiden hintereinander liegenden **Felsbögen,** die an Arkaden erinnern. Hier herrscht manchmal Gedränge, denn jeder Bootsführer möchte seiner Kundschaft den besten Fotoblick ermöglichen und hindurchfahren. Dann kommt die **Galázia Spiliá**, die "himmelblaue Höhle". Der Meeresgrund leuchtet in Lila- und Blautönen, türkis schimmert das Wasser, die Felswände reflektieren das magische Licht. Auf dem Rückweg gleitet das Boot noch in eine weitere blaue Höhle, in die

Wer hier eintaucht, badet ganz in Blau

Blé Spiliá, hinein, und der Führer fordert einen der Fahrgäste auf, ins Meer einzutauchen. Denn hier erscheinen sie in anderem Licht als gewohnt – in Blau natürlich!

Mikró Nissí/Makrís Gialós

Etwa 5 km südlich von Ágios Nikólaos liegt auf einer ins Meer hineinragenden Felszunge malerisch der kleine Weiler Mikró Nissí, benannt nach der "kleinen Insel" dahinter. Nur aus einer Anlegestelle, einer Hand voll Häusern, darunter zwei Tavernen, und einem gut erhaltenen, respektlos als Lagerraum benutzten Wachturm besteht er. Die Bewohner stammen aus Áno Volíma und verbringen zum größten Teil nur die Sommermonate hier. Nur wenig weiter südlich liegt der Makrís Gialós, ein von Felsen eingerahmter langer Sandstrand. Er ist dafür verantwortlich, dass immer mehr Gäste für einen Tag oder sogar länger in der schönen Gegend bleiben und allmählich mehr touristische Einrichtungen entstehen.

• *Anfahrt* Mikró Nissí und Makrís Gialós liegen an der gut ausgebauten Straße von Katastári nach Ágios Nikólaos unmittelbar vor der Abzweigung nach Megalóni und Áno Volíma.

• *Ausflüge* Sowohl von dem kleinen Hafen von Mikró Nissí als auch von Makrís Gialós aus kann man mit kleinen Booten Touren zur nahen Xíngia-Grotte, zu den "Blauen Grotten" und (bei ruhiger See) auch zum Shipwreck-Beach machen. Fragen Sie in Mikró Nissí nach Kapitän Panagiótis und in Makrís Gialós in der Tavérna Pilarinós nach. Der Preis ist Verhandlungssache.

• *Einkaufen* Am Makrís Gialós findet man in einem gut sortierten **Minimarkt** sogar deutschsprachige Zeitungen.

Bottega, zwischen Mikró Nissí und Ágios Nikólaos, an der Abzweigung nach Askós, verkauft der freundliche Fotís Wein aus eigenem Anbau, außerdem auch zakynthische Süßigkeiten wie Pastéli.

• *Baden* Da man in Mikró Nissí nur von einem betonierten Zugang aus ins Meer springen kann, gehen die meisten Gäste an den Makrís-Gialós-Beach. Der saubere, gepflegte Kiesstrand bietet eine gute touristische Infrastruktur, u. a. Liegen-/Sonnenschirmverleih.

• *Übernachten* **Klimáti,** in einem isoliert stehenden Gebäude an der Abzweigung nach Áno Volíma vermietet Familie Frangojánnis 8 zweckmäßige Studios mit Küche, Bad, AC bzw. Heizung und Balkon (Meerblick). So mancher ist hier schon länger geblieben, als er ursprünglich vorhatte. Man zahlt 20–41 €. Ganzjährig geöffnet. ✆/℻ 2695 031225.

Camping Pilarinós, oberhalb vom "Langen Strand" kann man hinter der gleichnamigen Taverne auf einem kleinen gepflegten Platz unter Olivenbäumen zelten. Gute sanitäre Einrichtungen, angenehme Atmosphäre. Auto, Zelt oder Wohnwagen je 3 €, Person 2,50 €, ✆ 2695031396.

• *Essen und Trinken* **Psarotavérna Mikró Nissí,** wunderschön sitzt man oberhalb des Fischerhafens in dem kleinen Weiler, und auch das, was aus der Küche kommt, kann sich sehen lassen. Bei den Insulanern genießt die Taverne einen besonders guten Ruf. Leckerer Hauswein, sehr freundliche Atmosphäre.

Tavérna Pilarinós, ebenfalls in spektakulärer Lage oberhalb vom Strand. Zu dem jungen Tássos kommt man gerne wieder, denn neben dem tollen Blick über die Bucht gibt es auch gute Küche. Besonders zu empfehlen das Moussaká und das Hähnchen aus dem Backofen.

Xíngia

Fährt man von Makrís Gialós weiter nach Süden, erreicht man kurz hinter der hübschen Ágios-Pétros-Kapelle den **Xíngia-Beach,** einen von steilen Felsen eingerahmten Strand mit feinen weißen Kieseln, auf der Klippe oberhalb davon befindet sich eine gleichnamige Taverne. Dass es manchmal ganz schön faulig stinkt, liegt an den schwefelhaltigen Quellen, die sich ganz in der Nähe ins Meer ergießen. Von Makrís Gialós bzw. von Mikró Nissí aus werden je nach Bedarf Bootstouren dorthin bzw. zur **Xíngia-Grotte** angeboten. Viele Einheimische schwören darauf, dass ein Bad in der Höhle mit dem stinkenden Wasser heilende Wirkung habe, wenn man an einer Knochenerkrankung leidet.

Orthoniés

Eines der stillsten Dörfer auf der Insel, die kaum 250 Einwohner leben vor allem vom Ackerbau und der Viehzucht. Beim Spaziergang durch die Gassen mit den niedrigen, weiß gekalkten Häuschen sieht man noch auffallend viele Frauen mit dem traditionellen weißen Kopftuch. Mittelpunkt ist die kleine Platía mit der gelb gestrichenen **Taxiárchis-Kirche** und einer alten Wasserpumpe. Unweit davon treffen sich die Herren der Schöpfung im Kafepantopolíon "I Chará". Sein Besitzer, der alte Bárbajánnis, ist nie einem Spielchen abgeneigt und sitzt oft selbst mitten in der Runde am grün bezogenen Tisch. Er freut sich aber immer über Gäste.

Wer in Orthoniés ist, sollte auch dem **Kloster Theotókou tis Spiliótissas** einen Besuch abstatten (halten Sie sich kurz nach dem Ortsausgang rechts und 900 m weiter links). Der Pope des Dorfes betreut die Kirche, so dass sie nur unregelmäßig geöffnet ist. Aber ohnehin ist weniger das Gotteshaus als die wunderschöne herbe Gebirgslandschaft interessant. Der Klosteranlage gegenüber liegt die große Höhle, in der die Marienikone einst gefunden wurde, daher der Name Spiliótissa (Spiliá = Höhle). Sie soll während der Zeit des Bildersturms dort versteckt worden sein, und für sie erbaute man dann zunächst in der Felswand ein Kloster, dessen Gebäudereste heute noch erkennbar sind. Vom Kloster führt eine gut ausgebaute Panoramastraße an die Ostküste zum Xíngia-Beach hinab.

• *Verbindungen* Der **Bus** von Volímes nach Zákynthos-Stadt fährt auch über Orthoniés. Genauere Informationen siehe S. 64.

• *Essen und Trinken* **To Pournári,** unserer Meinung nach eine der besten Tavernen der Insel. Von Katastári kommend, liegt das

Terrassenlokal mit der riesigen Kermeseiche noch vor der Abzweigung in den Ort hinein an der Durchgangsstraße. In dem sympathischen Familienbetrieb helfen von den Kindern bis zur Oma alle mit. Das Fleisch stammt fast ausschließlich von eigenen Tieren, und die Patátes werden nicht frittiert, sondern in der Pfanne gebraten. Die Wirtsleute verkaufen auch Öl aus eigener Produktion und selbst gesammelte Kräuter. Insbesondere der intensive Oregano, mit dem auch der Salat gewürzt wird, ist sehr empfehlenswert.

Die Strophaden

Völlig isoliert "ragen" die beiden Miniaturinseln **Arpía** und **Stamvráni** 37 Seemeilen südlich von Zákynthos, wozu sie verwaltungsmäßig gehören, nur wenig mehr als 15 m aus dem dort ausgesprochen tiefen Ionischen Meer. Ihr gemeinsamer Name Strophaden (= Umkehr-Insel) geht auf die Mythologie zurück. Vergil erzählt, dass die sogenannten Harpyien, Unheilsdämonen mit Flügeln und Vogelkrallen, die wohl in einer Beziehung zum Südwind stehen, von den Kindern des Bóreas, des Nordwindes, wegen einer Freveltat bis zu den beiden Inselchen gejagt wurden. Dann befahl Zeus den Verfolgern umzukehren, und die Harpyien bauten dort ihre Nester. Und heute noch leben auf den Strophaden die Artinés, große, schwarze Raubmöwen. Aber das sind nicht die einzigen gefiederten Tiere auf den beiden Eilanden. Denn diese sind wichtige Ruhestationen für zahlreiche Zugvögel auf ihrem Weg von und nach Afrika. Mehr als 1200 Vogelarten sollen es sein, die sich hier zeitweise, manche auch ständig aufhalten, weshalb jagdbesessene Zakynther immer mal wieder auf die Strophaden fahren, um ihrer Leidenschaft nachzugehen.

Die Strophaden sind sehr fruchtbar und wasserreich. Wohl auch deshalb ließ Irene, die Gemahlin des byzantinischen Kaisers Theodóros, im 13. Jh. auf Stamvráni ein Kloster errichten, das im 15. Jh. der häufigen Piratenüberfälle wegen festungsartig ausgebaut wurde. Zahlreiche Mönche lebten hier, das Metamórphosis-Kloster wurde für seine umfangreiche Bibliothek gerühmt, und die Strophaden waren so etwas wie der Berg Áthos des Ionischen Meeres, denn Frauen hatten keinen Zutritt. Auch der heilige Dionýsios verbrachte zahlreiche Jahre hier. Die Mönche waren auch dafür verantwortlich, dass die Strophaden ihr Äußeres ziemlich verändert haben, holzten sie doch die einst dichten Zedernwälder bis auf einen kleinen Rest ab, um sich mit Bau- und Brennmaterial zu versorgen. Dennoch gibt es auf den Inseln noch recht viele und auch seltene Pflanzen, über 250 Arten wurden gezählt.

Heute lebt nur noch der alte Papás Grigóris auf den Strophaden. Erst seit wenigen Jahren ist er dort ganz alleine, denn seit der Leuchtturm mit Sonnenenergie betrieben wird, sind die Wärter abgezogen worden. Alle paar Monate organisieren die Mönche des Dionýsios-Klosters in der Chóra eine Versorgungsfahrt dorthin, noch viel seltener kommt Grigóris dann mal mit nach Zákynthos, aber, so erzählte man uns, schon nach zwei Tagen hat er von dem Trubel genug und will zurück in seine Inseleinsamkeit.

Auf die Strophaden werden derzeit keine Ausflüge angeboten, man kommt nur dorthin, wenn man von einer Jagdgesellschaft oder von dem angesprochenen Versorgungsschiff mitgenommen wird. Möglicherweise ändert sich das aber bald, denn man plant, dort einen neuen Schiffsanleger zu bauen. Doch dann werden die Strophaden nicht mehr das sein, was sie heute noch sind, eines der letzten Naturparadiese Griechenlands.

Sach- und Personenregister

Geographisches Register